1ª edición, octubre 1992
2ª edición, octubre 1993
3ª edición, diciembre 1995

Las Buenas Maneras

Usos y Costumbres Sociales
El Protocolo

© Carmen Soto Díez, 1992
© Ediciones Palabra, S. A., 1992
Pº de la Castellana, 210. 28046 Madrid

Dibujos de:
María Jesús Cardete Quintero

Diseño de portada:
José Luis Saura

Printed in Spain
I.S.B.N.: 84-7118-781-7
Depósito legal: M. 31.092-1995

Anzos, S. L. - Fuenlabrada (Madrid)

Carmen Soto Díez

Las Buenas Maneras

Usos y Costumbres Sociales
El Protocolo

TERCERA EDICIÓN
Revisada y aumentada

EDICIONES PALABRA
Madrid

A MIS PADRES
CON INMENSO AGRADECIMIENTO

PRESENTACIÓN

En momentos de acelerada evolución, de transiciones múltiples y de mínimas certezas, corremos el riesgo de confundir sencillez con ligereza, simplificación con desenfado, rapidez con atolondramiento. A menudo parece que hasta el propio lenguaje sufre las consecuencias de este gran malentendido, que presenta como antagónicos la llaneza con la riqueza de vocabulario y el espíritu progresista con el respeto debido a las personas, a las lenguas, a las cosas.

Todos anhelamos que cada vez sean más los que puedan disfrutar de parajes, espectáculos, actos sociales, bienes culturales y de todo orden que han estado reservados a unos pocos. La condición debe ser esforzarse para conseguir, entre todos, que no se reste solemnidad, que la conducta observada haga que no pasen desapercibidas facetas admirables que son incompatibles con la desmesura en la forma de hablar, vestir, gesticular. Y con la chabacanería.

Nada más lejos de mi intención —puesto que procuro cada día, afanosamente, aumentar el número de alfabetos y de ciudadanos educados en el mundo— que ponderar actitudes que confundieran los buenos modales con la cursilería o el protocolo con ridículas precedencias. De lo que se trata es de *saber*. Saber expresarse correctamente, saber estar, saber comportarse. Sólo así se alcanza la naturalidad. Y la autenticidad de desentonar porque se quiere y no porque se ignora.

Tampoco me referiría a estilos para ocasiones suntuarias. No: es en las relaciones cotidianas, en el quehacer de cada día en el que las buenas formas contribuyen a hacer más agradable la vida propia y la del prójimo. Es la tan cacareada «calidad de vida» que requiere urbanidad y ciudadanía, capacidad de convivencia, amabilidad, deferencia. ¿Se nace o se hace? Se hace. Se forja a través de un largo proceso de aprendizaje. Se cultiva. Conocer los usos y costumbres es necesario hasta —como antes apuntaba— para poder modificarlos, moderarlos, quitarles rigidez o anacronismo. Y para ser coherente y no observar, hasta el límite de lo ridículo, ceremoniosos y reverentes procedimientos en otras latitudes,

9

cuando en nuestro país y en nuestra casa todo nos parece excesivo y «almidonado».

La convivencia apacible —que es mucho más que pacífica— reclama buen sentido, buenas maneras, buen humor. En este libro de Carmen Soto, que describe las más variadas situaciones de la vida familiar, social y política, el lector encontrará la forma de saber mezclar los tres «según arte». Y, sobre todo, comprenderá —guiado por los profundos conocimientos de la autora en la materia— los beneficios que para todos se derivan de la corrección y la cortesía.

Federico Mayor
31 de marzo de 1992

INTRODUCCIÓN

Sorprende ver el contraste que hay en la sociedad actual entre la ausencia de buenos modales, suplida a veces por modos ciertamente insultantes o grotescos, y por otro lado la amabilidad y el atractivo de las personas bien educadas, que saben comportarse y tratar a los demás en cualquier situación.

Siempre es alentador comprobar el interés que existe en los más diversos países y continentes por recordar y resaltar la importancia de la buena educación.

A comienzos de los años sesenta, se inició en España una campaña orientada a conseguir una forma más agradable en el trato social. Tenía un lema: *Sonría por favor*, que se popularizó especialmente entre los automovilistas. Años más tarde, en los EE. UU. se relanzó un *slogan* ya antiguo: *Say it with flowers*, con indudable éxito. Bourguignon ya lo había promovido en Madrid en los años treinta: *Díganlo con flores*, impreso en sus tarjetas. No se trataba, por supuesto, de iniciativas aisladas: empresas, instituciones, organismos culturales... intentaron con frecuencia su «campaña de amabilidad» con rasgos más o menos originales.

No intentamos ver en todo esto, lógicamente, una fría campaña organizada, a escala mundial, por no se sabe qué organismo internacional, interesado en promocionar las buenas maneras. Muy por el contrario, lo que late en el fondo de estas iniciativas es la necesidad de recuperar para nuestra sociedad la cordialidad, la acogida amable, el trato delicado que toda persona es capaz de mostrar hacia aquellas otras personas con las que habitualmente más se relaciona por razón de parentesco, amistad o por motivos profesionales y que, sin embargo, se diluyen o se pierden fuera de ese marco íntimo, careciendo de todo sabor humano.

Es evidente que la sociedad de hoy añora, más que nunca, la amabilidad de nuestra sonrisa, la belleza y la armonía de nuestros buenos modales. Ésta es precisamente la razón de las siguientes páginas. No nos vamos a quedar en *slogans* bien intencionados, pero sólo parcialmente eficaces, sino que trataremos de concretar, hasta donde nos sea posible, cuáles son esos modos específicos, esas normas de educación y de cortesía, con cuya práctica

11

habitual es precisamente como podemos hacer más agradable la vida a los demás.

Si cada uno de los que formamos parte de la sociedad fuéramos un poco más conscientes de la necesidad que tienen las personas que nos rodean de recibir nuestras atenciones, y que además se lo merecen por su dignidad de personas, estaríamos recibiendo más nosotros también.

Los tiempos cambian, la sociedad avanza, la tecnología se perfecciona cada vez más, vivimos en constante movimiento. Todo esto es maravilloso, puesto al servicio del hombre. Ahora bien, lo que no podemos permitir es que, inmersos en una sociedad de consumo donde predomina el materialismo o un cierto pragmatismo que hace al hombre egoísta, comodón y en cierto modo agresivo, se destruya o se lesione, so pretexto de estar al día, lo más noble y enaltecedor del ser humano: su dignidad.

Prestos a alcanzar el tercer milenio, el hombre tiene que ponderar en lo más profundo de sí mismo la grandeza del ser humano y el respeto que merece. Dejarse robotizar sería uno de los más graves errores, tratar a las personas sin la dignidad que cada una merece.

No faltan algunos síntomas preocupantes. Hay gente que, dominada por una actitud egocentrista, carece del necesario dominio de sí y es incapaz de comportarse correctamente incluso en las circunstancias más triviales; otras, no pueden actuar con corrección porque simplemente no saben y se dejan llevar por una actitud gregaria; también existen personas que han recibido una esmerada educación y adoptan una actitud «snob», que les lleva a presumir de mala educación; y hay otras personas que son como un sedante en la sociedad actual: su delicadeza en el trato, la amabilidad de sus modales, la corrección de sus actuaciones, su consideración y cuidado, les otorgan un atractivo especial, lleno de naturalidad y sin ningún tipo de afectación.

Seguramente todos hemos podido experimentar en ocasiones, al tratar con algunas personas, cierta agresividad, o simplemente indiferencia, que en otras palabras es falta de educación o descortesía. Por contraste, cómo se agradece la sensación de que en no importa qué circunstancia somos tratados con amabilidad y nos ofrecen una buena acogida: entre amigos, al ser atendidos en una ventanilla o por la dependienta de una tienda, en algún medio de transporte público o en cualquier otro momento de nuestra vida social o profesional.

Anima mucho recibir una sonrisa en un momento difícil, unas palabras llenas de comprensión y con deseos de ayudar cuando hay que solucionar unos asuntos burocráticos, quizá después de haber estado esperando en una larga cola, o simplemente oír las palabras «por favor» y percibir una actitud de agradecimiento en lugar de verse acosado por unos ademanes grotescos, arrogantes o simplemente desenfadados.

Es cierto que los los modos y costumbres cambian: lo que se consideraba correcto a principios de siglo puede no ser lo más indicado hoy en día. El hombre de la Edad de Piedra tenía un «modus vivendi» distinto al de la Edad Media, y éste a su vez varía en gran manera del de nuestros días.

Con este libro nos proponemos resaltar lo que es permanente e inmutable en el ser humano y aquello que cambia según las épocas, pero que no por eso deja de ser importante, ya que son manifestaciones claras y patentes de la alta condición humana.

La PRIMERA PARTE trata brevemente de la dignidad del ser humano y de su desarrollo armónico, dentro del entorno que le es propio. Podría decirse que es la fundamentación ética.

La SEGUNDA PARTE muestra la conexión de estos ideales con las múltiples cualidades personales y formas de trato social que es necesario cultivar. Son los criterios prácticos, ya que son diferentes las manifestaciones de cortesía en un caballero o en una señora; en una persona joven o en otra de más edad; en la calle o en la mesa.

Lo importante es conocer el sentido de las costumbres para iluminarlo desde sus principios más generales y saber aplicar las normas con naturalidad, en todas las circunstancias en las que uno se pueda encontrar. La aplicación de esos principios a relaciones personales de amistad, y a las situaciones de la vida social y profesional, en sus aspectos y detalles más concretos.

Es muy importante saber comportarse ante situaciones imprevistas. La persona que sepa hacerlo podrá actuar con discreción y seguridad, evitando hacer el ridículo o dejar a otras personas en mal lugar. Siempre se pensará en ella como en un ser amable, con señorío y sencillez. Hará que los demás se encuentren a gusto y podrá prevenir o evitar comportamientos, o simplemente detalles, que pudieran resultar desagradables.

También se tratará de la importancia de las cartas personales y de algunas normas de cortesía en las distintas formas de correspondencia.

Se termina con unas orientaciones generales sobre protocolo, orden de precedencia y tratamientos, importantes de conocer para saber tratar a cada persona como se debe; también se consideran algunos aspectos del protocolo en distintos países, que a todos pueden ser útiles de conocer, principalmente a aquellas personas que, por el puesto que ocupan en la sociedad, han de saber resolver situaciones que necesariamente lleva consigo el hecho de tener que relacionarse con otras personas de la más diversa condición.

I PARTE

EL HOMBRE Y LOS DEMÁS

1. LA SOCIABILIDAD HUMANA

A lo largo de la historia de la humanidad, filósofos, escritores, científicos o poetas tratan acerca de los más diversos aspectos del hombre, se han referido a menudo a sus grandes valores o cualidades.

La grandeza del hombre, de cada uno, está fundamentada en el hecho de su creación. Desde el punto de vista metafísico, el hombre posee una naturaleza específica —animal racional y libre— no modificable; de ahí la permanente grandeza y valor del hombre. Por otro lado, en la naturaleza humana hay aspectos accidentales, susceptibles de nuevos perfeccionamientos, con capacidad y cierta exigencia de llegar a su perfección relativa. El hombre es aquel ente capaz de «hacerse» a sí mismo, es decir, de intervenir decisivamente en la configuración de su vida.

En el hombre se dan cualidades activas y perfeccionables, tanto en lo corporal como en lo espiritual.

El ser humano es por naturaleza social; para perfeccionarse tiende a perfeccionar a los demás y necesita relacionarse con ellos. No puede perfeccionarse —excepto en casos excepcionales— prescindiendo de los vínculos capaces de unir a unos hombres con otros.

La vida de sociedad es, pues, necesaria para el hombre, ya desde su infancia, no sólo porque le puede proporcionar bienes materiales y afectivos que por sí solo el hombre no podría obtener, sino como elemento necesario para la mejora personal y medio de entrega a los demás.

La sociabilidad del hombre impulsa al amor y lleva a gozar de él. Este amor se concreta en las relaciones que se plasman en obras de servicio a los demás, es una intercomunicación de bienes basados en la entrega regida por el amor.

Como opuesto a la sociabilidad, se encuentra el egoísmo, que limita y bloquea la perfección humana, aislando al individuo de los demás seres y del Ser Absoluto.

La interdependencia natural de los seres humanos es un medio para proporcionar, de forma sencilla y natural, la oportunidad de avanzar hacia la perfección. Ofrece a diario cauces abundantes para concretar el amor en obras, a través del cumplimiento de los deberes sociales, de la riqueza de la amistad y de la disposición de entrega.

Es cierto que esa interdependencia ha de estar basada en el bien para que lleve a él; si las relaciones o amistades no son buenas, sino perniciosas, por la misma esencia del mal existente en ellas jamás podrán contribuir a la felicidad plena ni ser cauce para el bien, sino todo lo contrario, de ellas se derivarán una serie de vicios y causas de tristeza, aunque aparenten felicidad superficialmente.

Las relaciones del hombre con los demás son tan importantes, que ya llegó a decir Cicerón: «Aquellas obligaciones que contribuyen a la conservación de la sociedad y unión de los hombres, se deben anteponer a las que vienen del conocimiento y de la sabiduría».

Las relaciones han de ser profundas y han de estar basadas en la sinceridad; nadie que falsee la realidad de acuerdo con sus deseos podrá encontrar su unidad interna, como primer paso para relacionarse con los demás. Con palabras de Goethe: «El verdadero progreso de un hombre, en la búsqueda de su unidad interna, depende de sus deseos».

La dimensión social del hombre no consiste en tratar con una multitud, sino en un trato interpersonal o de persona a persona, que será distinto según las circunstancias de unas y otras. La dimensión social del hombre, por el contrario, sí que puede llevarle a tratar con muchas personas, siempre que ese trato tenga la connotación de trato personal individualizado y la multitud sea el resultado de la suma de individuos, tratados uno a uno.

2. AMISTAD Y SOCIABILIDAD

Las relaciones sociales forman parte de la vida del ser humano y son necesarias para su desarrollo armónico como persona.

La mayor calidad que pueden proporcionar las relaciones entre seres humanos es la amistad.

La amistad de bondad y recta, con hombría de bien, es la mejor, vincula a los mejores y los ayuda a crecer en virtud. Es más permanente y duradera que la de interés o de placer; en lugar de disolverse por diferencias, se solidifica. No engendra desacuerdos ni se debilita por falta de interés o cambio de gustos. Sólo es perfecta la amistad privada entre amigos virtuosos, las demás son «limitadas», según Aristóteles.

El afecto conyugal crea una amistad combinada de utilidad y placer, y cuando los esposos tienen un alto carácter moral, está basada en la virtud, que enaltece los dos aspectos anteriores y enrecia el afecto.

El Cristianismo mantiene los caracteres típicos y propios de la amistad, pero la enaltece con el vínculo de la caridad, distinto y más profundo que la amistad; es la consecuencia del amor de Dios a los hombres, participando éstos de ese mismo amor.

En Aristóteles, las virtudes tienden a la felicidad natural, mientras que el Cristianismo va más allá, encauza la felicidad perfecta y ultraterrena.

Hacer amigos La amistad es afecto puro y desinteresado entre personas, que nace de la mutua estimación y de la simpatía. El afecto crece con el trato.

Para llegar a la mutua estimación alguien tiene que dar el primer paso, ya que la operación de la amistad no se consigue por la inercia, sino que implica y exige una actuación inicial y constante de generosidad y donación.

Las personas ni son idénticas ni diferentes entre sí, aunque haya ciertas diferencias. La amistad no busca tanto la igualdad entre personas, como la mutua estimación. La estrategia de la amistad es la liberalidad, principalmente para no reparar en diferencias y pasar por encima de ellas, con el fin de crear los fuertes lazos de amistad basados en los puntos que coincidan.

Para forjar la amistad se precisa saber ser liberales en el uso del tiempo. Amistad es donación de sí mismo: abiertos a la manera de ser de otros. Conjugando vida con vida, teniendo ganchos liberales unos con otros, pero potenciando los puntos comunes. El cultivo de la amistad requiere tiempo, lo cual no se consigue habitualmente sin sacrificio. Por eso hay que aprender a no ser esclavos del tiempo, con señorío. Los amigos se hacen uno a uno tratándose. Las personas más ocupadas saben disponer de tiempo, sin prisas, con la naturalidad del buen hacer.

Es una amable renuncia, intercambio de favores, de servicios nobles y lícitos, con cada amigo.

Amistad y sociedad Aristóteles mantenía que «La amistad es una verdadera sociedad. En ella se encuentra el hombre en la misma relación respecto al amigo que consigo mismo». La amistad tiende a difundirse y a abarcar la sociedad. El hombre tiende a relacionarse con los demás y la amistad es el modo más sólido y duradero para la relación social.

La soledad preocupa y desazona al hombre, porque es un mal para él estar privado de amigos. La vida social, por el contrario, al mismo tiempo que ata, capacita para realizar proyectos, y ayuda al hombre en su labor de renovación y de mejora.

En las entrañas de la amistad se encuentra un germen de vida comunitaria, con todas sus consecuencias, para constituir la verdadera sociedad. Esto se puede llevar a cabo de tres maneras: cimentando la sociabilidad, con el servicio de amor al prójimo, y por la formación personal de los amigos. Estas tres funciones ganan en profundidad lo que restan en extensión. La sociabilidad se extiende a todos: el amor al prójimo abarca a todos, la amistad, a los más íntimos.

Conocimiento de las personas Para poder tratar a cada persona con cortesía, conviene tener en cuenta ciertas características y rasgos, que ayudarán a pasar por alto una serie de detalles de la manera de ser de cada uno, y a saber descubrir el mejor modo de actuar.

El hombre es un ser racional, es decir, capaz de pensar y penetrar con la mirada de su inteligencia hasta el núcleo esencial de las realidades que observa, de descubrir la verdad ontológica —la más profunda del ser—, de entender el mundo y de entenderse a sí mismo, de analizar sus propias acciones y confrontarlas con la verdad, valorándolas a la luz de ésta, para encontrar su felicidad.

Goza de un alto don: la libertad, que es consustancial al ser humano y que nadie le puede arrancar, de tal forma que únicamente se consideran «humanos» los actos libres, los demás pueden ser actos del hombre, más o menos coaccionados o mecánicos.

La conciencia de la propia limitación, más que empobrecer al hombre lo enriquece, es un reto optimista para poder llegar a la meta. Por otro lado, le ayuda a mantener el convencimiento de que nada que sea limitado es capaz de saciar su profundo y connatural anhelo de plena felicidad.

Conviene tener en cuenta que, tanto la inteligencia como la libertad en el hombre son limitadas y que es importante saber hacer buen uso de ellas. Hay factores orgánicos, psicológicos, sociales o de orden cultural que pueden tener su influencia y en cierto modo servir de condicionamiento.

Para lograr un desarrollo armónico del ser humano, hay que conocer a fondo las características de cada persona, ya que cada una es irrepetible y tiene su propia individualidad. Una vez conocidas las características y rasgos principales, hay que trabajar para lograr el pleno desarrollo de todos los factores potenciales. Esta maravillosa labor abarca, en su conjunto, los distintos aspectos de la persona, ya que están íntimamente relacionados unos con otros: el humano, el psicológico, el espiritual y el intelectual.

El desarrollo armónico del ser humano facilita el legítimo uso de la libertad, que consiste en poder elegir el bien, sin desviarla hacia el error o hacia un bien aparente.

Los factores endógenos tienen relación en el desarrollo biológico y psicológico; pueden ser innatos a la persona, como la madurez y la experiencia.

Los factores exógenos están directamente relacionados con la formación, proceden del exterior; pueden ser naturales, sociales, o ambientales, así como conscientes o inconscientes. Tienen una cierta influencia en la formación de cada persona.

CARÁCTER Y TEMPERAMENTO

El carácter comprende el conjunto de disposiciones psicológicas y de comportamiento habituales de una persona, regido todo ello por la inteligencia y la voluntad. Está íntimamente relacionado con la personalidad, que es el resultado de funciones y propiedades correspondientes a tres aspectos o niveles biopsíquicos: el cuerpo, el espíritu —instintos y afectos— y el alma —memoria, entendimiento y voluntad—.

El carácter representa el aspecto intelectivo-volitivo de la personalidad, mientras que el temperamento viene a representar su aspecto instintivo-afectivo. El carácter es parte de la individualidad personal, es lo que de algún modo hace que alguien sea distinto a los demás.

La individualidad viene del cuerpo, que es como decir que el carácter tiene como primera base el temperamento o individualidad física, en cuanto que el temperamento representa la capa instintivo-afectiva de la personalidad. Esto lleva a afirmar, de algún modo, que el ser humano no es responsable de su temperamento y en parte sí que lo es de su carácter.

Ante una misma situación, personas distintas pueden reaccionar de diferente manera y ser impresionadas de diversos modos, a causa de sus peculiares disposiciones innatas y de las actitudes adquiridas por influjo de experiencias similares anteriores.

La voluntad es un elemento esencial en la modificación del carácter. El hombre es en gran parte responsable de su carácter, porque tiene poder para modificar los elementos que le influyen o pesan sobre él, puede adoptar medios para corregir o potenciar sus disposiciones básicas.

La educación recibida de los demás o la autoeducación conseguida por el propio esfuerzo pueden dirigir el entusiasmo, la espontaneidad afectiva, la emotividad y la agresividad, dándoles una orientación positiva, sólida y constructiva. Aun los mismos ideales personales son realidades que se pueden conducir de un modo u otro, proporcionándoles altura de miras.

El temperamento es el conjunto de inclinaciones innatas propias de un individuo, son el resultado de su constitución psicológica y están íntimamente ligadas a factores que imprimen unos rasgos distintivos en la conducta primariamente operativa de la persona. Hay que diferenciarlo del carácter aunque ambos influyan en el desarrollo de la personalidad.

Hipócrates, médico griego, hacia el año 400 a. C. clasificó a los hombres en los cuatro grupos temperamentales.

El colérico es fácilmente irritable y excitable, pero se calma fácilmente y suele tener planes ambiciosos que rara vez ejecuta.

El sanguíneo es un buen vividor, alegre y despreocupado, disfruta con todo, agradable como compañero, pero superficial y con poca fortaleza, promete y luego no llega a cumplir, no se puede confiar mucho en él.

El melancólico tiende al pesimismo, ve la parte mala de las cosas, poco agradable como compañero. Tiene más sentido de responsabilidad que el sanguíneo. Se puede contar con él en la desgracia, si se ha sabido penetrar en su mundo interior y ganar su confianza.

El flemático busca la tranquilidad, y evita el esfuerzo o las molestias. Lo que emprende lo hace con calma, no le gusta la prisa ni la inquietud. Suele irritar a las personas activas y enérgicas. Normalmente es fiel y digno de confianza.

Difícilmente se da un grupo puro en la persona, normalmente se entremezclan, aunque haya uno predominante.

Formación del carácter y modo de ser

La formación del carácter y modo de ser es una tarea que todos los educadores han de emprender desde la infancia, con aquellos niños que le son confiados.

Es cierto que la formación, en gran parte, corresponde a los profesores y de ahí la importancia que tiene la relación de éstos con los padres de cada alumno, pero donde verdaderamente se forja el carácter y el modo de ser de cada persona, es en el seno de la familia y desde la más tierna infancia.

Son los padres los que han de conocer a fondo el carácter y temperamento de cada uno de sus hijos, para saber tratar a cada uno como se debe. Aunque el aire de familia sea el mismo y las costumbres idénticas, cada hijo es diferente, tiene su propia personalidad o los elementos condicionantes y accidentales para ir forjándola.

Es labor primordial de los padres saber descubrir esos rasgos, para estimular o corregir lo que sea necesario y conveniente. A un niño le puede ser mucho más fácil adquirir ciertos hábitos y cortar otros, cuando están aún en germen, que tratar de hacerlo pasado el tiempo, en la edad adulta, una vez arraigados. La formación del carácter y modo de ser de cada hijo es una encantadora labor de artesanía vivida día a día.

3. LA EDUCACIÓN SOCIAL

La educación puede entenderse en dos sentidos: uno activo y dinámico, se refiere al proceso de educar; otro estático, es el resultado de este proceso: una persona educada.

En su sentido activo y dinámico, educación implica la ayuda que prestan personas e instituciones para que alguien se desarrolle y perfeccione.

La educación tiende hacia la realización completa de la persona como ser humano, a través del perfeccionamiento gradual de sus diversas facultades, y de acuerdo con su capacidad y circunstancias individuales. No se limita, pues, a ser mera enseñanza o instrucción, transmisión de contenidos intelectuales vertidos en la inteligencia.

Desde los niveles más primitivos de civilización, el hombre es capaz de manifestar tres aptitudes que le sitúan en un plano superior al de los demás vivientes. Tiene la aptitud o capacidad de utilizar símbolos para expresar el pensamiento, y poder comunicarse a través del lenguaje. Goza de la aptitud o capacidad de servirse de la naturaleza física para crear y desarrollar instrumentos que aumenten y perfeccionen la eficacia de su trabajo, a través de la técnica. Posee la aptitud o capacidad para saber distinguir en el orden objetivo el deber ser, del ser de hecho, a través de la ética.

La educación en el hombre realiza eminentemente el concepto de relación interpersonal, porque es esencialmente diálogo, comunicación de amor.

La educación debe formar al ciudadano. El carácter social de la educación está siempre presente en la tradición y en el pensamiento griego, ya que en frase de Aristóteles: «El hombre es un animal político». Pero también afirma Aristóteles que «La virtud colectiva es la consecuencia necesaria de la virtud individual».

Más tarde, la educación cristiana acentuará que es preciso atender al espíritu de la ley que vivifica, más que a la letra, que mata. Es decir, los usos sociales deben ser cultivados como manifestaciones del respeto y amor que merecen los demás, al ser hijos de Dios.

Importancia de la buena educación   Educación deriva del latín «e-ducere», que significa ir conduciendo de un lugar a otro. Por educación se entiende a veces cortesía, urbanidad. Siempre se hace referencia a una virtud adquirida, a un valor humano transmitido por la sociedad a las personas, que desde la infancia, o de otros ambientes, se van integrando en ella.

Si se ha tenido la suerte de recibir una buena educación desde pequeño, es muy de agradecer y lo facilita todo, pero cuando esto no haya sido posible, no hay tiempo perdido, basta con empeñarse seriamente por adquirirla y, en este caso, un elemento imprescindible es la sencillez para reconocer la propia situación y evitar cualquier postura forzada o postiza. En parte, ésa es la razón de ser de estas páginas, un intento de ayudar a todos para mantener las buenas costumbres.

Es importantísimo que los padres puedan proporcionar una educación armónica, en la que no se descuide ninguno de sus aspectos y vayan creciendo al unísono, según la edad y modo de ser de cada hijo. La verdadera educación lleva a contemplar el aspecto humano, en el que va arraigado todo lo referente a la propia dignidad y a la de los demás. El aspecto estético y artístico ayuda a cultivar el sentido de la armonía y de la belleza, tanto en la naturaleza creada, como en las obras de los hombres que hacen referencia al arte; es muy importante educar a los niños en el aspecto musical, así como enseñarles a que sepan apreciar la belleza que un paisaje natural puede encerrar, o la contenida en una obra de arte. La educación física ayuda a proporcionar agilidad de movimientos y espíritu deportivo, tan importante para el desarrollo integral de la persona. La educación sexual compete directamente a los padres, que han de conocer el modo de ser y la psicología de cada uno de sus hijos para saber explicarles, gradualmente, la función de los distintos sexos y el origen de la vida. Es muy importante que se ganen su confianza, para que los pequeños puedan plantearles cualquier tipo de duda o curiosidad, que se les presente en este sentido. Los padres siempre han de ir por delante evitando que se enteren del origen de la vida a través de los amigos, que pueden hacerlo torcidamente o con afán de satisfacer una curiosidad malsana, sin saber dar al sexo su sentido noble y digno que merece el mayor respeto. Los padres han de proporcionar a sus hijos una equilibrada educación sexual ayudándoles a formar un criterio recto con respecto al matrimonio.

Para que la educación sea integral, es muy importante la formación religiosa desde la infancia, fomentando el trato filial con el Creador, basado en el amor.

Un aspecto muy importante de la educación es el empleo del tiempo libre: las distracciones, el ocio y la diversión, las lecturas y los espectáculos. Téngase en cuenta que es muy conveniente y gratificante el cultivo de la amistad, que fomenta el juego de las virtudes humanas. Las lecturas y los espectáculos contribuyen en gran manera a la formación cultural y a la riqueza de expresión; en esto habrá que considerar las aptitudes, la edad y las aficiones de cada persona. Con frecuencia se olvida que hay lecturas que pueden perjudicar e incluso degradar, por eso es importante leer con un cierto orden y contar con el asesoramiento de quienes puedan orientar y aconsejar, cuando falten los necesarios elementos de juicio. Como habitualmente el tiempo que podemos dedicar a la lectura es limitado, compensa utilizarlo bien.

Se ha considerado la importancia de la intervención de los padres en la buena educación, pero también hay en ella una parte personal intransferible, que depende de uno mismo. La capacidad de observación y el buen sentido de cada cual pueden sacar grandes provechos de la conducta de personas que se tienen cercanas; no se trata de sofocar la propia personalidad, pero sí de aprender de las buenas cualidades de los demás. La corrección en el trato de quienes, por un motivo o por otro, se encuentran en una situación destacada puede ejercer una positiva influencia en la conducta de todos los demás.

Hace muchos años, causó un gran impacto en la opinión pública de todo el mundo, que, en plena reunión de la Asamblea de Naciones Unidas, el primer mandatario ruso se quitara un zapato y empezara a dar golpes con él encima de la mesa.

Un dirigente y una persona que ostente un alto cargo ha de saber estar a la altura de las circunstancias, sabiendo cuidar hasta los más pequeños detalles de cortesía y de buena educación.

El fin de la educación
La necesidad de ayudar a otros hombres a realizarse, ya desde su infancia, dirigiéndoles hacia su fin, ha llevado al hombre a conocer la naturaleza humana en general y la personalidad propia del sujeto en particular, para poder promover una educación conforme a las exigencias y posibilidades reales.

La tarea de la educación está basada en la convicción de que cada individuo es una personalidad irrepetible; con una vocación única, que hay que saber descubrir, respetar y cultivar, aplicando con elasticidad, según sus peculiares necesidades, cualquier forma abstracta o general. Estos criterios son los que guían y rigen el quehacer de la educación, para poder cultivar en cada persona todos los aspectos que la llevan hacia el fin para el que fue creada, consiguiendo un desarrollo armónico en ella, es decir, lo que se llama «propia realización».

Siempre hay que considerar al educando como persona, y nunca como un objeto o un número al que hay que manejar o utilizar para un determinado fin. Es el amor, la realización personal de amistad, lo que impulsa y ayuda en la educación de cada persona.

El verdadero propósito de la educación consiste en que el ser humano se desarrolle armónicamente, no sólo en su cuerpo ni sólo en su espíritu, sino en su totalidad: en los aspectos materiales, físicos, terrenos y espirituales de la vida presente.

Modos y costumbres. Educación y cortesía
Los modos y costumbres varían de una época a otra, pero adaptables a todas ellas se encuentran: las buenas costumbres, la educación y la cortesía.

Educar, como se ha dicho, es potenciar para el bien lo que hay de accidental en el hombre y orientar todo su ser hacia el último fin. Esto lleva consigo una serie de actitudes y de hechos concretos con respeto a los demás. Educar es enseñar a comportarse correctamente y con naturalidad, otorgando a cada persona la consideración y el respeto que le son debidos. Por ejemplo: los niños han de aprender a mostrar deferencia hacia las personas mayores, que puede manifestarse en actitudes tan corrientes como dejarlas pasar antes al entrar en el ascensor o levantarse a saludar cuando llega una visita. Y también desde la infancia se deben inculcar las muestras de cortesía en el juego. Los niños han de saber jugar sin pelearse, cediendo siempre que sea necesario y sin perder el espíritu competitivo.

LA FAMILIA

La familia,   La familia es la célula social más importante y la verdadera
semillero de   base de la sociabilidad; tanto es así, que puede afirmarse que bas-
sociabilidad   ta echar un vistazo a las familias para saber cómo es una sociedad, qué valores tiene y cuáles son los fines que la mueven.

La familia es el factor educativo más hondamente influyente
en la formación humana y cívica de quienes la integran, de tal
modo que cuando los valores que se mantienen en el seno de la
familia son elevados y humanamente profundos, su aportación a
la humanización de la vida social es incalculable.

La vida cotidiana en la familia es una escuela pluridimensional
de rico humanismo, pues la transmisión de tradiciones supone el
intercambio de experiencias y valores. Así las viejas tradiciones
pueden mantenerse y remozarse en la vida de los jóvenes, for-
jándose un auténtico progreso humano.

Los padres y la   En la familia, sus miembros no se encuentran todos en un mis-
educación de   mo nivel ni son iguales sus circunstancias; hay una cierta jerar-
los hijos   quía entre sus componentes. Los ímpetus juveniles llenos de ilusión adquieren experiencia en esa intercomunicación familiar,
cosa que en un clima de soledad únicamente podría conseguirse
a base de muchos años y de otros tantos tropiezos.

La educación de los hijos no se logra con imposiciones autoritarias, ni tampoco con una blandenguería que todo lo otorgue. El secreto de la verdadera educación es crear un clima de amistad y confianza que da pie para orientar y aconsejar.

Ganarse la confianza de los hijos supone dedicarles tiempo, para estar y hablar con ellos. Hay que enseñarles a considerar las cosas y a razonarlas, sin imponerles ciegamente los criterios, por valiosos que sean; hay que mostrarles los motivos para seguir una determinada conducta, animando, pero no obligando. Conviene tener en cuenta que no hay verdadera educación sin responsabilidad personal, ni responsabilidad sin libertad.

El mejor elemento para los padres en la educación de sus hijos es su propio buen ejemplo. No hay nada menos edificante que tratar de enseñarles una cosa, y que vean vivida otra. Mientras que con el buen ejemplo, dado con naturalidad, sin imposiciones, se arrastra.

A la madre corresponde un papel muy principal como educadora, aunque el marido no le puede dejar esta misión exclusivamente a ella. Todo cuanto una madre haga en el hogar tiene una repercusión directa en la educación de los hijos: el cuidado de la ropa, la preparación de las comidas... y todo un entorno hogareño.

La formación de la sociabilidad humana

La formación humana se adquiere principalmente en el seno de la familia y en el trato social. La verdadera formación de la persona ha de saber armonizar la profunda exigencia de la sociabilidad que cada hombre lleva dentro de sí, con su última misión trascendente.

La formación humana —integral— está íntimamente relacionada con la moral, porque consiste fundamentalmente en la adquisición de virtudes sociales: el respeto, el espíritu de servicio, la lealtad, la generosidad, la comprensión, la magnanimidad, la amistad, la clemencia, la fortaleza, la sinceridad o la valentía.

Ya hemos visto cómo también es parte de la educación adquirir, formar y desarrollar la capacidad para percibir y valorar el arte y para saber apreciar la belleza de la naturaleza, pues todo esto enriquece la personalidad.

La formación estética debe comenzar a desarrollarse en el hogar, logrando un ambiente que transpire orden, limpieza, buen gusto y belleza.

Normalmente la comprensión del arte no se logra antes de la pubertad, pero esto no impide que se vaya educando en la infancia de modo que se estimule el sentido de lo bello y de lo artístico.

Las visitas a museos, exposiciones o lugares artísticos son tremendamente formativas, siempre que estén bien preparadas y documentadas.

El interés por ir formando una buena biblioteca puede contribuir, por su parte, a estimular el aprecio por la lectura, que también es parte importante de la buena educación.

Por fin, la formación deportiva desde la niñez es muy importante para la persona y tiene una repercusión directa en su dimensión espiritual. Aunque se ocupa primariamente de la constitución física del individuo, desarrollando la destreza, armonía de movimientos, agilidad, vigor, resistencia, también estimula el afán competitivo, la solidaridad y el desprendimiento del éxito.

La educación en el hogar   Una familia normalmente se compone por el marido y la mujer, y por los hijos que tienen; por otro lado, los abuelos y demás parientes próximos, en la casa; además por los empleados del hogar.

El ambiente familiar ha de llegar a todos, haciéndoles participar de un calor entrañable, como prueba del cariño que reina allí.

En el seno de la familia se han de encontrar los medios para atender todas las necesidades esenciales, incluidas las de afecto, distracción, instrucción, atención, o seguridad cuando el apoyo es necesario. Hogar no es únicamente la casa que cobija a varias personas, unidas o no por vínculos de parentesco. Al hablar de hogar se hace referencia al calor que se desprende de la vida familiar, un compendio de pequeñas y grandes virtudes, en las que ciertamente muchas de ellas hacen referencia a la cortesía, pero todo ello impregnado por el verdadero cariño de unos con otros.

Para que el desarrollo armónico de la familia se pueda lograr, han de darse unas condiciones de tipo material en el hogar, que son capaces de facilitar y fomentar otras mucho más importantes. El orden material es fundamental, teniendo un sitio para cada cosa y logrando que cada cosa esté en su sitio, esto contribuye a crear un ambiente positivo y grato, que conviene transmitir a los niños desde pequeños.

El hogar ha de ser el lugar ideal para el encuentro y convivencia de unos con otros. Los padres han de hallar en él su lugar de descanso y el sitio donde volcar sus mayores ilusiones. La contribución personal de cada uno es indispensable, basada en un espíritu de generosidad. Han de saber dedicar los mejores momentos a sus hijos; cuando son pequeños han de proporcionarles además, dentro de lo posible, un lugar adecuado donde puedan jugar y tener actividades propias de su edad.

Es muy conveniente que los padres fomenten reuniones o acojan en casa a los amigos de sus hijos, importantísimo para llegar a conocer con quiénes tratan y poderles orientar. Es preferible que tengan la libertad de poder traer a casa a sus amigos, a que siempre se marchen fuera con ellos. Facilitar diversiones y entretenimientos en casa contribuye a la unidad familiar y a su proyección social.

Por su parte, los padres también abrirán las puertas a sus propios amigos y lograrán un ambiente acogedor y alegre.

Después del trabajo, el marido ha de encontrar en casa lo necesario para el debido descanso. Las cosas han de estar a punto. Participar en la educación de los hijos y en algunos quehaceres del hogar ha de suponerle una agradable distracción de sus ocupaciones profesionales; esto mismo se puede aplicar a las señoras que trabajan fuera de casa, aunque sobre ellas recae directamente la organización de las tareas domésticas y han de dar las oportunas indicaciones cuando tienen empleados del hogar; la casa ha de tener primacía sobre su trabajo profesional de fuera.

En cuanto a los hijos, al llegar a casa han de encontrar siempre el cariño y fortaleza de sus padres, facilitándoles la confianza para poderse abrir con ellos siempre que lo necesiten.

Es cierto que en las familias numerosas se necesita mayor sacrificio por parte de cada uno de los hijos y un mayor desprendimiento, que es precisamente lo que les da más fuerza interior para la vida, y aportan a la sociedad personas recias y valiosas.

Cuando se trata de familias numerosas, cada uno de los hijos debe tener un encargo en la casa, de acuerdo con sus aptitudes y capacidad. Esto es tremendamente formativo y acrecienta la responsabilidad. En las familias menos numerosas también se debe aplicar, aunque en ese caso es más fácil la coordinación de encargos, siempre se ha de fomentar el espíritu de servicio y de generosidad.

La educación de los hijos consiste en hacer de cada uno de ellos una persona íntegra, capaz de afrontar las situaciones que la vida les depare, ayudándoles a formar su carácter y a madurar su personalidad. Hay que tratar a cada hijo como necesita ser tratado, ya que pueden ser muy distintos unos de otros.

La buena educación tiene dos aspectos, el de cortesía que deberán aprender los hijos en el seno de la familia y otro más amplio de cara al futuro. No se trata de educar a los hijos para que sean una segunda edición de sus padres, por muy buenos y valiosos que éstos sean; hay que buscar y descubrir los talentos que cada uno tenga, ayudándoles a tomar sus libres decisiones y a ser responsables de sus actos personales. Hay que educar a los hijos de modo que sepan actuar independientemente y desenvolverse con soltura y sentido de responsabilidad. Han de ser ellos quienes elijan libremente el camino para el que se sienten capacitados.

En el terreno de la educación hay que tener en cuenta la que se proporcionan los hijos entre sí; es verdaderamente enriquecedora y alcanza su máxima eficacia en el caso de las familias numerosas. Los hijos aprenden desde el comienzo de la vida a tenerse en cuenta los unos a los otros, al dominio de sí y el respeto a los demás sabiendo ser condescendientes, ayudando no sólo en el mínimo necesario, sino generosamente.

Como muestra del ambiente familiar, conviene tener álbumes de fotografías que contengan recuerdos entrañables, desde la infancia de los hijos, así como de otros acontecimientos familiares.

Ante los niños Delante de los niños hay que cuidar de modo especial los buenos modales; en la niñez todo se pega con más facilidad que en la vida adulta. Hay que saber mantener una actitud coherente ante ellos, no es pedagógico insistirles en que no se deben decir malas palabras por un lado, y pronunciarlas delante de ellos; o criticar a las visitas cuando se van, habiéndoles dicho que eso es algo que no se debe hacer.

Siempre que haya un niño delante hay que cuidar especialmente los temas de conversación y la actitud en el comportamiento.

No hay que perder de vista que los niños son y actúan como tales: lo imitan todo sin saber discernir lo que conviene y lo que no; para ellos es suficiente haberlo oído o haberlo visto en una persona mayor, sobre todo si se trata de sus padres. Basta con considerar la fuerza que para un niño tiene el «mi papá lo dice» o «mi mamá lo hace», como argumento definitivo ante sus amigos. Y esto hay que tenerlo en cuenta como sustrato indiscutible en la educación incluso en esa edad en la que, ya adolescentes, se sienten incomprendidos y con tendencia a la rebeldía. Cuando los padres saben hacerse amigos de sus hijos, ganando su confianza al mismo tiempo que manifiestan una amable autoridad, se sientan las bases para que, al ir madurando, la personalidad de los hijos sea fuerte y bien definida.

Los hijos, por regla general, confían su intimidad más fácilmente a sus amigos, que al tener su misma edad se comprenden entre sí. Los padres han de saber hacer más profunda la amistad con sus hijos a medida que van creciendo. Precisamente en la adolescencia es cuando más la pueden necesitar y una actitud autoritaria la sofocaría, esto no quita que los padres hagan las advertencias necesarias, pero siempre de modo positivo y con una actitud abierta ante ellos, aunque les tengan que exigir.

Es muy importante que los padres puedan contestar a todas las preguntas de sus hijos, algunas las tendrán que pensar y otras que estudiar o consultar, pero siempre han de saber dar una respuesta sin demostrar ignorancia, aunque tengan que hacerles esperar.

El buen ejemplo El buen ejemplo es algo que atrae, y de modo especial en el campo de la educación. Cuidar los detalles de deferencia hacia las personas que los merecen no es algo que degrada, sino todo lo contrario, enaltece y proporciona un atractivo especial.

La ejemplaridad compete de modo muy directo a la mujer. Si sabe mantener su dignidad, ayudará a que se eviten en su presencia conversaciones y actitudes degradantes, y facilitará un clima de amable respeto.

Saber escuchar a los hijos interesándose vivamente por lo que quieren decir, ayuda a crear un clima de confianza mutua y les anima a ellos a saber escuchar y hacer caso cuando es necesario.

Distribución y organización de la casa La distribución y organización de la casa depende de muchos factores, y aunque no se pueden dar normas generales, sí que hay algunos detalles básicos que se pueden tener en cuenta cuando hay que construir una casa grande.

Siempre que sea posible, habrá una zona destinada a los niños, donde puedan jugar sin estropear ni entorpecer el orden de la casa.

La habitación de los padres debe estar independiente del resto de la casa, para que puedan tener la suficiente libertad para poder hablar y discutir los asuntos necesarios, sin ser oídos por los demás.

La zona dedicada a vivienda de los empleados del hogar también conviene que esté independiente del resto de la casa. Cuando en un hogar trabajan empleados de distinto sexo —se sobreentiende que en este caso no se trata de matrimonio—, tendrán sus habitaciones y cuarto de baño en zona aparte; si no se dispone de las debidas instalaciones, es preferible tomar únicamente a un matrimonio. Además de la zona de trabajo con las debidas condiciones, los empleados del hogar tendrán un lugar en el que puedan descansar.

Conviene que la zona de la casa donde la familia hace normalmente su vida esté en un lugar céntrico y de fácil acceso, para fomentar el trato entre todos. El cuarto de estar ha de ser acogedor y lo suficientemente confortable para tener las reuniones familiares cotidianas, ha de ser un sitio al que todos acudan a gusto sabiendo encontrar tiempo para el trato personal.

Cuando los hijos están en edad escolar o siguen estudios superiores, han de hallar en casa la suficiente tranquilidad para poder dedicar tiempo a los estudios, es importante que dispongan de un lugar adecuado.

Cerca de la entrada ha de haber un cuarto de baño para las visitas y siempre estará limpio y arreglado.

Limpieza e higiene

La limpieza en una casa es fundamental; aunque se disponga de empleados del hogar, corresponde a la señora de la casa la distribución y buena organización de ésta.

En las familias donde no hay servicio, se distribuirán los encargos y desde pequeños los niños aprenderán a conservar el orden y a ayudar en la medida de sus posibilidades.

La limpieza ha de cuidarse especialmente en la cocina y en los cuartos de baño, utilizando los productos que sean necesarios.

Para mantener una buena higiene, es muy importante cambiar la ropa con la debida frecuencia, tanto la personal como todo lo referente a mantelerías, servilletas, toallas y ropa de cama. Es preferible lavar más a menudo, que esperar a que esté más sucia.

La higiene del hogar es en cierto modo consecuencia de la higiene personal, cuando ésta se cuida, aquélla está a salvo. La ventilación es importante para purificar y refrescar el ambiente.

Algo que se debe cuidar en la limpieza de la casa es no sacudir alfombrillas, o trapos del polvo y demás utensilios de limpieza por la ventana. Es una costumbre poco cívica que conviene evitar. En algunos sitios esto está penalizado y en otros se ignora.

Una casa limpia ayuda al ambiente familiar; las limpiezas hay que tenerlas al día, aunque de vez en cuando sea necesaria una limpieza extraordinaria, pero no se deben acumular.

El descanso

El hogar ha de ser el lugar apropiado para reponer fuerzas y encontrar el debido descanso.

Es de capital importancia dedicar las horas debidas al sueño; como regla general, ocho diarias, o siete y media como mínimo. Los niños pequeños necesitan más.

Las reuniones familiares han de ser ocasión de descanso, aunque el descanso sea indirecto, pues precisamente la entrega y preocupación por los demás es lo que más puede distraer y hacer descansar.

Conviene saber los gustos de cada uno para ser oportunos y podérselos dar; aunque se trate de pequeños detalles, les hace felices y ayuda a descansar.

La convivencia ha de ser pacífica y se evitarán todos los temas de discordia, sabiendo que quien cede con señorío sale vencedor.

La televisión La televisión es un medio de comunicación audiovisual que prácticamente tiene entrada en todos los hogares de los países desarrollados.

Por los programas emitidos en la pequeña pantalla y sus distintas opciones puede calibrarse el nivel de civilización, cultural y político de un país.

La televisión ha de ser un instrumento bien empleado que ayude a contribuir a la armonía familiar, que sirva como medio de distracción, de adquisición de cultura y descanso, y para estar al día de los acontecimientos de interés.

Cuando no se emplea bien, puede entorpecer la armonía familiar, dando lugar a aislamientos y a falta de comunicación. Esto es un gran peligro que, si no se ataja desde el principio, puede crear serios problemas y hábitos en las personas muy difíciles de desarraigar. Es perjudicial tenerla conectada indiscriminadamente aunque no se vea.

Recordemos, pues, algunos detalles de educación que hacen referencia a la televisión.

Cuando hay visitas es más correcto no conectarla, a menos que televisen un acontecimiento importante que les pueda interesar. Si se tiene conectado el televisor y llega una visita, se apaga, o al menos se le quita la voz; esta segunda medida puede dar pie a estar continuamente mirando de reojo a la pantalla y no produce buen efecto.

Si se está viendo en familia un programa interesante, no se debe interrumpir con comentarios inoportunos que pueden distraer y hacer que se pierda algún detalle importante, es preferible esperar y hacerlo con oportunidad.

Por otro lado, conviene tener en cuenta que, por muy interesante que sea un programa, son las personas las que requieren la mejor atención y siempre que la necesiten se les ha de prestar, sin que la televisión sea motivo para desatenderlas.

Hay que saber elegir los programas buenos y no dejar que entre en casa lo que realmente no se quiere; es conveniente ser selectivos y saber desconectar el televisor cuando pueda ocasionar daño a alguna persona.

Si están los niños delante, se debe cuidar especialmente que los programas sean apropiados para ellos. No se trata de echarlos con violencia porque ellos son lo más importante, es cuestión de seleccionar programas y no dar prioridad a algo que puede estar absorbiendo la atención y el cariño que los niños necesitan en esos momentos.

Es necesario que los niños aprendan desde pequeños a ver bien la televisión, con posturas correctas; no es lo más adecuado estar tumbado en el suelo aunque tenga moqueta.

Al seleccionarles los programas, se ha de tener en cuenta que aun en los horarios infantiles pueden no encontrar programas adecuados en cualquier canal. También interesa conocer la ideología que hay detrás de cada programa infantil y averiguar si está de acuerdo con lo que se acepta para los niños o más bien se sitúa al otro lado de la balanza. Sería más fácil no preocuparse y dejar que los niños lo vean todo, pero el sentido de responsabilidad de los padres ha de estar por encima de esa comodidad.

Los niños deben acostumbrarse a pedir permiso para ver la televisión.

Es muy perjudicial para la formación de los niños decirles por un lado que un determinado programa no es para ellos porque les puede hacer daño, y que por otro lado comprueben que los mayores ven programas moralmente inaceptables. Esto puede dar lugar a que se les despierte una curiosidad malsana y, además, que pierdan la confianza en lo que les dicen sus padres, creando una barrera entre ellos.

El volumen del televisor no tiene por qué estar exageradamente alto, basta con que se pueda oír bien. Es un cuidado que se debe tener especialmente a las horas habituales de descanso o cuando se sabe que un vecino está enfermo.

Los programas de televisión se podrán catalogar del siguiente modo: los interesantes, los informativos, los recreativos, los que sirven de distracción y divierten, los culturales, las películas con toda su variación de excelentes a pésimas, los que no vale la pena ver y los que es mejor que no entren en casa.

Existen espacios de televisión verdaderamente interesantes y que merece la pena conservar; gracias a los videotapes se pueden grabar y tener en casa para volverlos a ver siempre que sea oportuno. También se puede programar la grabación de aquellos que verdaderamente son dignos de ver y no se puede en el momento de la transmisión.

Cuando hay niños en casa y televisan buenos programas infantiles, conviene grabarlos para volvérselos a poner siempre que se quiera, los niños disfrutan y no les importa verlos más de una vez; incluso pueden tener sus programas favoritos y para ellos es un buen premio repetírselos.

Si se tiene colección de videotapes y algunos no son apropiados para niños, conviene tenerlos aparte en un sitio donde ellos no tengan alcance.

Cuando se dan fiestas infantiles, puede ser muy buen entretenimiento para los niños ponerles un video que les guste, especialmente en invierno cuando es más difícil que puedan jugar al aire libre.

Los animales domésticos Hay personas que son verdaderos amantes de los animales, y a los niños, desde pequeños, también les puede hacer ilusión tenerlos en casa. Pero tener un animal en casa obliga a observar unas determinadas consideraciones con los demás. Si se trata de un perro, hay que educarlo desde cachorro, para que sepa comportarse sin molestar a los demás y sin hacer estropicios.

Los animales también tienen sus necesidades fisiológicas que no se pueden descuidar. Por ejemplo, si se posee un pájaro, habrá que limpiar la jaula y mantenerla en condiciones. Cuando se trata de peces, hay que renovar el agua con la debida periodicidad, para que la pecera no tenga un aspecto descuidado y sucio, cosa que, además, probablemente acabará con la vida de los peces. Hervir el agua y dejarla enfriar antes de cambiar la pecera neutraliza el cloro que pueda contener.

Una vez que se toma la decisión de admitir un animal en casa, se adquiere la obligación de cuidarlo y no se debe abandonar. A todos en la casa, y a los niños desde pequeñitos, se les ha de educar de manera que ni se les ocurra ser crueles con los animales.

4. LAS BUENAS COSTUMBRES

A lo largo de la historia de la humanidad, los usos y costumbres de los diversos pueblos han sido exponente de su civilización y riqueza cultural.

El interés de la humanidad por mantener «las buenas costumbres», la civilización y la cultura frente a los períodos de mayor barbarie, subraya el valor positivo que se reconoce en los buenos modos, que humanizan el trato social, pues reflejan mejor la dignidad humana y la fomentan.

A través de la historia, las buenas costumbres lógicamente han ido afinándose. Los primeros textos que aparecen acerca de las buenas costumbres, se dedican a la educación en la mesa. No en vano dice el refrán: «En la mesa y en el juego se conoce al caballero». Hacia finales de la Edad Media se subraya que la educación de las costumbres debe iniciarse desde la infancia. Más adelante, con el florecimiento de la vida de la corte, es en ese ámbito de ceremonias donde se afinan —a veces extremándose— las buenas costumbres; es ahí donde nace el término «cortesía». En los tiempos modernos se han ido simplificando estas costumbres, quizá demasiado rígidas y polarizadas hacia un formalismo externo.

Sin embargo, el valor de las buenas costumbres no es cosa del pasado, pues también se hacen necesarias en nuestros días.

Las buenas costumbres no son un mero cúmulo de manifestaciones externas, son más bien un efluvio de la calidad de vida, que surge con naturalidad y espontáneamente en quien posee un concepto elevado y objetivo de la dignidad de las personas.

La razón de ser de las buenas costumbres es la misma a través de todos los tiempos: la conciencia práctica de la dignidad humana expresada en el respeto que cada persona merece. Las buenas costumbres son manifestaciones de cultura y elegancia, elementos esenciales en una educación integral de la persona humana. Son también expresión de la riqueza de una cultura con tradición y raíces seculares, que emergen a través del comportamiento de una persona.

No es culto quien se limita a cultivar un oficio, una ciencia, las leyes o las artes, quizá con resultados brillantes, pero a la vez en el terreno de las relaciones humanas —por descuido, ignorancia o apatía— utiliza modos grotescos e inadecuados. Pobre figura humana ofrecería un sabio o un gobernante que no supiera cómo comportarse en la mesa.

La buena educación, como se ha dicho, normalmente se recibe en la familia, ya desde la infancia. Ese cortejo de cualidades es uno de los mayores tesoros que una persona puede poseer. Saber actuar con garbo en cada ocasión, atender dignamente a las personas y estar a la altura de las circunstancias en los distintos tipos de relaciones, es algo que no se improvisa, que no se adquiere de la noche a la mañana; pero se puede mejorar, a través de un constante ejercicio, forjando las cualidades necesarias para que las relaciones familiares, sociales o profesionales puedan desarrollarse dignamente, sin fricciones, en un ambiente amable y sencillo, capaz de evitar incomodidades o molestias a los demás.

La cortesía es también expresión y cauce de las virtudes sociales «que nos hacen útiles y agradables a aquellos con quienes tenemos que vivir» (Duclós)

5. CUALIDADES PERSONALES EN EL TRATO SOCIAL

Las manifestaciones de cortesía y de buena educación reflejan la calidad de vida de una persona, demostrando sus cualidades inherentes.

Es posible adquirir en germen esas cualidades en la niñez. Los hábitos arraigados en la infancia hacen más fácil su posterior desarrollo. Además de tener buena voluntad, hay que poner esfuerzo en aprender a practicarlas.

Grandeza de espíritu   Un espíritu abierto y generoso es el terreno abonado donde pueden arraigar las buenas costumbres. Opuesto al egoísmo y a la estrechez de miras, da agilidad para captar las necesidades de los demás, saliendo una y otra vez en su ayuda.

Esta cualidad interior es fruto de la bondad. Lleva a descubrir que una persona puede necesitar que se le ceda el asiento, o una sonrisa para aliviar su cansancio, por citar algún ejemplo.

Dominio de sí y señorío Todo el mundo tiene necesidad de expresar sus sentimientos. En la vida hay momentos de alegría y de dolor; es cierto que el temperamento influye considerablemente en el modo de exteriorizar los sentimientos, pero siempre es necesario —en unas personas será más arduo que en otras— un cierto dominio de sí para saber expresarse de forma adecuada, elegante y educada.

Quien estalla en grandes y sonoras carcajadas o rompe a llorar con estruendo, demuestra carecer de este dominio.

De igual modo demuestra falta de dominio quien recibe una noticia abriendo la boca —como si fuera al dentista— o dejándose caer en el asiento, golpeándose las piernas o con manifestaciones de ese estilo.

Cuando sea preciso reprender, ha de dominarse la propia cólera; de ordinario la reprimenda será más eficaz una vez conseguida la calma.

Quien se muerde las uñas delante de otras personas, no sólo demuestra carecer de dominio, sino también del más elemental conocimiento de higiene. Transigir con este vicio supone también desconsideración hacia los demás, ya que fácilmente les resultará molesto el espectáculo.

El dominio de sí se manifiesta en dominar la lengua, cuando se sientan deseos de criticar a los demás; con mayor motivo aún si la crítica negativa se realiza mientras los interesados están ausentes. Es preferible callar cuando no se puede alabar.

Prudencia y tacto Las relaciones con los demás requieren espíritu de observación y «tacto», es decir valorar prudentemente todos los factores y observar, a fin de poder mantener siempre una actitud de gran consideración hacia las opiniones ajenas.

Se tratará de evitar en cada caso gestos o comentarios que puedan molestar o resultar inoportunos.

Conviene buscar el momento propicio para todo. A menudo, lo que parece urgente puede esperar.

Serenidad Para mantener los buenos modos en todo momento, se necesita una buena dosis de serenidad, es decir, esa lucidez de la mente y estabilidad del corazón que permiten acertar prudentemente en nuestro comportamiento.

Si una conversación intrascendente se convierte en discusión acalorada, la persona educada sabrá cambiar de tema o conceder que el interlocutor puede tener razón; en estos casos es la elegancia quien sale vencedora. De igual manera se responderá adecuadamente ante algún insulto o descortesía, cuando sin soliviantarse, serenamente se valore cuál debe ser la reacción más provechosa. No en vano dijo Shakespeare: «Es más fácil obtener lo que se desea con una sonrisa, que con la punta de una espada».

Saber escuchar Para poder mantener una conversación, no sólo se requiere saber hablar, es casi más importante saber escuchar con atención, evitando tomar parte en ella sólo aparentemente, cuando en realidad los propios pensamientos giran en otra órbita. Algo que no se escuchó con atención puede que sea lo más importante de una cuestión, o quizá aspectos esenciales de la misma que la confundan, o no permitan entenderla.

La persona que interrumpe a menudo la conversación, introduciendo otros temas que la desvía, es un malísimo conversador. Sus relaciones sociales serán necesariamente superficiales y no llegará a entender ni a tratar a los demás.

Comprensión La consideración hacia los demás llevará a pasar por alto elegantemente equivocaciones ajenas, sin darles mayor trascendencia, o incluso ocultándolas a los otros.

Siempre se puede encontrar alguna explicación airosa para despejar estas situaciones difíciles. Por el contrario, nunca se hará hincapié en algo que pueda dejar mal a una persona.

Sencillez Nada congela más las relaciones entre las personas como la arrogancia. Por el contrario, la sencillez y una actitud confiada hacia los demás, dispuesta a reconocer los valores que poseen, son elementos esenciales para el trato social. La persona sencilla se hará querer y respetar, porque también sabe hacerlo con los demás.

Concisión Esencial muestra de cortesía es el respeto por el tiempo ajeno.

La persona que trata de ser breve y concisa es el polo opuesto al individuo pelma y pesado.

Siempre que se hace uso del tiempo ajeno, como muestra de consideración se tratará de resolver los asuntos en el mínimo tiempo posible. Esto no impide que, una vez resueltos y si así lo desean ambas partes, se prolongue la entrevista.

Discreción Esta cualidad, de tan valiosa, no tiene precio.

La persona indiscreta es siempre un pequeño peligro para la convivencia, a veces puede llegar a ser un gran peligro social y ocasionar serios problemas.

Si normalmente hay que cuidar la discreción para con los asuntos propios, con mayor empeño debe hacerse cuando se refiere a los de los demás. Es preferible silenciar asuntos, a hablar de ellos sin necesidad.

Discreción es no revelar, a quien no se debe, asuntos que se conocen por la profesión o situación en la que uno se pueda encontrar, pero también es saber callar informaciones que se conocen a través de comentarios desaprensivos de fuentes diversas.

La persona discreta tiene la preocupación de no abusar de su amistad con otras personas para solicitar favores injustos o colocarlas en situaciones molestas.

Discreción es también saber desaparecer colocándose en un segundo plano, huyendo de un protagonismo inoportuno.

Por discreción se evitarán las preguntas que denoten un afán de curiosidad innecesaria o impertinente.

Optimismo
Hay personas que, por su disposición habitual de ver sólo el lado negativo de las cosas, pueden recibir el apelativo de «aguafiestas»; mientras otras todo lo animan y alegran con su actitud optimista. Estas últimas hacen fácil y agradable el trato social. El optimismo virtuoso no ignora las dificultades pero actúa según aquel proverbio: «Ya cruzaremos el puente cuando lleguemos al río».

Amabilidad y cordialidad
Fruto de la buena educación es una actitud permanente de amabilidad y cordialidad hacia los demás. Es amable quien logra que las personas de alrededor —sean cuales fueren— se encuentren a gusto, sabiendo encontrar las palabras oportunas, del modo que sean mejor recibidas.

La cordialidad es enemiga de irritaciones impulsivas ante las dificultades. Se hace cargo de la situación de cada persona y trata de ayudarla.

La amabilidad se demuestra en gestos, igual que en palabras y hechos. Su distintivo es la sonrisa. Horacio decía: «Nada impide decir la verdad sonriendo».

Puntualidad
Hay que evitar crear ante los demás la sensación de estar arrastrado por las prisas. Ésta se evita, al estar con otras personas, aprovechando los minutos y explicando al marcharse la necesidad de hacerlo, con sencillez y sin nerviosismo. La puntualidad es norma elemental de cortesía, porque hacer esperar a otras personas es una desconsideración, al quitarles un tiempo que hubiesen podido aprovechar de otro modo.

6. LAS FORMAS EN EL TRATO SOCIAL

Las relaciones sociales se perfeccionan con el ejercicio recíproco de las buenas formas, tratando a los demás como uno desea ser tratado. Ahora bien, conviene tener en cuenta que si es cierto que todos los hombres tienen la misma dignidad fundamental conforme al ser de personas, existe también cierto orden o rango entre las personas de acuerdo con circunstancias reales que las distinguen. El trato social debe contar con ello. Aristóteles ya resaltaba este principio en el siglo IV a. C., en un libro que escribió para su hijo: «En todas las ocasiones es preciso mostrar a los hombres más ancianos que nosotros el respeto debido a la edad. Debemos levantarnos en su presencia, cederles el puesto y tener con ellos todos los demás miramientos de este género. Entre camaradas y hermanos, por el contrario, debe reinar la franqueza y haber un desprendimiento que los haga partícipes de todo lo que poseen. En una palabra, respecto a los parientes, los compañeros de tribu, los conciudadanos, y de todas las demás relaciones es preciso esforzarse siempre en tributar a cada uno las consideraciones que le pertenecen, y discernir lo que debe dársele precisamente según el grado de parentesco, de mérito o de intimidad. Estas distinciones son de fácil ejecución, cuando se trata de personas que son de la misma clase que nosotros, y presentan mayor dificultad cuando se trata de personas de clases diferentes; pero no es ésta razón para dejar de hacerlo, debe procurarse tener muy en cuenta todas estas gradaciones y diferencias en cuanto sea posible» (*Ética a Nicómaco*, Libro IX, cap. 2).

Las relaciones sociales y profesionales entre los iguales serán las más frecuentes; las que se mantienen con personas de un nivel más alto, requieren ciertas manifestaciones de deferencia; con personas de menor rango, se habrá de extremar la delicadeza en el trato, para evitar incluso cualquier falsa interpretación que pueda humillar.

Si una persona utiliza con sus colaboradores y con aquellos de un rango inferior formas cordiales y afectuosas, éstos le responderán con una deferencia que excluye el servilismo y no excluye el afecto.

Audacia y timidez

El trato social requiere cierta soltura y fácil desenvolvimiento, incompatible con una postura tímida y encogida.

Pero el tímido «compensado», el que con gran esfuerzo de voluntad vence su timidez, fácilmente puede «pasarse de rosca»; siempre habrá de plantearse, guiado por la prudencia, hasta dónde debe llevarle su audacia, es decir, ha de actuar con tacto.

Susceptibilidad y amor propio

La susceptibilidad y el amor propio desmedido ocasionan serios trastornos en el trato con los demás.

Una persona puede sentirse herida por una falsa impresión, por un equívoco, sin que haya razones reales para ello. Para vencer esta flaqueza, puede aplicarse el principio de que «hablando se entiende la gente». La forma más directa de entenderse es acudir a la persona que supuestamente ofendió y, con sencillez, pedir que vuelva a exponer lo que pretendía. Con este procedimiento se aclaran muchas situaciones críticas que en realidad no pasan de haber sido malas interpretaciones a causa de la propia susceptibilidad.

El amor propio desmedido lleva a actuar desconsideradamente con los demás, es decir, sin el debido respeto y atención a las personas, ocasionando a veces incluso la ruptura de toda relación entre ellas.

El ambicioso que quiere a toda costa lucirse y arrollar, fácilmente degrada a los demás, tratándoles como peldaños en su ascenso triunfal. Quienes se dejan llevar por esta actitud acaban siendo sumamente desagradables y antipáticos.

La caballerosidad La caballerosidad no es cosa del pasado. La práctica de un cúmulo de detalles de cortesía, ejercitados con elegancia y arraigados en la hombría de bien, son los elementos que hacen al verdadero caballero.

Una señora siempre agradecerá la presencia de caballeros, que frenen las palabras malsonantes o sepan cortar una conversación desagradable, que le cedan el asiento y manifiesten de otros muchos modos el reconocimiento de su dignidad de mujer.

Siempre agradecerá los detalles de auténtica caballerosidad la mujer que no se avergüence de su feminidad, que en modo alguno suponen arrogancia, ni anulan sus valores, o limitan la valía social y la capacidad profesional de la mujer.

La feminidad Los movimientos feministas que adoptan posturas radicales arroyan las más preciadas cualidades en la mujer, para dar auge a una escapatoria de su verdadera misión en la sociedad, imbuyéndola en un no querer enfrentarse con los valores trascendentales para ella y buscando una evasión de la realidad con excusas triviales.

Las medidas propuestas para la liberación de la mujer son a veces aberrantes: el divorcio, el control de la natalidad, absoluta libertad sexual y el aborto, apoyándose en el derecho de la mujer a su propio cuerpo. Todo podría resumirse en «la destrucción de la feminidad».

La verdadera feminidad rechaza la discriminación de la mujer, pero se diferencia del «feminismo» en que mantiene y salvaguarda todos los valores y cualidades que le son propios. La igualdad radical de dignidad se da en diversidad de funciones. Estas diferencias fisiológicas y psicológicas entre hombre y mujer hacen posible que ambos puedan aportar unos valores que le son propios y distintos entre sí: para el hombre la virilidad, que en el terreno que nos ocupa podemos llamar más propiamente caballerosidad, y para la mujer su feminidad.

Familiaridades   La amabilidad con los demás siempre debe edificarse sobre el respeto fundamental hacia la persona. Cuando se descuida el respeto que merecen las ideas y la manera de ser de las personas con modos grotescos o autoritarios, se corrompe la delicadeza en el trato, convirtiendo la relación en un cúmulo de groseras familiaridades.

Las familiaridades se originan al irrumpir indebidamente en la intimidad de otras personas o al airear la propia sin ningún pudor.

Especialmente habrán de evitarse asomos de esta grosera familiaridad entre personas que tengan distinto rango: el jefe de una oficina con quienes de él dependan, los dueños de la casa con los empleados del hogar, y en circunstancias semejantes.

Mantener las   Base para fomentar relaciones duraderas y verdadera amistad
distancias   es guardar cierta reserva amable, que no necesariamente ha de ser circunspección ni misterio.

La persona que insiste en tutear a todos, que se confía a cualquiera indiscriminadamente o se inmiscuye en los asuntos de otros, fácilmente tropieza con la frialdad de los demás, al percibir síntomas de frivolidad y superficialidad en ella.

La confianza no puede imponerse jamás, solamente puede inspirarse. Por ello, mantener las distancias respecto a la propia intimidad, no es solamente útil entre compañeros de trabajo, también es necesaria, en otro grado, para la vida familiar. Algunas personas abruman con confidencias de índole privada, tratando de forzar la intimidad. Esa cierta tendencia sólo puede provocar una falsificación de la amistad, incluso llegar a impedirla.

La sencillez no es incompatible con una delicada reserva de la propia intimidad, que da un cierto encanto a la personalidad.

Ostentación   La persona ostentosa carece del encanto propio de la verdadera categoría, porque ansía ser siempre el centro de atención y no valora la elegancia de hacer y desaparecer.

Ostentación es hacer alarde de relaciones, conocimientos o de «conquistas» amorosas; rodearse de cosas por la exclusiva razón de que llamen la atención, como ropa, accesorios o la decoración de la casa.

Cuando recibe a sus invitados, el ostentoso trata de deslumbrarlos y, buscando en ellos la admiración, se despreocupa de que se encuentren a gusto.

La persona ostentosa conquista a los fácilmente impresionables y provoca en ellos el vicio de la adulación. Las personas de buen gusto, por el contrario, no se dejan captar por esas ostentaciones y más bien tienen un sentimiento de repulsa hacia esas actitudes.

Elogios Tener visión positiva de las personas siempre es animante y agradable. Hay momentos en que es necesario demostrarlo con palabras expresivas.

Sólo la persona que observa lo valioso que hay en los demás sabe expresarlo como muestra de benevolencia o de agradecimiento, ganándose la simpatía de todos.

Cuando una persona expone en el curso de una conversación un punto de vista verdaderamente interesante, es justo reconocer su acierto.

De igual manera, es de buena educación que el invitado celebre las obras de arte, o el buen gusto en la decoración de la casa y los detalles que ayudan a crear un ambiente acogedor.

El justo elogio se distingue de la adulación, que implica siempre falta de sinceridad o de prudencia.

Es perfectamente correcto que un caballero resalte la elegancia, amabilidad, o belleza en la mujer; pero es poco femenino en la mujer hacer referencia directa a detalles personales del caballero, es decir, si no es con cierta amable ironía.

Expresiones vulgares El lenguaje empleado por una persona no sólo denota su grado de inteligencia, sino también su cultura y su educación.

El excéntrico o extravagante trata de llamar la atención por ostentación, pero rara vez es digno de admiración. En la conversación ha de evitarse, pues, el uso de expresiones rebuscadas y cursis, pero también aquellas que estén a la última moda, ambos extremos denotarían una actitud de superficialidad.

Utilizar palabras con doble sentido no deja de demostrar muy mal gusto, cuando el segundo sentido es zafio y grosero.

La persona educada debe evitar en su conversación las palabras soeces o vulgares y no decirlas nunca si hay alguna mujer presente.

Si ya es un error pensar que se es más varonil al emplear un lenguaje grosero, con mayor razón utilizar un vocabulario bajo y degradante contraría profundamente la verdadera feminidad.

Aunque, por falta de instrucción, se empleen palabras vulgares en medios sociales menos cultos, nunca es disculpable su uso en personas de un nivel sociocultural más alto: quienes las utilizan por «snobismo», pensando incluso que tiene cierta gracia el hacerlo, sólo añaden una nota de vulgaridad a su presunción.

Ruidos Si la persona educada es la que sabe hacer la vida agradable a los demás, evitando todo lo que pueda resultar molesto, evitará, dentro de lo posible, todos los ruidos que puedan impacientar o interrumpir la tranquilidad de los demás.

43

Ante los ruidos inevitables, se pondrán los medios convenientes para que molesten lo menos posible.

Hay ruidos que se producen por descuido o accidente. Quien ruidosamente dejó caer al suelo un objeto pedirá disculpas y en lo sucesivo extremará el cuidado para que no vuelva a ocurrir.

Otros ruidos pueden y deben evitarse. En el trato social conviene hablar con un tono de voz moderado y suave, no demasiado alto. Nunca se debe llamar a gritos a alguien, si no es para advertirle de un peligro inminente.

El sistema de construcción empleado hace siglos, con sus gruesos muros hacía casi imposible que los ruidos molestos traspasaran las paredes. Hoy día, en cambio, la consideración por los demás llevará a evitar ruidos que disturben a quienes viven en el mismo edificio. Se respetarán especialmente las horas de descanso, eliminando ruidos a altas horas de la noche o a primeras horas de la mañana.

Quien ha de madrugar no por eso tiene derecho a organizar estrépito dando portazos, abriendo grifos sin consideración alguna, taconeando, poniendo la radio a todo volumen o arrastrando muebles.

En diversas actividades de la vida social hay que poner especial empeño por evitar ruidos que distraigan a los demás. Si se asiste a una conferencia o al teatro, se evitará llegar tarde, pasar las páginas del programa de modo sonoro o hacer comentarios en voz baja con el vecino de al lado, que crea molestos murmullos. En los conciertos se evitarán también toses o carraspeos que perturben el silencio y la armonía. La especial consideración hacia los enfermos lleva a guardar mayor silencio en clínicas y hospitales, para favorecer su descanso.

Risas Reír, manifestación espontánea de buen humor y alegría, es expresión de una emoción del alma, y por lo tanto controlable.

Conviene evitar las carcajadas fuertes y destempladas. Reír con elegancia, sonriendo también con los ojos, denota sinceridad.

Sonreír amablemente en las relaciones sociales y profesionales es muy importante.

Conviene evitar por parte de la mujer sonreír a desconocidos, ya que podría concluir en una situación desagradable.

El momento de la risa ha de ser oportuno: sería poco amable reírse de una persona que se cae y puede haberse hecho daño.

Las personas presentes han de poder participar de la risa, ocultar el motivo que la provoca demostraría falta de delicadeza hacia ellas dejándolas de lado.

El motivo de la risa ha de ser noble. Por ello ha de evitarse ante una situación ridícula por parte de otra persona. Por la misma razón, no son aceptables las risas irónicas que humillan al aludido.

Conviene evitar las carcajadas fuertes y destempladas.

La urbanidad en las manifestaciones religiosas

Si es importante cuidar las muestras de educación y de cortesía en las relaciones sociales y profesionales, es lógico que también se cuiden en los actos religiosos, que son las relaciones con Dios.

Cuando se participa en actos de culto se debe prestar atención al porte externo y al arreglo personal. Las relaciones sociales exigen con frecuencia que se asista a ceremonias religiosas. Hay que tener la preocupación de enterarse al menos de lo más imprescindible acerca de esas ceremonias, para poder comportarse en ellas con la obligada dignidad y el respeto que merecen la religión de que se trate y las personas que pertenecen a ella.

El atuendo deberá ser el adecuado al caso, aunque a continuación se vaya a asistir al correspondiente agasajo para celebrar el acontecimiento. No es correcto ni ir con un atuendo descuidado ni exagerar la ostentación.

Se ha de seguir la acción sagrada atentamente. Habrá que adoptar las posturas adecuadas a cada momento, evitando lo más posible hacer ruidos en los movimientos necesarios para seguir correctamente la ceremonia, participando realmente en ella por medio del diálogo y de los cantos.

Distraer la atención de los demás es una considerable falta de delicadeza; y aún es peor volver la cabeza para ver quién entra o para observar qué personas asisten al acto. En los lugares de culto y durante una ceremonia, el silencio es básico para mantener una actitud apropiada.

En las prácticas religiosas hay posturas y gestos que resultan inadecuados o ñoños: no se debe uno mover ni con un desenfado irrespetuoso ni con un recogimiento postizo.

Concretamente para la religión católica, hacer bien la genuflexión al pasar delante del sagrario donde se encuentra Jesús Sacramentado, denota amor y respeto, propios de una persona de seria religiosidad; resulta ridículo hacer una genuflexión a medias o precipitada: hay que llegar con la rodilla derecha al suelo, manteniendo el cuerpo erguido.

Hacer bien la señal de la cruz es evitar un garabato precipitado, muestra de ignorancia y de falta de piedad y cortesía hacia el Ser que más respeto merece.

Al cambiar de estar sentado a arrodillarse, se debe uno erguir previamente, para hacerlo con dignidad, sin deslizarse del asiento.

El respeto a otras religiones Es norma de cortesía respetar la libertad de las conciencias y las creencias de cada persona.

Habrá que comprender los ritos, posturas y costumbres que puedan adoptar los judíos o musulmanes en sus sinagogas o mezquitas y, si alguna vez se visitan, aunque sea por motivos turísticos, habrá que cambiarse los zapatos y dejarlos en la entrada, como es práctica de esas religiones.

Si se visita Tierra Santa, es manifestación de cortesía respetar la intimidad de las personas en el Muro de las Lamentaciones.

Cuando por motivos de arte o turísticos se visita un templo, siempre se habrá de comparecer debidamente vestidos y hacer el menor ruido posible para no interrumpir a las personas que rezan.

7. EL PORTE EXTERNO

El porte externo es el reflejo de la personalidad y de las cualidades adquiridas por cada ser humano.

En el modo de vestir y de actuar se da a conocer la cultura, la autoestimación y el respeto hacia los demás que tiene una persona.

Vestir y comportarse correctamente, de acuerdo con cada situación, es demostración de la categoría personal en cuanto supone una actitud generosa hacia los demás. En ello debe pesar más el deseo de agradar al prójimo que el egoísmo de lucirse. El arreglo personal no es manifestación de presunción, sino de sociabilidad, benevolencia y caridad, pues cuidarlo bien habitualmente supone verdadero esfuerzo y saber prescindir de alguna comodidad personal.

La elegancia   Conviene convencerse de que la elegancia está al alcance de cualquier fortuna, y no depende de una situación económica elevada.

Elegancia implica sentido de la belleza y armonía; cristaliza en una rica sencillez, enemiga de complicaciones y rebuscamientos estrambóticos.

Lo lujoso no es necesariamente elegante; es más, a menudo puede ser manifestación de extravagancia o de ostentación en los «nuevos ricos».

El dinero puede proporcionar el lujo, pero no la elegancia, la armonía, o la sintonía con el ambiente y circunstancias.

La elegancia no implica, en absoluto, mecánica uniformidad, encuadrada en determinados baremos. Una misma prenda en una persona puede quedar bien y resultar tremendamente ridícula en otra. No hay reglas fijas.

La persona elegante sabe elegir lo que le va entre las novedades, sin depender exclusivamente de ellas.

Estilo   Generalmente se habla de estilo para referirse a algunas formas externas arbitrarias que son características de una persona al expresarse por escrito o de forma oral. Pero, en el terreno que nos ocupa, se dice de una persona que «tiene estilo», cuando su comportamiento revela algo valioso y atractivo que es característico en ella.

Tener estilo se manifiesta en la forma de vestir, de hablar, de actuar; implica un encanto especial, personalísimo, en el modo de ser elegante.

Saber vestir   En cada época, la vestimenta, sus accesorios, las joyas o los perfumes, marcan unas líneas generales propias del tiempo; las cuales son el ámbito donde cada persona debe utilizar su imaginación, fantasía y buen gusto para saber elegir sin dejarse llevar por una uniformidad despersonalizante.

Perder de vista el sentido de lo elegante y de lo digno, para regirse sólo por lo útil y práctico, supone renunciar a la expresión de la personalidad y dejarse arrastrar por una corriente gregaria, que a menudo es degradante, como las modas que lesionan el pudor, que es exteriorización del valor de la intimidad humana. Siempre es posible adoptar lo útil con sentido de la mesura.

En nuestra época se han simplificado mucho los criterios en cuanto al modo de vestir; vamos a considerar aquellos más permanentes que prevalecen:

1. Vestir con buen gusto, y estar siempre presentable en cada ocasión.
2. Evitar extravagancias que puedan molestar a los demás.
3. Tener ropa que se pueda combinar para poder variar con frecuencia el modo de vestir.
4. Si se asiste al teatro, la ópera o a ceremonias sociales, hay que vestir de modo especial y apropiado para la solemnidad.
5. Si se acepta una invitación a algún acto social, hay que arreglarse de acuerdo con el deseo de las personas que invitan; la invitación a veces indicará cómo se debe comparecer.
6. Excepto en el caso de las personas muy jóvenes, a quienes casi todo les sienta bien, habrá que cuidar el vestir con sencillez, ya que es un elemento esencial de la elegancia.
7. Será preferible buscar la armonía de colores, a los contrastes bruscos entre ellos.
8. Conviene que la ropa de diario sea de buena calidad, por el uso que se le da. Es preferible gastar un poco más y que sea buena, a no hacerlo, ya que a la larga da peor resultado y sale más caro.

Así como antes se realzaba la dignidad de la mujer con la alta costura, ahora existe en algunos sectores clara tendencia a cosificarla, a resaltar los más bajos intereses, so pretexto de aire nuevo. La moda está manipulada por un complejo entramado de intereses. Hay un potente sector de la moda impregnado de ideologías materialistas y ateas, que claramente ignora y desprecia los verdaderos valores de la persona, tratando de convertirla en un ser despersonalizado y animalizado.

En la adaptación de la moda juega un papel importante el pudor, que en cierto modo supone un dominio sobre el propio cuerpo y defensa de la intimidad.

La dignidad del ser humano —que hace que se diferencie de los animales que son la total exteriorización— le lleva a mantener una entrega racional y selectiva de la propia intimidad, cultivando los valores morales y el misterio que esto lleva consigo, en lugar de minusvalorarla prodigándola.

II PARTE

GUÍA DEL COMPORTAMIENTO SOCIAL

I LA PRESTANCIA PERSONAL

1. SABER ESTAR

Saber comportarse, moverse con naturalidad y elegantemente es algo que si no se tiene, se puede ir adquiriendo.

El cuidado de las posturas, del modo de andar, de estar de pie o sentados da a la persona un encanto especial si se sabe hacer con naturalidad, sin fingimientos ni afectación.

Saber andar Lo primero a tener en cuenta es mantener la cabeza derecha, mirando hacia el frente y no hacia abajo.

Se evitará echar los hombros hacia delante y por el contrario se mantendrán hacia atrás, como tratando de cerrarlos suavemente en la espalda, esto ya da un movimiento airoso a los brazos, por lo menos hasta el codo. No implica ir tiesos como un palo, sino todo lo contrario, adquirir la capacidad de moverse airosamente manteniendo la espalda derecha, en lugar de encorvada.

Los brazos y las manos se moverán con soltura y levemente al andar evitando imitar el balanceo de un soldado en marcha, o llevarlos colgados de forma desgarbada.

Al andar hay que cuidar la armonía de movimientos de todo el cuerpo, sin balancearse de un lado a otro, ni adelantar demasiado el tronco.

Debe evitarse andar con las manos metidas en los bolsillos, aunque a veces puede llevarse una en el bolsillo del abrigo. Aquí hay que tener en cuenta que además del aspecto de corrección, los bolsillos se estropean y deforman si habitualmente se tiende a meter las manos en ellos.

Concretamente, los caballeros evitarán meter las manos en los bolsillos del pantalón al andar; aunque en Inglaterra no está mal visto.

Estos hábitos conviene inculcarlos desde la infancia; es mucho más fácil adquirirlos y mantenerlos entonces, que corregir los vicios que se puedan ir acumulando.

La postura y movimiento de los pies son muy importantes en

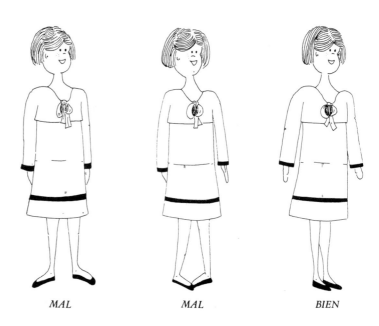

MAL   MAL   BIEN

la educación de una persona. Los pies han de colocarse rectos hacia delante, tanto al andar como al estar de pie.

Se debe evitar meter la punta del pie hacia dentro, llevarlos demasiado separados o sacar la punta hacia fuera al andar.

Los pasos serán proporcionados a la altura de la persona. Se evitarán pasos muy largos o zancadas. Al andar se apoya levemente el talón y después la punta. Conviene doblar un poco la rodilla al andar, haciéndolo con suavidad.

Si se tiene prisa, se andará con más rapidez, pero siempre evitando el exagerado movimiento de brazos y piernas, así como de las caderas.

Al andar conviene evitar hacer ruido o pisar fuerte; la suavidad en el andar tanto en la mujer como en el caballero son signo de buena educación.

Si al estar andando es preciso girarse, se evitará apoyarse en una pierna y girar la otra en el aire; es más correcto hacerlo con rapidez si es necesario, pero con suavidad, teniendo los pies apoyados en el suelo.

Los hombros   La postura de los hombros, ya se esté de pie, ya sentados —y sobre todo en la mesa—, ha de ser hacia atrás. Hay una tendencia natural, que puede terminar en vicio arraigado, de echarlos hacia delante.

Las manos   Las manos pueden a veces causar dificultades por no saber qué hacer con ellas cuando hay que tenerlas desocupadas. Se necesita adquirir un cierto grado de seguridad para saber qué se puede o no hacer, cuando parece que las manos sobran.

Al hablar, hay que evitar gesticular con las manos. Se pueden describir los objetos y formas más complicados usando las palabras descriptivas apropiadas, sin necesidad de describir la silueta o tamaño con las manos; se pueden mover un poco, suavemente, al hablar.

Para referirse a una determinada persona, generalmente no se señalará con el dedo, se dirá su nombre, o se la describirá indicando el lugar donde esté, y utilizando sólo palabras.

Se evitará la postura llamada «manos en jarra» apoyadas en las caderas.

No siempre es correcto estar de pie con los brazos cruzados, es preferible extenderlos hacia abajo con gracia; también en múltiples ocasiones hay posibilidades de sostener algún objeto que facilite una postura airosa, por ejemplo el bolso para las señoras.

En un acto oficial, en la iglesia, en un pésame o funeral, es preferible cruzarlas con los brazos caídos y sosteniendo la mano izquierda ligeramente con los dedos de la derecha.

Debe procurarse que las manos no se dejen llevar por reflejos nerviosos, tocándose el collar o la corbata, ni rascarse inconscientemente.

Esconder las manos en la espalda al estar de pie denota una postura informal.

Estar de pie   Estar de pie y quietos quizá sea la postura más difícil de mantener, sobre todo cuando se trata de ocasiones informales.

Ha de evitarse estar parados con las piernas abiertas. Puede colocarse un pie delante del otro, abriéndolos una pizca, pero sin que casi se note.

Si hay que estar de pie, se evitará apoyarse en la pared o en algún mueble con la espalda.

Estar sentados   Al estar sentados, hay que hacerlo con naturalidad y corrección; tan fuera de lugar queda la postura de quien se sienta en el borde del asiento, por timidez, como la de quien se sienta con excesiva comodidad.

Al sentarse hay que hacerlo con suavidad, sin desplomarse en el asiento, ni arrastrarlo ruidosamente.

Los brazos se pueden dejar descansar en los del sillón o sofá donde uno está sentado, pero no se pasarán los brazos por detrás del respaldo ni del de la silla. Normalmente, al estar sentados, los brazos y las manos se dejan reposar sobre el regazo; en ocasiones formales, las manos se mantienen juntas una sobre otra. Estando sentados no se debe apoyar el codo en el sillón para sostener la cabeza, aunque excepcionalmente puede ser una postura graciosa. Es de mal gusto poner los codos en la mesa, ya se trate del comedor o de una reunión; basta con apoyar los antebrazos.

Si una señora lleva falda estrecha, evitará cruzar las piernas. Esta postura normalmente es poco correcta, sobre todo en ocasiones formales.

La postura elegante para una señora sentada es echar los pies un poco hacia un lado, manteniéndolos juntos y mirando hacia delante.

Está permitido cruzar los pies, pero debe evitarse extender las piernas hacia delante y torcer los pies hacia dentro. Al sentarse, todos cuidarán no dejar las piernas separadas.

No se deben enroscar las piernas en las patas de una silla.

Aunque el zapato apriete, no debe sacarse ni siquiera la parte del talón, estando sentados.

Cuando hay un grupo de personas sentadas y aparece una señora, los caballeros se levantan para saludar. Si no hay más asientos, uno de ellos se lo cederá o se lo acercará si hace falta. Si la señora que llega es de cierta categoría o mayor, también se levantarán para saludarla las otras señoras que estén presentes. Se le cederá un asiento preferente junto a los anfitriones.

Al ser un señor el que llega, las señoras que estén sentadas no se levantarán, será él el que se acerque a saludarlas, a menos que su señalada dignidad aconseje una especial manifestación de respeto.

En lugares públicos o medios de transporte, si un caballero está sentado y una señora permanece de pie, éste le cederá el asiento aunque no la conozca. Es un gesto de caballerosidad en el que hay que iniciar a los chicos ya desde jóvenes, pues son propensos a pasarlo por alto.

Los caballeros ofrecerán a las señoras los asientos preferentes.

En un tresillo, el lugar de preferencia es el asiento del sofá que queda a la derecha de la butaca. En ocasiones formales el anfitrión se sentará en la butaca y el invitado en el sofá a su derecha. Si ambos se sientan en el sofá, el invitado se sentará también a la derecha del anfitrión.

Cuando se trata de una reunión de señoras y señores, en principio, ellas se sentarán en el sofá y los señores en las butacas.

Las señoras serán las primeras en sentarse y las últimas en levantarse.

2. ESTAR PRESENTABLE

El arreglo personal bien entendido, como ya se ha dicho, es una muestra de consideración hacia los demás. Es la mujer, precisamente, quien puede poner más ingenio e imaginación para cuidar su propio arreglo. Los tres puntos más importantes en el arreglo personal son el cuidado del cabello, el rostro y las manos.

El cuidado del cabello Lo primero a tener en cuenta, es mantener el cabello limpio; la frecuencia con que se ha de lavar varía mucho de unas personas a otras, según se tenga graso o seco.

El cuidado del cabello es más sencillo en el varón que en la mujer, pero también el hombre necesita un mínimo de atención para estar presentable.

Tanto en la mujer como en el varón es de capital importancia su cuidado, no sólo por razones de estética, sino también de higiene. Se pondrán todos los medios para evitar la caspa.

Al igual que la moda en el vestir, existe la moda del peinado. El cabello también refleja la personalidad individual.

Para mantenerlo bien peinado es importante tener un buen corte —que favorezca—, adecuado a los rasgos de la cara.

El buen porte externo llevará a evitar tocarse el cabello, incluso como consecuencia de un reflejo inconsciente.

Señoras Una regla de oro a tener en cuenta, es que lo que va bien a las rubias puede diferir de lo que sienta bien a las morenas y que al elegir un corte, aunque esté de moda, conviene estudiar si se adecúa a los rasgos de la cara, sin marcarlos desproporcionadamente.

Hay mujeres jóvenes que tienen el cabello completamente blanco; bien cuidado puede ser una nota de elegancia. Pero otras, si son morenas y llegan a tener gran número de canas, pueden dar la apariencia de descuido, en cuyo caso, hoy en día, hay buenas soluciones, basta con dejarse asesorar en la peluquería por un buen profesional. Algunos tratamientos eficaces pueden hacerse en casa.

El peinado en la mujer admite un buen grado de imaginación y fantasía, según las ocasiones. Con un mismo corte de pelo, se pueden hacer distintos peinados de acuerdo con las circunstancias. Debe ser diferente el peinado durante una mañana normal, que para asistir a una boda o a la ópera.

Caballeros También para el varón, el peinado ha ido cambiando a través de los siglos y seguirá haciéndolo, pero siempre hay detalles básicos que conviene tener en cuenta.

Puede preferirse llevarlo más o menos crecido pero siempre ha de estar cuidado y peinado con un buen corte, el estilo de éste será distinto según la edad de la persona y sus características singulares.

Ya se use fijador o se prescinda de él, estar siempre bien peinado es propio de un hombre correcto, porque refleja la paz de espíritu y la categoría de la persona.

El cuidado de la cara
No sólo en la mujer sino también en el hombre tiene especial interés el cuidado de la cara.

La higiene facial no es signo de presunción, sino de consideración hacia los demás.

Señoras
La mujer nunca dará cabida al abandono del cuidado de su rostro. Conforme pasan los años, quizá haya que poner más empeño en la atención que se presta a la tez.

Conviene conocer bien el tipo de cutis que se posee, para adecuar a él el tratamiento necesario; según el cutis que sea y la edad, los cuidados de la cara en la mujer pueden ser de lo más variado. En todos los casos hay que tener en cuenta que a un cuidado básico de la cara siempre se puede adaptar otro apropiado a las circunstancias concretas.

Hoy día es fácil encontrar orientación y asesoramiento en casas de productos de belleza o en las páginas dedicadas a la belleza que suelen traer las buenas revistas dirigidas a la mujer, en donde, además, se comenta el modo de maquillarse que está de acuerdo con la moda del momento. Naturalmente, estos conceptos siempre se deberán aceptar desde un criterio personal. Hay que tener en cuenta que son muy pocas las personas que, por su belleza natural, pueden ir simplemente con la cara lavada.

Es diferente el maquillaje que se emplea para salir por la mañana, ya sea a trabajar o a hacer compras, que el que se utiliza por la noche, para asistir a una recepción; naturalmente, este último debe ser mucho más cuidado y tendrá que proporcionar más luminosidad al rostro.

Algo semejante hay que decir de los cuidados que la piel requiere en invierno o en verano; normalmente, en verano, se centrarán en la protección contra el sol. Aunque los deportes, la piscina o la playa dan un bronceado natural a la piel, ésta necesita una mayor hidratación que en invierno.

Caballeros
En cuanto al varón, el cuidado del rostro puede centrarse en un buen afeitado, o en el cuidado de la barba y bigote, en caso de que se lleven.

Si se utiliza el pañuelo para secar el sudor, se hará con discreción y oportunidad. Nunca se secará el sudor con la mano ni con el brazo.

El cuidado de las manos   El cuidado de las manos, al igual que el del pelo y la cara reviste capital importancia, aunque en distinto grado en el hombre que en la mujer. Siempre se evitará morderse las uñas.

Señoras   Además de lo indicado para los caballeros, la mujer ha de añadir a sus manos un especial cuidado de las uñas.

Si las uñas se tienen largas, han de ser todas de la misma longitud, de lo contrario ofrecería un aspecto descuidado. Las uñas largas han de llevarse pintadas y cuidadas, evitando que alguna esté descascarillada.

El tono de esmalte de uñas debe sintonizar con el de los labios si es que se llevan pintados. Conviene tener en cuenta que en verano, estando morena y al haber mayor luminosidad, se pueden llevar colores más chillones; en invierno conviene que sean un poco más apagados y discretos.

Si las uñas se tienen cortas, han de estar impecablemente limpias y, si se llevan pintadas, los colores han de ser pálidos y muy naturales, pudiéndose utilizar un anacarado blanco o rosáceo.

Para mantener el cuidado de la piel en las manos, será necesario utilizar con frecuencia una crema hidratante.

Caballeros   Éstos habrán de cuidar que las uñas estén debidamente cortadas y limpias.

Se lavarán las manos cuantas veces sea necesario para mantener la debida higiene, según su tipo de trabajo.

Cuando un dentista o médico de cualquier otra especialidad tenga que explorar a un paciente, conviene que se lave bien las manos en su presencia, no se puede dar por supuesto que las tiene limpias ni que es el primer paciente que ve.

Al saludar a otra persona, y más si es una señora, cuidará tener las manos limpias y no sudorosas; si no, es preferible excusarse y no extenderla.

Los perfumes   Está muy extendido el uso de perfumes o colonias de calidad para señoras. Las mismas marcas que ofrecen perfumes de señora, también los fabrican para caballeros.

Es muy importante saber elegir el perfume que se va a utilizar, para no dejar detrás de sí una estela fuerte y penetrante, que pueda llegar a marear o incluso a producir jaqueca en las personas de alrededor.

El perfume o la colonia también reflejan la personalidad y buen gusto, por eso en general es preferible elegir un aroma fresco que no empalague.

Se pueden perfumar los pañuelos de nariz.

Accesorios y joyas   El campo de los accesorios y joyas se ha desarrollado mucho y pueden dar un toque de gracia y elegancia a la ropa que se lleva.

57

Los accesorios dan cabida a la originalidad y a la imaginación. Conviene que armonicen con lo que se lleva sin recargarlo demasiado: es preferible pasarse por menos que excederse en su uso.

Señoras Las mujeres, en este campo, tienen amplias posibilidades de emplear el ingenio y la fantasía. Con distintos accesorios pueden cambiar el aspecto de la misma indumentaria.

El uso de las joyas es más para la noche que para el día. De día las señoras utilizarán sólo dos o tres que armonicen entre ellas.

Es preferible elegir la calidad que la cantidad. Las personas que van recargadas de joyas demuestran afán de exhibición y poca clase.

Si se utilizan por la noche o en ceremonias y en galas, donde su uso es muy apropiado, siempre habrá que cuidar de no caer en el defecto de la ostentación.

Caballeros Para caballeros son de uso habitual: la alianza —en los casados—, los gemelos para las camisas y el imperdible de corbata.

Quitando la alianza, las sortijas masculinas se reducen al sello con escudo de armas si se posee, puede llevarse en el dedo meñique. La sortija en el varón, cuanto más sencilla mejor.

Los alfileres de corbata se están pasando de moda, pero los imperdibles y sujetacorbatas se siguen usando; cuanto más sencillos sean y de buena calidad, demuestran mejor gusto.

Ciertamente puede utilizarse una botonadura de oro o botonadura con brillantes para la camisa del smoking, o del frac, en ocasiones de gran gala.

Los guantes El uso de los guantes ha perdido, en parte, la importancia para el vestir que tenía antaño. Su uso ahora tiene un sentido más bien práctico: protegerse del frío y utilizarlos para determinados deportes.

Para salir a la calle en verano, no es necesario utilizar guantes blancos.

Los guantes se pondrán antes de salir de casa y se quitarán al entrar.

Se siguen utilizando guantes largos para señora en ceremonias de gala, aunque menos que antes.

Al saludar por la calle, los caballeros siempre se quitarán el guante derecho para dar la mano y normalmente las señoras también.

Está permitido dar la mano con guante puesto en determinadas ocasiones, en las que puede ser complicado quitárselo, por ejemplo cuando se monta a caballo o cuando la etiqueta lo exige expresamente. Pero es preferible saludar sin él siempre que se pueda.

Al hacer una visita se quitan los guantes al entrar en la casa.

Una persona nunca saludará a otra de mayor categoría con el guante puesto.

Sombreros   Los sombreros están cayendo en desuso, tanto en lo que se refiere a señoras que antes los utilizaban para vestir, como a los caballeros que los llevaban a diario.

Ahora tienen un sentido práctico, para protegerse del calor y del sol, en la playa, en el campo y para determinados deportes.

Aunque su uso está desapareciendo, conviene recordar que un caballero siempre se descubrirá la cabeza al saludar a una señora, al entrar en la iglesia y en casa.

Para celebraciones de gala, según las ocasiones, las señoras siguen utilizando sombreros.

Si se trata de señoras y asisten a una boda en la iglesia, continuarán con la cabeza cubierta; sin embargo los caballeros siempre se descubrirán la cabeza al entrar en la iglesia, como se ha dicho.

Boinas   Si un caballero utiliza boina, siempre se descubrirá la cabeza al entrar en casa y al saludar.

Gorras   Para determinados deportes y actividades campestres, los caballeros suelen utilizar gorras, sobre todo en invierno. Se descubrirán la cabeza al saludar a una señora y al entrar en casa.

Zapatos y botas   Los zapatos también cambian de moda y de estilo, incluyendo entre los de señora una gran variedad de colores. No se trata de mantener normas rígidas, pero sí de recordar ideas que son manifestación de buen gusto.

El calzado ha de ser apropiado para el lugar al que se va; ha de combinar con la ropa que se use y, para las señoras, preferiblemente también con el bolso.

Aunque hay modelos que se pueden utilizar en múltiples ocasiones, conviene evitar usar aquellos que son muy deportivos para ocasiones de más vestir; por el contrario, resultaría ridículo ir al campo con zapato de tacón alto.

Sobre los zapatos de caballero, basta con decir que hay que cuidar el color para que armonice con lo que se viste y no utilizar fuera de su contexto aquellos que sean demasiado deportivos.

Las botas son muy útiles para determinados deportes y conviene utilizar las apropiadas para cada uno. Las botas para montar a caballo cuando se hace estilo inglés —por ejemplo— se utilizan por fuera de los «breeches», son lisas y llegan hasta la rodilla; cuando se lleva «traje corto» andaluz se utilizarán botas más camperas, que se llevan por debajo del pantalón.

Excepto la bota de vestir, que se admite en casa —para señoras—, no se utilizarán dentro de la casa aquellas que se usan para la lluvia o para protegerse del frío en invierno; al volver de la calle se cambiarán por zapatos.

El uso de las botas para caballeros se aplica más al deporte y al campo, aunque hay algunas botas cortas que se pueden utilizar en la ciudad.

Para todo calzado, una de las normas más importantes es tenerlo siempre limpio y en buen estado, unas suelas o tacones gastados dan una imagen de descuido.

Pañuelos   Al utilizar el pañuelo de nariz, se procurará desdoblarlo por entero y que esté limpio. Se usará con discreción y se guardará con cierta desenvoltura, sin mirarlo fijamente, después de haberlo usado.

Tanto las señoras como los caballeros pueden echar un poco agua de colonia en los pañuelos de nariz.

En cuanto a los pañuelos de cabeza de señora, sólo se utilizarán atados a la cabeza para protegerse del frío o del viento y se quitarán al entrar en casa.

Hay pañuelos de cabeza de señora preciosos y se pueden usar para el cuello. Un buen pañuelo que entone con el conjunto siempre da una nota de elegancia.

3. LA ROPA

Antes de hablar de la ropa, es esencial recalcar la importancia de la higiene personal. El aseo corporal, de los pies a la cabeza, es importantísimo en cada persona, cualquiera que sea su circunstancia, cuando se ha de relacionar con los demás. «De los pies a la cabeza» en todo el sentido de la palabra, para niños, jóvenes y mayores, mujeres y hombres. Todos han de cuidar:

— La limpieza del calzado y la pulcritud de los pies, ya se utilicen medias o calcetines.

— La frescura del aliento y la limpieza de los dientes.

— El estado de la uñas.

— La higiene corporal utilizando los productos necesarios.

— La limpieza y aspecto del cabello.

Antes de vestirse cada día, hay que asegurar bien la limpieza corporal, el agua y el jabón son sus mejores amigos.

El estado de la ropa también es importante, donde la higiene se antepone al lujo.

La ropa puede estar cosida y recosida, pero siempre limpia y bien planchada. Es preferible lavarla con más frecuencia, a darle más uso y lavarla con suciedad acumulada. Esto es especialmente aplicable a la ropa interior y a las camisas.

No es necesario tener mucha ropa, pero sí tenerla cuidada.

La ropa refleja la personalidad de cada uno y también el buen o mal gusto. Es importante saber vestir de acuerdo con cada circunstancia; no es igual trabajar en la ciudad, ir a la piscina, cenar con unos amigos, o asistir a una recepción. Antes de vestirse, conviene pensar en la ropa adecuada.

Al comprar ropa nueva hay que considerar su utilidad y la posibilidad de combinarla con otra, para que dure más tiempo en buen estado.

Ir bien vestidos no implica ir a la última moda, hay que saber lo que le va a cada cual, según su edad, tipo y circuntancias.

La ropa tiene que ser elegante, aunque sea deportiva, las dos cosas se pueden compaginar, hay que evitar que sea de mal gusto y sobre todo indecente.

La ropa ha de estar de acuerdo con las condiciones climatológicas en las que se vive, además de con la edad y tipo de cada persona, con el trabajo que se desempeña y la posición que se ocupa. Ha de haber una sintonía entre la ropa y el modo de ser de cada cual, aquí juega un gran papel el buen o mal gusto. Cada persona puede tener un estilo propio, más o menos marcado, pero eso no es óbice ni disculpa para vestir de modo apropiado en cada momento.

Si en un día de verano se levanta uno, se va a misa o a trabajar, después a bañarse en la piscina y a última hora de la tarde a un cocktail, habrá que vestirse de modo distinto al menos tres veces: una por la mañana, después para ir a la piscina y por último para ir al cocktail.

Cuando se practica algún deporte es importante vestir de modo apropiado, no hacerlo así implica no sólo falta de corrección, sino también carencia de la elegancia propia del deportista, que forma parte del espíritu deportivo. Si se juega al tenis, es tan importante como utilizar una buena raqueta llevar zapatos apropiados y ropa de tenis. Mientras que para jugar al golf o al fútbol es distinta. Si se hace montañismo no se puede ir de cualquier manera, al igual que en otros tipos de deporte, hay que ir debidamente equipados.

La moda   Dada la importancia que tiene, «siempre en actualidad», conviene considerar algunas ideas de lo que llamamos MODA.

La moda es un verdadero cauce de expresión y de comunicación con los demás. A través de ella, o de lo que de ésta se adopte, puede manifestarse el propio modo de ser, incluso las ideas más arraigadas y profundas, o ligeras y superficiales; el estado de ánimo, imaginación y fantasía.

Existe una historia de la moda, con raigambre de siglos, en la que ciertamente pueden apreciarse grandes transformaciones.

En los museos importantes tenemos clara prueba de ello; por citar algunos, fijémonos en el British Museum de Londres, el

La imaginación y la fantasía juegan un gran papel en la evolución de la moda.

Louvre de París, el Metropolitan de Nueva York, o el del Prado en Madrid. En los tres primeros, la zona dedicada al arte egipcio, nos muestra que la moda existía ya hace 40 siglos, con sus usos, costumbres, modos de actuar, telas utilizadas e incluso los accesorios que se llevaban entonces. Viendo la Victoria de Samotracia en el Louvre, puede observarse la atención que los escultores prestaban a la vestimenta, contemplando la belleza de los pliegues, la caída de la túnica. Las salas de pintura de los museos, son magníficos exponentes de la importancia que siempre se ha atribuido al colorido, a los distintos tejidos y a la forma, a través de la historia.

Ciertamente los museos han sabido reconocer el siglo de oro de la moda, con la creación y auge de la alta costura. En 1973 el Metropolitan ofrecía una espléndida exhibición que recogía casi la totalidad de la obra de Balenciaga, el gran modisto español que supo vestir a las mujeres más elegantes de su tiempo. Las mismas señoras que habían podido lucir las creaciones exclusivas de este magnífico intérprete de la alta costura, cedían entonces sus atuendos, para que personas de una y otra parte del mundo los pudieran admirar.

Pocos años antes, en 1968 Balenciaga había cerrado en París su casa de alta costura, hecho que puso punto final al siglo de oro de la elegancia, ya que precisamente en 1868 Charles F. Worth, inglés de nacimiento, había fundado en París la primera casa de alta costura.

Worth fue el que inició la presentación de los desfiles de moda con maniquíes vivientes, cuidadosamente seleccionados, proporcionando una atractiva dinámica. La Duquesa de Metternich fue la primera en descubrirlo, y al apreciar su talento lo puso en contacto con la Emperatriz Eugenia de Montijo.

Años más tarde, contaba entre su clientela con nueve reinas y las mujeres más elegantes de Europa. Con Worth, se abrió un camino ininterrumpido durante 100 años, seguido por los más elegantes modistos europeos, que desde París dictaban la moda al mundo entero. La alta costura realza la elegancia con modelos únicos, armonizados por el corte, el tejido y el color.

París siempre ha proporcionado fantasía e imaginación para vestir a las mujeres más elegantes del mundo, así como Londres tradicionalmente viste a los caballeros.

De una forma u otra, la vestimenta que se lleva puede estar influenciada por la tradición y por los acontecimientos de cada época.

Al ser la moda reflejo de la sociedad en que se vive, y sus creadores los intermediarios para que el espíritu de cada época encuentre su expresión, es de esperar un cambio profundo, paralelo al de la civilización, entre el siglo XIX y el siglo XX, sobre todo en su segunda mitad.

Si la alta costura dirigía los dictados de la moda, con una clientela exclusiva, a la que se ofrecían modelos únicos en los que la elegancia conjugaba el tejido, el color y la armonía de las líneas; la revolución industrial ha tenido una influencia decisiva en estos planteamientos, aportando una escala de valores distinta, en la que la moda se abre al gran público, a través de la fabricación de modelos en serie. Sus mejores clientes son ahora los grandes almacenes y el mercado estadounidense. Las casas de alta costura se vieron afectadas por estos planteamientos y tuvieron que recurrir a la «democratización» de la moda presentando, por supuesto, sus desfiles de temporada, pero abiertos a la nueva clientela, para la que lo práctico y funcional tiene primacía sobre la exclusividad. Con el fin de poder mantener sus ingresos, las firmas más conocidas en el campo de la moda abren boutiques, recurren a los accesorios ampliando este campo incluso a las maletas, todo ello impulsado por la fuerte influencia de la sociedad de consumo.

La moda no adopta únicamente una democratización, sino que contiene una filosofía concreta de la vida, con preclaros fines e ideas, que hay que saber descubrir, para no hacer eco, por desconocimiento de causa, a lo opuesto a la propia manera de pensar.

Hoy en día, lo que impera en la moda es el planteamiento económico, basado en ideas filosóficas.

Así como antes se realzaba la dignidad de la mujer, ahora existe en algunos sectores clara tendencia a cosificarla, a resaltar los más bajos intereses, so pretexto de aire nuevo. Está manipulada por un complejo entramado de intereses. Hay, a nivel internacional, un potente sector de la moda impregnado de ideologías materialistas y ateas, que claramente ignora y desprecia los verdaderos valores del hombre, tratando de convertirlo en un ser despersonalizado.

Especialmente en lo referente a la moda femenina, conviene convencerse que la elección que se haga ha de estar guiada por la razón, capaz de seleccionar lo que se quiera llevar, como reflejo de la propia personalidad.

Los motivos fundamentales para vestirse son más profundos. Siempre se ha de defender la propia intimidad, dejando claramente de manifiesto quién se es y cuidando el ambiente, sin dejarse arrastrar por él. También, aunque no únicamente, es cuestión de defenderse de la naturaleza, por eso hay distintas necesidades ante el frío y el calor.

En la adaptación de la moda juega un papel importante el pudor, que en cierto modo supone un dominio sobre el propio cuerpo y defensa de la intimidad.

Aunque ciertamente en la moda hay sectores industriales, muy bien montados a nivel internacional, que sostienen una filosofía materialista acerca del ser humano, tratando de rebajarlo, también hay muy buenos intérpretes de la moda que saben combinar la elegancia con los valores trascendentales de la persona. Por eso es importante saber discernir, a la hora de mantener un buen guardarropa, sin dejarse arrastrar por el superficial razonamiento: «es que se lleva».

La actitud inteligente ante la moda precisamente llevará a seleccionar y adoptar lo que esté de acuerdo con la personalidad de cada uno, esquivando el riesgo de hacer eco a las costumbres, reflejo de la época, que puedan ser degradantes, o impersonales como la moda uni-sex.

La elegancia se puede conseguir, como bien sabemos, eligiendo dentro de lo actual lo que mejor se adapte al propio modo de ser y de pensar, a la situación que cada uno tenga en la vida, estudiando, por supuesto, aspectos importantes como pueden ser la propia constitución, color de tez, estatura, edad y otros tantos factores importantes.

Saber vestir bien en cada ocasión implica una actitud inteligente, y equilibrio en la personalidad al demostrar saber adaptarse a las circunstancias, siendo consecuente al mismo tiempo con las propias ideas y valores importantes en el campo de la elegancia.

El buen guardarropa   En cada época, la vestimenta, sus accesorios, la joyas o los perfumes, han marcado un modo concreto de vivir, propio de ese tiempo; lo cual, nunca ha sido impedimento para que cada persona pudiera utilizar toda su imaginación, fantasía y buen gusto; o por el contrario, se dejara llevar de un modo gregario.

Sin lugar a dudas, por la vestimenta se puede descubrir el reflejo de una sociedad determinada, el símbolo y costumbres de su tiempo e incluso los valores éticos y morales.

Hoy en día, es cierto que el vestir se ha simplificado mucho, tendiendo más al sentido de lo práctico, pero no por ello pasa a ser menos importante.

La alta costura sigue teniendo su importancia, pero no está al alcance de cualquier bolsillo. Los buenos modistos también han adoptado sistemas para propalar sus modelos, dentro de esta sociedad de consumo.

Con el «prêt-à-porter», las casas de alta costura llegan a un mayor número de personas; esto también tiene sus inconvenientes, ya que los modelos no son exclusivos, y una persona puede coincidir con otra que lleve el mismo modelo, incluso habiéndolo comprado en otro país. Verdaderamente el «prêt-à-porter» se está generalizando mucho y, ya sea en boutiques exclusivas o en grandes almacenes, se puede encontrar lo que se necesite.

Por otro lado, quizá por falta de mano de obra, se va reduciendo el número de modistas, a las que hace años se solía recurrir para todo.

Las personas que disponen de cierto tiempo pueden encontrar patrones a su medida, y con un poco de habilidad y una tela buena, quizá comprada a buen precio, pueden confeccionarse, ellas mismas, modelos verdaderamente atractivos.

Apoyándonos en el hecho de que en nuestra época se han simplificado mucho los criterios en cuanto al vestir, vamos a considerar aquellos que prevalecen:

— Vestir con buen gusto.

— Estar siempre presentable en cada ocasión.

— Evitar extravagancias que puedan molestar a los demás.

— Tener lo necesario y prescindir de lo superfluo.

— Tener cosas que combinen entre sí, para poder variar.

— En la vida ordinaria, no se le da tanta importancia a vestirse de mañana o de tarde, basta con ir bien arreglado.

— Se puede tener ropa, que cambiando los accesorios, valga para distintas ocasiones.

— Cuando una persona recibe, tiene que vestir según las circunstancias, demostrando consideración por las personas a quienes recibe, pero sin querer deslumbrarlas.

— Si se acepta una invitación, hay que arreglarse de acuerdo con las personas que invitan y el tipo de invitación;

a veces, incluso se indicará en la invitación cómo se debe comparecer.

— Ir bien arreglado se demuestra en el cuidado de la ropa.

— Hay que llevar todo en buen estado, sin descosidos ni manchas, y evitar que los botones se suelten, para no perderlos.

El vestir tiene tres aspectos: el práctico, el estético y el simbólico; a través de ellos se expresa la personalidad de cada uno y el ambiente en que se vive.

Un buen guardarropa implica tenerlo bien mantenido, para ello basta con tener un presupuesto razonable, de acuerdo con las posibilidades de cada cual, y estudiar con detenimiento las necesidades reales, sabiendo qué hay que adquirir o reponer: inmediatamente, a corto y a largo plazo.

Ropa de niños   La ropa para niños ha de ser práctica y muy lavable, ya que fácilmente se ensucian. Como están en edad de crecer, es preferible comprarla un poco mayor y meterle si es posible, a que sea muy justa y se les quede pequeña enseguida.

En las familias numerosas, normalmente la ropa que está en buen estado se va «heredando» cada temporada de unos a otros.

Aunque ya se sabe que los niños se ensucian al jugar, conviene enseñarles desde pequeños a cuidar la ropa y a ensuciarse lo menos posible.

El cuidado de la ropa recae directamente sobre la madre, y el aspecto que ofrezcan los niños depende de ella. Igual que en los adultos, es importante que esté bien cosida, limpia y planchada.

Conviene ir enseñando a los niños a mantener el orden en sus cuartos, dejando la ropa debidamente colocada, porque esto forma parte de la educación.

Cada país tiene sus costumbres en cuanto a la ropa de niños y en España es exquisita, sólo hay que añadirle un cuidado primoroso y saber combinarla.

Complementos para la ropa   Tanto en la señora como en el caballero y los niños, es importante que haya cierta armonía o buen contraste entre la ropa que se lleve y los complementos necesarios. La señora cuidará que los zapatos, el bolso, la bisutería o las joyas hagan juego con la ropa y que no desentonen. El caballero también debe tener en cuenta que la corbata, la camisa, los zapatos y demás, armonicen con el traje, sabiendo combinar los coloridos de modo que vayan bien unos con otros.

VESTIR: NORMAS GENERALES

Las normas en el vestir pueden ir regidas por dos razones. La primera es la dignidad de la persona, tanto la de la que se viste, como la de aquellas ante quienes se comparece. La segunda razón es por motivos de gala o protocolo, que normalmente irán especificados en la invitación. Incluso algunos restaurantes y líneas aéreas exigen el modo de vestir de sus clientes.

Es frecuente que al recibir una invitación se indique en la parte inferior de ésta: Señores con traje oscuro, Señoras con traje de cocktail. Así como Señores frac o chaqué y Señoras traje largo, según las circunstancias.

También se puede indicar en la invitación el uso de condecoraciones, si es conveniente que se lleven.

Cuando se trata de asistir a una boda, según el tipo de celebración que tenga lugar a continuación, se puede deducir la vestimenta a llevar, si es que no se indica en la invitación.

Entre señoras, no es raro hacer una llamada telefónica para preguntarse de qué forma se va a ir vestida, y ponerse más o menos de acuerdo con el fin de no desdecir.

Hoy en día, el traje oscuro en caballeros está desplazando, quizá por motivos prácticos, a otros que denotan cierta elegancia. Aunque esto sea aceptable, también es posible que la moda dé un giro y la elegancia masculina, en lo que se refiere a la etiqueta, vuelva a tomarse más en serio.

Saber vestir   Es difícil aplicar la casuística a los amplios y variados dictados de la moda, aquí nos limitaremos a recordar algunas reglas generales adecuadas a cada caso.

La vestimenta no debe adaptarse únicamente a quien la lleva, sino que habrá que adaptarla también, según las circunstancias, al ambiente, y en función de los demás.

Se evitarán los colores chillones para asistir a ceremonias fúnebres y los vestidos de sport para un bautizo, una boda, para el teatro o ceremonias semejantes.

Las invitaciones a comidas y cenas en la ciudad tienen una nota más formal que si tuvieran lugar en el campo.

Por la mañana, y con más razón si se trabaja en un despacho, habrá que llevar ropa práctica y sencilla; para la mujer es preferible evitar faldas estrechas y tejidos que se arruguen y desluzcan el buen aspecto, especialmente si la persona ha de sentarse y levantarse con frecuencia. Conviene llevar calzado adecuado y medias que entonen; hay que tener en cuenta que los tacones demasiado altos dificultan el movimiento.

La luz del sol resalta las manchas y defectos, por ello conviene utilizar ropa cuidada, tejidos buenos y resistentes.

Para salir por la tarde y por la noche, puede prevalecer lo original sobre lo práctico. Los tacones pueden ser más altos y se admiten más accesorios, cuidando la armonía y sin sobrepasarse.

Hoy en día, apenas si se utilizan el smoking, el frac y el chaqué en ocasiones apropiadas, aunque hay quien piensa que sería preferible animar a aquellas personas que no tienen costumbre de hacerlo, en lugar de hacer desaparecer esta costumbre entre personas más cultivadas. El refinamiento, en su debido contexto, da una nota de elegancia a la vida. De todas formas, después de un día de trabajo, igual esfuerzo supone cambiarse para vestir un traje oscuro.

El uso del pantalón en la mujer nació en la postguerra, cuando tenían que guardar colas para poder utilizar sus cartillas de racionamiento y había que protegerse del frío. Más tarde, en la ardua lucha por equipararse al varón en cuanto al derecho al voto y en igualdad de oportunidades en el campo laboral, el pantalón utilizado por la mujer era signo de sentirse equiparada al varón. Aunque éste fue el origen ideológico, la moda del pantalón femenino ha ido refinándose, llegándose a utilizar hasta para vestir de noche como prenda de alta costura. Hay que reconocer que el pantalón en la mujer tiene hoy en día un sentido práctico y se utiliza en su justo medio, cuando las circunstancias lo requieren, actividades deportivas y campestres.

Pero sigue habiendo mujeres que utilizan con exceso los vaqueros y otros tipos de pantalones, como signo de rebeldía, de demostración ideológica.

Invitaciones
Acabamos de ver que, si la invitación es a un acto formal, normalmente se indica el modo en que se ha de vestir.

Si la invitación es informal, se seguirá el dictado del sentido común: ¿de quién viene?, ¿con qué fin?, ¿a dónde es? Entonces uno se adaptará a la categoría de la persona que invita y al fin de la invitación, así como al lugar donde se celebra.

A almuerzos
Si es una simple comida familiar, predominará la sencillez y el buen gusto según la época del año. Si ésta es en el campo, la vestimenta será más deportiva que si fuera en la ciudad, utilizando zapatos y bolso apropiados.

Si es una comida formal, se vestirá con más elegancia, según donde sea y quien invite, pero no se utilizará traje de noche y las joyas no se llevarán en exceso.

A tomar café
Se seguirá el mismo criterio que para las comidas, ya que suele ser después de éstas y normalmente más informal.

A tomar el té
Generalmente estas invitaciones suelen ser sólo para señoras; se usan vestidos de tarde sencillos.

A tomar una copa   Según la hora que sea y el tipo de asistentes.

A un cocktail   Las señoras irán con traje de cocktail y los señores de oscuro, a menos que se indique otra cosa en la invitación.

A cenas   Según el tipo de cena que sea, se utilizará traje de tarde, de cocktail o de noche, incluso puede ser largo.

Si se trata de amigos que se reúnen informalmente, basta con un traje de tarde que sea más bien elegante, o con un traje de chaqueta de vestir; en este caso, la señora normalmente no se quitará la chaqueta.

A bailes   Suelen ser de noche, las señoras seguirán lo indicado en la invitación: traje largo o de gran gala, según la celebración.

Se usará bolso pequeño de noche y zapatos a juego o forrados con el tejido del vestido. Si se necesita abrigo, puede ser de piel en armonía con el vestido largo. Son preferibles las joyas buenas, pero nunca en exceso y sabiendo armonizarlas.

Los señores llevarán smoking o frac; con este último: camisa almidonada, corbata blanca, chaleco blanco, calcetines negros de tejido más bien sedoso y zapatos negros o de charol negro.

Si los bailes son de gente joven, el atuendo puede ser más informal, pero sería deseable mantener las mejores tradiciones en el vestir.

A recepciones oficiales   Normalmente la vestimenta se indicará en la invitación y, en caso de que no se haga, es preferible pedir información con la suficiente anticipación. Allí también constará si se pueden llevar condecoraciones, en caso de que se posean.

Teatros, conciertos, ópera   Actualmente se da menos importancia al vestido para esa clase de espectáculos, pero es de buen gusto ir elegantes, según el tipo de función y la hora.

Si el concierto es temprano, las señoras llevarán vestido de tarde elegante y los señores traje oscuro.

Para asistir a la ópera, las señoras llevarán traje de noche y los señores traje oscuro o equivalente.

Si se trata de una gala, el vestido y las joyas serán más elegantes. Los señores usarán smoking.

Deportes   Para hacer deporte conviene usar la ropa adecuada al deporte que se practique, como ya se ha visto.

Si se asiste como espectadores a competiciones deportivas, carreras de caballos, campeonatos de tenis y demás, según el lugar donde se celebren y el carácter que tengan, habrá que vestir más o menos elegantemente.

Vestuario de caballeros

Ciertamente, puede decirse que un caballero bien vestido es aquel que no llama la atención, precisamente quien atraiga la atención con extravagancias denota carecer de buen gusto. Son escasísimas las personas que se pueden permitir una extravagancia sin resultar «chocantes».

Aunque hoy en día hay bastante amplitud en cuanto al modo de vestir para caballeros, se siguen manteniendo algunas normas elementales de vestimenta masculina.

Está más claramente definido para el hombre que para la mujer lo que es o no adecuado llevar. Existen ciertas pautas tanto para el modo informal, como formal de vestir.

Trajes

Cada vez se están haciendo menos exigentes las normas apropiadas de ir vestido al trabajo, lo cual no debe impedir que siempre domine un sentido de la corrección y del buen gusto. El atuendo está en función del trabajo que se desempeña y el ambiente en que uno se desenvuelve, y es un reflejo de la categoría personal.

La moda y la constitución de cada uno llevarán a elegir entre trajes con chaqueta de doble botonadura, o sencilla.

Si se lleva chaqueta de doble botonadura —o cruzada—, al sentarse es correcto desabrochar el botón de abajo para evitar arrugas, volviendo a abotonarlo al levantarse. En este caso, se llevarán sólo dos botones abrochados, ya que los de arriba son más bien decorativos.

En las chaquetas de botonadura simple, sólo se llevará abrochado el botón del medio.

Los trajes de ciudad han de ser de buena calidad, de lana o estambre y de fibra para invierno y de gabardina o semejante para verano.

El tejido puede ser liso, y si no, de dibujos discretos. Los de rayas, ojo de perdiz, príncipe de gales y cuadros pequeños son los más adecuados.

Los colores tradicionales para trajes son azul marino y gris; el beige y marrón también son corrientes, pero no se usarán en ocasiones formales.

Los trajes de «tweed» son muy presentables, pero están considerados más bien de «sport» y, por lo tanto, su uso en ciudad para ocasiones formales no es adecuado.

Ahora hay unos tejidos elegantes no catalogables, que van muy bien.

Usar una chaqueta de «sport», ya sea de pata de gallo o similar, con pantalones de franela puede ser muy práctico, pero ha de considerarse dentro de la línea informal.

Chaquetas

Las chaquetas de los trajes han de ser lo suficientemente largas y estar bien cortadas, sin que cuelguen.

Las mangas de la chaqueta han de cubrir toda la muñeca al tener el brazo estirado. La camisa asomará unos dos cms. por debajo de la manga.

El cuello de la chaqueta, por detrás, quedará de forma que se pueda ver poco más de un cm. del cuello de la camisa.

Pantalones El borde del pantalón ha de llegar al zapato por delante y ser ligeramente más largo por detrás, quedando a dos cms. del suelo.

Chaleco Si se utiliza chaleco, normalmente no se abrocha el botón de abajo.

Bolsillos Cuando se lleva pañuelo en el bolsillo superior de la chaqueta, asomará ligeramente, sin exageración. Es incorrecto llevar cosas en dicho bolsillo, como plumas o lapiceros, éstos se llevarán en un bolsillo interior de la chaqueta.

El billetero o la chequera no se llevarán en el bolsillo trasero del pantalón, sino en el interior de la chaqueta.

Camisas Las camisas blancas, lisas o rayadas de colores claros, o con dibujos discretos, se pueden llevar con trajes de ciudad.

Las camisas de dibujos pueden llevarse con trajes más informales, en cuyo caso no es necesario llevar corbata y se pueden desabrochar los botones de arriba.

Hay camisas muy bonitas que se pueden llevar en verano sin chaqueta y no se utilizará corbata.

Corbatas Las corbatas se llevan con trajes oscuros y de ciudad, también cuando se viste de sport.

Hoy en día hay una gama variadísima de corbatas: las hay muy elegantes, pero también de mal gusto. La corbata refleja la personalidad del caballero y su buen o mal gusto, es muy importante su elección.

La corbata realmente puede dar un golpe de elegancia al caballero. Habrá que cuidar que armonice con la camisa y el traje que se lleve. Por la noche se prefieren corbatas de colores lisos o con dibujos discretos. Las de lana se consideran más de sport y las de seda más de vestir.

En algunos países se utilizan indistintamente la corbata de pajarita o la larga. En España normalmente se utiliza la larga; la de pajarita se reserva para el smoking y el frac. Si la corbata larga está bien anudada, el triángulo exterior más ancho llegará a la cintura del pantalón.

Zapatos Con trajes oscuros siempre se llevará calzado negro, el marrón se puede llevar con trajes de «sport» o de este color. Simplemente con echar un vistazo a los zapatos que lleva un caballero, se puede apreciar mucho acerca de su personalidad.

Los zapatos de colores claros no suelen ser de buen gusto, aunque no hay inconveniente en utilizarlos en verano.

Calcetines Para vestir deben ser de colores lisos y oscuros, aunque con ropa de «sport» pueden ser de lana con dibujos.
En cualquier caso, deben armonizar con el resto del traje.

La etiqueta en el vestir La moda puede variar enormemente según las épocas y tiempos, pero hay que mantener ciertas normas, especialmente en aquellos actos sociales y ocasiones formales o de gala, en los que se indica en la invitación cómo se ha de vestir, lo cual no implica que no se ponga en juego la propia iniciativa y el gusto personal.

Para la mujer Cuando en una invitación se especifica traje de cocktail, se refiere a un traje elegante de vestir, normalmente semilargo, que llegará hasta media pierna, o blusa y falda de vestir también semilarga. En otras ocasiones puede indicarse traje largo, o de noche.

Los guantes blancos, aunque pueden utilizarse en ocasiones de etiqueta, están cayendo en desuso. Cuando se usa traje largo sin mangas, se pueden llevar guantes largos. Se quita el derecho, para saludar en la fila de recibir y ambos cuando se toma algo de comer o alguna bebida. Sin embargo, en bailes se pueden utilizar mientras se baila.

Si el traje largo es de manga larga, los guantes serán cortos y se aplican las mismas indicaciones dadas para los largos. Pero el guante corto no se considera tan de vestir y no tendría sentido conservarlos puestos durante el baile.

En las fiestas de gala, y cuando la invitación lo indica, pueden utilizarse condecoraciones, y las señoras que posean banda y lazo podrán llevarlas. En estas ocasiones se viste traje largo, la banda se coloca del modo establecido para cada condecoración; en general, se tercia desde el hombro derecho a la cadera izquierda. Las condecoraciones o lazos que se posean pueden colocarse en el lado izquierdo encima del pecho. Es conveniente que las señoras se coloquen algún broche sujetando la banda cerca del hombro, para evitar que se deslice.

Las fiestas de gala son las que admiten más joyas en la mujer, pudiéndose utilizar también diadema en algunos casos.

Los accesorios irán en sintonía con el vestido, tanto los zapatos como el bolso pequeño de vestir, que será una cartera sin asa, para llevar en la mano.

En las fiestas de gala no se puede llevar reloj de pulsera, a menos que vista con el conjunto.

Para el hombre Las normas de etiqueta en el vestir para caballeros están más definidas. Aunque por una parte se admite más variedad en la forma, por otra se da menos lugar a la iniciativa personal. En los caballeros no tiene importancia coincidir con otro o con varios en la forma de ir vestido.

Para algunas ocasiones será suficiente asistir con traje oscuro y así se indicará en la invitación.

Las variedades para caballero suelen ser:

— Traje oscuro.

— Smoking.

— Chaqué (normalmente no se utiliza de noche).

— Frac (se utiliza de noche también, la cobarta blanca es más vestida que la negra).

— Uniforme: de algún Cuerpo del Ejército, de Caballero de alguna Orden, de Maestrante, etc.

SMOKING

Smoking   El smoking está considerado como traje de vestir de caballero, aunque de menos etiqueta que el frac. Se utiliza para fiestas y se puede llevar por la noche, excepto en Francia.

El color más usual es el negro. Hay chaquetas de smoking blancas que se suelen utilizar en verano. En algunos países se acostumbra a utilizar chaqueta de smoking en tono burdeos.

Se utiliza una banda o fajín de raso o seda y la corbata a juego.

Con el smoking se utiliza corbata negra de pajarita, abrigo negro y bufanda blanca.

CHAQUÉ

Chaqué   Está considerado como traje de etiqueta, pero únicamente durante el día; no se debe llevar de noche.

Se utiliza en algunas bodas y para ceremonias oficiales, el pantalón es de rayas grises. La corbata larga debe ser de seda gris.

Se puede llevar chistera. El chaleco es negro y lleva un ribete blanco de piqué, que se puede quitar para los entierros.

Frac   El frac es el traje de etiqueta para recepciones y se puede llevar también por la noche; normalmente los zapatos que se llevan con él son de charol negro, también puede llevarse chistera y, como abrigo, la capa negra. La camisa es blanca, almidonada, se puede usar botonadura de vestir. El pantalón debe ser negro, con galón de seda negra, que recorre la costura exterior de las piernas.

Solamente las solapas son de raso; la parte de atrás del cuello es del mismo tejido que el resto de la chaqueta.

El chaleco es blanco y no debe sobresalir por delante.

Sin embargo en los funerales de Estado y en las Reales Academias, se puede llevar chaleco negro.

La corbata negra se utiliza durante el día, y los guantes de piel

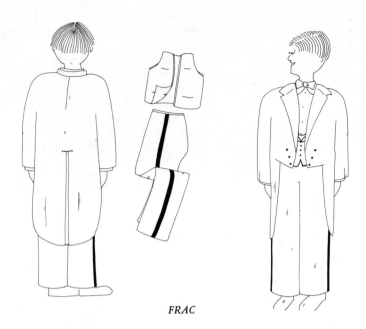

FRAC

negra sólo en los funerales; por la noche, lo habitual es usar corbata blanca y guantes de piel blanca o de color crudo.

Cuando la ocasión lo requiera, se pueden llevar condecoraciones, que normalmente se colocan al lado izquierdo en el pecho.

Las condecoraciones en miniatura se deben colocar en el lado
izquierdo de la solapa, colgando de cintas. Si se utiliza también la
placa de alguna condecoración, se puede colocar en el mismo lado
izquierdo pero más abajo, casi a la altura donde termina la solapa, en fila si son varias —nunca más de tres— o centrada si es
una. Las condecoraciones se colocan por orden de importancia comenzando por el lado derecho, en la parte izquierda del pecho.
Cuando se utiliza collar como condecoración, se colocará sobre los
hombros por encima de la solapa del frac. En Japón, algunas condecoraciones que se conceden a extranjeros se colocan en el lado
derecho del pecho en lugar del izquierdo.

Si se utiliza banda con el frac, se lleva debajo de éste, sobre el
chaleco, usualmente terciada desde el hombro derecho a la cadera
izquierda, aunque convendrá cerciorarse si para una condecoración concreta es ésa la posición correcta, ya que en algunas es al
revés.

Uniforme   Se puede utilizar para ceremonias de etiqueta o fiestas de gala el uniforme de gala o similar, así como el de gala de alguno de los cuerpos Militares de Tierra, Mar o Aire, al igual que otros que puedan existir.

A diferencia de los trajes civiles de gala, cuando se viste uniforme y se lleva banda, ésta se coloca encima de la chaqueta, habitualmente terciada del hombro derecho a la cadera izquierda. Si además se lleva fajín o cinturón, éste irá por encima de la banda.

Cuando se utilizan condecoraciones en los uniformes de gala, se colocan como es usual en el lado izquierdo; pueden colocarse según se quiera, todas en una fila, o en varias, pero por orden de importancia de derecha a izquierda.

Si se posee collar y el uniforme tiene galones en los hombros se colocará por debajo de éstos, como también la banda.

II RELACIONES INTERPERSONALES: EL TRATO SOCIAL

Es muy importante para la relación social saber tratar a las personas con corrección, pero sin frialdad, haciendo la vida agradable y siendo acogedores. La afabilidad, la amabilidad en el trato lleva a ser oportunos con las personas, ayudando a que se sientan a gusto y cómodas, bien acogidas en toda circunstancia.

Saber estar entre la gente es todo un arte, y es necesario ejercitarlo en un círculo más o menos amplio. Comienza por la propia familia, en casa, pero abarca a todas aquellas personas con las que de una forma u otra se tiene relación.

Es muy difícil acertar en el trato social, de puertas para fuera, si no se cuidan una serie de detalles con los más próximos. No tendría ningún sentido derrochar amabilidad con las personas de fuera y escatimarla en el trato con la propia familia.

1. LAS PRESENTACIONES

Hacer la presentación de una persona a quien los demás no conocen, o que no conoce a los demás, es un detalle de cortesía, frecuentemente omitido hoy en día y especialmente entre la gente joven.

Pueden darse situaciones verdaderamente violentas por no haber hecho una presentación a tiempo. En un grupo de personas que mantienen una conversación, pero que algunas no se conocen entre sí, se pueden hacer comentarios, que pongan en rídiculo a quien los hace, por no conocer la personalidad de alguno de los presentes.

Norma de prudencia en el trato social es recurrir a una tercera persona que haga la presentación, cuando dos de ellas no se conocen entre sí.

Aunque el trato social hoy en día lleva a muy variadas formas de conocerse, siempre que se trate de lugares públicos se recurri-

Es una falta de cortesía no hacer la presentación de una persona a quien los demás no conocen.

rá a una persona conocida, para que haga la presentación oportuna.

Si se trata de clubs o de la casa de amigos comunes, siempre es más delicado ser presentados, a presentarse uno mismo. Esto es posible aun cuando las reuniones sean muy numerosas. En estas circunstancias está más aceptado presentarse personalmente que en lugares públicos, aunque sigue siendo preferible no hacerlo.

Los cargos o funciones que tenga o desempeñe una persona, tienen gran importancia en cuanto al protocolo, pero en la vida privada su valor es relativo. En la vida privada y las relaciones sociales, los cargos y título o rango de un caballero se postponen a la importancia que se le da a una señora.

Una de las reglas esenciales para quienes quieran manejarse con aplomo en la vida social y profesional, es el arte de presentar a las personas, que por una razón u otra toman contacto y no se conocen entre sí.

CÓMO SE HACEN LAS PRESEN- TACIONES Hay unas normas tradicionales acerca de las presentaciones que conviene tener en cuenta en el momento de hacerlas.

1. El hombre siempre se le presenta a la mujer. —Salvo ex-

cepciones concretas que se detallan a continuación (*)—.

2. Entre iguales, normalmente se presenta a quien llega.

3. Cuando se trata de personas del mismo sexo, la más joven se presenta a la mayor y, si tienen distinto rango, la de menor se presentará a la de mayor.

(*) *Excepciones.* Las mujeres serán presentadas a:

— Los Reyes, Príncipes —de sangre real— y a los Infantes.

— Las Autoridades Religiosas.

— Sus jefes, según los casos, y de igual modo a los de sus maridos.

— Los altos cargos, cuando ellas no tengan precedencia por sí mismas o por sus maridos, como: Jefes de Estado, Ministros, Embajadores o puestos equivalentes, si están presidiendo.

— Las personas célebres que en ese momento ocupen un primer plano, algunas veces podrían considerarse excepción, como: Académicos, Escritores o Artistas, y ya se sabe quiénes son.

Quizá un argumento que ayude a recordarlo sea: que la persona de más categoría ha de ser la primera en enterarse de quién es quien tiene delante.

Siempre se pondrá especial cuidado en presentar a las personas que no se conocen entre sí, cuando han sido invitadas a una casa particular. Los anfitriones irán presentando a los invitados que no se conozcan, conforme vayan llegando. De igual modo se cuidarán las presentaciones en cualquier otro tipo de reunión.

Es obvio que cuando una persona es una alta personalidad ya se sabe quién es y no necesita presentación, únicamente se le presentan las demás personas.

En un acto oficial, los asistentes son presentados a la autoridad que preside, y en este caso sólo se nombra a los que asisten. Igual sucede en algunas recepciones o bodas importantes donde sólo se presentan oficialmente a los invitados y se hace en voz alta.

Entre amigos de cierta confianza, se harán las presentaciones simplemente diciendo el nombre y apellido o título.

Tratándose de relaciones más formales, al presentar se antepone Don, Sra. de, o Srta., y se presenta por el título, si se tiene.

Para hacer una presentación basta con decir: te voy a presentar a..., o, le presento a..., pronunciando el nombre de la persona que se presenta con claridad para que se pueda entender bien. A continuación se dice el nombre de la persona a quien se le ha presentado, si no es de suyo conocida. Siempre que no se conozca a la persona a quien se es presentado, es de capital importancia por parte de quien hace la presentación, que la haga completa para que ambas partes se conozcan.

Si en una presentación no se entendió bien el nombre de la otra persona, pasados unos momentos se le puede decir que perdone, porque no se entendió bien su nombre. Esto demuestra interés, siempre es preferible y más acogedor llamar a una persona por su nombre cuando se habla con ella, o al despedirse. No poner interés en el nombre de una persona denota falta de consideración hacia ella.

Siempre que se presente un matrimonio a una señora, se presentará a cada uno, comenzando por el marido. Si se trata de un matrimonio y de un señor, será éste el que se le presente a la señora, a continuación el marido y por último se dirá el nombre de la señora.

Donde la señora casada conserve su apellido, como en Portugal, se empleará éste en la presentación, mientras que si se toma el del marido, será aquél el que se utilice a continuación de su nombre de pila, como Sra. de...

Al presentar a las personas, además de dar el nombre completo, se puede hacer una breve indicación del puesto o cargo que ocupa, aficiones destacadas, o relaciones familiares y de amistad. Estos datos pueden facilitar la conversación entre personas que se acaban de conocer, si es que han de continuar el trato.

Presentación de familiares Cuando una señora presenta a su marido, dirá simplemente: le presento a ... —nombre de pila—, mi marido, o tuteando si es el caso. Nunca lo presentará como «mi esposo». A su vez, cuando sea el marido quien la presente dirá: le presento ... —nombre de pila—, mi mujer, o tuteando. Nunca se referirá a ella como «mi esposa» y mucho menos como «mi señora».

Para presentar a los hijos, basta con decir: le presento a mi hijo... —dando el nombre de pila—. Al hijo se le dirá el nombre de la persona a quien ha sido presentado; si ésta no es muy amiga de la familia y se la tutea, será ella misma la que le sugiera que se la tutee.

Cuando se presenta a un hermano, se dice simplemente, le presento a mi hermano... —nombre de pila—. Si se presenta a un cuñado, se dice: le presento a mi cuñado... —nombre y apellido—. En cuanto a los padres, normalmente serán los amigos de sus hijos, los que se les presenten a ellos, pero si se tratara de los jefes con los que se trabaja, según los casos y categoría de ambos, lugar donde se esté, se les presentará a los padres o viceversa, teniendo en cuenta las normas para hacer las presentaciones, y si se trata de señoras.

QUIÉN DEBE HACER LAS PRESENTACIONES Cuando se trata de hacerlas en la propia casa, serán los dueños quienes las hagan, especialmente se ocupará de ello la anfitriona. Si ocurre en el lugar de trabajo, corresponderá a la persona responsable.

Cuando se trata de un congreso o reunión semejante, corresponde a los organizadores presentar a los participantes, hasta donde sea posible, aunque cada uno lleve tarjeta con su nombre. En estos casos todos deben hacerse responsables de hacer presentaciones para facilitar el contacto entre unos y otros, así como presentarse uno mismo si interesa iniciar una conversación.

En comidas o fiestas particulares, como ya se ha indicado, corresponde especialmente a la anfitriona, quien deberá poner especial empeño en recibir personalmente a cada uno de sus invitados y presentarlo. Si se trata de un gran número de personas, se ocupará de recibir a cada invitado, aunque no necesariamente de hacer todas las presentaciones. En este caso los invitados se pueden ir presentando entre ellos, y habrá otros miembros de la familia o amigos íntimos que a petición de la anfitriona se ocupen especialmente de ello.

Cuando se recibe a un invitado de honor, se le presentarán todas las personas presentes, siempre que se trate de un número razonable. Si se trata de un gran número, se le presentarán todas aquellas personas que puedan tener mayor interés.

Presentarse a sí mismo En grandes reuniones es posible que no se pueda presentar a todos los invitados o participantes. Éstos podrán presentarse a sí mismos de acuerdo a ciertas normas:

Señores entre sí Los señores se pueden presentar entre sí y saludarse, dando la mano. Basta con que digan su nombre, con claridad.

Al que ha tomado la iniciativa, se le responderá, por parte de los otros, diciendo su nombre y apellidos. El primero que lo haga, si conoce a los demás, los puede ir presentando.

Para presentarse a sí mismo se dirá el nombre y apellido, o título nobiliario si se tiene. No es neceario presentarse por el cargo que se desempeñe, si no se trata de un asunto estrictamente profesional.

Señoras entre sí Al presentarse entre ellas, si son casadas dirán: Sra. de... —apellido del marido—, o su nombre de pila y el apellidos del marido, si hay ambiente de más confianza, o su nombre y apellido.

Si son solteras, dirán su nombre y apellido, pero nunca Srta. seguido del apellido.

Señoras y señores Una señora, salvo raras excepciones —como en el ejercicio profesional—, jamás se presentará ella misma a un señor. Si tiene interés por conocerlo, recurrirá a una tercera persona. A veces tampoco será prudente que una señora diga su nombre a un señor que se le presenta solo.

Si ambos estuvieran en una fiesta particular, congreso o reunión profesional, no habría inconveniente en que lo hiciera, aun-

CARMEN SOTO DÍEZ

que denota más delicadeza y tacto valerse de una tercera persona para hacer la presentación.

Presentación en la vida profesional

Para una señora, las relaciones profesionales constituyen, como ya se ha dicho, una de las excepciones en las que han de presentarse a sí mismas, aunque se trate de hacerlo a un señor. Al presentarse dirán su nombre y apellido, o título si es el caso, a continuación dirán el cargo y posición que ocupan o lugar donde trabajan.

Si se trata de una relación profesional, es un detalle de caballerosidad, por parte del señor al que se tenga que presentar, adelantarse y presentarse él primero, y sin ningún género de dudas lo hará así si ha de presentarse a una señora.

CUÁNDO SE DEBEN HACER LAS PRESENTACIONES

Normalmente siempre que por razones sociales o profesionales se encuentren personas que no se conozcan y tengan posibilidad de seguir un trato.

No es necesario hacer una presentación si, estando en compañía de algún amigo, casualmente se encuentra uno con otra persona, a la que sólo se le saluda, y que no necesitará mantener contacto con la que ya se está.

Si la persona con la que se va por la calle se encuentra con algún amigo o conocido que le quiere saludar o decir algo, a veces lo más oportuno puede ser retirarse un poco, a menos que la persona con la que se vaya insista en que se quede uno, y en ese caso deberá hacer la presentación. Esto se aplica cuando las personas que van juntas son del mismo sexo y más si la que se encuentra es una señora. No se apartará cuando se trate de una pareja y a quien se encuentre sea un conocido del varón, en ese caso la mujer continuará en el lugar que estaba sin tratar de retirarse y le presentarán al recién llegado.

Siempre se evitará seguir una conversación ante dos personas que no se conocen entre sí, es norma elemental de cortesía hacer la presentación.

Levantarse en la presentación

Se usan las mismas reglas que para saludos entre conocidos.

Una señora se levantará si se le presenta otra de igual o mayor categoría. No debe hacerlo si se le presenta un señor, a excepción de que sea una chica joven y el señor tenga una posición de mucha categoría.

Para los señores, siempre será un detalle de caballerosidad levantarse durante la presentación. Nunca dejarán de hacerlo al ser presentados a una señora. Darán muestra de buena educación si se levantan aunque se trate de otro señor de rango inferior.

82

2. SALUDAR

El saludo es una forma de cortesía y demostración de amabilidad y afecto.

Siempre se debe corresponder al saludo, excepto cuando es un desconocido quien saluda a una mujer, en cuyo caso deberá abstenerse de hacerlo, a menos que haya una autopresentación convincente.

En el campo es costumbre saludar dando los buenos días o buenas tardes, aunque no se conozca a la persona, mientras que en la calle sólo es costumbre saludar a los conocidos.

El tipo de saludo dependerá del grado de amistad o parentesco, de relación profesional o social; normalmente rige el mismo principio que para las presentaciones, la persona de menor categoría saludará a la de mayor.

El caballero saludará primero a la señora, excepto en los países anglosajones que se hace lo contrario.

Si una persona se acerca a un grupo, será ésta la que salude primero.

Como el saludo es demostración de aprecio y afecto al igual que una forma de cortesía, se debe tomar la iniciativa y no cabe paralizarse o evitarlo aunque fuera la otra persona quien hubiera de tomarla. Nadie pierde categoría por ser el primero en saludar, ya se trate de un profesor a un alumno o del jefe a un subordinado.

Entre iguales, el saludo lo comienza normalmente la persona que es más educada.

Negar el saludo a alguien conocido es una ofensa seria.

Si un caballero que lleva sombrero saluda a una señora por la calle, se lo quitará unos tres pasos antes de llegar a ella y se lo volverá a poner una vez que haya pasado. El sombrero se quita con la mano del lado opuesto por donde vaya a pasar la señora, para no quitarle la visibilidad.

Los caballeros mantendrán el sombrero en la mano mientras hablan con una señora en la calle. Ésta puede decirles que se lo vuelvan a poner, lo cual se debe hacer. En este caso, al despedirse, el caballero se quitará el sombrero antes de dar la mano, sujetándolo con la mano izquierda con naturalidad, sin juguetear con él.

Las señoras saludarán con una amable sonrisa y pueden decir al mismo tiempo adiós, buenos días o buenas tardes, según sea oportuno.

Al saludar se debe hacer mirando a la persona.

Si se saluda por equivocación, no hay que pararse para dar explicaciones, sin embargo sí que conviene hacerlo después de haber omitido distraídamente un saludo, al volverse a encontrar con la misma persona.

En lugares públicos como restaurantes, es el sentido común quien rige la cortesía en lo referente al saludo. Puede haber amigos en una mesa y según con quién estén, convendrá saludarlos discretamente desde lejos para no interrumpir; si están en reunión de negocios por ejemplo y no se conoce a las demás personas, acercarse supondría las correspondientes presentaciones. También puede darse el caso de que prefieran pasar inadvertidos y no ser reconocidos. Si todos son amigos íntimos, no hay inconveniente en acercarse, también aquí hay que tener en cuenta con quién se va y si es oportuno hacer presentaciones. En cualquier caso, el saludo será muy breve, para no interrumpir y obligar a los que están sentados a invitar a quien llega.

Al acercarse a saludar en lugares públicos, los señores se pondrán de pie, permaneciendo así mientras se esté con ellos. Se les puede indicar que se sienten, al igual que ellos pueden invitar a sentarse. Si hay una señora de cierta categoría entre las personas que se acercan a saludar, también se levantarán las señoras.

En las casas de pisos es muestra de buena educación que se saluden los vecinos, normalmente los más jóvenes saludarán a los mayores y los caballeros a las señoras. Los últimos en llegar también serán los que tomen la iniciativa para saludar a los más antiguos.

Así como para el saludo ha de tomar la iniciativa el caballero o la persona más joven y la de menos categoría, en lugares públicos o privados, para mantener una conversación o un contacto, corresponde la iniciativa a la persona de mayor categoría.

Al saludar a un grupo de personas, se comienza por las señoras, por las autoridades y por las personas mayores, pero se espera que sean ellas las que tomen la iniciativa de extender la mano, para saludar así.

Los japoneses, al saludar, hacen una reverencia y, a mayor inclinación, mayor es también el grado de cortesía y respeto que expresan con ella.

Los rusos, mientras se dan unas palmadas en la espalda, se besan tres veces en las mejillas, alternándolas.

En algunas tribus africanas se utilizan señales de humo y tambores para saludar, mientras que en las zonas más civilizadas emplean las mismas fórmulas que en Europa.

En la mayor parte de los países occidentales las formas más usuales de saludo son: dar la mano derecha y besarse en la mejilla.

Dar la mano   Este saludo se utiliza entre personas que se conocen, aunque también es frecuente responder con este saludo cuando se hace una presentación. Es la forma cortés y respetuosa de saludar. Este tipo de saludo lo brinda la señora, o la persona de mayor dignidad, quien se adelanta a ofrecer la mano. Si por ignorancia o por distracción alguien no se atuviera a esta regla, lo correcto es corresponder educadamente, para no hacer un desaire.

Dar la mano es el saludo frecuente y habitual en Europa. En los países anglosajones se utiliza menos, pues a veces, entre caballeros, se suele dar una palmada en la espalda. Esto se hace sobre todo en los Estados Unidos.

La mano se da y se toma entera, no sólo la punta de los dedos, lo cual sería incorrecto. Igualmente, sobre todo los caballeros, cuidarán no hacerlo de modo lánguido ni con tanta fuerza que haga daño. El apretón de manos debe ser firme, pero no demasiado fuerte.

Un apretón de manos puede expresar sentimientos de simpatía, admiración, afecto, indiferencia o pasión.

Dar la mano es el saludo más apropiado cuando se trata de personas de diferente sexo.

Mientras se da la mano, se mira a la cara de la persona a quien se saluda.

También es correcto saludarse dando la mano entre señoras que se conocen poco o cuya relación es solamente profesional.

Si se saluda dando la mano entre un grupo de personas, se comenzará por las señoras y se evitará cruzarlas entre varias personas que se saludan al mismo tiempo.

Nunca se saludará dando la mano a través de una mesa, la persona que está detrás de ella deberá salir para saludar.

Así como se puede saludar a los vecinos que viven en el mismo edificio, aunque se conozcan sólo por esta razón, no se les dará la mano, sólo se hace con las personas que se tiene cierta amistad o por razones de trato profesional.

Como ya se indicó anteriormente, al dar la mano, ésta estará limpia, si no, es preferible no hacerlo, excusándose; tampoco se debe dar con el guante puesto.

Besar la mano Es una forma cortés de saludar un caballero a una señora.

Como es la señora quien ofrece la mano si la ocasión lo requiere, la extenderá horizontalmente con los dedos un poco inclinados hacia abajo, en lugar de ofrecerla verticalmente.

Aunque la señora extienda la mano con intención de darla, un caballero educado puede tomarla de forma apropiada para besarla.

Al besar la mano, basta con hacer ademán y una inclinación de cabeza mientras se acerca la mano ya cogida, pero no es necesario llegar a darle el beso.

Antes, esta costumbre sólo se utilizaba para las señoras casadas, pero hoy en día se puede usar también con mujeres que sean mayores, de cierta categoría o que tengan una situación profesional relevante, aunque no estén casadas. Esta forma de saludo implica admiración y respeto.

Si se trata de lugares públicos, o en la calle, un caballero educado sabrá detectar cuándo es conveniente besar la mano, y cuándo puede poner a la señora en evidencia.

Si un caballero saluda a un grupo de señoras, no es de buen gusto besar la mano de unas y dejar de hacerlo con otras.

Cuándo se besa a una persona El beso es la forma afectuosa de saludo empleada entre familiares, ya sean hombres o mujeres.

A los niños pequeños se les puede besar, pero ellos han de ir aprendiendo a saludar con la mano.

Hoy día, la costumbre de saludarse con un beso se está extendiendo demasiado, y hay ocasiones en que se hace inapropiadamente, cuando lo correcto sería darse la mano.

Entre gente joven de distinto sexo, el beso puede significar más pasión que saludo.

Entre personas mayores no se debe prodigar esta forma de saludo, cuando lo adecuado es saludar dando o besando la mano.

Entre señoras que se conocen mucho, el beso es la manera habitual de saludo y de despedida. Si el grado de amistad es menor, también es correcto darse la mano.

Cuando se emplea el beso como saludo, es la persona de mayor categoría la que inicia el gesto. Teniendo esto en cuenta, una señora puede con toda corrección ofrecer la mano para saludar, evitando así un beso que no desea recibir.

Los abrazos Esta forma de saludo es más efusiva; se dan entre personas que normalmente se besarían, si no se han visto durante un largo período de tiempo, y si se trata de una ocasión especial, felicitación o pésame.

El abrazo puede ir unido al beso.

Un abrazo con palmadas en la espalda entre caballeros es frecuente como forma de saludo, si hace tiempo que no se han visto.

Saludar a miembros de la Familia Real Cuando una señora saluda a un miembro de la Familia Real, que tenga tratamiento, al darle la mano hará una reverencia flexionando la pierna izquierda y retrasando un poco la derecha hacia detrás, manteniéndose derecha y mirando a la persona a quien saluda. Esta regla se mantiene ya sean señoras o señores de la Familia Real.

Si es un señor quien saluda a miembros de la Familia Real, al dar la mano hará una inclinación de cabeza mientras da un suave taconazo; también se mantiene esta forma de saludo tanto para señoras y señores de la Familia Real.

El tratamiento que se les da será el que les corresponda en cada caso: Vuestra Majestad o Su Majestad al Rey y a la Reina; Majestades o Vuestras Majestades, a ambos; Alteza o Su Alteza a los Príncipes y a los Infantes, se les llama Señor o Señora.

Jamás se les llamará de usted. Si son ellos los que invitan al

Saludo a la familia Real.

tuteo por razón de estrecha amistad, se les tuteará, si no, siempre se les otorgará el debido tratamiento.

Saludar al Papa, Cardenales, Obispos y Prelados

Para saludar al Santo Padre, mientras se le besa la mano se hace una genuflexión sobre la rodilla izquierda.

El tratamiento que se le da es: Santidad, Su Santidad o Santo Padre.

El saludo a los Cardenales es similar al del Santo Padre, aunque basta con hacerles una reverencia flexionando la pierna izquierda y besarles el anillo; la forma de dirigirse a ellos es de Eminencia o Su Eminencia.

Al saludar a los Obispos y Prelados, basta con hacer además de besarles el anillo flexionando la rodilla izquierda al mismo tiempo. La forma de dirigirse a ellos será: Excelencia, Señor Obispo o Monseñor.

Dirigir la palabra y tuteo

Para empezar una conversación o un diálogo, aunque sea breve, la persona de menor categoría esperará que tome la iniciativa la de mayor categoría.

Esta regla no es absolutamente rígida, ya que una persona puede dirigirse a otra de mayor categoría, si hay motivo que lo justifique, y siempre que sea oportuno, aunque a veces convenga excusarse antes.

Lo que nunca es correcto es intervenir en una conversación de la que no se forma parte o interrumpirla, sin que hayan dado pie para ello.

Es perfectamente correcto que un caballero se dirija a una señora, haciéndole un comentario agradable después de haberla saludado.

Exceptuando a las personas que requieren un tratamiento especial, en castellano hay dos formas para dirigirse a los demás: tú y usted. La primera, el tuteo, implica cierto grado de confianza y familiaridad. Se emplea con los amigos íntimos y entre personas del mismo nivel social.

Hablar de usted significa respeto y no mengua el afecto que se puede sentir hacia una persona. Es la manera adecuada para dirigirse a los subordinados y a las personas que merecen respeto. También es la forma obligada para dirigirse a las personas que tienen un rango superior, o incluso semejante, con las que se mantienen relaciones profesionales. Siempre debe emplearse con los desconocidos, salvo cuando sea una persona de edad considerable la que se dirige a otra mucho más joven.

El empleo indiscriminado del tuteo es un abuso; cuando no se conoce a una persona, es preferible hablarle de usted. Nadie se ofenderá porque se le trate de usted, en cambio sí puede molestarse si se le tutea. Una persona de rango superior puede utilizar correctamente el tuteo, sin que eso signifique que se deba responderle hablándole de tú. En todo caso, si lo que se busca es emplear una forma igualitaria, lo más lógico es adoptar la que indica mayor dignidad: usted.

En hospitales, clínicas y consultas privadas, el personal sanitario tratará de usted a los pacientes y familiares de éstos, a menos que sean ellos quienes inviten a hacer lo contrario. Ese trato significa una muestra de deferencia; el tuteo sistemático indicaría que uno se arroga abusivamente el derecho de eliminar cualquier distancia y asaltar la intimidad ajena.

La misma norma de conducta deben seguir quienes trabajan en asuntos oficiales y atienden al público: funcionarios de la administración, dependientes de tiendas y almacenes, periodistas. Lo contrario denotaría poca corrección y falta de profesionalidad.

Todos hemos podido comprobar que precisamente aquellas personas que tienen una educación esmerada tratan de usted y evitan el tuteo.

A los niños y a las personas muy jóvenes se les puede tutear, pero a ellos hay que enseñarles que hablen de usted a las personas mayores, excepto a aquellas que sean parientes o muy amigas de la familia.

Veamos lo que ocurre en otros países:

— Conviene recordar que una de las lenguas más extendidas hoy en día, como es el inglés, utilizada por personas de las más variadas nacionalidades, para comunicarse entre sí, apenas si utiliza el tú, «thou», mientras que generaliza la fórmula más respetuosa «you» que equivale al usted o vos.

— Los franceses, a su vez, dos siglos después de la Revolución Francesa, en la que la igualdad era uno de sus postulados, siguen utilizando el usted o «vous» en lugar del tú o «toi», y no precisamente sólo entre los más conservadores; los que presumen de «progres» también lo emplean al hablar con otras personas.

— Entre los alemanes se antepone el tratamiento de mayor respeto y cortesía: «sie», que equivale a usted, al de mayor confianza o familiaridad que es «du», equivalente al tú.

— Los rusos a su vez también matizan entre el «vi», que equivale a vos y usted, y el «ti», que se refiere a una fórmula de más confianza y que equivale al tú. Utilizan la primera fórmula de tratamiento antes que la segunda.

— Los argentinos utilizan el vos, sin que por ello las relaciones sean frías.

Como bien se ha dicho antes, es preferible utilizar el usted y siempre se está a tiempo de que la persona de rango más elevado invite al tuteo.

Una célebre frase de Dámaso Alonso dice: «Hay amistades a las que ha asesinado el primer tú». La amistad, a diferencia de las estrictas relaciones sociales o profesionales, que pueden quedarse en algo meramente superficial, es algo profundo y duradero que se adquiere con el trato y paso a paso. Por aquel entonces, también decía Dámaso Alonso: «La amistad, el tú, se ganaba lentamente. El tú era un verdadero tú... El hundimiento del usted ha traído consigo la profanación del tú».

De hecho, la sustitución de una forma de tratamiento por otra, aunque no consiste más que en cambiar dos pronombres, no crea generalmente lazos de mayor concordia y unión. Cuánta gente que se tutea indebidamente, más que estrechar lazos crea tirantez o una desmesurada familiaridad, impropia de la relación que han de mantener esas personas entre sí. Aunque se pretenda tener una relación más eficaz con la persona a la que indebidamente se tutea, rara vez será natural.

A lo largo de la historia de aquellas sociedades donde no han existido diversas fórmulas para matizar el respeto y la familiaridad, siempre ha habido signos o señales que denotaran el grado de proximidad, de amistad o de afecto entre dos o más interlocutores. Dichos signos han sido de lo más variados, pero siempre expresivos y especiales, para dirigirse a los más próximos o queridos y a aquellos a los que convenía demostrar cierto respeto, con diversas manifestaciones de cortesía.

La carencia del uso del usted ciertamente puede afectar a muchas relaciones interpersonales y, si esta fórmula de cortesía llegara a desaparecer, habría nuevos modos para sustituirla. Los norteamericanos que emplean un solo pronombre, al dirigirse a la persona que les hace la limpieza o les guarda la casa lo hacen por su apellido precedido por «Mrs.», que equivale a señora; ésta a su vez se dirige a los señores para los que trabaja con la terminología «Sir» o «Madam» que equivale a Señor y Señora. Utilizan la fórmula de mayor respeto: «you».

3. VISITAS

La antigua costumbre de hacer una visita de cumplido, al trasladarse de ciudad, a las personas que no se conocían pero con las cuales se tendría cierta relación profesional, prácticamente ha caído en desuso.

Cuando una persona con un cargo público se trasladaba a una ciudad, era una obligación social visitar a las personas con cargos más altos, empezando por las de más arriba. A estas visitas iba el matrimonio o solamente la señora. Al llamar a la puerta se entregaba una tarjeta de visita y si los señores estaban libres, solían decir que pasaran. La duración de estas visitas de cumplido era de diez a quince minutos y el tema de conversación quedaba prácticamente limitado a asuntos ordinarios referentes a la familia.

El fin de estas visitas era una demostración de respeto hacia los colegas o superiores. Si los señores no estaban en casa, bastaba con dejar la tarjeta de visita con el ángulo superior derecho doblado hacia delante, significando que se había estado personalmente.

Parte de esta costumbre era que en el plazo de quince días los señores visitados devolvieran la visita, y a partir de ese momento ya podían seguir tratándose.

No obstante, en determinados medios, como por ejemplo el diplomático o la milicia, suele ser muestra de cortesía y de deferencia que el recién llegado dé el primer paso para relacionarse.

Hoy en día se emplean otros medios para conocerse. Hay asociaciones y clubs dedicados exclusivamente a atender a los recién llegados. Por otro lado, hay más interés en ayudar a las personas recién llegadas a que conozcan gente y se relacionen socialmente; es frecuente que se las invite con el fin de introducirlas y presentarles a los colegas, incluso a las propias amistades.

Puede decirse que el objeto de las visitas ha ido evolucionando y hoy en día lo correcto es llamar por teléfono antes, para asegurarse de que se llega en momento oportuno y que las personas a quienes se desea visitar estarán en casa.

Sigue vigente la costumbre de devolver la visita como norma de cortesía.

Oficiales Las visitas oficiales deben durar de diez a quince minutos, excepto cuando la anfitriona insiste en que los visitantes se queden más tiempo.

Las visitas oficiales deben hacerse, según los países, a las horas en que no se espera que los anfitriones ofrezcan nada para tomar.

Cuando se hace una visita oficial y los anfitriones esperan alguna otra, si al llegar ésta la pasan al mismo salón, hay que comportarse con naturalidad y discreción; no se trata de salir corriendo cuando llegue, se puede permanecer unos minutos y levantarse cortésmente para despedirse con espontaneidad y sencillez.

A las visitas oficiales se debe acudir bien vestidos, según lo propio para esas horas del día.

Las visitas oficiales normalmente se hacen con cita previa.

Personales Las visitas personales de cumplido serán breves: un cuarto de hora puede ser suficiente.

Las visitas a amigos íntimos son las más gratas y bienvenidas. El hecho de existir confianza permite que sean más largas, pero conviene tener sensibilidad para saber cuándo hay que marcharse. Una visita demasiado larga puede resultar pesada, mientras que si dura un tiempo prudencial, siempre dejará un recuerdo más grato. De todas formas, habrá que cuidar ser oportunos y, precisamente porque hay confianza, es fácil conocer si las personas visitadas tenían pensado algún otro plan. En este caso, se debe abreviar la visita al máximo, para no perturbar sus proyectos.

A pesar del poco tiempo de que habitualmente se dispone hoy día a causa de las múltiples ocupaciones y del ritmo de vida, hay que poner los medios para mantener vivas las amistades y conservar la costumbre de hacer visitas, pues la vía de relación responde al mismo ser del hombre y enriquece el espíritu.

Este tipo de visitas de confianza no suponen ningún preparativo especial para los dueños de la casa; basta con que ofrezcan algo, según la hora del día —a veces, ni eso será necesario— y, sobre todo, poder disfrutar de la conversación y de la compañía.

Según el grado de confianza que se tenga con las personas que se va a visitar, será conveniente telefonear antes o no, pero por razones prácticas más vale hacerlo, para no correr el riesgo de que no estén en casa y, además, así se podrá saber si la visita va a ser inoportuna por algún motivo.

Con ocasión de acontecimientos particulares, las visitas pueden ser especialmente oportunas. Hay momentos en los que la compañía de los amigos es inapreciable.

Concertarlas   Por las razones prácticas mencionadas, conviene concertar las visitas antes de hacerlas, especialmente cuando se trata de asuntos profesionales y se sabe que la persona que se quiere visitar está muy ocupada.

Si la visita se quiere hacer a un alto personaje que no se conoce, se puede concertar con su secretaría; si se hace a través de ella, puede hacerse la llamada desde la secretaría de la persona que desea hacer la visita. Cuando la persona a quien se quiere visitar es de mayor rango, se concertará personalmente, no se le encomendará la gestión a la secretaría.

Horas   Las horas de visita pueden variar según los países y dependiendo del tipo de visitas que sean.

Cuando se trata de visitas de carácter profesional —normalmente se deben concertar antes—, se harán durante el horario de trabajo, procurando que no sea muy a última hora, para no alargar innecesariamente el horario laboral; así se evitará interferir con el escaso tiempo disponible para la comida o con compromisos al final de la jornada.

Al hacer una visita privada, se ha de procurar que no sea en horas demasiado tempranas ni en aquellas en las que el ama de casa puede estar ocupada en las tareas del hogar, normalmente las primeras horas de la mañana y las próximas a las comidas.

Si se sabe que la familia que se va a visitar tiene empleados, la visita se podrá hacer a partir de media mañana y media tarde.

Siempre es más correcto que no sea en horas próximas a las comidas.

Duración   La duración de una visita depende en gran parte del motivo que la ocasione, pero siempre hay que valorar, que por mucha confianza que se tenga con la persona que se visite, es preferible que sea más corta y sepa a poco, a alargarla demasiado y servir de estorbo.

La duración de las visitas oficiales o de cumplido ha de ser breve, como ya se indicó, mientras que las visitas amistosas pueden ser más largas, y las visitas profesionales según el tiempo que haga falta para la entrevista; en estos casos tampoco conviene alargarlas demasiado, basta con aprovechar bien el tiempo, llevando ya pensados los asuntos que se han de tratar.

Inesperadas   Cuando una visita inesperada es inoportuna, el «saber hacer» de la anfitriona hará que se sienta a gusto y bien recibida, pero al mismo tiempo tendrá la suficiente inteligencia y serenidad para hacerle saber con delicadeza las ocupaciones o compromisos previos que tenía, dejando la puerta abierta para recibirla en otro momento más apropiado, cuando pueda atenderla mejor.

Si una visita inesperada encuentra a los anfitriones poco presentables para recibir visitas, sabrá tener el necesario tacto para que se puedan arreglar, y extremará su discreción.

Un caballero no visitará jamás a una señora que esté sola en su casa. Por su parte, la señora, con delicadeza y aun con firmeza, invitará al caballero a visitarla en otro momento.

A enfermos   Las visitas a enfermos siempre han de ser breves, para no cansarlos, y alegres y optimistas. Es lógico interesarse por su estado y habrá que tener paciencia, dejando al enfermo hablar de sus dolencias cuando desee hacerlo, pero la visita evitará hacer de la enfermedad el tema central de la conversación y con mayor razón referirse a otros casos semejantes. De cualquier modo, hay que cuidar que el tono de voz no sea muy alto, para no aturdir a la persona enferma.

Cuando se visita a un enfermo hay que hacerlo en el momento oportuno: conviene evitar las horas de las comidas y de mayor descanso después de éstas, igual que las últimas horas de la tarde en las que puede estar más cansado.

Si se presenta el médico, la visita saldrá discretamente de la habitación, y también cuando entre la enfermera para prestarle algún servicio.

Se debe evitar fumar en la habitación del enfermo, aunque él lo haga, porque cargaría el ambiente.

Al visitar a un enfermo no se debe uno sentar en su cama; aunque no lo demuestre, puede producirle molestias.

Cuando un enfermo ha recibido muchas visitas seguidas, hay que averiguar si desea descansar y estar un rato a solas; a veces le será verdaderamente necesario y quizá no se atreverá a pedirlo. Si se quiere hablar con los familiares sobre el estado del enfermo, es más delicado hacerlo fuera de su habitación que en un rincón bajando el tono de voz.

Ya trataremos de los regalos a enfermos, aquí sólo recordaremos que conviene que sean objetos que distraigan y agraden: libros entretenidos y no muy largos, pasatiempos, bombones o pastas. Cuando se trata de señoras, las flores y las plantas siempre son bien recibidas.

A personas ancianas Las visitas a personas ancianas, aunque no estén enfermas, requieren gran delicadeza; una buena manera de hacerles pasar un rato agradable es prestar atención a las historias que cuentan del pasado y hablarles de cosas que les puedan interesar y alegrar al mismo tiempo.

Es muestra de fina educación visitar a las personas ancianas que se encuentran solas; normalmente agradecen profundamente que se les haga un rato de compañía.

De pésame Las visitas de pésame se harán a la familia en un tiempo prudencial posterior al entierro, cuando se es muy amigo o se mantienen estrechas relaciones profesionales. Deben adaptarse a las costumbres del lugar.

En esos momentos hay que hacerse cargo del dolor de la familia, y el fin de la visita es demostrar el propio dolor unido al de ellos. Estas visitas serán breves y se evitará hacerles repetir una y otra vez los detalles del fallecimiento. Han de ser una muestra sincera de los propios sentimientos y del afecto hacia la persona fallecida y su familia.

Lo correcto es que la persona que hace una visita de pésame se manifieste de acuerdo con la fe religiosa que profesa; para la familia visitada, esta actitud será muestra de que la condolencia es sincera.

Se evitarán las conversaciones frívolas —aunque no tienen por qué ser necesariamente tristes— y se contribuirá a mantener un entorno de paz y serenidad.

Hay que cuidar que la vestimenta no sea llamativa y mucho menos extravagante.

Cuando no se tiene mucha confianza con la familia, pero se les quiere dar el pésame por el afecto que se le tenía a la persona fallecida, no es necesario hacer una visita, lo correcto es asistir a las honras fúnebres que se celebren. También se puede dejar la tarjeta de visita.

4. INVITACIONES

Como es misión concreta de la anfitriona ocuparse especialmente de sus invitados, será ella quien lleve directamente todo lo relacionado con las invitaciones y quien invite personalmente, cuando no se trate de invitaciones oficiales.

En las invitaciones impresas figurará el nombre del matrimonio.

Se cuidará especialmente, pues es demostración de buen o mal gusto: la calidad del papel, el texto y el tipo de letra. Conviene enviarlas con tres semanas de anticipación, a veces bastará con menos tiempo.

Las invitaciones utilizadas para ocasiones informales, o fiestas privadas aunque sean formales, no se encuadran en ningún tipo concreto. Pueden hacerse a través de una visita, de una llamada telefónica, de una carta o de una tarjeta de invitación impresa o a mano. Cuando se envía una carta o tarjeta, conviene pedir que se conteste confirmando la asistencia o avisando si no pueden asistir.

Si se invita a una personalidad que destaque entre las restantes, los anfitriones, o los organizadores, le harán una visita, para solicitar su asistencia y preguntar qué día prefiere; se le explicará brevemente en qué consistirá la fiesta o ceremonia. Cuando por motivos de distancia o semejantes, no sea posible hacer esa visita, se le podrá enviar una carta manuscrita o mecanografiada; será muy excepcional recurrir a una llamada telefónica para hacer la invitación.

Cuando una personalidad acepta presidir o ser el invitado de honor, se indicará esta circunstancia en la invitación que se curse. Al especificar la hora en la invitación, se hará un cuarto de hora o diez minutos antes de la llegada del invitado de honor, que llegará el último y se marchará el primero.

Por teléfono   Las invitaciones por teléfono se hacen a personas de confianza, y cuando no son muchos los invitados.

Si se invita por teléfono, normalmente no es necesario hacerlo con mucha anticipación, basta con avisar de dos a ocho días antes.

Cuando se organiza una comida oficial que no estaba prevista, con ocasión de la visita de una autoridad, la invitación se hará por teléfono para ganar tiempo; normalmente se ocupará de ello la secretaría de quien la organiza. En cuanto se recibe respuesta a este tipo de invitación, se puede enviar una tarjeta para recordar, impresa o escrita a mano. En la esquina superior izquierda se debe escribir: «Para recordar». Estas tarjetas no requieren contestación, puesto que ya se tiene.

También se pueden entregar en mano las invitaciones, en lugar de hacerlo por teléfono, o enviarlas a través de mensajero; este modo es más correcto, aunque implica mayor trabajo y en estos casos cuenta mucho la rapidez con que se haga*.

Impresas Las invitaciones impresas se utilizan para las ocasiones formales y también para las informales cuando el número de invitados es grande. En ellas figurará el nombre del matrimonio.

ESCUDO
NACIONAL
EN SECO

Con ocasión de la Fiesta Onomástica de
Su Majestad el Rey Don Juan Carlos I
el Embajador de España y
la Señora de Ferrándiz
tienen el gusto de invitar a _____

a una recepción el 24 de Junio a las 19,00 horas
Palacio de Palhavã   *S. R. C.*
Praça de Espanha   *Tel. 37 23 81*

SE AGRADECE LA PRESENTACION DE ESTA TARJETA

Gabriel Ponce
Presidente del Banco de Buenos Aires
tiene el honor de invitar a

_____

al cocktail que ofrecerá el lunes 25 de septiembre a las 20,00 horas, en el Salón Real del Hotel Ritz, con motivo de la despedida de D. Luis Suárez de Torre y la presentación de D. Manuel Jiménez de la Lamela, nuevo Director General de la Sucursal en España.

Sucursal en España   *S. R. C.*
José Ortega y Gasset, 29   *575 96 54*
28006 Madrid   *575 06 00*

Diferentes tipos de invitación. El tarjetón puede medir 17 × 12 cms.

---

* En la vida diaria, denota falta de delicadeza invitar sin concretar fecha, por ejemplo, decir: «vente a comer a casa» o «a ver cuándo vienes a tomar café». La persona invitada puede quedarse sin saber qué hacer. Se han dado casos, en los que personas extranjeras tomaron en serio este tipo de invitación en España y se quedaron muy desconcertadas al llegar a la casa en cuestión y ver que no se les esperaba.

Se pueden imprimir unas líneas de puntos para añadir los nombres de los invitados y otros datos, a mano.

En países anglosajones es frecuente tener un tipo de invitación con el nombre de los anfitriones, indicando debajo: En casa. En la esquina inferior izquierda R.S.V.P. —répondre, s'il vous plaît—, y la dirección con teléfono. Según la ocasión, se rellena a mano en la parte superior izquierda el nombre de los invitados, en el centro el día, y la hora en la esquina inferior derecha.

Las más elegantes son las hechas en relieve sobre cartulina blanca o hueso, de buena calidad. Los sobres han de ser a juego.

Junto con la invitación se puede enviar una tarjeta de contestación.

Escritas a mano   Las invitaciones escritas a mano se pueden utilizar también para ocasiones formales. Se escriben en tarjetones de cartulina blanca o crema, usando la misma terminología y formato que las impresas.

Este tipo de invitaciones nunca debe hacerse en tarjetones con el nombre de la persona o la dirección impresos en la parte superior. Sí que puede haber un escudo o un monograma.

Contestar invitaciones   Al recibir una invitación hay que ver cuanto antes si se puede aceptar para contestar enseguida, aunque se haya recibido con bastante anticipación, ya que la preparación dependerá en gran parte del número de asistentes.

Si se da un número de teléfono en ellas, se puede llamar para confirmar la asistencia, y en caso que no se pueda asistir se dará la razón que lo impide, agradeciendo la invitación.

Cuando no se puede aceptar la invitación, conviene contestar a vuelta de correo, o telefonear enseguida, por si tienen que invitar a otra persona.

Si junto con la invitación se recibe una tarjeta de respuesta, sólo se añadirá el nombre y se enviará por correo con la mayor brevedad posible, indicando si se asistirá o no.

Cuando es un alto personaje quien invita, no se le debe llamar para darle la respuesta personalmente, se hablará con su secretaría o se enviará por escrito.

Las invitaciones recibidas de la Casa Real deben contestarse antes de las veinticuatro horas después de haberlas recibido. Se deben aceptar siempre. Únicamente se admiten cuatro excepciones: por enfermedad, por la boda de un familiar próximo coincidiendo con la fecha, por estar fuera de viaje y por el fallecimiento de un familiar.

Si la invitación es oficial y se ha recibido por telex, fax o telegrama, se debe contestar inmediatamente telefoneando, o por el mismo sistema en que se ha recibido. Normalmente este modo de hacer invitaciones por razones de tiempo, van seguidas de invitaciones impresas enviadas por correo.

Las demás invitaciones se deben contestar dentro del plazo de uno o dos días después de recibirlas, a más tardar.

En las invitaciones hechas a diplomáticos o personas con altos cargos, cuando la señora o el marido no pueden ir por estar enfermo o de viaje, se contestará por teléfono y la anfitriona podrá invitar a uno solo de ellos, si es posible que asista. A veces, una anfitriona puede sentir alivio al saber que puede contar con otra persona, cuando tiene que hacer los planos de mesas y le ha fallado algún invitado.

Cuando se trata de invitaciones oficiales a un cocktail y va dirigida al matrimonio, en caso de que alguno no pueda asistir, puede hacerlo uno de ellos si considera interesante acudir y hacer acto de presencia.

Si en la invitación no se ruega contestación, porque se trata de una recepción general, inauguración o exhibición, no hace falta contestar.

Cuando se contesta a una invitación formal, se hace en un tarjetón blanco o crema, escrito a mano, preferiblemente con pluma y tinta negra. Se utiliza la misma terminología que se emplea en la invitación recibida, también cuando está hecha en tercera persona.

Cuando se contesta por escrito diciendo que no se puede asistir, conviene dar la razón por la que no es posible y si se trata de invitaciones particulares, se agradecerá la invitación con unas palabras afectuosas.

Al contestar se suele decir: «Tienen el gusto de aceptar...» o «Sienten no poder asistir...».

Si se trata de invitaciones recibidas de la Casa Real, del Presidente del Gobierno o de Embajadores, se dirá: «Tienen el honor de aceptar», o «Sienten no poder aceptar el honor».

Cuando se contesta aceptando una invitación oficial, que no lleve incluida tarjeta de respuesta, se debe repetir la hora y fecha, y el lugar de la recepción, si no se celebra en la residencia de los anfitriones, para que éstos puedan apreciar si sus invitados se han equivocado en algo. No es necesario incluirlo cuando la contestación es para decir que no se puede aceptar la invitación.

La contestación a una invitación, excepto en casos oficiales, va

Sres. ....

Asistiremos ....*personas*

Sres. ....

Número de personas ....

Asistirán ....

No Asistirán ....

El Sr. Don ....
Los Sres. de ....
....

Comunican que SI/NO
asistirán ....*personas a la boda de*

Marta y Fernando

Sres. ....,...

Núm. de asistentes ....

Se ruega contestación antes del 15 de Junio, y la presentación
del ticket en la entrada.

Modelos de tarjetas de contestación. Habitualmente miden 10 × 5 cms.

dirigida siempre a la anfitriona, aunque invite el matrimonio. Si se hace por correo, en el sobre se pone el nombre del matrimonio: Sres. de... o Sr. Don... y Sra.

La contestación a una invitación recibida de los Reyes va dirigida al Jefe de la Casa de Su Majestad El Rey, o a la Secretaría de la Casa de Su Majestad.

Cuando se recibe una invitación del Presidente del Gobierno, la contestación se envía a su Secretaría. De igual modo se puede proceder con los Vicepresidentes o Ministros.

Recordar una invitación
Un modo de recordar las invitaciones, además de anotarlo en el propio calendario, es tenerlas expuestas en un sitio visible. Esto se suele hacer, y a veces se colocan encima de la chimenea del salón o de algún mueble, pero puede tener el peligro que las vean amigos comunes que no hayan sido invitados. También puede dar la impresión de querer hacer ostentación de las relaciones sociales que se tienen y es preferible colocarlas más discretamente en otro sitio como puede ser el escritorio, donde siga estando a la vista de uno mismo.

Cuando una invitación se hace por teléfono, o personalmente, para una comida, cena formal, o cualquier otro tipo de fiesta, es frecuente, como ya se ha indicado, enviar por correo al día siguiente de que hayan aceptado la invitación, una tarjeta «Para recordar».

También se enviará este tipo de tarjeta al invitado de honor.

Se pueden utilizar tarjetones sencillos, impresos o parcialmente impresos, o invitaciones dobles. Si se usa la invitación, se tachará el R.S.V.P. o S.R.C. y se escribirá encima: «Para recordar», o «Pour memoire».

Cuando es una tarjeta únicamente para recordar y está impresa, se rellenarán los datos que falten y en el ángulo superior izquierdo se escribirá: «Para recordar». Estas tarjetas no necesitan contestación, puesto que se envían a invitaciones ya aceptadas.

Posponer una invitación
Una vez que se ha invitado a una persona, no es correcto anular la invitación, a menos que haya un motivo serio. Si hay un motivo razonable, se adelantará o se aplazará para otro día.

En el caso de las invitaciones oficiales y formales, que se suelen enviar con tres semanas de anticipación, únicamente se debe suspender la invitación por un motivo verdaderamente serio, como la muerte o enfermedad de uno de los anfitriones, la muerte de un familiar próximo, la necesidad de hacer un viaje inesperado.

Para posponer o cancelar invitaciones, según el tiempo de que se disponga, lo más correcto es enviar una tarjeta impresa, por correo si el número de invitados es grande, aunque también se puede avisar por teléfono, fax o telex, y enviar una tarjeta escrita a mano o impresa.

Si en lugar de posponer una invitación hay que suspenderla y el motivo es una defunción, no hace falta decir en la tarjeta «sienten» tener que cancelar.

Cancelar una invitación   Una vez que se ha aceptado una invitación, no se debe rehusar a menos que haya motivo serio y en ese caso se le debe comunicar cuanto antes a la anfitriona, para que pueda hacer los arreglos necesarios en cuanto a la organización de la fiesta.

Cuando un matrimonio rehúsa una invitación, porque uno de los dos está enfermo, únicamente en caso de que la anfitriona insista en que asista el otro, debe hacerlo, pero no se ofrecerá a ir solo, ya que puede ocasionar trastornos en la organización de la mesa, y solamente la anfitriona sabe si puede ser conveniente; a veces lo será.

Los motivos aceptables para cancelar una invitación pueden ser: obligaciones profesionales imprevistas, enfermedad y las que ya se vieron en el caso de la Casa Real.

Una invitación de la Casa Real o del Presidente del Gobierno, también es motivo para cancelar los compromisos que se hayan podido concertar previamente.

Para cancelar una invitación aceptada, se debe decir la razón que obliga a hacerlo; puede hacerse por teléfono, o por correo si hay tiempo suficiente. También se puede utilizar el telex o el fax cuando son por relaciones profesionales. Si se hace enviando un telegrama, es conveniente escribir o telefonear para explicar los motivos que obligan a hacerlo.

Aceptar una invitación   Cuando se recibe una invitación para visitar en su casa a unos amigos o conocidos, siempre se debe demostrar una actitud de agradecimiento hacia su hospitalidad.

Entre personas de distinto sexo, sólo si hay otras personas es correcto aceptar una invitación a la casa.

Al aceptar la invitación de una visita, se entiende que se tratará de un rato de conversación y según la hora que se haya citado, se servirá lo propio de ese momento.

Agradecer una invitación   (Ver pág. 169)

Solicitar una invitación   Si se trata de uno mismo, no se deben solicitar invitaciones y menos con carácter oficial.

Cuando se ha aceptado una invitación a una fiesta que no requiera sitios fijos, bien porque se trate de un buffet o de un cocktail, y aparecen amigos, se le podrá preguntar a la anfitriona si se les puede llevar también, pero dejándola en entera libertad para que pueda dar la respuesta que le parezca oportuna y no se hará la gestión delante de los amigos, por si el resultado es negativo, cosa que sería violenta para ellos y para la anfitriona.

Corresponder a una invitación   Cuando se ha sido invitado, conviene corresponder a las personas que invitan.

101

Al corresponder a invitaciones, no es imprescindible invitar solamente a las personas con las que en cierto sentido se está en deuda, sino que pueden ser invitadas otras personas, principalmente amigos íntimos o conocidos, si la fiesta es numerosa.

Si se está en deuda con varias personas y se quiere corresponder a sus invitaciones, se las puede invitar a la vez, siempre que el grupo sea homogéneo y se tenga la seguridad de que su reunión va a ser grata para todos; en caso contrario, se las invitará en grupos aparte.

Invitaciones de boda y participaciones
Después de la petición de mano, se suele enviar el parte de boda a los familiares y amigos.

El parte de boda irá impreso en cartulina blanca o de color crudo y de hoja doble; es importante elegir una letra clara y sencilla. Lo mismo hay que decir de la invitación a la boda.

Normalmente en el lado izquierdo de la tarjeta doble participan el compromiso los padres de la novia, estando destinado a los padres del novio el lado derecho.

El parte de boda puede anunciar la fecha exacta de la boda y también la fecha sólo aproximada, citando el mes en el que tendrá lugar.

Las personas que reciben parte de boda deben hacer un regalo a los novios, que no se tratará tanto de un obsequio personal, como para la casa que los novios tienen que instalar.

El parte de boda puede ir seguido de invitación; si ésta no se recibe, quiere decir que no se está invitado a la boda.

Normalmente, a todas las personas que se les envía parte de boda se les debe enviar también invitación, aunque hoy en día está admitido no hacerlo. Pero también en este caso lo correcto es enviar un regalo.

Es conveniente que, para confeccionar la lista de invitados, se reúnan las familias respectivas de ambos contrayentes.

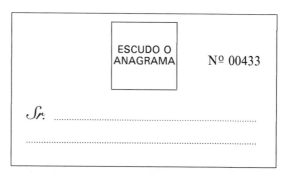

Tarjeta de contestación a la Invitación de boda. Puede medir 10 × 6 cms.

Juan de la Vega Urquizu
Blanca Izquierdo Perales

Marcos Echevarría Robles
Teresa García Riquelme

Participan el próximo matrimonio de su
hija Silvia con D. Miguel Echevarría García

Participan del matrimonio de su hijo Miguel,
con la Srta. Silvia de la Vega Izquierdo

y tienen el gusto de invitarle a la ceremonia religiosa que se celebrará (D. m.), el
día 14 de Marzo en la Iglesia Parroquial de San Juan, a las ocho y media de
la tarde, y a la cena que tendrá lugar a continuación en su casa, Avenida de Car-
los III, 89 (Segovia).

Avenida de Carlos III, 89
40002 Segovia
Tfno. (911) 858 24 73

S. R. C.
1995

Plaza del Arenal, 2
28023 Madrid
Tfno. (91) 428 69 41

Modelo de parte de boda que incluye invitación. Puede medir 31 × 21 cms. abierto, y va doblado en díptico.

PUEDE
LLEVAR
ESCUDO

PUEDE
LLEVAR
ESCUDO

Los Duques de Almunia

Los Marqueses de Lera

Participan el próximo matrimonio
de su hija Macarena con el Sr.
D. Gabriel Castellano Embid,
Conde de Mirallet

Participan el próximo matrimonio
de su hijo Gabriel con la Srta.
Macarena Blasco León

Oquendo, 40
28006 Madrid

Enero 1995

Fernández de la Hoz, 53
28003 Madrid

Modelo de parte de boda con invitación aparte. Puede medir 31 × 21 cms. abierto, y va doblado en díptico.

```
PUEDE
TENER
ESCUDO
```

Los Duques de Almunia

Tienen el gusto de invitar a

....

a la ceremonia de la boda de su hija Macarena con Don Gabriel Cas-
tellano Embid, Conde de Mirallet, que se celebrará, D. m., el día 28
de Enero a las 8,30 de la tarde, en la Iglesia Parroquial de San Je-
rónimo el Real, y a la cena que tendrá lugar a continuación en su casa
(Oquendo, 40)

Señoras: Mantilla
Señores: Chaqué   *Se ruega la presentación de esta tarjeta*

Modelo de invitación para acompañar el parte de boda. El tarjetón puede medir 19 × 14 cms.

5. RECIBIR DESPEDIR ACOMPAÑAR

Recibir   Saber recibir es todo un arte que requiere maestría.

Al recibir amigos, hay que crear un ambiente grato y acogedor; se debe evitar ocuparse de otros asuntos, para dedicarse por
completo a los amigos. Por eso, cuando hacen falta preparativos
para recibir, se tendrá todo organizado antes de que lleguen las
visitas esperadas.

La amabilidad y la naturalidad para tratar a cada visita son las
cualidades más importantes al recibir.

Si se trata de relaciones sociales y se hace en familia, hay mayor campo para la iniciativa. La responsabilidad más directa de
que los invitados o las visitas se diviertan y se sientan a gusto recae sobre la anfitriona.

Cuando se recibe en casa hay que vestir bien, pero sin querer llamar la atención ni dejar mal a personas que pueden estar menos elegantes. En suma, estar elegante pero sin ostentación, con sencillez.

Si una visita llega sin previo aviso, se la recibe amablemente sin demostrar que molesta o que es inoportuna, hay que ser acogedores con ella, aunque, si aparece en un momento inconveniente, se le explicarán las circunstancias con delicadeza, e incluso se le puede rogar que espere o que vuelva en otra ocasión.

Cuando se recibe por motivos profesionales y es un caballero quien lo hace en su despacho, siempre se levantará para recibir a las visitas. Si éstas son de cierta relevancia, irá a la sala de espera para buscarlas o incluso esperará en la entrada a que lleguen.

Mientras se atiende a una visita, a un cliente o a un proveedor, se deben evitar, a ser posible, todo tipo de interrupciones. En asuntos profesionales se tomarán cuantas notas sean necesarias para impedir olvidos, que a la larga serían perjudiciales. Cuando no se entiende bien un asunto, es preferible preguntar acerca de él, cosa que demuestra interés, en lugar de quedarse con datos incompletos.

Cuando se recibe formalmente y se trata de un número elevado de personas, es costumbre colocarse en fila para que todos los invitados puedan ser presentados y saludar a los anfitriones.

Si hay un invitado de honor, estará en la fila, para poder presentarle a los demás invitados.

Saber escuchar y seguir la conversación con atención, al recibir a una visita, es norma elemental de cortesía, interesándose por sus problemas y acontecimientos importantes, lo cual no impide sacar oportunamente temas de conversación amenos y con contenido optimista. No se debe dar un tono negativo a las cosas y ser aguafiestas o altavoz de alarmas, hay que resaltar lo positivo, aunque a veces haya que hablar clara y sinceramente sobre temas serios y transcendentes.

Saber recibir implica mantener una interesante y animada conversación en la que todos puedan participar, sin que nadie la polarice o se quede aislado.

Para poder recibir en cualquier momento es importante estar habituados a tener la casa bien organizada y en orden, la limpieza es imprescindible y ha de cuidarse a diario.

Siempre conviene tener en la despensa y en la nevera algo para poder ofrecer a las visitas inesperadas, no es necesario que sea lujoso pero sí sencillo de preparar y con buena presentación. La buena presentación es importantísima aun en los platos más simples.

Cuando se reciben convidados, ya sea para tomar un simple café o para una cena formal, se debe prever todo con tiempo y organizarlo según los medios de que se disponga.

Si no hay servicio que pueda encargarse de preparar los detalles de última hora, hay que pensar en un menú que reúna las debidas condiciones para no tener que estar pendiente en el último momento y poder atender a los invitados tranquilamente.

Si se dispone de personal de servicio, se darán las oportunas indicaciones, con serenidad, antes de que lleguen los invitados, para que todo transcurra sin problemas. Jamás se reprenderá o culpará de algo al personal de servicio delante de los convidados.

Cuando se da una comida o una cena, se puede ofrecer algún aperitivo antes en el salón. Después de comer, el café también se sirve en el salón y se puede acompañar de algún licor para los señores.

A los amigos
Las puertas siempre deben estar abiertas para los amigos, y más si se trata de amigos íntimos. No hace falta hacer preparativos especiales para recibirlos, y menos si se hace como cosa natural, frecuentemente. Basta con ofrecer algo sencillo, cuidando la presentación.

Cuando un amigo vive en una situación irregular, si el caso lo requiere, se le recibirá en casa, pero nunca con su amante. En esto se debe tener firmeza.

Tertulias
Al recibir amigos en casa, lo más agradable es el ambiente sano y cálido que se crea a través de las tertulias. Se puede disfrutar mucho estando con amigos, charlando de temas interesantes.

Es un modo de enriquecerse mutuamente y de profundizar en el conocimiento de otras personas. Esto se aplica a gente joven y a quienes ya no lo son tanto.

El mejor arte de los buenos conversadores es conseguir que las personas se encuentren a gusto y participen en la conversación.

Hay personas muy inteligentes que se tornan mudas ante aquellas a quienes no conocen mucho, es muy importante romper el hielo y hacerlas participar.

Para poder mantener una tertulia agradable es primordial saber escuchar y ayudar a dar pie a quienes han de hablar.

Despedir
Despedir a los convidados, acompañándolos hasta la puerta cuando se marchan, es tan importante como recibirlos.

En las despedidas hay que cuidar la cortesía por ambas partes.

Si se trata de una persona que hace una visita, tendrá el suficiente tacto para no alargarla demasiado causando trastornos de tiempo a la persona a quien se visita. Esto ha de tenerse especialmente en cuenta en asuntos profesionales, ya que la persona que se va a ver puede tener un apretado programa de entrevistas.

Antes de la despedida, la actitud debe ser de serenidad, sin dar sensación de prisa, pero una vez que se decide despedirse, la despedida será breve.

La persona que se despide lo hará de aquellas con las que ha estado y si no es posible despedirse de alguna, pedirá a la otra que lo haga en su nombre.

En cuanto a las personas que despiden también hay una serie de detalles a tener en cuenta. Siempre se pondrán de pie y, según los casos, acompañarán hasta la puerta abriéndola y cerrándola una vez que haya salido la visita, no se deja que sea ella quien la tenga que cerrar; salvo en el caso de que sea una señora la que recibe al caballero o cuando otras circunstancias así lo aconsejen.

Si se trata de una visita en un despacho, se acompañará hasta la puerta de éste, o hasta la entrada, pero si la categoría de la visita lo requiere, se hará hasta la calle o incluso hasta el coche.

Tratándose de casas particulares, siempre se acompañará hasta la puerta de la casa y también según la categoría de la persona hasta la calle o el coche.

Si hay más personas en la reunión, los dueños de la casa podrán excusarse ante los demás y se levantarán para acompañar a aquellas personas que se despiden.

En caso de que los dueños no puedan hacerlo, pedirán a un familiar próximo que lo haga y se excusarán razonablemente ante los que se van.

Acompañar   Cuando un chico lleva a una chica en coche, o un caballero a una o varias señoras y las acompaña hasta su casa, saldrá para abrirles la puerta del coche y esperará fuera hasta que hayan entrado en casa, antes de volver a entrar al coche.

Si un caballero acompaña a una chica a su casa en coche y conduce el chófer, será éste quien abra la puerta del coche, pero el caballero también se bajará para despedirla y esperará hasta que haya entrado en casa.

Al tratarse de amigos, también es muestra de cortesía esperar en el coche hasta que el otro haya entrado en casa, esto rige también si se trata de señoras entre ellas.

Cuando un caballero acompaña a una señora por la calle, el sitio de preferencia es a su derecha, excepto si tienen que ir por una acera estrecha y supusiera que la señora tuviera que andar por el lado de fuera, en cuyo caso cambiaría.

Si dos caballeros acompañan a una señora, se colocarán uno a cada lado de ella.

Si un caballero acompaña a dos señoras, llevará una a cada lado, si tienen el mismo rango, pero si el de una es mayor será ésta la que vaya en el centro.

Cuando se trata de personas del mismo sexo rige la preferencia a la derecha, excepto en el caso de las aceras, y si van tres, en el centro; si van cuatro, los sitios preferentes son los del centro; si el número fuera mayor, es preferible dividir la fila.

En caso de que una persona utilice bastón, quien vaya con ella se situará al lado opuesto al del bastón.

Los anfitriones El término Anfitrión deriva del nombre del rey de Tebas, esposo de Alcumenas, que fue famoso por sus banquetes. Hoy en día hace referencia «al que tiene convidados a su mesa y los regala con esplendidez», según dice el diccionario de la Real Academia Española.

Es importante la matización entre «invitar», que es «llamar a uno para un convite o para asistir a algún acto», y «convidar» —de la palabra latina «convivium» = convite—, que significa «rogar una persona a otra que la acompañe a comer o a una función o a cualquier cosa que se haga por vía de obsequio». Así lo explica también el diccionario de la Real Academia Española.

El más importante de los obsequios es el de los propios buenos modales, que lleva muchos otros consigo y a estar pendiente de los detalles pequeños, tan importantes para hacer agradable la estancia de las personas convidadas.

Cuando se invita en casa, los anfitriones vestirán con sobria elegancia, de manera que ni siquiera parezca que hacen ostentación ante los invitados.

Invitar y recibir en casa ayuda a ampliar el círculo de amistades y a tratar más a fondo a las personas. Con ocasión de una comida, se puede avanzar más en el conocimiento mutuo que por medio de muchas conversaciones.

Es cierto que invitar y recibir en casa da origen a una serie de complicaciones, pero cuando se hace con una razonable frecuencia se va adquiriendo la soltura necesaria para desenvolverse con naturalidad, cosa que es muy importante para los anfitriones.

Cuando se invita en casa, si no hay servicio para atender la puerta, será el anfitrión quien reciba a los invitados, y la anfitriona los saludará cuando lleguen al salón, poniéndose de pie para acoger a las señoras.

La primera norma de cortesía de los anfitriones es saludar a cada persona afectuosamente, acompañando al apretón de manos —o al beso, en su caso— con unas palabras de amable bienvenida.

Es responsabilidad de los anfitriones presentar a todas aquellas personas que llegan a su casa y no se conocen entre sí. Siempre será conveniente, al hacer la presentación, añadir alguna información sobre las personas presentadas —familia, profesión, gustos, etc.—, que les pueda facilitar el inicio de una conversación entre ellas. Cuando el número de invitados es grande, se comprende que no se pueda presentar a todos.

Los buenos anfitriones son aquellos que saben estar pendientes de cada una de sus visitas o invitados, evitando abandonar a unos por atender excesivamente a otros. Esta atención requiere estar en un cúmulo de pequeños detalles que harán agradable la estancia de los convidados, la reunión fluirá animada y, con delicadeza y discreción, estarán pendientes de que todos se sientan agasajados.

Los anfitriones han de tener la habilidad necesaria para salir al paso de imprevistos que puedan producir algún trastorno. Y, sobre todo, intervenir con elegancia en el caso de que, en algún momento, alguien se condujera de forma menos conveniente.

No es correcto comentar con los invitados el trabajo o las posibles complicaciones que ha llevado consigo la preparación de la fiesta o la comida.

El anfitrión   El anfitrión atenderá a sus convidados cuidando especialmente los detalles propios de la caballerosidad.

Sabrá mantener una conversación interesante, procurando que nadie se quede aislado, y estar alerta desde el primer momento, para hacer las presentaciones cuando haya personas que no se conozcan entre sí.

Estará pendiente de recibir y despedir a los convidados y, cuando no haya servicio, se ocupará de recoger y entregar los abrigos.

La anfitriona   Es responsabilidad directa de la anfitriona que sus convidados estén a gusto y disfruten de un rato agradable; ha de estar especialmente pendiente de todos y de todos los detalles.

Sabrá organizar las cosas de tal modo que, por atender bien a sus convidados, no los desatienda ocupándose en los preparativos. Parte del arte de la anfitriona es hacer que sus convidados se sientan en casa.

La lista de convidados   Los buenos anfitriones, aunque estén recibiendo continuamente, dan mucha importancia a la lista de convidados.

La lista de convidados tiene dos funciones de utilidad: una, convidar a todos los que se desea sin olvidar nadie a quien se debe corresponder y, por otro lado, saber compaginar los convidados para evitar conflictos y que todos puedan disfrutar.

Si se invita de palabra, no se debe invitar a una persona delante de otra tercera a la que no se piensa invitar.

Parte del éxito de una fiesta está en la elección de los invitados, teniendo en cuenta sus afinidades.

Conviene que el grado de amistad de los invitados sea homogéneo, para no dejar sin invitar a otros amigos que podrían sentirse justamente resentidos.

Si se invita a miembros de la Familia Real o a Jefes de Estado, así como a personalidades de mucha categoría, convendrá someter a su consideración la lista de invitados. Se hará por intermedio de sus Secretarías y se tendrán en cuenta las sugerencias.

Es muy útil ir guardando las listas de convidados incluso con los detalles de lo que se les sirvió.

Cómo se debe convidar

Cuando se convida a una persona de modo informal, puede hacerse sobre la marcha, incluso en el mismo día, según las ocupaciones que tenga.

Para una comida o una cena formal, se deben hacer las invitaciones al menos con una semana de anticipación, y preferiblemente con tres, para poder recibir las contestaciones a tiempo.

Se puede convidar directamente por teléfono, cuando se trata de invitaciones informales y poco numerosas, o enviando invitaciones escritas, para ocasiones más formales, que pueden ser impresas o semi impresas, rellenando ciertos datos a mano. Cuando las invitaciones son impresas, debe constar a qué se invita, cuándo y a qué hora, dónde, cómo se debe vestir, si se quiere contestación y a qué número se puede llamar. Es importante cuidar la buena calidad del papel y sobre de las invitaciones impresas y que el tipo de letra sea sencillo, la letra inglesa suele quedar muy elegante. (Ver: *Invitaciones*, pág. 95).

Los invitados

Es frecuente estar convidado, especialmente cuando se goza de buenos amigos; pero ser buen convidado, de hecho, implica un alto nivel de buena educación.

El primer punto a tener en cuenta es: saber acompañar a quien convida, a quien obsequia, valorando sus atenciones y sabiéndose adaptar a sus costumbres, manteniendo siempre un gran respeto a la dignidad, perfectamente compatible con la verdadera amistad.

Convidarse a sí mismo es cosa que en muy raras ocasiones se puede hacer.

La puntualidad es norma esencial de cortesía. Puede haber lugares donde se cite a una hora y sea costumbre llegar media hora más tarde; en esos casos, también convendrá saberlo y llegar a la hora que esperen los anfitriones.

Cuando un motivo razonable impide que se llegue a tiempo, conviene telefonear a los anfitriones explicando el percance, para que puedan empezar y evitar trastornos. Al llegar, se volverá a pedir disculpas y se incorporará con los demás invitados.

A la llegada, se saludará primero a la anfitriona —a menos que el anfitrión sea quien reciba a los invitados a la entrada— y después al anfitrión y demás invitados.

Es muy importante hacer el esfuerzo necesario para retener los nombres de las personas que se acaba de conocer y llamarlas por su nombre al dirigirse a ellas.

Un invitado jamás dejará de saludar a otro invitado de sus anfitriones, sobre todo cuando la reunión es pequeña y no es posible evitarse. Pondrá todo empeño en no dar pie a cualquier tipo de discusiones y situaciones desagradables.

Recibir a los invitados

Si hay servicio, una persona se encargará de abrir la puerta y recoger los abrigos, indicando a los invitados dónde pueden pasar. Cuando no hay servicio, el anfitrión, o alguno de los hijos, se ocupará de abrir la puerta y recibir a los invitados, haciéndose cargo de los abrigos. (Ver: *Anfitriones, pág.* 108).

La forma de recibir a Soberanos y Jefes de Estado, así como a otras personalidades se detalla en el apartado V: *Protocolo.*

Invitados extranjeros Si hay invitados extranjeros, conviene tener en cuenta, al hacer la colocación de la mesa, que las personas sentadas a su lado hablen el mismo idioma.

Huéspedes Cuando se hace la invitación, ya sea por teléfono, personalmente o por correo, conviene especificar todo aquello que permita a los invitados organizarse y saber qué equipaje llevar.

Si se tiene programada alguna comida formal, se les avisará para que puedan llegar puntuales y con tiempo suficiente para deshacer el equipaje y cambiarse, si es necesario.

Al recibir por primera vez a unos invitados acostumbrados a una vida oficial o socialmente intensa, las relaciones pueden ser más rigurosas, y las atenciones más formales. A su vez, cuando se va por primera vez a casa de conocidos, con una vida social muy activa, o acostumbrados a formalidades, hay que saber adaptarse y estar a la altura de las circunstancias.

Al invitar amigos como huéspedes, conviene especificar la duración de su estancia y el programa que puede hacerse: excursiones a sitios de interés, visitas a amigos que tengan fincas o planes semejantes, cacerías o cualesquiera otras actividades.

La habitación de huéspedes y su cuarto de baño estarán preparados con detalle, antes de que éstos lleguen, asegurándose de que hay todo lo necesario: toallas limpias, jabón, perchas y demás. Se pueden poner unas flores en la habitación y aquellos objetos que puedan necesitar, como papel de escribir, guía telefónica —si el cuarto tiene teléfono—, y algunos libros interesantes para que puedan leer, de acuerdo con la condición de cada huésped.

Cuando los invitados lleguen, el servicio —si hay— les preguntará si les pueden deshacer el equipaje y se llevará para planchar la ropa que lo necesite. También se les hará las maletas antes de que se marchen.

El ayuda de cámara se ocupará de subir las maletas a la habitación y de deshacer la del señor, mientras que es misión de la doncella deshacer la de la señora, o la de ambos en caso de que no haya ayuda de cámara.

Al recibir a los invitados, la anfitriona será acogedora con ellos y les explicará los detalles relacionados con la casa, enseñándosela si es que van por primera vez, después de haberlos acompañado a su cuarto.

En estos casos se enterará si sus invitados tienen régimen especial de comidas, y qué prefieren tomar de desayuno.

Durante su estancia, los invitados se adaptarán al horario de comidas de la casa y participarán en los planes que para ellos se organicen.

En caso de que no hubiese empleados del hogar, se harán la cama y dejarán el cuarto ordenado. Las señoras se ofrecerán para ayudar en las tareas de la casa que la anfitriona vea conveniente, pero sobre todo respetarán su independencia en los trabajos que quiera hacer personalmente.

En las casas antiguas se solía tener una zona destinada para huéspedes, pero en los pisos modernos es más difícil y conviene hacerse cargo de la situación para adaptarse y no causar molestias.

Si escasean los cuartos de baño, al haber más gente, se pondrán de acuerdo para no interferirse.

Por las mañanas se evitará pasear por la casa en bata después de levantarse.

Conviene enterarse a qué hora es costumbre desayunar, aunque se haga informalmente.

Los invitados darán indicaciones a los empleados acerca de los servicios que necesiten, pero deben evitar hacer otro tipo de encargos que requieran que se ausenten de la casa, para esto hablarán con la anfitriona. También deben abstenerse de hacerles cualquier tipo de preguntas relacionadas con la familia. Les darán una propina antes de marcharse, agradeciéndoles su servicio: al chófer si les ha llevado a algún sitio o fue a recogerles, al ayuda de cámara y a la doncella, también a la cocinera. Si hay duda en la cuantía a dejar a unos y a otros, se le puede preguntar a la señora de la casa.

A los anfitriones, como es lógico, se les debe dejar o enviar un regalo, de acuerdo con las circunstancias y tipo de invitación; sin embargo, es preferible un regalo sencillo a algo que pudiera parecer un pago.

Cuando no está muy clara la duración de la invitación, es preferible hacerla más corta a alargarla más de lo que los anfitriones esperaban.

Los huéspedes que al ser invitados permanecen por tiempo indefinido, normalmente no suelen sentar bien y cansan, a menos que sean muy amigos y considerados como de la familia, pero en cualquier caso conviene ser prudente y marcharse a tiempo. Los buenos anfitriones seguirán insistiendo en que se queden, pero no por eso hay que aceptar.

Si se viaja a otra ciudad y los amigos que vivan en ella invitan a vivir en su casa, conviene ser prudente: hoy en día los pisos no ofrecen las comodidades y la independencia de las casas antiguas, incluso es posible que hayan tenido que desocupar el cuarto de alguien de la familia, para cederlo. Hay que hacerse cargo rápidamente de la situación para evitar molestias.

Despedir a los invitados   Para despedir a algunos invitados, cuando otros aún no lo han hecho, la anfitriona lo hará en el salón —levantándose si se trata de señoras—, mientras el anfitrión se levantará y los acompañará hasta la puerta. A los últimos invitados los podrán acompañar los dos.

Cuando hay hijos mayores en la familia y muchos invitados, pueden ser ellos quienes los acompañen a la puerta, o incluso hasta el coche.

Si se trata de casas grandes y se está en el piso de arriba, no es necesario que el anfitrión acompañe hasta la puerta de entrada a cada invitado, pero sí hasta la escalera, asegurándose de que en la puerta habrá alguien del servicio para atenderles.

Si hay invitados de mucha categoría, o asiste un invitado de honor, serán los primeros en marcharse, los demás no deberán irse hasta que lo hayan hecho ellos. Los anfitriones los acompañarán en la despedida.

Detalles a tener en cuenta   Los detalles básicos son aquellos que hacen referencia a qué se ha sido convidado; es importante saberlo y, en caso de duda, preguntar. Hay que saber la hora, la duración y una serie de detalles que no se pueden pasar por alto. Conviene utilizar la agenda para evitar posibles olvidos.

Al aceptar una invitación se puede llevar algún obsequio o enviar unas flores después. Esto se cuidará especialmente si se pasan varios días en la casa.

Hay que contribuir a la animación general y a que todos puedan disfrutar. Parte del éxito de los anfitriones consiste en que dure la fiesta animadamente, pero por parte de los convidados hay que evitar prolongarla demasiado y cansar a los demás.

Aceptar invitaciones   Es de buena educación aceptar invitaciones, pero conviene saber de antemano que la buena educación también lleva a corresponder. Cuando en alguna ocasión se sepa que no se va a poder corresponder a una invitación debidamente, puede que sea preferible no aceptarla aludiendo a un compromiso previo importante y agradecerla.

Por otro lado, para corresponder a una invitación tampoco hace falta organizar una fiesta igual, basta con demostrar la consideración y afecto del modo más apropiado, a las personas que invitaron.

Únicamente se deben rechazar tajantemente las invitaciones con fines indignos y poco nobles.

Cuando una invitación se acepta, hay que contestar enseguida, al igual que cuando no se puede asistir. La anfitriona tiene que saber con tiempo los convidados que va a tener, como ya se ha dicho.

Denota pésima educación rechazar una invitación después de

haberla aceptado y únicamente se podrá hacer cuando haya motivos suficientemente importantes para hacerlo, dando siempre una explicación.

6. LA CORTESÍA

Según el diccionario de la Real Academia Española, cortesía es «la demostración o acto con que se manifiesta la atención, respeto o afecto que tiene una persona a otra». Ciertamente a mayor grado de trato puede corresponder mayor grado de afecto y por lo tanto más demostraciones de detalles de cortesía.

Son múltiples las ocasiones y detalles para ejercitarla, pero ha de cuidarse especialmente cuando se trata de dar una mala noticia o de un asunto desagradable. Entonces la delicadeza y el optimismo han de estar presentes de modo especial.

El trato con los demás El hombre de por sí es un ser sociable, llamado a relacionarse con los demás. La vida cotidiana ofrece múltiples ocasiones para tratar con otras personas en las más diversas circunstancias. Al hablar anteriormente de cortesía se ha dicho que a mayor grado de trato puede corresponder mayor grado de afecto y por lo tanto más demostraciones de cortesía, pero esto no implica de ninguna manera que la cortesía se reserve única y exclusivamente para los más allegados, por el contrario, ha de manifestarse para con todos, aunque lógicamente se adaptará a las circunstancias y relaciones que se mantengan con cada persona. Lo que mueve a ello es precisamente la dignidad que cada ser humano posee, se conozca o no.

Saber tratar a los demás como a cada cual corresponde implica un profundo manejo de la cortesía. Veamos los distintos tipos de relaciones que normalmente pueden presentarse.

El trato con las autoridades y personas de rango superior No es necesario pensar en las abejas para darse cuenta de lo natural y necesario que es que en nuestra sociedad haya personas con distinto rango.

Como bien se ha dicho, la dignidad de la persona es algo intrínseco y permanente, que emana de ella misma, al margen del puesto que ocupe en la sociedad. Existe otro tipo de dignidad, más accidental, que proviene por razón del cargo y posición que se ocupe en la sociedad. Esta dignidad también merece tenerse en cuenta, y querer evitarlo únicamente supone una actitud de zafiedad por parte de quien lo hace.

Volviendo al diccionario de la Real Academia, vamos a citar varias acepciones de autoridad. La primera es: «Carácter o representación de una persona por su empleo, mérito o nacimiento». Otra: «Potestad que en cada pueblo ha establecido su constitución para que la rija y gobierne, ya dictando leyes, ya haciéndolas observar, ya administrando justicia». Otra: «Poder que tiene una persona sobre otra que le está subordinada, como el padre sobre los hijos, el tutor sobre el pupilo, el superior sobre los inferiores». Y otra: «Crédito y fe que, por su mérito y fama, se da a una persona o cosa en determinada materia». Aunque existan más acerca de autoridad, con éstas tenemos suficiente para recordar las características a las que hace referencia la autoridad. Todas ellas son dignas de tener en cuenta, y partiendo de ahí, queda clara la importancia de cuidar los buenos modales y detalles de deferencia con cualquier persona que esté revestida de cierta autoridad; por supuesto que a mayor grado, mayor razón para cuidarlo.

Estar subordinado o tener personas con un rango superior no implica mantener una actitud de inferioridad, ya que la dignidad es inherente a la persona y es ella la que transmite categoría al trabajo que realiza, sea el que sea. Lo cierto es que todos dependemos de alguien y es muy importante saber tratar adecuadamente a las autoridades y personas de rango superior.

Vamos a recordar algunos detalles que conviene tener en cuenta:

— En el trato se debe mantener una actitud respetuosa, evitando bromas de mal gusto y familiaridades.

— En la conversación se le tratará de «usted», a menos que ella invite al tuteo.

— Se debe evitar llamarla directamente por teléfono, excepto cuando haya una razón que lo justifique o que ella misma lo haya indicado.

— Se las recibirá de pie, a excepción de las señoras que pueden permanecer sentadas ante los caballeros, mientras no se trate de una autoridad de rango muy alto.

— Una buena secretaria permanece sentada cuando pasa su jefe y después de saludarle continúa trabajando, pero cuando éste se dirige a ella para encargarle un trabajo, si él no se sienta, recibirá el encargo de pie mientras su jefe no le indique que vuelva a sentarse.

El trato con los iguales: colegas y amigos   En el trato con los iguales, debe predominar la afabilidad y respeto mutuo. Se deben evitar modos grotescos y circunstancias o comentarios que puedan poner en evidencia a una persona.

El verdadero caballero siempre extremará los detalles de cortesía con personas del sexo opuesto. Se levantará cada vez que llegue o se marche una señora y le cederá el asiento cuando no haya otro, o se lo acercará si es necesario. Cuidará los temas de conversación y evitará palabras malsonantes o grotescas.

Las señoras y chicas jóvenes a su vez se harán respetar por los

115

caballeros, con gran naturalidad; esta actitud puede estar llena de sencillez y no tiene por qué ser ostentosa y afectada.

Entre iguales, siempre gana el más cortés y quien demuestra, con sus detalles, buen gusto y esmero en su educación.

Cuidar los detalles de cortesía con los demás, como pueden ser: ceder el asiento, no interrumpir una conversación y saber escuchar con atención, adelantarse a coger algo que se cayó al suelo o querer ofrecer y encender un cigarrillo, así como tantos otros detalles, implica cierto grado de delicadeza y buena educación.

Es una muestra de cortesía saber valorar las opiniones ajenas, en todo lo opinable, y no querer imponer el criterio personal.

El trato con los subordinados El trato con los subordinados siempre ha de estar lleno de respeto y consideración. Hay que saber compaginar la firmeza para poder exigir en el trabajo, con la delicadeza en el modo de hacer los encargos y el agradecimiento ante el trabajo realizado.

Conviene inspirar una actitud estimulante, evitando cualquier asomo de tiranía o paternalismo.

Salvo raras excepciones, siempre es preferible dirigirse a los subordinados utilizando el «usted» y llamarlos por su nombre.

Conviene fomentar la responsabilidad de los subordinados encomendándoles todas las tareas que puedan realizar, pero evitando el servilismo, y sin encargarles asuntos que competen a uno mismo.

Hay que respetar el horario establecido para los subordinados y no abusar pidiendo que se queden más tiempo del necesario, cuando se puede evitar, ya que podría ocasionarles ciertos trastornos.

El trato con los desconocidos Por una u otra razón es casi diario tratar con personas desconocidas y no podemos privarlas de los detalles de buena educación.

Tal vez pueda ser, el encuentro con la dependienta de una tienda en la que se entra por primera vez, o con un funcionario público al acudir a una ventanilla. Pedir lo que se necesita con una sonrisa amable no cuesta ningún trabajo, ni tampoco dar las gracias. A su vez la persona que recibe a un cliente ha de hacerlo de modo amable y servicial, ocultando el cansancio o aburrimiento del que quizá puede ser víctima.

Conviene compaginar la prudencia con la buena educación cuando se trata de desconocidos. Sería tremendo que una persona que necesitara ayuda para cruzar la calle tardase en encontrarla, o que una señora mayor viajara de pie en el autobús sin que nadie le ofreciera el asiento. Pero también conviene evitar largas conversaciones con desconocidos y por supuesto no hablar nunca de cosas íntimas o familiares. Hay que tener la suficiente prudencia para no caer en trampas, pero por otro lado, saber prestar ayuda siempre que se vea necesario.

DETALLES DE CORTESÍA

Los detalles de cortesía se pueden vivir entre todo tipo de personas y aún entre las más distantes, ya sea a través de la correspondencia por carta o con llamadas telefónicas y otros medios de comunicación. Es cierto que para la cortesía no existe la distancia, pero tampoco conviene olvidar un viejo y noble aforismo popular que dice: «¿Quién es tu hermano?, el vecino más cercano».

Precisamente con las personas con las que más trato se tiene, es con las que se pueden vivir mejor los detalles de cortesía y buena educación. La finura de espíritu, moral y social, proporciona a las relaciones con los más próximos un toque de simpatía y cordialidad.

A veces, estos detalles de cortesía que hacen amable el trato con los demás son sustituidos por una actitud de insolidaridad degradada y cerril, que aniquila la delicadeza que todo ser humano es capaz de poseer y manifestar.

Cuando faltan los detalles de cortesía y se sustituyen por una actitud de zafiedad se puede llegar incluso a impedir la libertad de los demás, ya que la libertad de cada hombre finaliza allí donde comienza la legítima libertad de los demás, pero se puede irrumpir en ella molestando con ruidos intempestivos a las horas de silencio y de descanso, con palabras malsonantes y agresivas o dichas a voz en grito, sin ton ni son, o con un modo de comportarse en público que ofende la dignidad de los demás que pasan al lado.

Cuanto más autoridad posea una persona, mayor es su obligación de seguir con rigor y con más delicadeza todo lo que haga referencia a las normas de recíproca consideración y respeto; el ejemplo suele arrastrar.

Detalles de cortesía en el caballero

El verdadero caballero siempre extremará los detalles de cortesía, especialmente cuando hacen referencia al trato con las señoras.

Aunque hoy día la mujer ocupa profesionalmente los mismos puestos que el hombre, esto no es razón suficiente para dejar de apreciar y tener en cuenta algo de tremendo valor: la caballerosidad y la feminidad.

En las relaciones sociales y profesionales el caballero siempre se levantará cuando entre una señora, y le cederá el paso.

Mientras es norma de cortesía para los caballeros ceder el paso a las señoras, si se trata de entrar en un lugar público, que no se conoce, lo hará primero uno de ellos; este gesto implica cerciorarse de que el ambiente es adecuado.

Cuando un caballero sale con una chica

— Normalmente será él quien invite.

— Le abrirá la puerta del coche para que pueda pasar primero y la cerrará cuando esté acomodada.

117

— Si van a tomar algo, le cederá el asiento a su derecha o el de enfrente, cuidando de que no le moleste el sol, cuando lo haya.

— Al sentarse juntos, en un asiento corrido, evitará hacerlo demasiado cerca, cosa que puede ofender su dignidad.

— Se ocupará de ayudarle a quitarse y ponerse el abrigo cuando lo necesite.

— Si la lleva a su casa en coche por la noche, se bajará para despedirla y esperará fuera hasta que haya entrado y cerrado la puerta.

Detalles de cortesía en la señora

En una señora las mejores muestras de cortesía están enfocadas al respeto de su propia dignidad y de su feminidad.

Debe evitar decir palabras fuertes y grotescas. Ayudará a que en su presencia no se hable de temas chabacanos.

Por respeto hacia los demás debe vestir con dignidad, según las distintas ocasiones, sin apelar a los bajos instintos ajenos.

Evitará polarizar la atención de los presentes y estará pendiente de sus necesidades.

Sin tiranteces, facilitará el hacerse respetar, especialmente por los caballeros, evitando dar pie a que se tomen libertades.

Con respecto a otras señoras que tengan mayor dignidad o edad, se levantará cuando lleguen y se marchen, cediendo el asiento siempre que sea necesario.

Puede ayudar a otras señoras a ponerse y quitarse el abrigo, cuando lo necesiten, pero no lo hará con los caballeros.

Cuando ejerce el papel de anfitriona en su casa, estará especialmente pendiente de los detalles de servicio para que sus invitados se sientan a gusto.

Los detalles de cortesía, con respecto a la mujer, pueden variar mucho de unos países a otros, según la costumbre y tradiciones que se mantengan.

Veamos lo que ocurre en algunos países árabes

— En Arabia Saudí, la mujer, «la madre», está considerada como lo más importante de la familia.

Mantienen la tradición de que la mujer no se debe mezclar con extraños a la familia. En cuanto al respeto en la familia, la madre precede al padre.

Está considerada en la familia como vaso frágil, especialmente las hermanas pequeñas, mientras que las hermanas mayores reciben el respeto que se otorga a la madre.

Tienen universidades especiales para la mujer, separadas de las masculinas. Cuando los profesores varones dan las clases, las transmiten por circuito cerrado de televisión y mantienen contacto por teléfono, pero no directo.

También existen sucursales de banco atendidas exclusivamente por personal femenino, abiertas sólo a la mujer.

— En Omán, aunque haya una recepción oficial ofrecida por el Sultán a Jefes de Estado extranjeros, asistirán únicamente señores, mientras que simultáneamente puede haber otra distinta ofrecida para señoras.

En otros países   Por contraste, en algunos países europeos, es la mujer quien encabeza el gobierno de la nación.

Al viajar a otros países, o al mantener relaciones profesionales con personas extranjeras, conviene enterarse de su forma de actuar y de las tradiciones que pueden mantener en este aspecto.

Detalles de cortesía en la gente joven   Es propio de la juventud dejarse llevar por el ímpetu juvenil, pero éste no está reñido con la cortesía.

Los chicos jóvenes han de aprender a vivir la caballerosidad, y se les puede aplicar todo lo dicho anteriormente para los caballeros, así como a las chicas lo indicado para las señoras.

La gente joven, además, debe cuidar los detalles de cortesía para con las personas mayores, evitando interrumpir las conversaciones y dar contestaciones airadas.

Al igual que las señoras, las chicas jóvenes se harán respetar, y evitarán las situaciones que puedan poner en peligro su buena fama.

Aunque en algunos ambientes sea frecuente el uso de las drogas «blandas», el respeto hacia la dignidad propia y de los amigos llevará a evitar involucrarse en esas situaciones.

Al utilizar los medios de transporte público, los chicos estarán especialmente dispuestos a ceder su asiento a una persona mayor y, cuando dispongan de coche, sabrán ofrecerlo a sus familiares próximos, mayores, para hacerles algún servicio.

Es normal que haya diferencias entre la mentalidad de la gente joven y la de las personas mayores, incluso que aquellas piensen que éstas están equivocadas o retrasadas, pero es muestra de cortesía saber escucharles, se puede aprender de su experiencia y a los mayores les gusta que se les oiga. Es un hecho que siempre se ha dado entre generaciones. Una persona joven inteligente sabe valorar la experiencia y sabiduría de los mayores y lo demuestra prestando especial atención.

Es una muestra de cortesía por parte de la gente joven pedir consejo a los mayores siempre que lo necesiten; a ellos les produce satisfacción darlos y de un buen consejo siempre se puede aprender algo, aunque no se siga al pie de la letra.

La cortesía para con Dios   Si es necesario cuidar los detalles de cortesía con nuestros semejantes, con mayor razón debemos hacerlo en las relaciones con nuestro Creador.

119

En la infancia es cuando mejor arraigan las buenas costumbres y cuando se debe enseñar a cuidar los detalles para tratar a Dios. Las oraciones propias de la infancia son una gran ayuda y es conveniente que los niños las aprendan de memoria desde pequeños, explicándoles su contenido, para que puedan adquirir una piedad que les facilite el trato filial con Dios, basado en la confianza y en el amor.

Conviene explicar qué posturas deben mantenerse mientras se rezan las oraciones de la mañana y de la noche. Ayuda más a saber lo que se hace, si los niños rezan de rodillas y derechos, que apoyados de cualquier forma. En las oraciones vocales es muy importante vocalizar bien y rezarlas con pausa y atención, para saber lo que se dice y a quién va dirigido.

En las familias católicas el rezo del rosario es una costumbre tradicional y de gran valor para honrar a la Santísima Virgen. Conviene enseñar a los niños a participar, desde pequeños, en el rezo del rosario y ayudarles a que eviten las distracciones o interrumpan mientras se reza.

También es buena costumbre inculcar en la infancia la bendición de los alimentos, en la comida y en la cena, así como dar gracias al terminar. Para hacerlo, los niños pueden ir turnándose por días.

Saber comportarse en los actos de culto Los actos de culto tienen como fin rendir homenaje a Dios, a la Virgen, a los ángeles y a los santos. Son expresión de devoción y afecto. Si en las relaciones humanas conviene cuidar los detalles de cortesía con unos y otros, es lógico que al tratarse de rendir culto se cuiden aún con mayor esmero y empeño.

Hay que saber santiguarse y hacer la señal de la cruz con pausa, sin garabatos.

Al igual que en las normas de cortesía, hay momentos en los que se debe hacer una inclinación de cabeza en los actos de culto.

Conviene rezar sin atropellar las palabras y participar en los cantos litúrgicos.

Si se utiliza algún libro, se sostiene con las manos y no se deja sobre las piernas al estar sentado.

La puntualidad en la asistencia es otro detalle de cortesía; si está mal visto llegar tarde a un concierto, mucho más importante es llegar puntual a un acto de culto.

(Ver: *La urbanidad en las manifestaciones religiosas,* pág. 45).

OTROS DETALLES DE CORTESÍA

Ceder el asiento El caballero siempre lo cederá a la señora. Un verdadero caballero jamás permanecerá sentado viendo a una señora de pie.

La señora no debe cederlo al caballero —salvo que sea joven y él muy anciano—, pero sí a otra señora mayor o de más categoría, o simplemente porque lo necesite.

En los medios de transporte público es de buena educación ceder el asiento, aunque no se conozca a la persona. La gente joven tiene que aprender a levantarse a tiempo para hacerlo.

Ceder el paso Es una manifestación de buena educación entre personas de un mismo nivel y de corrección hacia personas de mayor categoría, ya que omitirlo supone una verdadera incorrección.

Ceder el paso puede ser al entrar por una puerta, en una casa, en un ascensor..., dejando pasar por delante. Lógicamente ha de hacerse con flexibilidad, y es normal que se suba o baje a la vez si se va hablando.

Los caballeros siempre cederán el paso a las señoras.

Las señoras cederán el paso a las autoridades eclesiásticas y sacerdotes, por razón de respeto y veneración, los señores también lo harán.

Normalmente las autoridades civiles tendrán la caballerosidad de ceder el paso a las señoras.

En la escalera Los caballeros cederán el paso a las señoras al bajar las escaleras, sin embargo al subirlas deberán ir ellos por delante. Lógicamente ha de hacerse con flexibilidad, y es normal que se suba o baje a la vez si se va hablando.

En el ascensor Al salir del ascensor, según el tipo de puertas que tenga, y si hay que sujetarlas, es más correcto salir antes. Los caballeros dejarán entrar y salir primero a las señoras.

En las puertas En las puertas, la persona bien educada cede el paso y la sostiene mientras tanto, si es que hace falta. Los caballeros siempre lo harán con las señoras, cerrándolas a continuación. En las puertas giratorias es más correcto ceder el paso para entrar en ellas, pero si hay que empujarlas, lo correcto es pasar primero para hacerlo.

En las aceras El caballero siempre cede el paso cuando se cruza con una señora por una acera estrecha.

Normalmente se cede el paso a la persona que va por la derecha. (Ver: *Acompañar,* pág. 104 y 107).

En los coches El sitio de preferencia en un coche es detrás a la derecha.

Si el coche no tiene chófer o tiene sólo dos puertas, entonces se considera como sitio de preferencia el de delante a la derecha.

El chófer abrirá la puerta derecha trasera y entrará la persona que deba ocupar ese asiento; si van varias personas en el coche, al mismo tiempo que se abre ésa puede abrir la de delante.

Si el coche está aparcado en una calle y es peligroso entrar por la puerta de la izquierda sólo se abrirá la de la derecha y entrará primero la persona de menor categoría, sentándose detrás a la izquierda, pero si puede abrirse esa puerta, entrará por ella.

Cuando se conduce el coche personalmente y no hay chófer, se utilizará la llave para abrir primero la puerta delantera de la derecha y a través de ésta la trasera si hace falta, luego se abre la del conductor.

Al bajar del coche, los caballeros lo harán con rapidez para abrir la puerta y ayudar a las señoras a bajarse del coche.

Si conduce una chica joven y va alguna señora de cierta categoría, también le abrirá la puerta, pero si en el mismo coche va un caballero, aunque no conduzca, será éste quien lo haga.

Si en un coche han de ir varias señoras y señores, normalmente las señoras se colocarán juntas y los señores también, a menos que vayan sólo cuatro personas y pueden ir dos delante y dos detrás.

Si en el coche van dos señores y una señora, se le cederá a ésta el asiento de delante.

Si van dos señoras y un señor, la de mayor categoría irá delante y la otra señora detrás, excepto en el caso de que las señoras sean de más categoría que el señor y entonces irán las dos detrás.

Los abrigos

Al recibir a una persona, ya sea en casa o en el lugar de trabajo, es muestra de buena educación tratar de tomarle el abrigo. Aunque si la visita va a ser breve, la persona puede decir que prefiere dejárselo puesto, y agradecerá el detalle.

Si se trata de un lugar público, un restaurante por ejemplo, el caballero ayudará a la señora a quitarse el abrigo, después se quitará el suyo, puede entregarlos en el guardarropa, recogiéndolos a la salida.

Los caballeros estarán pendientes de los abrigos y ayudarán a las señoras a ponérselos.

Las señoras pueden ayudarse entre sí a ponerse y quitarse el abrigo, pero no lo harán con señores. Si están en su casa y no tienen servicio, indicarán a los señores dónde los pueden dejar o los tomarán ellas una vez quitados y al final se los entregarán para que ellos mismos se los pongan.

Los paraguas

Al utilizar el paraguas hay que tener consideración con las demás personas de alrededor, levantándolo al cruzarse con alguien.

Se evitará molestar, clavando las varillas o dejando que gotee sobre otra persona.

Una vez cerrado el paraguas, si está mojado se deja en el paragüero y, si no lo hay, en un sitio adecuado donde no manche tapicerías ni paredes y se evitará ir mojando todo al pasar.

Al utilizar medios de transporte público, hay que cuidar que el paraguas no estorbe a los demás durante el trayecto y al entrar y salir.

Los paquetes

Si se llevan paquetes hay que hacerlo con señorío, teniendo la suficiente libertad para poder manejarse sin molestar a los demás.

Por otro lado, es muestra de buena educación que un caballero se ofrezca a ayudar a la señora con los paquetes, queriéndoselos llevar. Cuando un vecino entra en casa, puede facilitar la subida o bajada en ascensor, así como otra serie de detalles a quien lleve paquetes.

El cuidado de los objetos prestados   Cuidar los objetos prestados es muestra básica de educación y de delicadeza. Convendrá poner todos los medios al alcance para que no se estropeen. Es preferible prevenir que lamentar.

Si se estropea un objeto prestado, no basta con disculparse. Se tiene uno que hacer responsable de su arreglo explicándoselo a su dueño, y aunque éste trate de quitarle importancia; se ha de cuidar firmemente la responsabilidad del arreglo o su reposición.

Cuando un objeto prestado es de gran valor o es único, entonces habrá que extremar su cuidado y no dejarlo al alcance de los niños o de personas que lo puedan estropear.

Los libros prestados se han de cuidar con especial empeño y se devolverán a su dueño con prontitud.

7. CONVERSAR

LA CONVERSACIÓN

Las dos formas más frecuentes de comunicación entre las personas son: la correspondencia por escrito y la expresión oral o conversación.

La conversación es un medio directísimo de comunicación con los demás. Saber conversar no es fácil, hay que evitar la locuacidad y el otro extremo: estar callados y aburrir a los demás. Conversar es todo un arte.

En algunas naciones los planes escolares dan poca importancia a este arte de la palabra, es muy importante saberse expresar y exponer las ideas con fluidez.

El buen conversador cuidará de que el tema sea interesante para los que escuchan y no solamente para él. Hay que evitar el monólogo en la conversación, haciendo que participen los demás, sabiendo escuchar y apreciar los distintos puntos de vista. Si en el curso de la conversación alguna persona no comparte la propia opinión, no se le puede dejar en ridículo con una argumentación tajante.

En la conversación deben evitarse discusiones. Es cuestión de saber captar y valorar las opiniones ajenas; cuando se llega a un punto de acaloramiento, es preferible cortar y cambiar de tema. Hay que evitar materias que puedan dar lugar a polémicas o que sean temas delicados: es preferible tratar estos temas a solas con una persona.

Aunque se puede tener una visión crítica de determinadas situaciones y acontecimientos, hay que evitar en la conversación la crítica destructiva y la murmuración, sobre todo si se refiere a personas concretas que no están presentes.

Una norma de cortesía en la conversación es no hablar en un idioma que no entiendan todas las personas presentes, hacerlo supone una falta de consideración hacia ellas y de mala educación en quien lo hace.

Son defectos que conviene evitar en la conversación: interrumpir aunque sea para añadir algo, cortando a la persona que habla; el no prestar atención a lo que se dice —hacer preguntas que más tarde lo hacen patente—; querer hablar varios a la vez, incluso levantando el tono de voz para hacerse oír; alardear dándose importancia con actitud egoísta y déspota hacia los demás, queriendo imponer los propios criterios y dominar; la pedantería al exponer; el espíritu de contradicción y de disputa sobre cualquier tema; no saber seguir la conversación; separarse de una conversación general y llevar otra aparte.

Al hacer referencia a una persona, se la llama por su nombre, precedido del tratamiento cuando sea necesario; hay que evitar decir: esta o aquella. En una conversación culta se utilizarán las palabras precisas evitando expresiones menos elegantes: «esa cosa», «ese cacharro», o utilizando adjetivos calificativos repetidos y exageradamente expresivos, ya sean en sentido positivo o negativo. Conviene leer buenos libros que ayuden a enriquecer el vocabulario.

En la conversación hay que evitar la actitud pedante de hacer ver que se sabe más que los demás y que se está en posesión de los máximos conocimientos en materias científicas, de arte, literarias, técnicas o culturales, dejando a los otros por debajo. El diccionario de la Real Academia dice: «pedante: que hace inoportuno alarde de erudición, o la afecta». La pedantería hace antipáticas a las personas.

Si una persona es una autoridad en determinada materia, la tratará con sencillez; ello dará un mayor atractivo a su conversación.

Se debe evitar el uso de palabras cuyo contenido no se conoce bien, si no se quiere caer en el ridículo; lo mismo puede ocurrir con el uso de aforismos extranjeros.

Los anfitriones son especialmente responsables de los temas de conversación, para que todos sus invitados se encuentren a gusto y nadie incómodo.

Delante de los interesados deben decirse cosas agradables y destacar sus valores, pero sin caer en la adulación.

En las conversaciones hay que saber crear un clima cálido, donde todos puedan participar; esto se logrará descubriendo puntos de interés común y ayudando a aquellas personas que puedan sentirse un poco desplazadas por timidez o por no conocer bien al resto de los asistentes.

Una conversación entre personas que se acaban de conocer suele comenzar por puntos en común, es decir, temas tópicos, hasta llegar a romper el hielo inicial.

Para intervenir en la conversación hay que buscar el momento oportuno, por ejemplo, cuando a uno le piden la opinión o cuando concluye la exposición de otros.

Si, excepcionalmente, a la persona que está hablando se le interrumpe por intercalar algún dato o comentario oportuno, habrá que reconducir la conversación luego al punto donde se quedó, sin hacer perder el hilo de la misma.

Una persona educada y culta sabrá hacer preguntas y abundar en el tema expuesto por otra, de modo que se facilite la conversación. Se es cortés demostrando interés en el tema con las intervenciones.

Prestar atención   Podría decirse que en una conversación lo más importante es saber escuchar. Un buen conversador habla de temas interesantes y los expone de modo inteligente y sencillo, para poder conectar con sus interlocutores y captar su interés. No tratará de polarizar la conversación. Evitará buscar alabanzas o hacerlas de sí mismo. Sabrá escuchar y prestar atención a los puntos de vista y

En una conversación, es una descortesía ponerse a pensar en otra cosa.

125

experiencias de otras personas; esto es importante para poder seguir una conversación interesante y no hacer el ridículo.

Ciertamente hay personas que son tremendamente interesantes y amenas al hablar, esto ejerce un gran atractivo, pero hay algo verdaderamente necesario para mantener una conversación y poder dialogar: es saber escuchar.

Cuando se habla con otra persona, es una descortesía distraerse y ponerse a pensar en otra cosa, aunque se simule estar atento.

Tanto si se habla con una persona que está presente, como si se hace por teléfono, es necesario escuchar todo lo que dice, de lo contrario se pueden pasar por alto detalles importantes de la conversación. Es preferible preguntar cuando no se ha entendido algo, que no darle importancia y enterarse a medias.

La persona inteligente escucha y luego saca sus conclusiones, pero no pierde detalle: valora.

¿Qué decir de aquellas personas que con probada inteligencia no saben escuchar? Muy sencillo, ciertamente tienen probada inteligencia, pero con patente carencia de educación.

Saber escuchar no consiste únicamente en oír, sino en atender a lo que se dice. El simple detalle de preguntarle a una persona varias veces cuál es su nombre, denota que se le ha oído, pero que no se ha tomado interés y por lo tanto no se ha grabado en la memoria. Esa falta de interés demuestra carencia de la más elemental cortesía.

Cuando una persona de rango superior hace un encargo, hay que saber escuchar hasta el final, sin estar pensando ya, mientras sigue hablando, en las posibles dificultades que puede suponer. De no hacerlo así, es fácil perder parte del contenido del encargo, al final del cual, esas aparentes dificultades pueden quedar resueltas por la propia persona que lo hace.

Parte importante del saber escuchar consiste en oír sólo lo que se debe oír, y evitar aquello que no se debe oír y que sería mera curiosidad inoportuna.

Una persona que sabe escuchar ejerce siempre un especial atractivo ante los demás, y sobre todo si tiene el arte de mostrar interés por detalles de la conversación que sean gratos a quien habla.

Tono de voz   El tono de voz en la conversación ha de ser amable, respetuoso y sincero; puede estar impregnado de optimismo y de un positivo sentido del humor.

Saber cambiar el tono de voz facilita la expresión y ayuda a los demás a prestar atención; pero si se tiene un tono de voz muy alto conviene moderarlo, y, por el contrario, esforzarse si es bajo, para evitar que los demás tengan que estar continuamente preguntando.

Hay que procurar que el tono de voz sea agradable, evitando

arrogancias o autoritarismos fuera de lugar. Según el tono de voz y modo de decir, se puede ganar o perder la simpatía de otras personas.

Especialmente cuando se trate de hablar con los subordinados, conviene evitar una actitud presuntuosa y aquella que implique despotismo.

Si se trata de corregir, puede hacerse con firmeza, pero pensando las palabras para evitar acaloramientos, y poder conseguir lo que se pretende: corregir lo que está mal, sin humillar. Se trata de ayudar a la persona que se ha equivocado a que reconozca su error, pero sin ofenderla, por el contrario, se debe crear una actitud alentadora para subsanarlo.

Pronunciación   La buena pronunciación y la correcta sintaxis —sin comerse las palabras— son necesarias para mantener una conversación. Si hay personas extranjeras delante, esto se ha de extremar, hablando sin prisas y con claridad.

Al utilizar palabras extranjeras admitidas universalmente, se pronunciarán en su idioma original, si no resulta posible, es preferible no utilizarlas, ya que puede denotar ignorancia o falta de cultura, creando situaciones embarazosas.

Delante de los niños   Como ya se dijo, cualquier comentario negativo de otra persona debe evitarse, especialmente delante de los niños. Hay que darles buen ejemplo y no murmurar. Además su sencillez puede llevarles a decírselo a aquella persona en cuanto la vean.

Tampoco deben tratarse ante ellos temas impropios de su edad, cuya comprensión requiere tiempo, formación y madurez.

Si un niño tiene un defecto —ser desobediente, testarudo o curioso, por ejemplo—, no se comentará con otras personas delante de él. Tampoco deben reírseles todas sus gracias, porque en algunos casos, con ello se puede estar fomentando defectos.

Es conveniente que los niños sepan saludar con corrección y naturalidad a las visitas, pero no es propio hacerles participar en las conversaciones de personas mayores.

Hay que enseñarles que cuando las personas mayores están hablando no se debe interrumpir y que, si necesitan decir algo urgente o importante, han de disculparse antes de intervenir.

Si los niños no deben estar presentes en una reunión de personas mayores, se deben arreglar las cosas de forma que estén en su cuarto de juegos o con alguien que los cuide, haciéndoles ver que están mejor en su sitio, pero no que son un estorbo en el otro.

Delante de empleados   Delante de los empleados del hogar hay temas que no se deben tratar. Es preferible no hacerles partícipes de dificultades familiares o económicas, ni hablar con medias palabras o disimular, porque se darán cuenta y les puede doler.

También cierto tipo de bromas inofensivas entre los miembros de una familia pueden ser malinterpretadas o impropias para los empleados.

En los viajes En los viajes se puede ser amable y cordial con las personas con que se coincide, pero en cuanto a la conversación habrá que cuidar la natural discreción ante personas desconocidas.

Según las circunstancias se habrá de mantener una entretenida conversación, o callar, al darse cuenta de que el interlocutor prefiere descansar.

Si se viaja con amigos, puede haber temas de los que no es oportuno hablar aunque se utilice un tono de voz más bien bajo.

Expresiones vulgares Ni como escape o expansión, ni por querer hacer gracia son admisibles las palabras soeces o muy vulgares, cuyo uso envilece el tono humano de una conversación.

Siempre que haya una señora delante, se cuidará aún más el vocabulario y se evitarán las expresiones poco delicadas. Lo mismo cabe decir cuando se está delante de los niños: supone mal ejemplo para ellos y sin duda repetirán lo que han escuchado.

Si se adquiere el hábito de usar estas palabras sin darle importancia, será difícil que no se escapen cuando se quieran evitar.

Conversaciones interesantes Es signo de personas cultas mantener conversaciones interesantes. Las conversaciones necias o grotescas degradan a las personas. No es humano hablar por hablar, sino que hay que dar contenido y profundidad a la conversación, tratando de interesar y de enriquecer al interlocutor, de modo ameno. Esto no significa que necesariamente los temas de conversación sean de una altura intelectual para privilegiados ni que se refieran a cuestiones especializadas.

Conversaciones telefónicas El teléfono es un instrumento muy útil si se sabe utilizar bien. Las llamadas telefónicas han de ser oportunas, convenientes y breves.

La cortesía indica que todo aquello que se pueda tratar personalmente o por escrito, no se haga por teléfono. Motivos de discreción también aconsejan que no se traten por teléfono asuntos confidenciales.

Es importante captar la situación en que se encuentra la persona a quien se llama; si está despachando con su jefe no sería apropiado mantener una conversación familiar; si está con una visita delante no puede dar contestaciones comprometidas o que requieran cierto grado de discreción. Cuando una persona tiene que sacar adelante un trabajo absorbente no se le puede interrumpir con una larga conversación para tratar de asuntos sin importancia.

A las personas que tienen un rango más elevado es preferible no telefonearles, a menos que sea por un asunto urgente o muy importante o que ellas mismas lo esperen o lo hayan pedido. —Como ya se ha indicado—.

La persona que llama a un igual o superior, aunque telefonee ayudada de su Secretaria, debe estar al teléfono cuando contesta la persona a quien llama; lo contrario supone una falta de consideración y hacerle perder tiempo.

Si se trata de llamar a una persona de rango inferior, la Secretaria puede pasar la llamada una vez que la tenga en línea.

Si se llama al despacho de una persona para un asunto personal, conviene asegurarse de que el momento es oportuno, hablar lo necesario pero no charlar, y preguntar siempre si hay gente delante para no interrumpir una entrevista o dar lugar a contestaciones indiscretas o violentas.

Además de cortesía, es un detalle de consideración hacia la persona que llama, no hacerla esperar, también por razones económicas, especialmente si se trata de llamadas de larga distancia.

Si es necesario llamar a una persona a su casa a la hora de comer o cenar, se preguntará a quien conteste el teléfono si puede ponerse, prestándose si es necesario a volver a telefonear.

Al llamar a los amigos hay que tener en cuenta que pueden estar ocupados y con poco tiempo disponible en ese momento. Por ello si se piensa mantener una conversación y charlar, conviene preguntar si le va bien y dispone de tiempo en ese momento.

Cuando la persona a la que se llama no está, se le puede dejar el recado, y si hay confianza suficiente y el asunto lo requiere, dar el número de teléfono para que sea ella la que llame al llegar. Conviene recordar que si se trata de un subordinado, será él quien vuelva a llamar las veces que haga falta, pero no hará que le llamen.

Al hacer las llamadas conviene tener bien claro, y anotarlo si es preciso, los asuntos a tratar. Hacerlo del modo más breve posible y agradecer al interlocutor su ayuda.

Es de elemental corrección que la persona que recibe la llamada tenga en cuenta que ha de contestarla lo antes posible, sin hacer esperar. Debe discernir, cuándo es conveniente que le pasen las llamadas y en ese caso atenderlas debidamente, y cuándo es preferible que no se las pasen, pero que las atiendan tomando bien el recado. Puede ser muy útil disponer de impresos para recados telefónicos.

Una vez que se descuelga el teléfono no se debe dejar esperando a la persona que llama, antes de atenderla; las telefonistas y las personas que tomen la llamada habrán de cuidar esto especialmente.

Cuando la persona que recibe una llamada está atendiendo visitas, les dará preferencia a éstas ante la llamada, a menos que sea muy importante; no hay más remedio que atender una llamada de larga distancia o un asunto urgente, pero si la conversación se alarga, debe decir claramente que perdone, que ya se hablarán en otro momento porque se encuentra atendiendo visitas. Es de muy mala educación dejar plantada a una visita, mientras se charla tranquilamente con otra persona que ha llamado por teléfono. El teléfono puede convertirse en un intruso para la intimidad ajena, irrumpiendo en los momentos más inoportunos. La persona que llama debe tener el suficiente tacto para cortar la conversación, si nota que su llamada no ha sido hecha en el mejor momento, sabiendo despedirse airosamente.

Si se llama de un país a otro, hay que tener en cuenta la diferencia de horario y hacer la llamada a la hora oportuna para la persona a quien se llama. Hay países que pueden tener seis o más horas de diferencia, y se puede interrumpir en el mejor de los sueños, sin necesidad de hacerlo.

Cuando se está invitado en una casa, conviene utilizar el teléfono lo menos posible, sobre todo si se trata de conferencias.

Aunque se tenga prisa al contestar una llamada, no se debe dar esa impresión, es preferible dar argumentos de peso que serán mejor recibidos por la persona que llama como: perdona, me gustaría poder seguir hablando pero tengo una visita, o, en este momento me esperan en la puerta para salir, ya hablaremos tranquilamente en otra ocasión.

Cada día va siendo más frecuente el uso de contestadores automáticos para poder atender las llamadas telefónicas cuando se está ausente. Aunque el primer impacto que produce encontrarse con un contestador automático sea de cierta frialdad, no cabe duda que al telefonear a casas particulares o a lugares de trabajo, resulta mucho más práctico y útil poder dejar un recado en un momento dado, que encontrarse con que no hay nadie para contestar el teléfono.

Es importante que en el contestador automático haya una respuesta amable y acogedora, con tono de voz claro y agradable, para que supla en lo posible la contestación personal.

Cuando se ha tenido conectado el contestador automático, lo primero que hay que hacer, al volver, es oír los recados que hayan podido dejar y contestarlos lo antes posible.

Si al hacer una llamada telefónica, se encuentra uno con un contestador automático, es conveniente dejar el recado, o al menos el nombre y número de teléfono de quien llama y especificar para quién es la llamada, teniendo siempre la certeza de que es el lugar donde se quiere llamar, para evitar la equivocación de dejar mensajes en otro contestador.

Hablar en público Ya se ha hecho referencia a las tertulias entre amigos, pero hay además múltiples ocasiones en las que puede darse la necesidad de hablar en público; bien sea porque se quiere transmitir algo, porque se ha sido invitado a hacerlo, o porque surge la necesidad espontáneamente; tanto en las relaciones sociales, comerciales o profesionales. Para ello conviene recordar algunas reglas generales.

Siempre que sea posible conviene preparar bien lo que se va a decir. Es bueno elaborar un guión para poder seguirlo con naturalidad; haciendo una breve introducción al tema que se va a desarrollar, y una vez desarrollado, concretando algunas conclusiones antes de terminar. Lo más importante es el contenido, y después la forma de exponerlo de modo inteligente y ameno.

Cuando la ocasión surge de modo espontáneo, hay que pensar rápidamente lo que se va a decir antes de hablar; mientras que si se lleva escrito todo el texto de lo que se va a decir, es importante memorizarlo para evitar la monotonía del tono que inevitablemente se le da al leerlo.

Aun en las ocasiones más trascendentales, se aprecian el buen humor y las anécdotas que ilustren lo que se quiere decir.

Es oportuno recordar que: lo breve y bueno, dos veces bueno. Siempre conviene prepararse bien para ser lo más breve posible, lo cual conlleva su tiempo. Una buena medida para asegurarse de que se está bien preparado, cuando no se tiene mucha experiencia de hablar en público, es grabar en una cinta magnetofónica lo que se quiere decir, y escucharlo personalmente para poder hacer retoques y adaptarlo al tiempo del que se va a disponer.

Es importante saber vencer el nerviosismo inicial que se pueda dar, un buen modo para hacerlo es conocer de antemano el tipo de audiencia que se va a tener delante y sus intereses, así se puede ir bien preparado para adaptarse a sus circunstancias. Pero lo importante es no dejar de ser uno mismo, y dar lo mejor de sí.

Para mantener la serenidad y confianza en uno mismo, es importante llevar una vestimenta adecuada y cómoda, también contribuye a ello la cuidadosa selección del material de apoyo que se vaya a utilizar, y haber comprobado que todo funciona y está en regla.

Es de capital importancia para conectar con el público y atraer su atención, mantener una postura cómoda y correcta; también contribuye a ello cambiar la entonación de la voz, y la mirada directa. Hay que evitar sentarse en el borde de la silla, echarse sobre la mesa o tener las piernas mal colocadas, así como los estribillos y ticks, o jugar con algo. Son detalles externos que conviene tener en cuenta porque facilitan la comunicación.

Conviene elegir la forma más breve y clara de decir algo. La agilidad ayuda a mantener la atención del público mientras que la lentitud aburre. Cuidar la sencillez al expresarse implica una buena dosis de inteligencia y dominio del vocabulario.

8. FUMAR

Si se está en un lugar público, antes de fumar conviene asegurarse de que se puede hacer. Hay salones, medios de transporte, hospitales, zonas de hoteles y otros lugares donde está prohibido fumar.

Cuando se va de visita o se la atiende, antes de fumar conviene preguntar si le molesta que se fume, aquí se puede recordar que así como es un detalle de cortesía pedir permiso, también lo es concederlo.

Se utiliza el cenicero para echar la ceniza y apagar el cigarrillo, pero no para sostenerlo mientras se fuma.

Si se fuma mucho en un local que esté permitido, conviene tener la suficiente ventilación, aunque todos sean grandes fumadores, pues la ropa se impregna del olor y se lleva consigo a donde se vaya.

Los fumadores   La Chacarita es un cementerio de Buenos Aires, donde se encuentra el panteón de quien siguen llamando «El Zorzal Criollo», «El Moracho del Abasto», «El Maestro del Tango». El panteón es sobrio, de estilo lineal; en él se encuentra, de pie, una estatua de tamaño poco mayor que natural de Carlos Gardel, fallecido el 24 de junio de 1935 en una colisión de aviones en el aeropuerto de Medellín. Está de pie como si quisiera cantar.

Gardelianos de todo el mundo han cubierto parte del panteón con placas que demuestran su admiración por el «Zorzal Criollo», con todos sus demás apelativos.

Los y las «fans» de Carlos Gardel, cuando van a Buenos Aires, suelen acercarse a visitar su tumba y, además de dejar sobre ella unas flores, es tradicional encender un cigarrillo y colocarlo entre los dedos índice y medio de su mano derecha, que con el meñique y anular parecen sostener un llavero. Rezan una oración por su alma en sentido de agradecimiento, mientras el cigarrillo se va consumiendo.

Los gardelianos, con su pasión por el tango están haciendo de Carlos Gardel un perenne fumador; pasado más de medio siglo desde su muerte, su mano sigue teniendo un cigarrillo encendido y la correspondiente marca de nicotina en sus dedos.

Aunque la historieta es real, no es muy frecuente la perpetuidad del fumador después de su muerte.

Hay quienes incluso mantienen que el tabaco es una de las causas del cáncer y por lo tanto un cierto peligro para la vida, mientras que otros se apoyan en el gusto de fumar sin querer darle mayor trascendencia.

Lo cierto es que hay fumadores y no fumadores, mereciendo tanto respeto unos como otros, que se puede demostrar en una serie de detalles de buena educación.

Hay personas de temperamento nervioso que recurren al tabaco como si fuera un sedante, esto puede crearles un hábito que degenere en vicio y llegar a ser muy perjudicial para su salud. Conviene recurrir a los medios que sean necesarios para evitarlo, como hacer ejercicio, practicar deportes, fumar un cigarrillo artificial de menta, y tratar de reducir el número de cigarrillos hasta moderar la dependencia.

Los detalles de cortesía para con los fumadores pueden consistir en:

— Ofrecerles un cigarillo antes de empezar a fumar.
— Encenderles el cigarrillo.
— Proporcionar los ceniceros necesarios y cuidar de que no se acumulen demasiadas colillas o cenizas para evitar el mal olor. Esto es de capital importancia y compete a la anfitriona ocuparse de ello.
— Conseguir la ventilación adecuada para que la ropa no se quede impregnada con el olor.
— Cuando se les ofrece un cigarro puro, procurar que sea de buena calidad; si no lo es, vale más no ofrecerlo.

Los detalles de cortesía de los fumadores pueden consistir en:

— Respetar los lugares y zonas donde está prohibido fumar.
— Evitar que el humo vaya a la cara de alguna persona.

— Cuando se visita a una persona de más alto rango, no fumar si ella no lo hace primero.

— Durante las comidas, esperar a fumar hasta los postres; si se está convidado, lo correcto es abstenerse hasta que el anfitrión hace ademán de hacerlo.

— Si se está con otra persona que no fuma, preguntarle primero si le molesta que se haga, normalmente ésta dará permiso para hacerlo.

— Se debe evitar fumar mientras se baila.

— No se debe hablar mientras se tiene el cigarrillo o un cigarro en la boca.

— Hay que cuidar que la ceniza no caiga al suelo y las colillas no se deben tirar en cualquier sitio: hay que asegurarse de que están bien apagadas, y se hace con la mano en el cenicero, en lugar de utilizar el zapato para hacerlo en el suelo.

— Al entrar en una oficina o en casa de alguien no se debe ir fumando.

— Es de mal gusto fumar por la calle.

— En los teatros no se debe fumar, únicamente se puede hacer fuera.

— Es preferible abstenerse de fumar al ir a visitar a un enfermo, a menos que éste lo ofrezca, y entonces se hará con moderación.

Cigarrillos Antes de comenzar a fumar un cigarrillo, se ofrece a las personas presentes.

Se acerca el encendedor a los cigarrillos de los demás antes que al de uno mismo.

El caballero estará especialmente pendiente para encender los cigarrillos de las señoras.

Los cigarrillos suelen ser menos molestos para los no fumadores que la pipa y los puros.

Al fumar un cigarrillo se tendrá cuidado de no quemar nada ni a nadie y con la ceniza, para que no caiga al suelo o encima de alguien.

El cigarrillo se sujeta entre los dedos índice y medio, se lleva a la boca únicamente mientras se fuma, pero no se sostiene con los labios.

El humo se expulsa con delicadeza, sin que llegue a otras personas; si es necesario volver la cara para hacerlo, se hará.

Conviene apagar el cigarrillo antes de consumirlo demasiado, por razón de educación y también de salud, ya que la nicotina se encuentra más concentrada en la colilla.

Puros Se pueden ofrecer a los invitados al servir el café y los licores, después de la comida o la cena.

Un buen puro es muy valioso; antes de ofrecerlo, conviene asegurarse de que está en buenas condiciones.

Se pasan en la caja de guardarlos y conviene disponer de un cortapuros, para no tener que morderlos.

Para encenderlos se utiliza la envoltura de madera fina si la tiene, enrollándola antes, o una cerilla. No se deben encender con mecheros de gasolina, porque los estropea el olor, mientras que con los de gas sí que se puede hacer.

Únicamente los señores fuman puros, el olor del humo es muy fuerte, si hay señoras presentes tendrán que extremar el cuidado, para que no les moleste.

Cuando se termina de fumar un puro, no se deja en el cenicero hasta que se consuma del todo: antes de dejarlo se apaga completamente.

Un buen puro debe arder hasta el final, si se apaga antes, se puede dejar en el cenicero sin necesidad de volverlo a encender.

Los invitados no sacarán sus propios puros cuando los anfitriones ofrecen otros, aunque sean mejores, ya que sería una desconsideración hacia ellos.

Pipas No se debe hablar con la pipa en la boca.

La pipa no se llevará encendida al hacer una visita o al entrar en el despacho del jefe.

Ceniceros El uso del cenicero es muy importante para los fumadores, pero aún lo es más tenerlos limpios y en condiciones.

Después de recibir visitas, conviene retirar todos los ceniceros que se hayan utilizado y, por supuesto, hay que cuidar que estén limpios antes de que lleguen.

Si una reunión se alarga, conviene tomar las medidas necesarias para que los ceniceros no estén muy llenos.

En las casas particulares, donde hay servicio, se debe cuidar especialmente la limpieza de los ceniceros; si tienen que entrar al salón para retirar el café o por cualquier otro motivo, se llevarán los ceniceros que estén usados, para limpiarlos. Cuando no hay servicio, será la anfitriona o alguna de sus hijas, quienes tengan este cuidado, vaciándolos cuantas veces sea necesario.

9. LA CORRESPONDENCIA

La correspondencia, entendida en el sentido de las cartas que se escriben o reciben, es un medio tradicional y muy valioso de comunicación.

La correspondencia, además de ser un modo para conocer más a fondo a las personas o situaciones concretas, tiene también valor de documento, que crece con los años hasta llegar a ser histórico.

Hoy en día otros medios de comunicación más rápidos se utilizan con relativa frecuencia, como puede ser el teléfono, el telex, el fax y en menos casos los telegramas. Pero las cartas son más personales, en ellas se puede reflejar el modo de ser de quien las escribe, sus sentimientos y la forma de pensar o de enfocar un asunto.

Hay momentos en los que es muy importante escribir: cuando se necesita tener constancia de lo que se ha dicho, cuando es necesario pensar y estudiar nuevos planes y proyectos. Una conversación telefónica o personal no ayudaría tanto a considerar en profundidad un asunto y a valorar distintos aspectos como una carta, ya que se puede estudiar su contenido en el momento más apropiado, sin tener que dar una contestación inmediata, que podría carecer de valor y exactitud.

Por otro lado, lo escrito, escrito queda; hay que extremar la prudencia al escribir, cuando se trata de temas delicados o que puedan comprometer en algún sentido a la corta o a la larga.

Las cartas entre amigos, entre familiares próximos, añaden algo inapreciable a esas relaciones, especialmente cuando son frecuentes, incluso de constante convivencia. Cuando ésta se interrumpe con una ausencia, las cartas la remedian y añaden dimensiones enriquecedoras, que sin ellas no existirían: la proximidad en la lejanía.

Cuando se tienen amigos en distintos puntos del planeta, llegan con frecuencia cartas a las que hay que contestar. Cartas personales, demostración de amistad, agradecimiento, peticiones de colaboraciones o de otro tipo de ayuda, consejos, reacciones espontáneas ante un acontecimiento o un nuevo descubrimiento que se quiere comentar. Son cartas que hay que contestar personalmente aunque se reciban en abundancia, no vale delegar su contestación en la secretaria o el secretario, a pesar de que sea normal hacerlo para las cartas comerciales. Las cartas personales han de ser contestadas con un gesto también personal, con una relación continuada y marcada por la intimidad.

El cuidado en la correspondencia   La correspondencia, sea del tipo que sea, requiere especial cuidado. No se deben dejar cartas al alcance de otras personas que no tienen que ver con el asunto.

Las cartas recibidas no se pueden extraviar, son de gran valor y hay que contestarlas; después decidir qué es lo mejor que se puede hacer con ellas, si romperlas o guardarlas; generalmente se deberán archivar.

Si se tienen que romper se hace, pero nunca cuando se pueda lamentar más tarde; hay que tener visión de historia y dar valor a lo que lo tiene, pero deshaciéndose de lo que no vale la pena conservar.

Hay que saber archivar o guardar las cartas debidamente.

Cuando se rompe la relación entre dos personas que han mantenido correspondencia personal por noviazgo, normalmente se devuelven las cartas recibidas.

Hay archivos familiares de cartas con verdadero valor histórico y sería una ligereza no mantenerlas debidamente cuidadas.

El lenguaje en la correspondencia

La correspondencia requiere un estilo propio y cuidado en el que la imaginación, la corrección, la espontaneidad y la sencillez se combinen.

Un estilo ágil, claro y conciso, con riqueza de vocabulario puede ser difícil de conseguir, si no es con lecturas apropiadas y ejercicio.

Conviene evitar un estilo barroco y poco claro, así como la repetición sucesiva de la misma palabra cuando se puede utilizar un sinónimo.

En la correspondencia se puede ser ameno, pero hay que evitar la frivolidad.

Ortografía

Los nombres propios se pueden escribir de distinta manera, pero conviene averiguar cómo lo hace la persona interesada.

Es muy importante el cuidado de la ortografía al redactar una carta, vale más acudir a un diccionario en caso de duda, que tener un descuido.

La letra

Escribir con letra clara es muy importante y una muestra de consideración hacia la persona a quien va dirigida la carta, no hacerlo así podría llevarle a tratar de descifrar palabras empleando más tiempo del necesario, y quizá a no poder entender su contenido.

La firma

La firma en una carta manuscrita ha de ser clara y legible, esas firmas que parecen un garabato sólo se pueden emplear en cartas mecanografiadas, con el nombre escrito debajo de la firma, de modo que la persona a quien va dirigida pueda saber quién le escribe.

Firmar con el nombre propio únicamente, cuando el papel no tiene membrete y no se ha puesto en el remite, puede inutilizar la carta, especialmente si la persona a quien va dirigida recibe muchas, el nombre de pila puede que no identifique a la persona que escribe.

Cuando la carta va dirigida a una alta personalidad —como puede ser el Papa o el Rey— no se debe rubricar: se firma con el nombre y los dos apellidos.

Papel de cartas   Es importante la elección del papel de cartas y de sus sobres, pues es la primera imagen que se recibe; si la calidad es mala, normalmente no inspirará confianza. Si es de gusto rebuscado y cursi, etiquetará a la persona que lo utiliza.

El papel de cartas debe ser de buena calidad y sencillo, los colores más elegantes son el blanco, el crema, el azul y el gris pálido.

El papel que se utilice para escribir a los Reyes y miembros de la Familia Real no ha de estar timbrado.

Puede tener monograma para la correspondencia personal, o estar timbrado con el nombre y dirección. Si se tiene título nobiliario, puede ir grabada la correspondiente corona y debajo el título en el ángulo superior izquierdo, o en el centro.

Si el papel está timbrado, es importante que la impresión sea buena y el tipo de letra sencillo y elegante.

El papel grabado es más caro que el impreso, pero la calidad es mejor.

Cuando el papel se imprime o se graba, se debe emplear un color sobrio; el más corriente es el negro; también puede utilizarse el azul, gris o sepia.

El tamaño del papel de carta para uso personal puede ser cuartilla y para uso profesional formato Din A 4. Aunque se pueden utilizar ambos tamaños según sea de larga la carta.

Al utilizar más de una cuartilla o folio para escribir una carta, las siguientes deben ser de igual papel, pero sin timbrar.

En algunos países las cuartillas se escriben al contrario que en España, por la parte más estrecha.

Cuando se escribe una carta con papel tamaño folio, siempre se hace en el sentido más estrecho, en lugar del sentido longitudinal.

Si la carta va escrita a mano, se puede escribir por los dos lados del papel, mientras que cuando se escribe a máquina, sólo se hace por un lado.

Normalmente se utiliza papel sencillo en la correspondencia, pero en caso de que se utilice papel doble para la correspondencia personal, se escribirá en la primera página, y se abrirá por el lado derecho, siguiendo un orden, en lugar de hacerlo como se solía hacer antes, pasando de la primera a la tercera y de ésta a la segunda para terminar en la cuarta.

Si se utiliza en la correspondencia el papel doble que se suele usar en los países anglosajones de 10 × 8 cms. aproximadamente, se abrirá por delante y se escribirá en la primera página cuando se van a necesitar otras, si es una nota breve, se escribe en la tercera página, o sea en la interior.

Papel timbrado El papel de carta puede ir impreso, según el tamaño que tenga. En España las cuartillas se imprimen, normalmente, en sentido longitudinal, imprimiendo a la izquierda el escudo y nombre debajo, a la derecha irá la dirección y teléfono. También pueden imprimirse en el centro, pero es menos corriente. Los folios pueden ir impresos a los lados como las cuartillas, y también en el centro.

Los sobres Los sobres deben hacer juego con el papel que se utiliza, han de ser de buena calidad para evitar que se trasluzca lo que llevan dentro. Si se emplean cuartillas, deberá utilizarse únicamente el que tiene la mitad de su tamaño, sobre ministro, para doblarla en dos. Mientras que si se utilizan folios, el sobre puede ser alargado, sobre americano, para doblarlos en tres en el mismo sentido, o ministro para doblarlo en cuatro, con dos dobleces en distinto sentido.

Los sobres ventana se utilizan para la correspondencia comercial, pero no para la personal.

Al meter la carta en el sobre conviene hacerlo de modo que los dobleces queden en el fondo y en el lateral, para evitar romperla al abrirla con el abrecartas.

Conviene tener en cuenta que hay unos tamaños de sobres normalizados para su envío por correo, si son más pequeños no se pueden enviar y si sobrepasan el tamaño requieren más franqueo.

Es muy importante que los sobres vayan bien escritos. Es más correcto escribir los sobres a mano, aunque sean muchos los que haya que enviar y se trate de invitaciones impresas o agradecimiento de pésames.

Hay que poner especial empeño en que el nombre del destinatario y la dirección no contengan ningún error. En caso de duda es preferible asegurarse antes de enviarlo. La dirección ha de estar completa, incluyendo el código postal en las ciudades que lo tengan. En algunos países se acostumbra a poner la letra que codifica el país antes del número de código postal.

Si la persona a quien va dirigido el sobre tiene algún título o tratamiento especial, se pondrá en el sobre, es una nota de cortesía hacia ella y de trabajo bien hecho por parte de quien lo envía.

En los sobres conviene poner el remite, puede estar impreso o grabado como el papel, y si no, se escribirá a mano. Si una carta se extravía, siempre podrá volver al remitente sin que la tengan que abrir.

El remite se escribe detrás en la parte superior del sobre. Excepto en Estados Unidos donde es costumbre hacerlo por delante, en la parte superior izquierda.

Cuando el sobre va dirigido a una personalidad, con motivo de una felicitación, agradecimiento o algún otro, que no se pretenda recibir contestación, por deferencia hacia ella, no se pondrá remite, ya que le obligaría a contestar.

Si se entrega un sobre a una persona, para que lo lleve en mano a otra, siempre se entregará abierto y la persona que lo lleva lo cerrará delante de quien se lo da. No hacerlo así implica una falta de cortesía por ambas partes.

Es muy importante asegurarse que va bien franqueado, ya que la falta de franqueo obligaría a la persona que lo recibe a tener que pagar el doble de lo que faltase.

Sellos para contestar

Los sellos para contestar se envían únicamente cuando se trata de facilitar una respuesta de un centro docente, de un servicio privado o público, o de una asociación benéfica. También se puede enviar un bono internacional de correo, cuando se trata de otro país y la persona que debe contestar no tiene por qué correr con el gasto.

Enviar indiscriminadamente sellos para contestar supone una falta de cortesía, ya que obligaría a la persona que recibe la carta a enviar una contestación. También podría interpretarse como que la persona a quien se escribe carece de recursos para contestar.

Normas de cortesía en la correspondencia

La primera norma de cortesía en la correspondencia es dirigirse al destinatario en la forma apropiada y utilizar el tratamiento correcto.

El encabezamiento y la despedida han de ser los adecuados para cada persona.

Toda carta que se recibe merece contestación; si es de una persona importante y no hay motivo razonable para retrasarlo, se contestará a vuelta de correo; mientras antes se envíe la respuesta, mayor consideración se demuestra. A ser posible, no se debe tardar más de ocho días en contestar una carta.

No contestar una carta por falta de tiempo es un argumento que no convence a nadie: cuando hay interés se encuentra tiempo.

Normalmente las cartas no deben ser largas y deben tener las ideas bien expresadas.

Hay cartas que nunca se deben escribir a máquina: cuando se trata de altas personalidades, de una felicitación, de un pésame o de una invitación. Esta última en todo caso podría ir impresa, pero no a máquina.

Cuando el contenido de una carta es un tema delicado, conviene esperar y ponderarlo, pero no enviarlo nunca precipitadamente. Si en una carta hay que tratar de un asunto un poco conflictivo, no conviene mandarla inmediatamente; una vez escrita es preferible esperar un poco y volver a leerla, hasta tener la tranquilidad de que está bien. Recordando que lo escrito, escrito queda, y que pasa a ser propiedad del destinatario.

Hay que evitar cartas insulsas, aunque pueden estar llenas de sentido del humor y de contenido.

Las cartas han de ir escritas correctamente, sin tachones, cuidando los márgenes y las líneas derechas, sin torcerse.

Aunque guardar luto está cayendo en desuso, se sigue utilizando papel de escribir o tarjetones bordeados de negro al igual que sus sobres. Únicamente lo utilizan las personas que están de luto. Para dar el pésame no se usa, se hace en papel blanco liso.

Estas normas de cortesía en la correspondencia podrían resumirse así:

— No dejar de contestar ninguna carta, aunque sea simplemente para acuse de recibo.

— Contestar las cartas a ser posible en el plazo de ocho días, a menos que quede algún asunto pendiente en ella y requiera más tiempo.

— Escribir con pulcritud para que ofrezca un aspecto limpio y ordenado, evitando tachaduras y erratas.

— Cuidar la calidad del papel y que haga juego con el sobre, las cartas personales admiten originalidad y nota personal en el tipo de papel que se utilice.

— Escribir bien el nombre y apellidos del destinatario, y poner la dirección completa.

— Utilizar el encabezamiento y despedida correcto.

— Firmar con claridad y facilitar que se pueda identificar fácilmente al remitente.

— Franquear debidamente.

Cartas   Lo más importante de una carta, como es lógico, es su contenido. La forma externa y la pulcritud con que se presente, dice mucho de la persona que escribe.

Hay que prestar especial atención a la contestación de una carta, cuando contiene una pregunta en espera de respuesta, ya que ésta puede ser importante para quien la necesita.

Al escribir una carta conviene buscar las palabras que mejor expresen las ideas que se quieren exponer. Entre dos palabras conviene elegir la más sencilla.

Es bueno tratar de que en la carta haya algún párrafo o algunas frases descriptivas del lugar y circunstancias en las que se está, que pueda interesar y entretener a su destinatario haciéndole pasar un rato agradable.

Conviene recordar que a menos que existan vínculos de parentesco o de estrecha amistad, nunca se escribe directamente a las altas personalidades: al Papa, a los Reyes, al Jefe del Estado, al Presidente del Gobierno o de la República. Las cartas van dirigidas a la persona que tiene a su cargo la correspondiente Secretaría. (Ver: *Protocolo en la correspondencia* pág. 366).

Es preferible que las cartas personales y amistosas vayan escritas a mano, denota más donación de uno mismo. Cuando esto no sea posible y haya que dictarlas, se puede poner el encabezamiento a mano y también añadir unas palabras de despedida.

La carta puede ser distinta, según a quien vaya dirigida y la razón que lleve a escribirla.

Al escribir una carta, la fecha —y el nombre de la ciudad precediéndola, cuando no esté impreso—, se escribe en la parte superior derecha.

El encabezamiento se empieza en el margen izquierdo, dejando al menos tres cms. entre éste y la fecha, cuando se escribe en cuartillas, y unos seis cuando se hace en folios. Después del encabezamiento se pueden poner dos puntos, o punto y aparte.

El texto se escribe comenzando párrafo, dejando al menos uno y medio cms. de distancia con el margen izquierdo y empezando con mayúscula, aunque puede hacerse con minúscula si se han puesto dos puntos en el encabezamiento.

El margen izquierdo debe ser más ancho que el derecho y es importante que estén derechos cuando las cartas son manuscritas. Pueden dejarse tres cms. y uno y medio.

Al comenzar párrafo se dejará más distancia, y una vez terminado el texto de la carta, cuando es manuscrita, la despedida se pone empezando párrafo y cuando es mecanografiada, aunque no es necesario, se deja más espacio, debajo de la última línea del texto.

La firma irá hacia la derecha unos dos cms. más abajo de la despedida. Cuando la carta es mecanografiada y la firma difícil de entender, con más razón se escribirá el nombre a máquina y se firmará un poco más arriba.

En consideración a la persona que recibe la carta, no se debe escribir en los márgenes en sentido contrario al texto.

Aunque puede añadirse una post data, es preferible no hacerlo, ya que denota un cierto descuido, y se debe evitar en las cartas oficiales o formales.

Cartas personales Cualquier persona que tenga relaciones familiares o sociales a cierta distancia, tiene oportunidades de mantener una correspondencia personal con cada una de ellas.

En la correspondencia personal conviene cultivar el estilo propio, conjugando la expresividad con la riqueza literaria que se va adquiriendo al leer buena literatura, como ya se ha mencionado.

A través de la correspondencia personal se conoce mejor a las personas, a veces más aún que en la conversación.

Hay conversaciones importantes, cuyas palabras pueden olvidarse, mientras que una carta importante por su contenido, o por quien la escribe, se puede guardar y volver a leer cuantas veces se quiera. Posiblemente todos conservemos cartas a las que les damos especial valor y puede que con algunas de las que hayamos escrito ocurra lo mismo y estén cuidadosamente guardadas por sus destinatarios, ya que forman parte de su propiedad.

A veces puede parecer costoso ponerse a escribir una carta, pero es cuestión de práctica y basta empezar, mientras más se escriban, más fácil será; además, una vez escrita, siempre se debe leer antes de enviarla y si no ha salido bien, se vuelve a escribir.

Las cartas personales son distintas de las comerciales, pueden ser a su vez oficiales o simplemente personales por razón de parentesco o de amistad.

Cuando se envía una carta personal a una autoridad, a una personalidad, a personas mayores o familiares próximos, es preferible escribirla a mano, como ya hemos dicho. También cuando se trate de asuntos muy personales o confidenciales.

En las cartas personales es importante que la firma sea legible, especialmente en aquellas en las que por la delicadeza de no esperar contestación, no se pone el remite.

Cuando se escribe a una alta personalidad, poner remite implica que tenga que contestar. Si el motivo de la carta no requiere contestación es preferible no poner remite —ya se indica en el sobre—, en cuyo caso la firma ha de ser completa y clara para que la persona que escribe quede identificada.

Si se trata de personas de confianza, las cartas personales siempre llevarán el remite, cosa que facilitará el reconocimiento de la firma y la dirección para poder contestar. A veces las cartas personales pueden causar trastorno a quien las recibe por no poder identificar a la persona que escribe, especialmente si hace tiempo que no lo ha hecho, o cuando se reciben muchas con ocasión de un mismo acontecimiento.

Es muy importante cuidar el encabezamiento apropiado y la despedida en las cartas personales, según a quien vayan dirigidas, así como el tratamiento que se debe dar.

En cuanto al contenido, es bueno reflejar el ambiente en que se vive y el mundo que nos rodea, como queda dicho, pues eso ayuda a crear un diálogo con el destinatario. Hay que pensar qué le puede interesar, además del mensaje que da motivo a la carta, y transmitirle alegría y optimismo, que son siempre bien recibidos.

Cuando una carta personal se escribe a una alta personalidad, no se escribe en papel timbrado.

Cartas oficiales   Las cartas oficiales normalmente siempre van mecanografiadas, y cuidadosamente hechas, evitando cualquier error. Se escriben en papel blanco con membrete, si éste está en el centro, se pondrá debajo la ciudad y la fecha —la primera, en caso de que no esté impresa—, y dejando unos dos o tres cms. el nombre de la persona a quien va dirigida. Con la distancia necesaria para que el texto de la carta quede bien centrado, se comienza el encabezamiento.

Si el membrete está a los lados, el nombre y la dirección del destinatario se escribirán a la izquierda, y la fecha un poco más arriba, a la derecha.

A veces el nombre, título y dirección del destinatario se escriben en la parte inferior izquierda, si la carta consta de varias páginas únicamente se hará en la primera. Esta costumbre utilizada por la administración pública, puede dificultar la fácil visibilidad del destinatario en archivadores gruesos.

En las cartas oficiales tiene capital importancia el encabezamiento correspondiente a quien va dirigida, y, en relación con él, el tratamiento en el contexto de la carta. La despedida irá en consonancia con lo dicho.

Las cartas oficiales también pueden llevar el lugar y la fecha después de la despedida y se firmará debajo hacia la derecha, dejando una prudente distancia.

El nombre y cargo de la persona que escribe irá mecanografiado hacia la derecha y se firma encima un poco más arriba.

Cuando las cartas oficiales constan de más de una página, es opcional numerarlas, a partir de la segunda, así como poner ../.. debajo a la derecha indicando que sigue, a partir de la primera.

De agradecimiento

Las cartas de agradecimiento después de una felicitación, invitación o de recibir un favor o un regalo, deben ser muy personales. Se escriben en papel de carta o tarjetones elegidos o impresos a gusto propio.

Es importantísimo escribirlas enseguida, retrasarlas supone falta de consideración y resta demostración de agradecimiento.

Deben ser sinceras y expresivas, no hace falta que sean largas, lo que cuenta es el detalle de agradecimiento, aunque se puede hacer referencia a los pormenores que hicieron disfrutar, y que se valoran.

Cuando se agradece una invitación ha de hacerse enseguida. La misión principal de una anfitriona es lograr que sus invitados disfruten. Recibir una carta de agradecimiento es algo que necesariamente ha de darle satisfacción. Es importante decirle cuánto se disfrutó en la fiesta y especificarle el cómo y porqué, cosa que le alegrará y le hará sentir que sus esfuerzos valieron la pena.

Después de asistir invitados a casa de amigos en la que había un jardín especialmente bonito y cuidado, obras de arte decorando la casa, o simplemente objetos sencillos pero de muy buen gusto, es un detalle de cortesía y de sensibilidad hacerlo notar en la carta de agradecimiento.

De condolencia

Las cartas de condolencia son especialmente delicadas, cuando se trata de demostrar el pesar ante una situación adversa o un grave suceso ocurrido a personas con las que unen lazos de amistad, parentesco o relaciones profesionales. Una enfermedad, un secuestro, un accidente o un revés económico, requieren extrema delicadeza al demostrar los sentimientos de adhesión.

Estas cartas han de ser especialmente sinceras, y deberán servir de apoyo moral al menos. Han de demostrar gran delicadeza y unión en el pesar, al mismo tiempo que se les da un enfoque de altitud de miras, sabiendo que todo es para bien.

Se debe evitar hacer referencia a otros casos semejantes o ponerse de ejemplo, así como el sermoneo.

De felicitación   Las cartas de felicitación en ocasiones oportunas como las Navidades, el día del cumpleaños, del santo o de algún aniversario, son especialmente bien recibidas y demuestran un recuerdo cariñoso.

Es importante escribirlas a tiempo para que lleguen el día señalado.

No es necesario que sean largas, pero sí exponer en ellas que en el día determinado se le recordará especialmente, al mismo tiempo que se expresan los mejores deseos.

De pésame   Las cartas de pésame siempre deben estar escritas a mano, a máquina se despersonalizan y adquieren frialdad. Se escriben en papel blanco o liso. Se evitará utilizar papel y sobre de fantasía.

Ante el dolor por la muerte de un ser querido, se agradece enormemente y se valora el apoyo y la adhesión de amigos y conocidos. Su pesar sincero y la manifestación de sentimientos de dolor y de consuelo en esas circunstancias sirven de gran ayuda. Son momentos en los que especialmente se necesita y se agradece el testimonio leal.

Conviene cuidar especialmente el contenido de las cartas de pésame y condolencia; aunque pueden tener sentido sobrenatural, hay que evitar dramatismos en su contenido. Estas cartas han de ser las más cuidadas, pueden ser breves y sencillas, siempre sinceras. Si se tiene algún buen recuerdo de la persona fallecida por su bondad, simpatía, o ayuda, la familia agradecerá saberlo y se puede decir en la carta.

Es importante escribir las cartas de pésame en cuanto se reciba la noticia, su retraso inmotivado restaría sinceridad.

Conviene recordar que las cartas de pésame más que para consolar se escriben como testimonio de afecto hacia la persona fallecida y adhesión para con su familia. El sentido trascendente de la vida será el único consuelo para la familia.

Normalmente se contesta a las cartas de pésame con un tarjetón impreso en el que figuran los nombres de los familiares, según el orden de precedencia; cuando se trata de varios hermanos casados irán también los nombres de los cónyuges debajo del de cada uno. Abajo, se puede decir: «Le agradecen su muy sentido pésame». A la izquierda se indica la dirección y a la derecha el teléfono. Se pueden añadir unas líneas a mano dirigidas a la persona a quien se envía.

Encabeza-   En las cartas oficiales o personales mecanografiadas, debajo del
mientos y   membrete, en la parte superior izquierda o bien en el centro, se
despedidas escribe a máquina a quién va dirigida, con el tratamiento que corresponda a la persona, y título o cargo que posea. Debajo, la ciudad.

Además del tratamiento que corresponda a la persona, el encabezamiento y despedida dependerán del tipo de relación y parentesco que se tenga con el destinatario de la carta, la despedida irá de acuerdo con el encabezamiento.

No obstante, conviene mencionar ciertas formas de cortesía y tratamientos en la correspondencia.

Las personas con cierta cultura deben saber, como ya se ha dicho, que no se escribe directamente al Papa, a los Reyes y Emperadores, a los Jefes de Estado o Presidentes de Gobierno o República, a menos que una un vínculo de parentesco o de estrecha amistad, porque toda carta requiere contestación y sería una descortesía obligarles a hacerlo personalmente.

Cuando se trata del Papa, el sobre se dirige al Secretario de Estado de la Ciudad del Vaticano. Poniendo el nombre de quien corresponda.

Cuando se trata del Rey, el sobre se dirige al Jefe o al Secretario de la Casa de Su Majestad el Rey, indicando el nombre de quien corresponda.

Cuando se trata de un Emperador, el sobre se dirige al Jefe de la Casa de su Majestad Imperial.

Cuando se trata de un Presidente de Gobierno, se dirige a su Secretaría.

Cuando se trata de un Presidente de República, el sobre se dirige al Director del Gabinete Civil.

Cuando se escribe al Rey se hace de la siguiente manera: en papel sin timbrar, se escribe la ciudad y la fecha arriba a la derecha, a la izquierda un poco más abajo: S. M. y debajo El Rey de España —o del país correspondiente—. El encabezamiento que se utiliza es: Señor. Dejando una distancia prudente para centrar bien la carta, que comienza en el párrafo siguiente. Después del texto de la carta en el que se emplea el tratamiento de Majestad, la despedida es: A los RR. PP. de V. M. reiterando inquebrantable adhesión. Se firma con el nombre y dos apellidos sin rubricar.

Si la carta va dirigida a la Reina, se hará igual, sustituyendo por La Reina y Señora. Cuando se escribe a los Reyes se hace lo mismo pero en plural, o sea: SS. MM. y Los Reyes de España.

Cuando se escribe al Papa, el encabezamiento es: Beatísimo Padre. El tratamiento: Santidad, y la despedida: Confirmando los sentimientos de profunda adhesión y de amor al Romano Pontífice, imploro la Bendición Apostólica y me ratifico con alegría, —y debajo—: de Vuestra Santidad —y debajo—: devotísimo, obedientísimo, humildísimo hijo —o una de las tres posibilidades—. O bien abreviado: dev.mo, ob.mo, hum.mo. hijo. Se firma debajo hacia la derecha con nombre y dos apellidos sin rubricar.

En general, cuando se escribe a una persona que tiene algún tipo de tratamiento se usa éste en el encabezamiento, si no se tiene mucha confianza o se le debe respeto: Excmo. Señor:, Ilmo. Señor:, o muy Señor mío:, para aquellos que no teniendo tratamiento son de alta posición. Si tienen un cargo concreto el encabezamiento lo puede incluir: Excmo. Señor Embajador.

Cuando la carta va dirigida a una persona con título nobiliario, se mencionará éste como se ha dicho al principio, como destinatario de la carta, sin embargo en el encabezamiento no se utilizará el título, se usa el tratamiento que le corresponda y según el grado de confianza que se tenga, puede ser: Excmo. Señor:, o Querido... La despedida será conforme al grado de relación que se tenga, de menos a más: Sinceramente suyo,; Suyo afectísimo,; Atentamente le saluda,; Cordialmente le saluda,; Un abrazo,; Un fuerte abrazo,.

Las cartas oficiales dirigidas a autoridades llevan el encabezamiento que les corresponda y en el texto se les trata con la terminología correspondiente.

— Excmo. Señor:; V. E.; Vuestra Excelencia, o Vuecencia.

— Ilmo. Señor:; V. I.; Vuestra Ilustrísima.

— Señor o Señoría:; V. S.; Vuestra Señoría, o Usía.

Las cartas personales dirigidas a autoridades y personalidades con las que se tiene gran amistad, llevarán el trato que se les dé en la conversación, normalmente tú o usted. El encabezamiento será acorde al trato: Querido...; Querido D. ...; Estimado...; Estimado D. ...

Otros encabezamientos y despedidas:

— Muy Señor mío:; Atentamente le saluda,.

— Muy Señora mía:; Atentamente le saluda,.

— Estimado...: o Estimada...:; Sinceramente suyo —o— tuyo,.

— Mi querido amigo y compañero: —o en femenino—; Un cordial saludo,.

— Distinguido amigo: —o en femenino—; Suyo afectísimo,.

— Distinguido Señor: —o en femenino—; Suyo afectísimo,.

— Estimado...: —o en femenino—; Muy atentamente,.

— Distinguido Señor: —o en femenino—; Le saluda muy atentamente,.

— Estimado amigo: —o en femenino—; Le saluda muy antentamente,.

— Señor: —o en femenino—; Suyo, o Quedo suyo,.

Respetuosamente se utiliza sólo en las cartas formales dirigidas a personalidades de alta categoría.

Tarjetas
Hoy en día hay gran variedad de tarjetas y tarjetones para distintos usos, son muy prácticos y útiles. Los más elegantes son los de cartulina buena, blanca, lisa, aunque también son de buen gusto los de otros colores.

Pueden ir impresas con nombre, monograma o título si se posee.

De felicitación
Felicitar supone una manifestación de afecto, gratitud, respeto, lealtad y fidelidad en el recuerdo, hacia aquellas personas —ya sean familiares, amigos o conocidos—, con las que se puede mantener un contacto especialmente por ese motivo concreto.

Las tarjetas de felicitación se envían a aquellas personas a las que no se tiene oportunidad de felicitar personalmente.

Al felicitar es preferible no utilizar fórmulas hechas, ha de hacerse con sinceridad poniendo un toque personal que demuestre el recuerdo afectuoso y sincero.

Hay muchas tarjetas de felicitación impresas con ilustraciones para distintas ocasiones; aunque se pueden utilizar para personas de confianza y dan nota de buen humor, es preferible no hacerlo con aquellas personas a las que se les debe cierto respeto.

Para enviar una felicitación puede utilizarse un tarjetón blanco liso de 16 × 11 cms., o con el nombre impreso en el ángulo superior izquierdo. Si se tiene título nobiliario, podrá ir éste en lugar del nombre.

Cuando se envía una tarjeta para felicitar la Navidad es de buen gusto elegir tarjetas de felicitación con escenas del Nacimiento.

De invitación
Las tarjetas para invitaciones formales y oficiales pueden adaptarse a textos y formatos ya establecidos, mientras que las que se utilizan para invitaciones informales pueden dar cabida a la fantasía, siempre que esté dentro del buen gusto.

Cuando en el acto al que se invita hay un invitado de honor, hay que hacerlo constar en la invitación, como ya se indicó.

La invitación, aunque sea impresa y breve, debe dar la más completa información: quiénes invitan; a quién se invita; para qué se invita; dónde se invita; a qué hora; cuándo se invita; cómo se debe ir vestido; dónde se puede confirmar la asistencia o su imposibilidad. Normalmente el texto de la invitación está redactado en tercera persona.

Estos datos pueden darse de manera muy distinta, pero lo importante es proporcionarlos. (Ver: *Invitaciones,* pág. 95).

Las tarjetas de invitación pueden ir: completamente impresas, dejando lugar para añadir datos a mano, o escritas a mano. No deben mecanografiarse.

Los tipos de tarjetas, su tamaño y formato pueden variar según el gusto de la persona y la ocasión de que se trate. Lo que debe ser común a todas es la sencillez, como signo de buen gusto.

Si las tarjetas de invitación van impresas, es muy importante que el tipo de letra sea claro y sencillo. Si se utilizan varios tamaños, o varios tipos de letra han de estar bien armonizados.

De contestación Cuando la contestación es breve y no se trata de personas a las que se les debe mucho respeto, se puede enviar en una tarjeta de visita.

Si se trata de personas a las que se les debe respeto, se hará en una tarjeta escrita a mano de tamaño 12,5 × 8,5 cms. como mínimo, para poder enviarla por correo en un sobre apropiado. También se pueden utilizar tarjetones de 16 × 11 cms.

Cuando la tarjeta es para contestar a una invitación, se emplea la misma terminología que en la invitación recibida, normalmente en tercera persona. También se puede enviar una tarjeta personal dirigida a la anfitriona, si se tiene mucha confianza con ella.

Cuando se trata de enviar una tarjeta de contestación que se ha recibido, normalmente ésta suele estar impresa, para evitar molestias a quien la recibe; se enviará en sobre con franqueo normal, ya que el franqueo de impresos no valdría al tener que anotar si asiste o no, y en este último caso, indicar la razón que lo impide y demostrar agradecimiento por la invitación recibida.

De luto Las tarjetas de luto son blancas y llevan un borde negro alrededor, al igual que sus sobres. Únicamente se utilizan cuando se guarda luto y no para dar el pésame.

Se adaptan a modelos establecidos de visita o tarjetones, pero con la diferencia del borde negro.

Postales Las tarjetas postales, especialmente cuando se envían durante un viaje, son una muestra de cortesía, cariño y amistad. Denotan la delicadeza de un recuerdo especial.

En las tarjetas postales no se deben hacer alusiones personales o íntimas, ya que las personas por las que pasan hasta llegar a su destinatario las pueden leer.

Cuando se envía una tarjeta postal desde algún lugar y es valiosa por lo que representa, pero al mismo tiempo el destinatario es una persona de cierta dignidad, se puede enviar escrita, pero metida en un sobre.

Si se envía una postal desde otro continente o un país lejano, hay que hacerlo por avión, para evitar que tarde meses en llegar.

De visita   (Ver apartado *Visitas*, pág. 90).

La razón primordial de la tarjeta de visita es dejar constancia de que se ha estado a visitar personalmente, tanto es así, que requiere devolver la visita.

La tarjeta de visita ha de reflejar todos los detalles personales que se ponen de manifiesto en la visita, por eso hay una serie de aspectos que conviene cuidar:

— La elegancia de la cartulina, blanca y de buena calidad.

— La sencillez en el tipo de letra y la buena impresión; suelen quedar muy elegantes con letra inglesa impresas en relieve con tinta negra.

La tarjeta de visita únicamente se meterá en un sobre cuando se envíe por correo, o cuando se deje en la recepción de un hotel, o se envíe con un regalo.

Al hacer la visita a una persona que no se conoce, se entrega la tarjeta a quien abra la puerta, excepto cuando sea algún familiar o los propios señores, a los que únicamente se dará el nombre.

La tarjeta de visita nunca se entrega en mano a la persona que se va a visitar, al llegar. Sí que se puede dar cuando se ve necesario a lo largo de la conversación, para que pueda disponer del nombre con la dirección y teléfono, que se anotarán a mano.

Normalmente, las tarjetas de visita, excepto las de uso profesional en las que consta la profesión, no tienen dirección y teléfono. Cuando sea necesario darlos, se añadirán a mano. Las tarjetas de visita personales llevan el nombre y apellidos, o título, pero no figura la dirección ni teléfono.

En las tarjetas de visita de uso profesional ha de figurar el nombre con los dos apellidos, debajo de éste la profesión y cargo o título, en el ángulo inferior izquierdo la dirección y debajo la ciudad; en el ángulo inferior derecho el número de teléfono, telex y fax; permiten mayor originalidad en cuanto al tipo de letra y al logotipo, que caracterizará la imagen corporativa de cada empresa.

Las tarjetas de visita de mujeres, al igual que las personales no llevarán teléfono de su casa impreso, a menos que se utilicen por motivos profesionales, que su trabajo sea «free lance», que trabaje como periodista o en otra profesión que desempeñe desde su casa.

Los matrimonios pueden tener tarjetas de visita conjunta, en la que figure el nombre del marido con los dos apellidos y debajo el de la mujer con su primer apellido seguido por: «de» y el primer apellido del marido.

Si se tiene título nobiliario, será éste el que figure en la tarjeta

María Noguera Alegre
Directora Comercial
EURO AMERICAN TRADE S.A.

Edificio Torre Alta
Pº de la Castellana, 40
28046 MADRID

Tel. 275 99 00
Telex 3 MADXT E
Fax 275 99 01

María Noguera Alegre

Pedro Villarreal Gil
Presidente
Banco de Navarra

Gran Via, 3
28014 Madrid

Tel. (91) 463 11 36
Telex 284 BNMAD E
Fax (91) 463 11 00

Pedro Villarreal Gil
Verónica Torres de Villarreal

Victoria Casas Feliú
Periodista

Framil, 124
15896 La Coruña

Tel. 357 21 42

Miguel Losada Guzmán
Fátima Serra de Losada

Los Marqueses de Triana

La Duquesa de Mesada

Modelos diferentes de tarjetas de visita.

de visita. Cuando se trata de un matrimonio figurará en plural. Sin que sea necesario hacer constar nombre y apellidos.

Si una persona pertenece a La Real Academia, puede hacerlo constar debajo de su nombre en la tarjeta de visita.

El tamaño de las tarjetas de visita puede variar un poco, las más normales son de 10 × 6 cms. También pueden ser un poco menos largas y un poco más anchas, así como más pequeñas. Conviene tener en cuenta que el tamaño de los sobres para las tarjetas de visita es de 10,2 × 7 cms. y que la tarjeta ha de caber en ellos.

En algunos países, como Inglaterra, las tarjetas de visita de señora son más anchas que las de caballero, mientras que en otros las de señoras y chicas jóvenes son más pequeñas.

Las tarjetas de visita pueden tener otros usos además del significado de visita. Se pueden enviar con flores, en ese caso con sobre; con un regalo, sin sobre, dentro del papel de envolver o con él si se envía fuera con el nombre y la dirección; con algún mensaje corto, si se envía por correo, con sobre. Éstos son algunos ejemplos de su utilización.

Al enviar una tarjeta de visita por correo, con una breve nota, a una persona de confianza, hay que tener en cuenta que se ha de enviar en un sobre que tenga las mínimas medidas admitidas por correo, que normalmente son 14 × 9 cms.; mayor que la tarjeta de visita. Enviarla en un sobre de carta queda más ridículo, porque son aún mayores.

En las tarjetas de visita se pueden escribir algunas siglas, en la parte inferior izquierda, universalmente reconocidas, con significado en francés:

— P.F.C. (Pour faire connaissance). Se utiliza cuando se visita a una persona por primera vez para conocerla. Requiere respuesta.

— P.P.C. (Pour prendre congé). Se utiliza para despedirse, cuando la persona se marcha a otro sitio. No se responde.

— P.P. (Pour présenter). Se utiliza para presentar a una persona. Cuando se trata de presentar amigos o conocidos, el portador puede hacerla llegar a la persona a quien va dirigida con otra suya personal, en cuyo caso, la persona que las recibe dará por hecha la presentación, a través de su amigo o conocido, y se pondrá en contacto con la persona presentada. Se responde a quien la envía.

— P.M. (Pour memoire). Se utiliza para recordar el mensaje que se adjunta.

— P.R. (Pour remercier). Para agradecer, se puede contestar así al recibir un regalo, o tarjetas con las siguientes siglas: P.F. y P.C. Las tarjetas P.R. no tienen respuesta.

— P.F. (Pour feliciter). Para felicitar. Se responde a quien la envía para agradecérselo.

— P.C. (Pour condoléance). Se utiliza para condolerse por algo o para dar el pésame.

— P.F.N.A. (Pour féliciter le Nouvel An). Para felicitar el año nuevo.

— N.B. (Nota bene). También puede utilizarse ésta en latín. Estas siglas corresponden a la expresión latina «toma buena nota», para hacer hincapié en el mensaje que se envía en la tarjeta.

En todo caso, debe tenerse en cuenta que unas breves palabras resultan más afectuosas que las siglas.

Así como las tarjetas de visita se pueden llegar a utilizar para enviar mensajes cortos, no se debe abusar de ellas llegando a tal punto que substituyan el uso de tarjetones o cartas.

Las tarjetas de visita con algo escrito se pueden enviar a personas con las que se tiene mucha confianza; si se trata de personas a las que se le debe cierto respeto no se utilizarán y se enviará una carta. Si no se quiere escribir una carta, se puede enviar un tarjetón blanco.

Cuando la tarjeta de visita se utiliza para acompañar un mensaje, y siempre que se escriba algo en ella, no se debe firmar, basta con rubricar el nombre.

La costumbre de entregar una tarjeta de visita a un Embajador de un país extranjero, al conocerlo en un acto social, está desapareciendo. Aunque sigue siendo un detalle de corrección, ya no tiene carácter obligatorio.

El lenguaje de las tarjetas de visita

Baile: ...... esquinas inferiores derecha e izquierda dobladas
Boda: .... esquinas superior e inferior izquierda dobladas
Comida: ... esquinas superiores derecha e izquierda dobladas
Despedida: .... esquina superior izquierda doblada
Entierro: ..... esquinas superior e inferior derecha dobladas
Felicitación: .... esquina inferior izquierda doblada
Pésame: .... esquina inferior derecha doblada
Visita: .... esquina superior derecha doblada

De mensaje

Para enviar notas breves o mensajes cortos por correo, se pueden utilizar tarjetoncillos blancos, mayores que las tarjetas de visita y más pequeños que los tarjetones, tienen la medida para enviar en los sobres de tamaño mínimo por correo.

En países anglosajones se utilizan unas tarjetas blancas de ese tamaño, que tienen en la parte superior impreso: el nombre completo —o título—, seguido de la dirección y el teléfono. Debajo, hay una línea recta a un cm. del borde superior, en sentido horizontal.

Estas tarjetas normalmente se envían dentro de un sobre, aunque también se pueden enviar sin él, escribiendo por el otro lado de **LA BARONESA DE CASTRO** - Turina, 3 - **38004 SALAMANCA**

CARLA VALDECASAS TRIAS - ALCALA, **34** - **28014 MADRID**
TEL. 345 11 79

Modelos de notas breves o mensajes cortos por correo.

el nombre y dirección del destinatario y franqueándola como tarjeta postal.

LA CORRESPONDENCIA PROFESIONAL

Aunque la correspondencia profesional tiene el sello personal de quien escribe, no hay que olvidar que éste tipo de correspondencia se mantiene por razón del puesto que se ocupa.

La correspondencia profesional abarca un gran abanico de destinatarios: autoridades, colegas, amigos de colegas, personal subordinado y personas desconocidas, empresas, clientes, organismos oficiales y un sinfín de destinatarios.

Así como en la correspondencia personal, las cartas son propiedad del destinatario, en la correspondencia profesional lo son del puesto que se ocupa. Si se trata de una empresa propia, se considera propiedad, y cuando la empresa es pública o de otros, la correspondencia que se mantiene sigue perteneciendo al puesto en que se trabaja.

Cuando se escribe por motivos profesionales está admitido hacerlo a máquina y archivar una copia.

Si se quiere añadir una nota de cordialidad se puede escribir una coletilla a mano.

El contenido de las cartas ha de ser claro en lo referente al motivo que las ocasiona, se puede añadir algún comentario amistoso y amable que haga referencia a la relación que se mantiene entre las dos empresas o entre quienes mantienen la correspondencia, si es que se conocen.

Cuando en la carta se pide alguna cosa, hay que hacerlo claramente, se recuerda en el último párrafo y se dan las gracias anticipadas, esperando una respuesta positiva.

Las cartas que se escriben por motivos profesionales abarcan mayor número de razones, que las que son meramente comerciales. Los formatos y tipo de papel que se empleen pueden variar según el asunto de que se trate. Este tipo de correspondencia puede abarcar desde la carta meramente profesional escrita a máquina en folio estándar a tarjetones con membrete escritos a mano.

En la correspondencia profesional se pueden aplicar muchos detalles de cortesía propios de la correspondencia personal. Hay que elegir el encabezamiento adecuado.

Correspondencia comercial No se pretende aquí dar reglas concretas ni hacer un estudio detallado acerca de la correspondencia comercial: hay muy buenos libros que tratan exclusivamente de ello. Más bien nos detendremos en algunas normas generales que hacen referencia a los detalles de cortesía y de buena presentación, que se deben cuidar.

Si las cartas personales admiten cierto grado de fantasía y hay elementos que se dejan a la libre elección, como puede ser el color y tamaño del papel, en las cartas comerciales se cuida más una serie de detalles, que sin ser absolutamente rígidos, sí que son convenientes.

La correspondencia comercial es aquella que hace referencia propiamente al negocio, mantenida en su mayor parte entre clientes y proveedores o con empresas.

El papel debe ser blanco o de color hueso, de buena calidad y timbrado, con los sobres a juego.

El tamaño ha de ser estandarizado, ya que estas cartas se archivan y es importante adaptarse al tamaño universalmente reconocido: Din A 4 de 21 × 29,7 cms.; utilizar otro tamaño puede ocasionar dificultades de archivo a los destinatarios.

Normalmente el papel tendrá el membrete propio o el logotipo de la empresa o compañía, puede estar grabado o impreso, generalmente en negro, pero también pueden utilizarse otros colores, como el azul, gris o sepia, o los colores corporativos del logotipo.

Los márgenes se cuidarán, el izquierdo tendrá unos 45 mm. y el derecho unos 20 mm.

Cuando se adjunta información y otro tipo de documentos a una carta, pueden ir impresos en papel de otro color, cosa que facilita su archivo y colocación.

Si una carta consta de varias páginas, únicamente irá con membrete la primera, las otras en papel sin imprimir o impreso como segunda página, de la misma calidad, cuando sigue otra página se puede indicar en el ángulo inferior derecho ../..

Es de capital importancia su presentación, que no haya ningún error mecanográfico, borraduras y mucho menos correcciones de una letra sobre otra.

Conviene especificar en el primer párrafo a qué hace referencia con todos los datos necesarios.

Hay que saber bien a quién se debe dirigir la carta, para evitar que rote de unos a otros dentro de la empresa. Se suele poner: «A la atención de N... N...» y así va a manos de la persona que más inmediatamente se ocupa del asunto tratado.

Es muy importante llevar la correspondencia al día; a veces, será preferible escribir cuanto antes acusando recibo y dejar para más adelante la contestación a asuntos que necesitan mayor reflexión.

Siempre se archiva una copia de las cartas comerciales. En éstas conviene hacer referencia a la que precede, si es de contestación, así como a cualquier tipo de documentación complementaria que se adjunte. Cuando se considera oportuno enviar una copia de la carta a una tercera persona o entidad, lo correcto es indicarlo, al menos en una nota.

En la correspondencia comercial se debe evitar tratar de asuntos personales, cuando sea necesario se tratará en carta aparte.

Nunca se debe perder de vista que la correspondencia comercial refleja lo que es una empresa; por eso, las cartas han de estar especialmente bien presentadas y escritas.

Tratamiento en la correspondencia comercial

Es de capital importancia utilizar el debido encabezamiento, tratamiento y despedida en las cartas comerciales. Para ello, conviene saber a quién va dirigida y el tratamiento que le corresponde a la persona. (Ver: *Tratamientos,* pág. 332).

Incorrecciones

En las cartas comerciales debe evitarse todo tipo de incorrecciones, tanto las relacionadas al trato de la persona a quien va dirigida, como no cuidar suficientemente la calidad del contenido, el modo de expresión y su presentación.

Se considera una incorrección no contestar a una carta de este tipo en el plazo de ocho días, ya que puede suponer ciertos trastornos al remitente. Al menos se contestará acusando recibo, como antes hemos dicho.

Formatos de sobres y tarjetas

Los formatos de sobres en la correspondencia comercial han de ser los adecuados al papel de carta. Se puede utilizar el formato americano o el formato ministro.

La consistencia del sobre debe ser conveniente a lo que se envía, cuando consta de varias páginas es importante que sea fuerte, para que no llegue roto y en condiciones poco presentables.

Cuando en la correspondencia comercial se envían folletos, o material informativo, hay que utilizar un formato de sobre apropiado al tamaño.

Si se utilizan tarjetones en la correspondencia comercial, han de llevar el membrete, y su tamaño normalmente se adaptará a los sobres de formato ministro. La calidad ha de ser buena y el color preferiblemente blanco.

Los tarjetones han de ser del mismo tamaño y color que los sobres donde se envíen.

La dirección

Es muy importante, como se ha venido diciendo, poner la dirección correcta al enviar una carta comercial; no cuidar esto supone dejadez por parte del remitente y causa mala impresión. Es preferible tomarse el esfuerzo de comprobarlo o de hacer las oportunas averiguaciones antes de enviarla.

Código postal

Incluir el código postal en las direcciones que lo requieran supone facilitar el buen funcionamiento de correo y evitar retrasos al destinatario. En algunos países, como en Alemania, se escribe la inicial correspondiente al país antes del código postal.

Abreviaturas en solicitudes

Dentro de la correspondencia comercial puede incluirse todo lo referente a ciertos asuntos oficiales que hay que tramitar por escrito.

157

Al hacer una solicitud es más correcto no utilizar abreviaturas y hacerlo únicamente con aquellas que están aceptadas y establecidas, generalmente referente a tratamientos.

Telegramas Los telegramas son un medio de comunicación, al alcance de cualquiera, rápido y extremadamente conciso. Se utilizan cuando no se puede o no se debe telefonear, y se quiere hacer llegar un mensaje con rapidez.

Se suelen enviar para felicitar y para dar el pésame.

Tienen la ventaja de la rapidez y, al mismo tiempo, que el destinatario lo puede leer a su conveniencia, especialmente cuando se trata de un acontecimiento como el fallecimiento de un familiar.

A diferencia de las cartas de pésame, son ventajosos por la rapidez con que llegan, que también es signo de interés.

Con el fin de que el destinatario pueda identificar fácilmente a quien lo envía, es importante poner el nombre completo.

Es un medio de comunicación utilizado por autoridades y que se puede emplear para dirigirse a ellas.

Después de asistir a una recepción ofrecida en una embajada, por ejemplo, se puede enviar un telegrama expresivo de agradecimiento a los Embajadores.

Cuando se recibe un telegrama, excepto en caso de confirmar o disculpar asistencia a un acto, siempre se debe agradecer.

Telex El telex hoy en día es un medio de comunicación rápido y eficaz.

Se utiliza en empresas, agencias y otros organismos. Pueden ser más expresivos que los telegramas y su contenido más amplio. Llegan directamente, pero no cerrados como los telegramas, y es fácil que otras personas los lean.

Fax Dados los continuos avances de las telecomunicaciones, se está generalizando el uso del fax, mediante el cual se pueden enviar documentos, planos y todo tipo de escritos o material impreso, con la rapidez de una llamada telefónica, dentro de la misma ciudad o de un continente a otro.

Conviene cuidar las formas: dirigiéndolo a una persona concreta, redactando el texto debidamente y firmándolo para que siempre se pueda saber quién lo envía.

A veces puede sustituir a las cartas o envíos de documentación por correo, pero no llegan en sobre cerrado y pueden leerlos otras personas, si no se utiliza un código concreto.

Documentos oficiales Son documentos expedidos por organismos oficiales o por centros con entidad. También los puede hacer un jefe para sus empleados.

Certificados A excepción de cuando los haga un particular, se utilizan certificados impresos del organismo que los expide.

Arriba figura el nombre completo del organismo y a la derecha se puede colocar una póliza, en caso que sea necesario.

Se empieza poniendo el nombre de la persona que lo firma. A continuación puede estar impreso su cargo, y nombre o Departamento del organismo, empresa, etc. Después, dejando cierta distancia puede estar impreso: «CERTIFICO: que D. ...»; dejando lugar para añadir el contenido del certificado. Este texto, guardará un amplio margen izquierdo pudiendo ser en línea recta debajo de «D.». Se termina en párrafo aparte con: «Y para que conste donde convenga al interesado, y a su instancia, expido el presente certificado con el sello de ... (el organismo), en ... (ciudad) a ... (día) de ... (mes) de ... (año)». El cargo de la persona que lo firma estará a la derecha (El Director General), y debajo se firma. El sello se pone a la izquierda.

Instancias Instancia es la denominación del tipo de carta que se escribe a una autoridad cuando se quiere pedir, solicitar o reclamar algo. Han de ser claras y breves, hay que saber bien el tramiento que se ha de dar a la autoridad a quien va dirigida. (Ver: *Tratamientos,* pág. 332).

Las instancias constan de cinco partes:

1. Tratamiento de la persona a quien se dirige, puede ser: Excmo. Sr.: seguido de los datos personales del interesado, indicando: nombre y apellidos, edad, estado, profesión, residencia, domicilio y documento nacional de identidad. A este primer cuerpo se le denomina encabezamiento.

2. La exposición donde se detallan los hechos, razones y fundamentos en los que se apoya para conseguir lo que desea.

3. Petición: en este tercer cuerpo se pide lo que se desea, de forma clara, para que se conceda lo que se solicita.

4. Se termina con la despedida: «Dios guarde a V.E. —o el tratamiento que le corresponda— muchos años». Poniendo debajo la ciudad, día, mes y año. Se firma con nombre y dos apellidos y se rubrica.

5. Se cierra la instancia con el cargo y la dirección de la autoridad a quien va dirigida. Si es necesario puede llevar póliza.

Para las instancias se utiliza normalmente el papel de barba, y se debe dejar un margen izquierdo igual a la tercera parte del papel.

Es conveniente conservar siempre un duplicado de las instancias que se cursen.

Para evitar confusiones, conviene emplear el uso de la primera persona en la redacción del cuerpo.

Oficios   Se utilizan para enviar documentos a una autoridad o poner algunos datos en su conocimiento, así como cuando una autoridad quiere comunicar alguna resolución o dar a conocer cierta información. También puede utilizarse entre departamentos de una misma oficina o empresa.

Se escribe en papel blanco timbrado, tamaño cuartilla o folio. En el ángulo superior derecho se numera. Solamente se debe escribir la mitad derecha. Se encabeza con el tratamiento correspondiente a la persona: «Excmo. Sr.:» o «Sr.» (Ver: *Tratamientos*, pág. 332). A continuación se escribe el contenido en uno o varios párrafos. Debajo se escribe: «Dios guarde a V. E. —o el tratamiento correspondiente, o su vida—, muchos años». Debajo, la ciudad y fecha. Debajo, a la derecha el cargo de la persona que lo envía, y su nombre en otra línea. Se firma encima del cargo. Al pie de página, se pone el nombre completo y cargo de la persona a quien va dirigido.

Recibos   Es el escrito por el que se declara haber recibido algo material de otra persona.

En un recibo debe escribirse: el nombre y apellidos de quien hace la entrega, lo que se entrega, en letra y número, el concepto o fin para el que se recibe, la localidad donde se expide, la fecha y por último la firma y rúbrica de quien lo recibe.

El recibo bien hecho, con carácter privado y sello correspondiente, puede tener fuerza legal en juicio.

Reclamaciones   Se escriben cuando se recibe algo distinto a lo convenido o como protesta por algo que no es correcto.

La redacción y el modo de expresarse ha de ser amable, y sin enojo, aunque firme, dejando ver la actitud de buena voluntad por parte de quien reclama. No se deben emplear palabras duras ni amenazas, menos aún insultos. Se ha de demostrar buena educación y plena confianza en poder ser atendidos.

Cuando se contestan las reclamaciones, hay que tener presente aquello de que «el cliente siempre tiene razón», aun cuando no la tenga.

Si la reclamación es razonable, ha de agradecérsele la queja a la persona que la hace, pedirle disculpas, darle las explicaciones necesarias y reparar por completo el fallo. Hay que dejar contenta a la persona que reclama.

Si no tiene razón no se le debe humillar tratándolo con orgullo, se le hará ver su confusión con delicadeza explicándole los detalles necesarios en una carta amable, para hacerle ver su equivocación.

Es importante hacer todo lo posible por seguir conservando la amistad y confianza de la persona que reclama.

Saludas   Un saluda es una forma oficial de comunicar la celebración de un acto o de invitar al mismo. Los saludas pueden ir parte impresos y parte mecanografiados. Normalmente son de tamaño cuartilla y es muy importante la calidad del papel.

Arriba irá impreso el cargo de la persona y el organismo al que pertenece. Debajo, a continuación, en letras grandes y bien centrado «SALUDA», y debajo y en el comienzo del margen izquierdo «a ...» y en la misma línea se escribe a máquina el nombre de la persona a quien va dirigido. Debajo, mecanografiado: «y tiene el gusto —o el honor, según los casos—, de comunicarle...» o «de invitarle a ...» incluyendo el texto que sea indicado. En la parte inferior, impreso, irán el nombre y los dos apellidos de la persona que lo envía. Debajo de éste, también impreso, «con esta ocasión le expresa su consideración personal» o «aprovechando para expresarle su consideración más distinguida». Debajo impreso: la ciudad, el día mecanografiado «de...» el mes mecanografiado y «de» el año mecanografiado.

Hay otro tipo de saludas más pequeños que pueden utilizarse para acompañar envíos o incluir con éstos cortas misivas. Tienen el borde superior doblado hacia delante, y en él, impreso el escudo o monograma. En la parte central va impreso «Con los saludos» y el nombre completo del departamento y organismo debajo. Estos saludas pueden medir 10 × 9 cms. Es muy importante la calidad del papel.

Solicitudes de   Para hacer las solicitudes de trabajo se empleará papel blanco
trabajo de buena calidad. Si no se hacen en papel timbrado con el nombre y dirección, se pondrán estos datos en el ángulo superior izquierdo y en el derecho la fecha, que si se prefiere, se puede poner al final. Es opcional escribir el nombre y dirección del destinatario poco más abajo del propio nombre.

Es muy importante que el contenido de la solicitud sea claro, breve y conciso, estando bien presentado, con los márgenes adecuados. Es preferible repetir una solicitud a enviar una mal presentada, ya que es como un anticipo de la propia personalidad y reflejo de ésta.

El encabezamiento se pondrá de forma que con el conjunto del texto quede bien centrado en el papel, dejando los márgenes debidos, más ancho el de la izquierda que el de la derecha y el de abajo que el de arriba.

La fórmula de encabezamiento será la apropiada para la persona a quien se dirige la solicitud, puede ser: Muy Señor mío:,

El Concejal Responsable

de los Servicios de Relaciones Institucionales y Comunicación del Ayuntamiento de Sevilla

Saluda

a

y tiene el gusto de comunicarle que *(a continuación se escribe el texto acerca de lo que se quiera comunicar)*

Arturo Fernández Martínez

aprovecha esta ocasión para expresarle su consideración personal.

Sevilla   de   de

Muy Señores míos:, o utilizar la que corresponda, como Ilmo. Sr. (Ver: *Tratamientos,* pág. 332). Si se trata de una Señora se hará lo mismo pero en femenino.

En el primer párrafo se debe aclarar el motivo de la carta: puesto de trabajo, y la fuente, si es que estaba anunciado, o si se va de parte de alguien. En el párrafo central se especifican los trabajos anteriormente desempeñados, para dar una visión de conjunto como persona adecuada para el puesto que se solicita o que se ofrece por parte de la empresa. En el último párrafo se dice si se adjunta algún documento o certificado, como puede ser el currículum vitae. En la despedida se puede añadir: a la espera de sus noticias, o algo semejante.

Las solicitudes pueden ir escritas a máquina, aunque a veces se pide que sea a mano, en cuyo caso la letra ha de ser clara, no se debe enviar con errores de mecanografía, y nunca con tachaduras. Si se escribe a máquina, estará impecable, no se debe notar que se ha borrado, es preferible escribirla de nuevo.

Se deben evitar las abreviaturas en las palabras utilizadas al hacer una solicitud de trabajo.

Al finalizar el texto, se dejarán unos dos dedos y se firmará con letra clara, hacia la derecha.

Si las solicitudes se hacen después de haber mantenido una entrevista, se resaltarán los puntos de mayor interés que hayan salido a lo largo de ella.

Al enviar una solicitud de trabajo, se acompaña siempre el currículum vitae, si es que no se ha entregado antes; debe estar escrito a máquina. En él constará la formación académica y otros conocimientos especiales como pueden ser los idiomas, la experiencia profesional y los trabajos desempeñados. También otros datos de interés como pueden ser viajes de cierta importancia o aficiones.

Si se piden, se pueden adjuntar los documentos acreditativos y si no, conviene reservarlos para enviarlos en su momento.

(Ver: *Entrevistas para solicitar trabajo,* pág. 260).

10. REGALAR

Ya se ha venido viendo cómo hay ocasiones y acontecimientos en los que es tradicional hacer regalos: el nacimiento o el bautizo, la primera Comunión, la celebración del santo o cumpleaños, la boda, Navidad y Reyes y otros aniversarios. Pueden hacerse regalos como demostración de amistad, agradecimiento o de recuerdo afectuoso: al volver de un viaje, al visitar a un enfermo, al haber sido invitados, para agradecer un favor y en muchas otras circunstancias.

Regalar es todo un arte y no consiste en hacer regalos caros y ostentosos, sino en hallar aquello que puede ser del agrado y del gusto de quien lo recibe, demostrándole el afecto que se le profesa.

La iniciativa y elección del regalo parte de la persona que lo hace, pero los gustos y aficiones del destinatario del regalo son, en definitiva, los que van a condicionar su adquisición; quien hace un regalo ha de quedar en un segundo plano, pues regalar es, en cierto sentido, pensar en los demás, en sus gustos y no sólo comprar algo para salir del paso.

Conviene escoger el regalo personalmente y darle así el toque

personal que se desea. A veces, tan importante como lo regalado es la buena presentación, el cuidado y buen gusto al envolverlo; además esto dice mucho de la categoría de quien regala.

Siempre se quita el precio a los regalos.

Cuando se regalan libros es importante haberlos leído o tener fiable referencia de su calidad; han de adaptarse a la personalidad y aficiones de quien los va a recibir.

Sólo cuando se trata de familiares o de personas íntimas cuyos gustos se conocen muy bien, se pueden regalar objetos de uso más personal.

El modo de hacer un regalo debe ser tal, que no quede obligada a otra prestación concreta la persona que lo recibe; por eso, salvo excepciones, no se deben hacer regalos demasiado valiosos, ya que también podría parecer que se desea dejar deslumbrada a la persona, o poner en evidencia su inferioridad.

No sería oportuno regalar a un niño por su cumpleaños un regalo que supere al que le pueden hacer sus padres, a menos que sean los padrinos quienes lo hagan.

Cuando se hace un regalo, si no se entrega en mano, conviene incluir una tarjeta, especialmente cuando se trata de ocasiones en las que se reciben muchos.

Regalar dinero para que el interesado lo emplee como prefiera, puede ser muy útil a veces, pero no se debe hacer indiscriminadamente: se requiere ser de la familia o tener certeza de que la persona así lo prefiere. Se entregará siempre discretamente y a ser posible en un sobre.

Cuando hay una estrecha relación, como entre los hijos con sus padres, y saben que les van a regalar algo en una fecha determinada, les pueden decir abiertamente lo que les gustaría que le regalasen; esto, aunque no siempre es necesario, a veces puede facilitar las cosas.

Cuando se recibe una invitación para una comida, merienda o cena, se puede llevar algún regalo para la señora de la casa. Se entregará a la entrada, después de saludar; deben evitarse dos extremos: dejarlo en algún sitio sin decir nada o entregarlo delante de otros invitados, llamando la atención. Si se trata de familiares próximos, compañeros de trabajo o iguales, puede ser preferible no llevar nada, para no obligarles a hacer ellos lo mismo en futuras ocasiones.

No es de buena educación hacer regalos anónimos y puede crear una situación difícil para quien lo recibe.

También debe evitarse hacer regalos con regalos recibidos —porque no gusten o porque personalmente no se les encuentra utilidad— ya que incluso puede darse el caso, pintoresco y lamentable, de que vayan a parar al donante inicial.

Una señora jamás tomará la iniciativa para regalar algo a un caballero, a menos que sea familiar próximo o que le deba algún servicio especial; en este caso, el regalo se hará normalmente a la esposa del caballero.

La señora, ya sea casada o soltera, no debe aceptar regalos valiosos como joyas o prendas de vestir, ofrecidas por un caballero al que no le una un vínculo superior a la mera amistad.

Los bombones, las flores y las plantas pueden ser frecuentemente objetos de regalo.

Un caballero sólo regalará rosas o claveles rojos a su mujer o a su novia, pues son signo de amor.

Recibir los regalos: abrirlos Al recibir un regalo hay que saber agradecerlo con naturalidad y espontaneidad, expresando las oportunas muestras de alegría. A veces se puede decir: «¿por qué te has molestado?», «no tenías que haberlo hecho», especialmente cuando se trata de regalos de agradecimiento.

Pero sería improcedente insistir en no aceptarlo, pues podría crear una situación violenta para quien lo hace.

Cuando se recibe un regalo en mano, se agradece y se abre enseguida delante de la persona; se comenta, según los casos, lo bonito que es, la ilusión que hace, lo práctico y útil que resulta. Sería falta de consideración hacia la persona que hace el regalo, recibirlo, agradecerlo y dejarlo a un lado sin abrirlo, pues demostraría poca delicadeza y falta de sensibilidad. Si al abrirlo, el objeto desilusiona, no se manifestará y se agradecerá igualmente.

Si el regalo no se recibe en mano, porque lo envían, se contestará inmediatamente para dar las gracias.

Cuando se reciben varios regalos y se abren delante de los donantes, hay que agradecerlos expresivamente, pero evitando que quienes regalaron algo de menos valor puedan sentirse incómodos. Lo correcto es que luego, a solas con la persona que regaló algo mejor, se le vuelva a agradecer, haciendo referencia a su valor.

Si una visita ofrece flores, conviene colocarlas cuanto antes en un sitio donde destaquen; cuando hay servicio se darán las indicaciones oportunas, si no lo hay, se hará personalmente pero sin desatender por ello a quien llevó el regalo.

Cuando algún invitado lleva de regalo bombones o dulces, se pueden ofrecer en el momento oportuno de la visita, siempre que no ponga en evidencia a otras personas que no hayan llevado nada.

Si se recibe un regalo, se corresponde cuando llegue la ocasión. Pero no es correcto enviar otro inmediatamente, a menos que sea una ocasión en la que los regalos se hacen recíprocamente; sería grosero corresponder a un regalo con otro de mayor valor.

En principio, un regalo no se rechaza nunca, únicamente por motivos serios, como puede ser que va a obligar a algún favor futuro que quizá no convendrá prestar.

En múltiples ocasiones las flores pueden ser objeto de regalo. Las flores y plantas tienen su lenguaje y significado que conviene conocer:

— Las rosas rojas representan el amor.

— Los claveles rojos y las amapolas son signo de pasión.

— Las rosas amarillas simbolizan el amor conyugal.

— Las flores blancas son símbolo de inocencia y se utilizan para los ramos de novia.

— El azahar es símbolo de pureza y se utiliza en los ramos de novia.

— Las hojas de laurel tienen sentido de victoria y sirven para coronar los acontecimientos victoriosos.

— La rama de olivo es signo de paz.

— La azucena simboliza pureza, pudor y delicadeza; el mirto también simboliza pureza.

— Las margaritas son signo de inocencia.

— Las violetas simbolizan humildad.

— El heliotropo significa pelea y enemistad.

— El brezo y los claveles asustan a los superticiosos.

— Los gladiolos, nenúfares y la hortensia simbolizan la frialdad y la indiferencia, ésta última es flor mortuoria en algunos países.

— Los crisantemos, especialmente los blancos, son flores típicas para los difuntos.

— El nomeolvides es símbolo de fidelidad.

— El lirio simboliza la buena suerte primaveral.

— Las lilas blancas son signo de juventud y las malvas de modestia.

— La madreselva y la yedra significan fuertes vínculos de relación.

— La saxifraga y la cinoglosa son signos de la amistad.

— Los helechos son signo de confianza.

— El eléboro representa la belleza de espíritu.

— La maravilla es signo de celos y de inquietudes.

El que a las flores se les haya dado un significado no quiere decir que siempre se quiera expresar. Hay centros de flores variadas, artísticos y de muy buen gusto sin ningún significado especial.

A los caballeros normalmente no se les regalan flores.

Regalos de bautizo   Cuando un niño nace, al visitar a la madre, se acostumbra a llevar algún regalo, normalmente suele ser ropa para el bebé, también se puede enviar un centro de flores para la madre.

Los regalos de bautizo suelen ser de cierto valor y se lo hacen al bebé sus padrinos y familiares próximos.

Regalos de Primera Comunión   Los regalos de Primera Comunión se hacen por aquellas personas que han sido invitadas. Si los invitados son otros niños, serán éstos quienes los entreguen y no la persona mayor que los acompañe. Para esta ocasión son apropiados objetos religiosos.

El regalo de los padres, padrinos y familiares próximos será de cierto valor. Si el niño, o la niña que hace la primera Comunión no lo tiene ya, se le puede regalar por ejemplo una cadena de oro con medalla escapulario y objetos propios de esa ocasión.

Regalos de petición de mano Al pedir la mano, es costumbre regalar a la novia un anillo o pulsera de calidad, dentro de las posibilidades de cada familia; normalmente se le preguntará qué quiere y se le dará a elegir entre varios objetos. El novio, a su vez, recibirá un regalo de la novia, que puede ser una botonadura de vestir, un reloj, unos gemelos o algún objeto según su gusto personal, como un cuadro.

Regalos de boda Al recibir la participación de una boda, que normalmente va seguida de invitación, se suele hacer un regalo para ayudar al futuro matrimonio a instalar su casa. Estos regalos suelen ser los más valiosos que se hacen en la vida social.

Como se trata de ayudar al nuevo matrimonio a instalar su casa, han de ser cosas útiles. Para evitar repeticiones, se ha hecho costumbre que los novios hagan una lista de regalos de boda que les gustaría tener, en determinadas tiendas, a las que se puede ir y encontrarlos dentro de una gama de precios. Los que son de gran valor pueden hacerse colectivamente entre varias personas. Conviene volver a recordar lo importante que es incluir la tarjeta de quien hace el regalo de boda, para facilitar a los novios identificarlo y poderlo agradecer.

Ha sido costumbre exponer los regalos de boda en casa de la novia, para que los familiares y amigos los pudiesen ver.

Si se rompe el compromiso y la boda no se celebra, se deben devolver los regalos a las personas que los hicieron, con otra tarjeta dando las gracias. Deben hacerlo ambas partes, cada uno a sus parientes o amigos.

Regalos colectivos Si los regalos son de cierto valor y se hacen colectivamente, ante un aniversario importante, por motivos profesionales o en otras ocasiones semejantes, junto con el regalo irán las tarjetas de las personas que lo hacen.

Regalos a enfermos Cuando se va a visitar a un enfermo, se le suele llevar un pequeño regalo que le sirva de distracción.

Si se trata de niños, puede ser algún juguete o cuentos.

A las señoras se les pueden enviar flores, siempre acompañadas de tarjeta; también se les puede llevar pastas o bombones, según el tipo de enfermedad que tengan.

Los libros pueden ser un buen entretenimiento para las personas enfermas, pero han de ser entretenidos y fáciles de leer, para evitar que se cansen; no conviene que sean voluminosos para que no pesen al sostenerlos.

También un frasco de colonia refrescante puede ser un detalle agradable.

Al visitar a un enfermo, no se le deben llevar alimentos, especialmente si son fuertes.

Regalos de aniversario Cuando una persona cumple años o celebra su santo, es costumbre hacerle un pequeño regalo, especialmente si hay proximidad por razones de parentesco, amistad o trabajo.

A su vez, la persona que celebra el santo o su cumpleaños, puede invitar a sus amistades.

Cuando se trata de aniversario de bodas, es costumbre que entre el matrimonio se hagan un regalo el uno al otro, pensando en aquello que, estando al alcance de su bolsillo, puede ser más de su agrado.

Si el aniversario que se festeja es de mayor importancia, como las bodas de plata o de oro matrimoniales, se celebrará más y el matrimonio se hará mejores regalos en estas ocasiones; pueden reunir a toda la familia para esa ocasión y hacerle un regalo a cada uno de los hijos; también éstos harán un buen regalo a sus padres.

Cuando una persona celebra las bodas de plata en el trabajo, los compañeros y la propia empresa le pueden hacer un regalo conmemorativo.

Regalos de agradecimiento Cuando se está muy agradecido a una persona por algún motivo concreto, se le puede hacer un regalo, que exprese ese agradecimiento. Hay que cuidar que de ningún modo parezca una retribución o compensación de lo que ha sido motivo del obsequio.

11. AGRADECER

Es de bien nacidos ser agradecidos y conviene demostrarlo con hechos. Aunque se puede hacer un regalo para mostrar el agradecimiento, no es ésta la forma única y necesaria. En ocasiones basta con escribir, llamar por teléfono, enviar un telegrama o demostrarlo con unas palabras sinceras y afectuosas, según de quien se trate.

Invitaciones Al recibir una invitación, siempre se agradece —en el momento si es de palabra— aunque no se pueda aceptar; y después de haber asistido, al despedirse en el momento de marcharse.

Cuando se trata de una invitación a una comida o cena en casa de amigos, se puede telefonear al día siguiente, o poner unas letras, agradeciendo la invitación y comentando lo que se disfrutó. Esto se hará con mayor motivo cuando se trate de una invitación a pasar unos días en casa de una familia amiga. En cuyo caso, además, se les puede enviar algún regalo, para que lo reciban poco después de haberse ido el huésped.

Cuando se recibe una invitación para presidir una ceremonia, se agradecerá también. En el caso que se trate de una alta personalidad, quienes invitan le demostrarán, a su vez, el agradecimiento por haber aceptado.

Las invitaciones para pronunciar una conferencia, y más si son en otro país, aunque conlleven trabajo y una aportación cultural o científica por parte de la persona invitada, también deben agradecerse posteriormente por medio de una carta, así como la persona que invitó agradecerá la participación en el acto.

Felicitaciones   Siempre se debe contestar agradeciendo una felicitación, que se haya recibido por correo o telegrama, con una carta amable y dentro del plazo de ocho días, a ser posible.

Si la felicitación es con ocasión de unas fiestas, como puede ser la de Navidad, además de agradecer la felicitación recibida, se felicitará a su vez, siempre que sea posible a vuelta de correo, si es que no se había hecho previamente.

Cuando la felicitación se recibe verbalmente, se agradece en el momento con unas palabras afectuosas.

Visitas   Las visitas se agradecen en el transcurso de las mismas. Si se valoró mucho por el esfuerzo o interés que haya podido suponer en la persona que la ha hecho, se le puede enviar una carta de agradecimiento.

Un modo apropiado de agradecer una visita es devolvérsela a la persona que la hizo.

Pésames   Al recibir el pésame por la muerte de un ser querido, se agradece siempre, así como la asistencia al funeral y al entierro: pueden darse casos en los que alguien haya tenido que desplazarse desde lejos, o dejar sus ocupaciones importantes para unirse al dolor de la familia, y esto ha de tenerse muy en cuenta a la hora de mostrar agradecimiento.

Para agradecer los pésames se pueden imprimir tarjetones con los nombres de todos los familiares próximos, pero, en la mayoría de los casos, conviene añadir unas líneas personales escritas a mano.

Está admitido agradecer los pésames numerosos a través del periódico, aunque nunca será igual que agradecerlo personalmente y de modo individual.

Los sobres de los tarjetones de agradecimiento de pésame adquieren mayor muestra de agradecimiento si van escritos a mano, aunque si supone mucho trabajo para los familiares, pueden ayudar a hacerlos personas amigas íntimas que tengan letra clara.

No cabe duda de que la forma más correcta de agradecer pésames es la más personal: sobre hecho a mano y tarjeta manuscrita. Para agradecer el pésame a una persona de mucha categoría, se hará únicamente escrito a mano. (Ver: *Cartas de pésame,* pág. 145).

Favores Es muestra de la más elemental educación agradecer un favor que se ha pedido a una persona, o que voluntariamente se brindara a hacerlo.

A cualquier persona con un mínimo de sensibilidad que se le haya pedido un favor —conseguir información acerca de un determinado asunto, hacer algún tipo de gestión, o asesorar en una determinada materia—, y que lo haya hecho poniendo interés, le chocará que no se le agradezca ni se le informe si su intervención fue efectiva. Tanto si el resultado es positivo como negativo, hay que informar a la persona y agradecer su ayuda.

Cuando alguien se ha volcado en momentos difíciles, prestando su ayuda, hay que demostrar el agradecimiento de palabra y con hechos. A veces será conveniente corresponder haciéndole un regalo adecuado.

Servicios Hay servicios que sólo se pagan demostrando un profundo agradecimiento. Por ejemplo, las gestiones hechas para solucionar trámites ante la muerte de un ser querido, o durante un accidente. Los servicios prestados en momentos difíciles suponen quedar agradecidos para el resto de la vida, demostrándolo siempre que se pueda.

Al médico Cuando un médico se ha portado como un buen profesional, poniendo al servicio del enfermo, además de toda su ciencia, cariño, comprensión y delicadeza en los momentos difíciles, es lógico que se demuestre el agradecimiento a quien se debe la salud o la vida. Con mayor razón si la enfermedad ha sido difícil y grave.

Se le puede escribir una carta de agradecimiento y, según los casos, enviarle algún obsequio a él o a su mujer.

A las enfermeras Los cuidados necesarios durante la enfermedad requieren abnegación además de profesionalidad, por ello es justo demostrar agradecimiento al personal sanitario, lo que puede materializarse también en el obsequio de unas flores o dulces, por ejemplo. Habrá casos en los que incluso será oportuno entregar una discreta cantidad de dinero.

Otros servicios Hay servicios remunerados, que pueden agradecerse con una propina, como por ejemplo el del repartidor del supermercado.

Excepción Únicamente no se agradecerán —al contrario, constituyen un motivo para mostrarse ofendido— las invitaciones indignas o injustas. Serán rechazadas con energía.

III ACTIVIDADES SOCIALES

1. LA MESA

La mesa reviste capital importancia y dignidad, por lo que supone en el seno de la familia. El tiempo dedicado a las comidas, necesario para reponer fuerzas físicas, no es sólo ocasión para que disfruten los buenos «gourmets», es además una oportunidad valiosísima para fomentar lazos familiares y de amistad, gozando en compañía.

Si de verdad se quiere conocer a una determinada familia, basta con aceptar una invitación para comer o cenar en su casa.

En la mesa se cambian impresiones, se tocan temas interesantes, es una buena ocasión para comunicarse y poder alegrar a los demás. Conviene cuidar el tono humano de las conversaciones y evitar todo lo que en esos momentos pueda causar preocupación o desagradar.

Por todo lo que su entorno comporta, la mesa es en sí una cátedra de buenas costumbres. El arte culinario se muestra desde la presentación cuidada de los platos más sencillos, hasta la confección de los más elaborados. Valorar este arte contribuye a la delicadeza que se refleja en el buen porte de personas cultivadas.

A través del comportamiento en la mesa, en la manera de conducirse, de comer y de beber, se puede apreciar la educación de una persona, y su categoría.

Como muestra de reconocimiento a la dignidad y valor que tiene el tiempo dedicado a la comida, es tradicional bendecir la mesa antes de comenzar y dar gracias al final.

El señorío no es un sombrero de quita y pon, se lleva dentro y se refleja de modo concreto en la mesa, crea un entorno que se trasluce hasta en la mesa más sencilla.

Es una ocasión para que los padres puedan transmitir los buenos modales a sus hijos —ya coman con ellos o los acompañen—; los pequeños serán siempre el centro de su atención.

Saber cómo comportarse en la mesa se aprende desde la infancia, adquiriendo unos hábitos que calen hondo, para que, una vez arraigados, no se olviden en la vida. ¿Cuántas veces habremos

Es incorrecto aislarse de los demás en la mesa.

oído de pequeños: «se come con la boca cerrada», «los codos no se ponen en la mesa», «no se habla con la boca llena», «pedir lo que haga falta, pero no estirarse para alcanzarlo»?

Durante las comidas no se debe conectar la televisión, que distraería la atención que los demás comensales en esos momentos merecen.

Comer es una necesidad fisiológica y el ser humano normalmente se alimenta cuatro veces al día, aunque en cada país puede haber ligeras variaciones. Lo normal es desayunar por la mañana poco después de levantarse, comer pasado el medio día, merendar por la tarde y cenar por la noche.

En algunos países la comida fuerte se hace hacia las dos de la tarde y en otros hacia las siete, en cuyo caso el desayuno suele ser más fuerte y en lugar de merendar por la tarde, se toma algún «snack» antes de acostarse.

Las comidas, además de satisfacer una necesidad fisiológica, han de hacerse de modo racional y con la dignidad propia del ser humano.

Excepto el desayuno y la merienda que pueden hacerse por separado, a causa de los distintos horarios de los miembros de una familia, la comida y la cena son ocasiones para reunirse la familia y fomentar la convivencia de unos con otros, cambiando impresiones y haciendo la vida agradable. Los horarios de trabajo en algunos países, y las distancias en ciudades grandes, imposibilitan que toda la familila pueda reunirse a diario a la hora de las comidas.

A título de interés, se puede decir que la cuchara es el instrumento más antiguo empleado para comer. Existe desde la Edad de Piedra en la que se hacían con hueso de animal. En algunos museos se conservan cucharas utilizadas por los egipcios, que solían adornarlas, ya desde el año 4.000 a. C. El cuchillo, que también data de la Edad de Piedra, durante miles de años apenas si se utilizaba en la mesa, y usarlo era una tarea del padre de familia a quien competía trinchar la carne. Si bien en la antigüedad había instrumentos en forma de tenedores grandes utilizados con fines agrarios o para la pesca, no hacen su aparición en la mesa hasta finales del siglo XV en Italia, con sólo dos dientes. En las mesas más distinguidas se siguieron utilizando los dedos, hasta que más tarde se hizo habitual el uso del tenedor.

Hoy en día se utilizan los tres instrumentos para comer en la mesa: cuchara, cuchillo y tenedor; con distintas modalidades adaptadas al manjar de que se trate.

La primera norma elemental de cortesía en la mesa es lavarse las manos antes de pasar al comedor, ya se esté en casa, invitados o en un restaurante. Es más correcto preguntar dónde hay un lavabo, que sentarse directamente a comer si se viene de la calle.

Aunque las actitudes en la mesa han ido evolucionando con el paso de los siglos, hoy día se mantienen determinadas normas y costumbres, que pueden variar según los países.

Como contraste, en Arabia Saudí tradicionalmente se come en el suelo, donde se colocan platos grandes y platos pequeños. En un principio se comía únicamente del plato grande. Allí es costumbre que el anfitrión no se siente con los convidados para comer con ellos, les sirve y puede comer después, una vez que hayan terminado. En la mesa no es costumbre tener en cuenta aspectos de protocolo, un alto personaje puede estar sentado al lado de su chófer.

Otra costumbre que se mantiene en Arabia Saudí es lavarse siempre las manos antes de comer; se come con la mano derecha únicamente y al terminar, se vuelve a lavar esta mano.

Utilizan la cuchara para servir, pero no para comer. Si ocasionalmente hace falta utilizar las dos manos para cortar algún alimento, se utilizan pero sólo se come con la derecha. Al terminar de comer, cada cual se puede levantar sin esperar a que terminen los demás.

Estas costumbres pueden contrastar enormente con las mantenidas en otros países.

El comedor   Lo normal es que en las casas haya un comedor. Según el tipo de comedor, hoy en día, la mesa puede tener una variada ambientación, lo cual no condiciona la dignidad del momento ni de las personas, que ha de traslucirse desde cualquier ambiente. Además del comedor formal, en las casas puede haber otro tipo de comedor.

Cocina-comedor
El sentido práctico de la vida ha llevado a decorar las cocinas, en casas de arquitectura moderna, de modo que sea uno de los sitios más agradables de la casa. Hay instalaciones verdaderamente atractivas, donde después de haber cocinado, parece que allí no se hubiera hecho nada. En estas cocinas-comedor, bien decoradas para hacer allí la vida, suele haber un rinconcillo agradable que se utiliza como comedor informal; es perfectamente aceptable hoy en día, especialmente si se trata de matrimonios jóvenes y sin servicio. Allí se puede desayunar, y comer o cenar, pero no por eso se dejarán de tener en cuenta todos los detalles que el señorío requiere. En este caso se sustituirá lo formal por lo alegre y atractivo, aunque sin abandonar la corrección en todo.

Siempre habrá de extremarse la limpieza.

Se pueden utilizar mantelitos individuales o manteles de tejidos prácticos, eligiendo colores que contrasten con una vajilla atractiva y una cristalería alegre. Todo puede conseguirse, con buen gusto, dentro de una gran sencillez.

Se puede dar algún toque original que sirva de decoración a la mesa, como colocar unas flores o algún otro objeto decorativo.

Se cuidará la preparación de las fuentes y la pulcritud de las servilletas.

Esta posibilidad no excusa de que para ocasiones formales, se utilice el comedor.

Salón-comedor
Hay casas que tienen salón-comedor. En estos casos, conviene cuidar especialmente la organización: antes de comenzar la comida y para facilitar la recogida. Si hay servicio, se ocupará de ello con la mayor discreción y, si no lo hay, al terminar, se cuidará no dejar nada en la mesa de lo que se haya utilizado.

Comedor de niños
En otras casas, quizá no de instalación tan moderna, puede existir un comedor de niños, utilizado con este fin exclusivo en otros tiempos y que hoy en día se puede utilizar para ocasiones informales o de diario.

A éste se le puede aplicar lo indicado para la cocina-comedor.

Comedor exterior
En casas de campo, o de ciudad con jardín, si hay una terraza o porche adecuado, se puede comer fuera en época de buen tiempo, y resulta agradable.

Para estos casos pueden utilizarse manteles estampados con las servilletas a juego. La vajilla y la cristalería pueden ser más rústicas, todo ha de contribuir a dar un aspecto cuidado y alegre.

Elementos necesarios   Al entrar al comedor, siempre es agradable ver una mesa puesta con buen gusto. En esto juega un papel importante la mantelería que deberá armonizar con el conjunto del comedor: vajilla, cristalería y demás detalles.

Mantelerías   El mantel no sólo ha de estar siempre limpio, sino además bien planchado.

Las puntas caerán por igual unos 30 cms. y como máximo hasta media altura de la mesa.

Debajo del mantel puede colocarse un muletón, para que no hagan ruido los platos y cubiertos, al cambiarlos. El muletón se puede sustituir por un hule que tenga espuma por debajo, hará el mismo efecto y, si algo se derrama, evitará que cale a la mesa.

Tradicionalmente, para comidas o cenas formales, se ha tendido a utilizar mantelerías blancas, de hilo, con sencillos o ricos bordados, según la ocasión, y sus servilletas a juego. Hoy en día, la gama de tejidos es más amplia para poder combinar la elegancia y el buen gusto, con el sentido práctico.

En comidas y cenas formales sigue teniendo preferencia el blanco o crudo, con sus servilletas a juego.

En ocasiones semi-informales, o donde se combine la categoría de los comensales con el grado de confianza que exista, se pueden utilizar mantelerías de otros colores lisos, o estampadas. Para cenas sigue siendo preferible utilizar colores lisos y entre ellos el blanco.

Para comidas y cenas informales se puede utilizar, dentro del buen gusto, toda la fantasía y originalidad, cuidando que la mantelería siempre entone con el conjunto.

Manteles individuales   Si la mesa del comedor tiene una superficie bonita, en lugar de mantel se pueden utilizar bajo platos, o manteles individuales. Hay gran variedad, para todo tipo de ocasiones: de plata, rafia o distintos tipos de tejidos; también son muy bonitos y elegantes los de madera con motivos de estilo inglés.

Si se trata de cocina-comedor, hasta para el más simple desayuno se utilizarán los alegres individuales.

Servilletas   Normalmente, las mantelerías tienen sus servilletas a juego, igual sucede con los individuales que son de tejido.

Para los individuales, cuyo material no tiene servilletas a juego, se elegirán en cada caso las que mejor le vayan.

Si las servilletas son de tejidos adamascados o de hilo, quedan mejor presentadas estando ligeramente almidonadas, aunque esto requiera un poco más de esfuerzo al plancharlas. Hay tejidos que contienen fibra y apenas requieren plancha, en estos casos no hace falta utilizar almidón.

Cuando se está en familia, no es necesario cambiar las servilletas para cada comida, siempre que estén limpias. Para diferenciar las servilletas se pueden utilizar aros.

Tratándose de comidas informales, se pueden utilizar servilletas pequeñas de celulosa, con dibujos de colores, sobre todo si se está en la playa o en el campo.

Aunque se sirva un simple vaso de agua, siempre se presentará en una bandejita y con una servilleta pequeña.

Tamaños de servilletas

La servilleta verdaderamente elegante mide 60 × 60 cms.

Para la comida y cena debe medir como mínimo 45 × 45 cms.

Para buffets o comidas ligeras pueden medir 34 × 34 cms.

Las servilletas de merienda normalmente miden 22 × 22 cms.

Las servilletas de aperitivo miden 20 × 20 cms.

Las servilletas para múltiples usos, fuera de las comidas, pueden ser del tamaño de merienda o aperitivo.

Colocación de las servilletas

Tratándose de la mesa, la servilleta se coloca encima del plato bien doblada, con gusto y sin grandes complicaciones. Esto se aplica a desayuno, comida, merienda y cena.

Si se comienza por sopa, gazpacho o algo semejante que requiere plato sopero o cuenco, entonces la servilleta se colocará a la izquierda del plato, junto al tenedor. También se hace así en las comidas formales.

Al servir aperitivos, las servilletas se sacarán bien dobladas en una de las bandejas, se pueden dejar sobre la mesa donde ser sirva el aperitivo cuidadosamente amontonadas, dando una a cada persona directamente en la mano, o colocándosela cerca.

En los buffets, las servilletas se colocarán por grupos cerca de los platos.

Utilización de la servilleta

Al sentarse a la mesa, para comidas y cenas, la servilleta se desdobla parcialmente, a lo largo, y se coloca en el regazo.

Se utiliza siempre discretamente, apoyándola contra los labios y nunca frotándolos, cada vez que puedan necesitarlo para estar perfectamente limpios.

Antes y después de beber se utilizará la servilleta.

Si se utiliza el lavafrutas para enjuagar los dedos, se secarán delicadamente en la servilleta.

Una vez finalizada la comida, antes de levantarse, se dejará la servilleta junto al plato, generalmente en el lado derecho. Nunca se doblará como si no se hubiera usado, ni tampoco se dejará descuidadamente.

Las servilletas pequeñas utilizadas para desayuno y merienda, no se colocan en el regazo, se dejan junto al plato a la izquierda y se utilizan cada vez que sea necesario, como se ha indicado para las de comida y cena.

Varios   Además de la mantelería y sus correspondientes servilletas, hay que tener: pañitos para bandejas, según sus distintos tamaños; pañitos para las fuentes hechos a la medida ya que los bizcochos, pastas, postres y algunas otras cosas, quedan mejor presentados con un pañito debajo, especialmente si la fuente es de plata.

Los platos de pan individuales también pueden tener sus pañitos, que pueden ser del mismo juego que la mantelería o de hilo con puntilla; también pueden ser bordados o enteros de encaje.

Se pueden utilizar otros pañitos semejantes a los del pan, pero un poco mayores, para poner debajo del lavafrutas.

La vajilla   La vajilla marcará la categoría del tipo de comida que se vaya a dar.

Normalmente, en las casas hay una vajilla de diario y otra de fiesta o para invitados. También se puede tener otra para niños, con motivos infantiles, si son pequeños; y una para el servicio si lo hay.

Hay vajillas rústicas que se pueden utilizar en casas de campo, jardín o en la playa.

Con la vajilla habrá de entonar la mantelería y la cristalería, el centro de mesa y otros elementos que se vayan a utilizar.

Piezas que la   Una vajilla completa se compone de:
componen
—Platos llanos —normalmente doble número que de los otros—.

—Platos soperos.

—Platos de postre.

—Platos de merienda y aperitivo.

—Tazas de café con leche para desayuno.

—Tazas de té.

—Tazas de consomé.

—Boles individuales para helado o macedonia.

—Ensaladeras, normalmente en forma de riñón.

* * *

—Fuentes de servir alargadas, de distintos tamaños.

—Fuentes de servir redondas, de distintos tamaños.

—Fuentes de pescado.

—Legumbreras —de todas las fuentes hasta ahora citadas conviene tener al menos dos del mismo tamaño—.

179

—Sopera.

(Las fuentes, legumbreras y soperas pueden ser también de plata, alpaca o de acero inoxidable).

—Ensaladera.

—Frutero.

—Salseras.

—Platos para servir el aperitivo.

* * *

Si también comprende juego de café tendrá:

—Cafetera.

—Tetera.

—Jarrita de leche.

—Tazas de café.

—Azucarero.

Cuidado de la vajilla
La vajilla ha de cuidarse con esmero para evitar utilizar piezas desconchadas o descoloridas.

Hay vajillas —cada vez más— resistentes al lava-platos. Otras, sin embargo, se deterioran con altas temperaturas y detergentes fuertes. Para cuidar su conservación habrá que lavarlas a mano, sobre todo si se trata de vajillas muy buenas. El dorado se va perdiendo en los lavados a máquina, a menos que estén fabricadas especialmente para ellas.

Al colocar la vajilla en la mesa, es importantísimo que su limpieza sea impecable.

Utilización de la vajilla
La colocación de los platos en la mesa dependerá del tipo de comida y de si hay o no servicio.

Una regla básica es que todos los platos utilizados en una comida han de ser iguales, aunque los de postre pueden pertenecer a otro juego, pero por supuesto idénticos entre sí.

Si los platos tienen dibujos, han de estar derechos y bien centrados.

Cuando se sirve gazpacho o algo semejante, puede hacerse en tazas de consomé, o en cuencos distintos de la vajilla y en este caso incluso de madera.

La cristalería
Lo más importante al poner una cristalería en la mesa es que esté reluciente. Para eso es conveniente pasarle un trapo que abrillante el cristal, en el momento de colocarla.

Con respecto al número de cristalerías que ha de haber en una casa, puede aplicarse lo indicado para las vajillas.

Agua

Champagne

Vino tinto Vino blanco Oporto

Coñac grande

Coñac mediana

Coñac pequeña

Licor

Bebida corta

Bebida larga

Zumo

Champagne larga

Jerez

Martini

Piezas que
componen una
cristalería
completa

—Copas de agua.

—Copas de vino tinto.

—Copas de vino blanco —pueden ser ligeramente coloreadas—.

—Copas de oporto.

—Copas de champagne.

—Copas de jerez.

—Copas de martini.

—Copas de coñac.

—Copas de licor.

* * *

—Vasos de agua y refrescos.

—Vasos de whisky.

—Vasos de bebidas cortas, como vermut.

—Vasos de zumo.

* * *

—Jarras de agua para servir en la mesa.

—Jarras de agua individuales.

—Jarrita de agua para bebidas, cuando se sirve whisky.

—Jarra para zumo.

La cubertería   La cubertería ha de ser adecuada al tipo de vajilla que se utilice. No sería lógico utilizar una cubertaría de plata, barroca, con una vajilla de Duralex, ni una cubertería de acero con una vajilla de Limoges.

En cuanto al número de cuberterías que se pueden tener en una casa, se aplicará lo indicado para la vajilla y cristalería, aunque para niños se puede utilizar la misma de diario, sin tener necesidad de otra sólo para ellos.

Aquí también es de extrema importancia cuidar la pulcritud y limpieza de los cubiertos que se coloquen en la mesa.

Los cubiertos de acero inoxidable se pueden lavar a máquina, incluyendo los cuchillos que sean de una sola pieza. Si se trata de cubiertos de plata, conviene lavarlos a mano, especialmente los cuchillos y éstos en agua tibia, para que no se desprenda el mango de la hoja, a causa del calor.

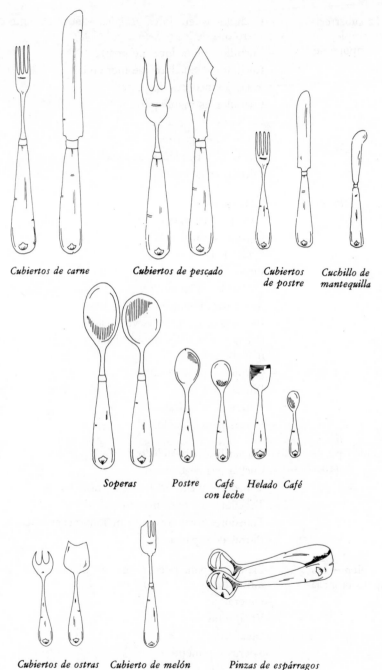

Cubiertos de carne   Cubiertos de pescado   Cubiertos de postre   Cuchillo de mantequilla

Soperas   Postre   Café con leche   Helado   Café

Cubiertos de ostras   Cubierto de melón   Pinzas de espárragos

La cubertería completa se compone de:	—Cuchillos y tenedores grandes —normalmente doble número que de los otros—. —Cuchillos y tenedores de postre. —Cuchillos y tenedores de merienda. —Palas y tenedores de pescado. —Cuchillos de mantequilla. —Cucharas de sopa. —Cucharas de postre. —Cucharillas pequeñas, de taza. —Cucharitas de café.
Piezas para servir:	—Cazo de sopa. —Cazo para compota. —Cazo para salsera. —Cacito para azucarero. —Juegos de servir —cuchara y tenedor—. —Cucharón de legumbres. —Juego para trinchar. —Pala y tenedor para servir pescado. —Cuchara y tenedor de ensalada —pueden ser también de madera—. —Cuchillo y pala de tartas. —Pinzas para el pan. —Pinzas para azúcar. —Pinzas para el hielo.
También puede tener	—Cucharillas para helado. —Cucharillas de pomelo. —Tenedores y cucharillas de ostras. —Tenedorcillos para mariscos. —Tenedores cortantes para melón, o cucharillas. —Pinzas de espárragos.
Otros elementos para la mesa	—Platos de pan, pueden ser: de plata, cristal, cestitos de mimbre. —Panera. —Vinagreras. —Lavafrutas. —Saleros y pimentero. —Tabla de queso y cuchillo.

Elementos
varios

—Colador para la mesa.

—Colador de té.

—Cocktelera.

—Cuchara larga para mezclar bebidas.

—Cubo de hielo y pinzas.

—Abrebotellas.

—Cascanueces.

—Mantequilleros de mesa o individuales.

—Mermeladeros.

Centro de mesa y adornos

Como se ha dicho anteriormente, el aspecto del comedor denota el buen gusto y la categoría de sus dueños. Por sencillo que sea el comedor, siempre habrá detalles que den la nota personal y acogedora al entorno.

Un elemento importante es el centro de mesa, que podrá variar según el estilo del comedor. Al referirnos al centro de mesa, consideramos dos tipos: el que permanece decorando la mesa cuando no está puesta, y el que se coloca para una determinada comida.

Centro de mesa permanente

Si el comedor es de estilo y la mesa bonita, se podrá tener un centro de plata, proporcionado al tamaño de la mesa.

Tratándose de un salón-comedor más moderno, el centro puede ser también de porcelana o cerámica.

En la cocina-comedor, se puede tener algún detalle de cerámica que dé una nota alegre.

Estos centros pueden permanecer en la mesa, si se utilizan manteles individuales.

Centro de mesa para comidas

Al poner la mesa para una comida, se pondrá un centro de acuerdo con el tipo de comida que vaya a tener lugar.

Si se ponen flores en el centro, hay que cuidar su altura; han de ser bajos para que no moleste la visibilidad de los comensales que están enfrente. Se cuidará la perspectiva desde todos los ángulos y también el que las flores no huelan excesivamente.

En épocas de Navidad, el centro puede ser de pino con bolas, velas y otros motivos navideños. Puede ser expresión de un gusto exquisito.

Tratándose de una cena, se pueden colocar candelabros de plata o de otro material, a los extremos del centro, en sentido longitudinal. Las velas dan un ambiente cálido y acogedor. Habrá que cuidar que estén provistas de sus arandelas, para evitar que caiga cera sobre el mantel.

Si la mesa es muy grande, se pueden colocar otros objetos en sentido longitudinal.

Los adornos de mesa dan pie para expresar la fantasía e imaginación de la anfitriona. Se cuidará que estén guiados por el buen gusto para evitar que resulte recargado o caer en la cursilería.

Poner la mesa Se han considerado los elementos necesarios para poner una mesa, ahora trataremos de las reglas que siguen vigentes, diferenciando aquello que se puede adaptar a las circunstancias.

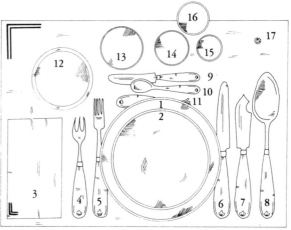

1. Plato llano.— 2. Plato sopero.— 3. Servilleta.— 4. Tenedor de pescado.— 5. Tenedor de carne.— 6. Cuchillo.— 7. Pala de pescado.— 8. Cuchara.— 9. Cuchillo de postre. 10. Cuchara de postre.— 11. Tenedor de postre.— 12. Plato de pan.— 13. Copa de agua.— 14. Copa de vino tinto.— 15. Copa de vino blanco.— 16. Copa de champagne.— 17. Salero.

Normas generales fijas A la derecha del plato siempre se colocan:

— Las cucharas hacia arriba.

— Los cuchillos, con el filo hacia dentro.

— Las palas de pescado.

— Los saleros individuales si se utilizan, delante de los cubiertos.

A la izquierda del plato siempre se colocan:

— Los tenedores, con los dientes hacia arriba, excepto en Francia que se colocan hacia abajo.

— El plato del pan, delante de los tenedores.

— Las ensaladeras, generalmente en forma de riñón.

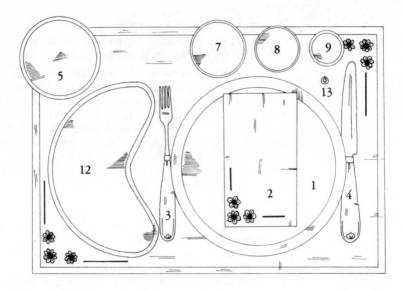

1. Plato.— 2. Servilleta.— 3. Tenedor.— 4. Cuchillo.— 5. Plato de pan.—
6. Pala de mantequilla.— 7. Copa de agua.— 8. Copa de vino tinto.— 9. Copa
de vino blanco.— 10. Copa de oporto.— 11. Copa de champagne.— 12. Ensaladera.— 13. Salero.

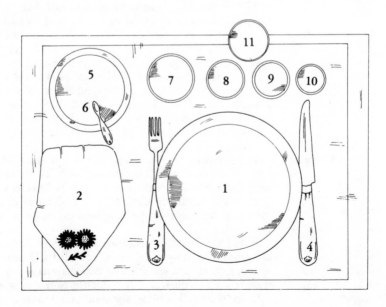

— El lavafrutas y su pañito.

— El cuchillo individual para mantequilla, a la derecha del plato de pan, un poco esquinado.

Se admite, en ocasiones informales, colocar los cubiertos de postre y los de pescado —pero no los dos juntos—, delante del plato, entre éste y los vasos, con el mango hacia el lado correspondiente: cuchillo o pala a la derecha y tenedor a la izquierda.

Las copas o vasos se colocan delante del plato, de izquierda a derecha: agua, vino tinto, vino blanco, oporto y champagne; ésta también se puede colocar detrás de las otras de vino.

Se sirve por el lado izquierdo todo lo que sea comida o salsa, y por el lado derecho los vinos y el agua.

Para cambiar los platos: se retira por la derecha el usado, cogiéndolo con la mano derecha; se introduce por la izquierda el limpio, que se llevará en la mano izquierda. Con esa misma mano, al cambiar para el postre, cuando no se sirve queso, se retira el plato del pan y también en su momento la ensaladera.

En una mesa bien puesta siempre ha de haber cuchillo y tenedor junto al plato, aunque sólo se vaya a utilizar el tenedor.

2. SENTARSE A LA MESA

Aquí nos referiremos especialmente a las costumbres referentes al comportamiento de los comensales en familia.

Si hay servicio, cuando la comida esté lista avisará delicadamente: «Los señores están servidos» o «La señora está servida» o «La comida está servida». Si no lo hay, una vez preparados todos los detalles para servir la comida, puede ser la señora de la casa quien avise que se puede pasar al comedor.

Para pasar al comedor, tratándose de la familia, primero ha de entrar la señora de la casa acompañada de su marido, seguida de sus hijas, por último entrarán los caballeros o niños que componen la familia. Hay que hacerlo con flexibilidad: si dos o más personas van hablando, es lógico que entren juntas.

Colocación   Los matrimonios suelen sentarse a la mesa el uno frente al otro. Si se trata sólo de la familia, las hijas mayores pueden sentarse junto a su padre empezando por la derecha y los hijos junto a su madre, también sentándose a la derecha el mayor. Lógicamente, el lugar que ocupa la señora estará próximo a la entrada del servicio.

Si hay invitados, se sentarán a la derecha de la señora el invitado más importante o el de mayor edad y el otro a la izquierda; el señor de la casa tendrá a su derecha a la señora de mayor categoría y a su izquierda a la siguiente. Si hay más invitados se intercalarán entre los hijos, siguiendo ese criterio.

Los caballeros ayudan a las damas a sentarse primero a la mesa y a levantarse de ella, acercándoles o retirándoles la silla.

No tomarán asiento mientras no lo hayan hecho las señoras.

La primera en sentarse es la señora de la casa y también es la primera en levantarse, una vez que todos hayan terminado. Cuando estén colocados delante de su sitio, la señora se sentará pronto, para no hacer esperar de pie a los demás.

Porte   Una vez sentados, la postura correcta es estar derechos, que no quiere decir tiesos, ligeramente apoyados en el respaldo de la silla, evitando sentarse al borde, o lejos de la mesa.

En la mesa se apoyarán las muñecas y los antebrazos, pero no se deben poner los codos; las manos siempre se tienen en la mesa. En los países anglosajones, cuando no se usa la izquierda, se debe apoyar en el regazo.

Los brazos no se deben extender, ni separar del cuerpo. Si se necesita algo que esté encima de la mesa pero un poco lejos, es preferible pedir que lo pase quien lo tenga cerca, a alargar el brazo.

La cabeza se puede inclinar un poco hacia adelante para comer, pero lo menos posible: la comida se lleva a la boca y no la boca a la comida.

Comer   Se come con la boca cerrada y no se habla con la boca llena.
correctamente Tampoco se debe beber mientras se tiene comida en la boca.

Al comer, la boca no se llenará demasiado, los trozos se cortarán de un tamaño normal, evitando que sean demasiado grandes y se tomará de una vez lo que se haya cogido con el tenedor o la cuchara, sin morderlo o dejar parte.

El cuchillo nunca debe llevarse a la boca, ni la pala de pescado tampoco.

Al comer no se hace ruido con la boca, ni al sorber la sopa de la cuchara.

Cuando se come en casa no se debe dejar comida en el plato. Por otro lado, también es de mala educación rebañarlo.

No es de buena educación servirse cantidades grandes, es preferible repetir si se pasa la fuente por segunda vez; por otro lado servirse demasiado poco puede indicar que no gusta la comida y tampoco es correcto.

Así como es una descortesía no servirse nada cuando pasan por primera vez la fuente de comida, decir que no se quiere vino, está perfectamente admitido.

Normalmente las fuentes se pasan para repetir.

El pan no se corta con el cuchillo, se hace con la mano y se va tomando a trocitos; tampoco debe morderse en las comidas, aunque esté tostado y se sirva mantequilla, sí se puede morder en el desayuno y merienda.

Es muy feo hacer bolitas con las migas de pan.

Se puede utilizar pan para empujar los alimentos que se comen con el tenedor, cuando no se utiliza cuchillo.

Aunque a veces se puede utilizar pan con el tenedor para tomar salsas, no es de buena educación hacerlo con la mano, ni utilizarlo para rebañar el plato con el tenedor.

Antes y después de beber agua o vino, se limpiarán los labios ligeramente con la servilleta. Los sorbos no serán muy grandes ni se beberá un vaso de agua de una vez, aunque se tenga mucha sed.

Si el primer plato es sopa, no se debe beber agua antes de tomarla.

Al tomar un alimento que esté muy caliente y queme, no se deben beber a la vez sorbos de agua para enfriarlo, ni soplar.

Para comer bien es muy importante saber asir los cubiertos como se debe.

El cuchillo se toma por el mango con la derecha, su extremo se apoya en la palma de la mano, en lugar de dejarlo sobresalir por encima de la mano como si fuera un lápiz. El pulgar lo sujeta por un lado y el índice se apoya encima sin que llegue a tocar la hoja del cuchillo, los otros tres dedos se dejan suavemente apoyando por el lado opuesto al pulgar, sin querer agarrarlo.

La cuchara también se toma con la mano derecha por el extremo del mango, entre el índice y el pulgar, apoyándola ligeramente en los otros dedos que estarán un poco cerrados hacia la mano. Se mete en la boca por la punta —excepto en Inglaterra que se hace por el lado—, también es correcto hacerlo de lado cerca de la punta.

El tenedor, sin embargo, se puede utilizar indistintamente con las dos manos. Cuando se utiliza a la vez el cuchillo, se toma como éste, con la mano izquierda y los dientes hacia abajo, se debe sostener hacia el final del mango apoyando éste en la palma de la mano; el dedo índice nunca llegará a tocar la parte de los dientes del tenedor. Si se utiliza con la cuchara para postres se hará igual. Cuando se utiliza sólo el tenedor, se toma con la mano derecha y los dientes hacia arriba, apoyando el final del mango en el ángulo de la mano entre el pulgar y el índice, un poco más cerca de éste y sosteniéndolo por debajo sobre los tres dedos restantes.

La pala y tenedor de pescado se sostienen igual que el tenedor y el cuchillo.

Los cubiertos se usan sólo para comer. Ni se juega con ellos ni se utilizan para señalar a alguien en la conversación. Mientras no se usan se dejan en el plato, si el tenedor se deja hacia abajo significa que aún no se ha terminado, pero es más correcto dejarlo con los dientes hacia arriba. Al terminar, se dejan los cubiertos juntos en el plato, rectos y sin cruzar, mirando hacia delante y con el mango hacia la persona, también se pueden dejar juntos con el mango un poco hacia el lado derecho.

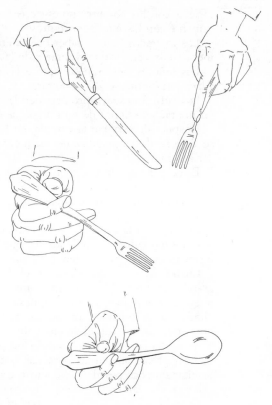

Manera correcta de sostener los cubiertos.

Los invitados a comer
A la llegada de nuevos invitados, los caballeros se levantarán para saludar, mientras que las señoras lo harán únicamente si se trata de otra señora de mayor categoría.

Antes de pasar al comedor, mientras van llegando, se suelen ofrecer algunas bebidas y aperitivo; la duración puede oscilar entre media hora y tres cuartos.

Para pasar al comedor, la anfitriona lo hará primero, acompañando a las personas de más categoría y el anfitrión se quedará para acompañar a los demás invitados, entrando el último. Cuando es costumbre entrar al comedor por parejas, será el anfitrión quien entre primero acompañando a la señora de más categoría, y la anfitriona irá acompañada por el señor más importante.

Una vez todos en el comedor, los anfitriones irán indicando a cada uno dónde se puede sentar. Cuando hay plano de mesas y tarjetas con los nombres no es necesario hacerlo con todos, únicamente con los más importantes.

Los invitados han de saber que la anfitriona ha de ser la primera en sentarse y en levantarse de la mesa.

Los señores ayudarán siempre a las señoras a su lado con las sillas, para sentarse y al levantarse.

Los anfitriones siempre presiden la mesa, excepto cuando hay un invitado de honor de tal rango que deba presidir él.

Después de servirse la comida, en la mesa, se esperará a que se sirva la última persona, normalmente el anfitrión, para empezar a comer.

Es de pésima educación no comer lo que se sirve o decir que no gusta. Mientras que es de buena educación hacer comentarios a los anfitriones sobre lo bueno que es lo que se sirve y saberlo valorar.

En cuanto a la conversación en la mesa, los invitados tratarán temas interesantes evitando los que puedan ser desagradables: enfermedades, o política si hay personas con distintas ideologías.

Cuando la mesa es redonda o el número de invitados no es grande, es preferible mantener una conversación entre todos, mientras que cuando se trata de mesa larga y gran número de invitados, se debe hablar con los que se tiene al lado, y si la mesa no es muy ancha, con el de enfrente también.

Se debe mantener conversación sin polarizarla con la persona más atractiva; aunque las personas que se tenga al lado puedan resultar un poco pesadas, se demostrará interés por lo que dicen. Conviene cuidar no dar la espalda a quien se tiene al lado.

Cuando la mesa está servida por profesionales, se evitará hablar con ellos, excepto la anfitriona cuando tenga que hacerles algunas indicaciones, que deberán ser las mínimas.

Después de comer, normalmente se toma el café en el salón para que se pueda hablar con otras personas y organizar tertulias agradables.

Hay una vieja tradición de origen inglés y aún se vive en ciertas ocasiones. Consiste en que las señoras pasen al salón para charlar y tomar café; por su parte, los señores van a la biblioteca y mientras fuman un cigarro puro, hablan con mayor libertad, antes de volverse a reunir con las señoras. En la Casa Blanca fue Jacqueline Kennedy quien introdujo la costumbre de mezclar señoras y señores durante el café después de las comidas, dejando en libertad a sus invitados para ir a los distintos salones después de las comidas oficiales.

En este caso, al levantarse de la mesa, la anfitriona invita a las señoras a que la sigan, mientras que los señores se quedan con el anfitrión. Es de mala educación no seguir la sugerencia de la anfitriona cuando quiera mantener esta costumbre. Les da oportunidad de arreglarse un poco y hablar entre ellas de temas que no tratarán con los señores.

Hoy en día, es más frecuente que tomen todos juntos el café en el salón y se puede servir allí, al igual que pasar los puros.

Si los invitados son muchos, se debe organizar la tertulia de forma que pueda haber distintos grupos, para que puedan mantener una conversación.

Durante el café, si se ve que dos personas están hablando, no se les debe interrumpir; esto también se puede aplicar al aperitivo, aunque la buena educación hará que no mantengan una conversación demasiado larga y participen en la del resto de los invitados.

Mientras se toma el café es de buena educación mantener una animada conversación al menos durante media hora, pudiéndose alargar hasta una hora.

Conviene ser prudentes y oportunos, para saber cuándo hay que marcharse; a veces se podrá estar más tiempo y los anfitriones lo agradecerán, mientras que en otras ocasiones pueden tener obligaciones pendientes y sería una desconsideración hacia ellos alargarse.

(Ver: *Agradecer invitaciones*, pág. 169).

Cuando los invitados llegan tarde
Normalmente se cita a los invitados con un margen entre una y media hora antes de la comida o cena; mientras, se ofrece una bebida y algo para picar.

Si algún invitado llega tarde, es preferible no hacer esperar a todos los demás para empezar a comer. Lo normal, por parte del invitado, es que avise comunicando su retraso, para que puedan empezar.

Cuando llegue se le servirá la comida a su debida temperatura.

Cuando tienen régimen de comidas
Si una persona está a dieta o tiene un régimen estricto, no aceptará la invitación a comer y, si tiene confianza con quien invita, se lo dirá.

En cenas y comidas formales se evitará hacer excepciones con los invitados.

Cuando se trata de un buffet, basta con servirse de lo que se puede tomar.

Fichero de invitados
Si se invita mucho, conviene organizar un fichero y llevarlo al día, en el cual debe constar el tipo de invitación y fecha, los invitados que asistieron y los que fueron invitados pero no pudieron aceptar. El menú que se sirvió, para no repetirlo a los mismos. Los elementos utilizados, como mantelerías, centro de mesa. Ropa que llevó la anfitriona. Detalles que favorecieron el ambiente.

También se puede tener otro apartado de las invitaciones que se reciben, con los mismos datos y gustos de los anfitriones.

Planos de mesas Cuando se ofrece una invitación, para comida o cena a un número elevado de invitados, con ocasión de una boda, o celebración de tipo formal, conviene organizar el plano de mesas, para poder colocar bien a aquellas personas que requieran atención especial.

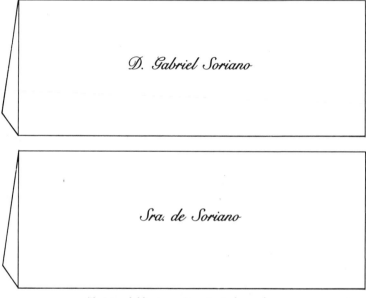

Tarjetas dobles para situar invitados en la mesa.

Puede haber ocasiones en las que haya que organizar todas las mesas, colocando a los invitados con una tarjeta pequeña con su nombre, a la izquierda del plato o encima de la servilleta. Las mesas estarán numeradas y se puede tener un plano de mesas en carpeta de piel fuera a la vista, para que los invitados antes de entrar puedan saber qué mesa les corresponde.

La lista de invitados correspondiente a los planos de mesas puede estar por orden alfabético. Previamente se les puede entregar una tarjeta indicando la mesa.

En ocasiones basta con organizar la mesa principal y los demás invitados se pueden colocar donde quieran.

Al hacer la colocación de invitados, en los planos de mesas, conviene evitar números impares en las mesas: a ser posible cada una ha de tener igual número de señoras que de señores.

A partir de 18 o 24 personas, conviene organizar las comidas

D. Felipe Villacosta

Sra. de Villacosta

Excmo. Sr. Duque de Simo

Excma. Sra. Duquesa de Simo

Tarjetas para situar invitados en la mesa.

DERECHA   CENTRO   IZQUIERDA

PRESIDENCIA

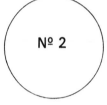
Nº 2

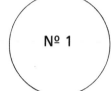
Nº 1

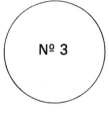
Nº 3

Nº 5

Nº 4

Nº 6

Nº 8

Nº 7

Nº 9

Nº 11

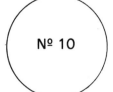
Nº 10

Nº 12

en varias mesas, excepto los banquetes. Esto facilita guardar el protocolo.

Cuando hay varias mesas, en la mesa presidencial se colocarán los anfitriones y las personas más importantes.

La categoría de las demás mesas dependerá de su proximidad con la mesa presidencial.

Las mesas redondas tienen la ventaja de simplificar el orden de precedencia y no dejar señoras en las esquinas; pueden ser hasta de doce personas.

Al organizar las mesas, además del orden de precedencia, hay que alternar señoras y señores. Siempre que sea posible se debe evitar sentar a dos señoras o dos señores juntos.

Cuando las mesas sean múltiplos de cuatro, a menos que sean redondas, en las que se puede alternar la colocación de señor y señora sin que cause trastorno, habrán de estar presididas por dos señores o por dos señoras, para poder alternar señores y señoras, cuando hay igual número de unos que de otras.

Si las mesas son múltiplos de cuatro más dos, pueden estar presididas por un señor y una señora, tratándose de igual número de señores que de señoras.

En las mesas alargadas, los anfitriones presidirán el uno frente al otro, al estilo francés, en el centro de la mesa, o al inglés en los extremos.

Si el número de invitados es impar, habrá que colocar necesariamente a dos señores o dos señoras juntos.

Cuando son de uno a cuatro comensales no hay problema para organizar la mesa. Si son dos se pueden colocar el uno enfrente del otro y la señora a la derecha del señor. Al ser tres, se coloca en el centro el de distinto sexo y a su derecha el de mayor categoría; si fuesen del mismo sexo los tres se sentará en el centro el más importante, al tratarse de cuatro, dos presiden y los otros se colocan a la derecha respectiva.

Cuando se trata de un señor y cuatro señoras, el señor ocupará el lugar A. Las cuatro señoras ocuparán los lugares B, C, D y E según su categoría.

Si se trata de dos señores y tres señoras, una señora ocupará el lugar A y los dos señores B y C, mientras que las otras dos señoras el D y E.

Si se trata de una señora y cuatro señores, la señora ocupa el lugar A.

Al organizar las mesas, se tendrá en cuenta el orden de precedencia según el protocolo con las personas que posean un rango especial, mientras que con aquellas que no lo tengan, basta con conocerlas bien para determinar en qué orden situarlas, según sus características, edad o condición.

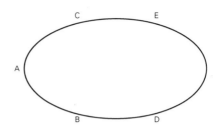

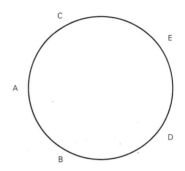

A las señoras casadas hay que colocarlas según el rango de su marido, si ellas no tienen otro superior por sus cargos.

Las señoras viudas conservan el rango que tenía su marido y el tratamiento que se le otorgaba, mientras no se vuelvan a casar.

Con las señoras solteras se tendrá en cuenta su cargo, título, celebridad, edad y posición.

3. MODO DE COMER

Aceitunas Si son de aperitivo, se cogen con los dedos. Cuando tienen hueso, una vez comida la aceituna se lleva la mano a la boca para echarlo delicadamente y se deposita en algún plato o recipiente preparado para esto.

Aunque se esté de excursión en el campo, los huesos de aceituna no se deben escupir.

Las aceitunas no se muerden, se meten enteras en la boca.

Si hay aceitunas en ensalada mixta, se deben comer con el tenedor; si tienen hueso hay que tener cuidado al clavarlo porque puede saltar la aceituna; es preferible comerlas montadas en los dientes del tenedor.

Aunque sea común en tascas, es de poco gusto servir aceitunas pinchadas con palillos de dientes, o poner los palillos aparte para pincharlas.

Alcachofas Para comerlas se parten con el tenedor en trozos que quepan en la boca.

Al prepararlas hay que tener en cuenta quitarles bien las hojas de fuera para que se pueda comer todo lo que se sirva. Si quedara alguna hoja dura —cosa que no debiera pasar—, será preferible dejarla en el plato a tener que sacarla de la boca por no poderla tragar.

Si las alcachofas son grandes, se sirven hervidas y sólo se les quitan las hojitas pequeñas del tallo. Pueden servirse calientes con salsa de mantequilla derretida o templadas con salsa vinagreta aparte. Para comerlas se va cogiendo con los dedos hoja por hoja y se unta en la salsa servida individualmente, se come la parte tierna y el resto de la hoja se va dejando en el plato. Cuando se llega al cogollo se puede cortar con el cuchillo y tenedor para comerlo a trozos untado en la salsa. Al servir de esta forma las alcachofas, se deben poner lavafrutas para enjuagarse los dedos.

Arroz Si el arroz está guisado, se come con el tenedor cogido con la mano derecha y los dientes del tenedor hacia arriba.

En la paella se puede utilizar el cuchillo para cortar los trozos de carne que contenga. Si hay mariscos, se pueden pelar con los dientes del tenedor, ayudándose de un trozo de pan o del cuchillo.

Aves Las aves se comen con cuchillo y tenedor. En las pequeñas, como las cordornices, está permitido coger las patitas y las alas por el hueso y comerlas con la mano, haciéndolo con cuidado para no mancharse mucho. También se puede comer todo con cuchillo y tenedor.

En excursiones o comidas al aire libre se pueden comer las patas de pollo con la mano.

Bizcochos y cakes Los bizcochos y cakes se sacan a la mesa enteros y se van cortando en trozos, que no deben ser muy finos ni muy gordos, entre 1 1/2 y 2 cms. si son alargados. Se sirven en el plato y se cortan en trocitos largos que se pueden comer con los dedos.

Se les puede untar con el cuchillo mantequilla o mermelada, según los gustos.

Sólo un bizcocho o un cake de mala calidad, que se deshace al cogerlo —cosa que no debe ocurrir—, debe comerse con tenedor, pero jamás se untará la mantequilla o mermelada con tenedor y cuchillo.

Bollos La masa de bollería puede presentarse en bollos individuales o más pequeñitos y variados, y en trenzas o piezas grandes para varias personas.

Los bollos se comen igual que el bizcocho, se cortan en trozos, se toman con los dedos y se va mordiendo delicadamente. Es una cursilería comer los bollos con cuchillo y tenedor. Se pueden tomar con mantequilla y mermelada utilizando el cuchillo y los dedos.

Brioches Aunque son un poco más grasientos que los bollos, se toman también con la mano; se sirven calientes para desayuno o merienda. Pueden ser individuales, o para varias personas, en cuyo caso se cortarán a trozos.

Caracoles Los caracoles son más bien platos de restaurantes para que los pidan aquellas personas que les guste.

En casas particulares, cuando hay invitados no se deben programar en el menú.

Se pueden servir de aperitivo, junto con otras variedades, o en la comida si consta que gustan a los comensales.

Los caracoles se sirven guisados en salsa. Para comerlos se emplean una pinzas; con ellas en la mano derecha se coge el caparazón y con un pequeño tenedor de dos dientes en la mano izquierda se extrae el contenido comestible que se lleva a la boca.

Carnes Para comer carne se usa cuchillo y tenedor. Se va cortando conforme se va comiendo: si se trata de filetes o similar no se cortan varios trozos, como se hace con los niños pequeños que no pueden utilizar el cuchillo.

Es muy importante que la carne que se sirva sea tierna, hay mil trucos para lograrlo.

Si la carne se sirve en estofados y los trozos son lo suficientemente pequeños como para que quepan en la boca, no se utilizará el cuchillo, pero normalmente hará falta.

Cuando se saca a la mesa una pieza entera de carne, que queda muy bien presentada, se habrán cortado las lonchas suficientes para que puedan servirse los comensales.

En Inglaterra es tradicional que el señor de la casa trinche la carne, pero si no se tiene suficiente costumbre, se evitará tener que hacerlo cuando hay invitados.

Caviar Se puede servir en su mismo tarro, dentro de un bol de plata o similar rodeado con trozos de hielo, para mantenerlo frío. Se acompaña de tostaditas finas y mantequilla, también de rajitas de limón.

Se unta un poco de mantequilla en el pan tostado, con un cuchillo o una palita se saca el caviar de su envase y se pone encima de la tostada, se le echan unas gotas de limón o se le puede poner encima una rajita.

También se puede servir en canapés ya preparados colocados en bandeja, solos o con otros variados.

Cereales   La costumbre de tomar cereales en el desayuno se está extendiendo cada vez más, incluso en países en los que hace unos años no era nada habitual. Los cereales se sacan a la mesa en un recipiente de servir que sea hondo y al lado de cada uno se coloca una cuchara de servir, conviene tener cuidado para que siempre estén crujientes. Como hay gran variedad de tipos de cereales, a veces se pueden sacar a la mesa en cajitas individuales de distintos tipos, para que cada persona pueda elegir, las cajitas se colocan en una fuente de servir apropiada, o en un cestito, pero cuando se trata de una caja grande no se debe sacar a la mesa; se saca también leche fría en una jarra. A cada persona se le pone un cuenco encima del plato y una cuchara para tomarlos, donde no haya cucharas de cereales se puede utilizar una cuchara sopera, es preferible este tamaño al de cucharilla de café con leche. No es correcto utilizar la misma cucharilla para los cereales y el café con leche o el té, hay que colocar dos cucharas. A los cereales además de leche fría se le puede añadir azúcar y en algunos casos, si se desea, fruta fresca como fresas, melocotón o plátano ya preparados y en trozos. Si se sirve *porridge* –cereal de avena caliente– también se toma con leche fría.

Croissantes   Se pueden servir para el desayuno y la merienda. Normalmente se comen con los dedos y se utiliza la servilleta para quitar las láminas que puedan quedar en ellos. Se pueden tomar con mantequilla y mermelada. También se pueden comer con cuchillo y tenedor, pero no necesariamente.

Ensaladas   Hay muchos tipos de ensaladas y, cuando se sirven de acompañamiento, los comensales se van sirviendo en unas ensaladeras en forma de riñón que se colocan en el lado izquierdo, cerca del plato de pan.

Si no hay ensaladeras se pueden servir en el mismo plato de la comida que acompaña.

Se come con cuchillo y tenedor. Una ensalada bien preparada tendrá una presentación atractiva y se pueden utilizar espárragos enteros, rodajas de remolacha y otros muchos ingredientes.

Normalmente se aliñará bien antes de servirla, de modo informal en el comedor se pueden utilizar vinagreras y otros aliños.

En climas calurosos, la ensalada se puede servir como primer plato.

Espárragos   Los espárragos blancos se sirven enteros si son del tiempo, hervidos y tibios; es muy importante que estén bien pelados para evitar que queden hebras duras. Si son de lata se pueden servir fríos.

Los espárragos se acompañan de salsa vinagreta y de mayonesa, para poder elegir.

Aunque no se usan mucho, hay unas pinzas para comer espárragos. Donde no se tengan estas pinzas, los espárragos se pueden tomar directamente con los dedos de la mano derecha, se untan en la salsa ya servida en el plato, conforme se van mordiendo. Si el espárrago tiene hebras duras, se deja el final en un lado del plato. Este tipo de espárragos es más correcto comerlo a mano que con el tenedor y cuchillo; en este caso, debe haber en la mesa lavafrutas para enjuagarse los dedos.

Hay otro tipo de espárrago verde que se come caliente con salsa holandesa. Entonces se utiliza el tenedor y cuchillo.

Frutas   A la gran variedad de frutas corresponden distintas formas de comerlas. Normalmente al cambiar el plato de postre para la fruta se incluye un lavafrutas individual, que se coloca en el lugar donde estaba el plato de pan, y los cubiertos necesarios para tomarla. El tenedor no se utiliza para introducir la fruta en el lavafrutas. En él también se enjuagan los dedos con suavidad y se secan con la servilleta.

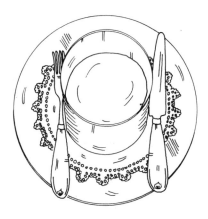

Los platos de postre con los lavafrutas se preparan, ya con agua, con los cubiertos y el pañito en el aparador y se llevan así al cambiar el plato, siempre que se sirva cualquier tipo de fruta.

Albaricoques   Se lavan y se cortan en dos con el cuchillo, se separa el hueso y se comen con los dedos, mordiéndolos.

Cerezas   Éstas y todas aquellas frutas pequeñas que tengan hueso, se comen con los dedos después de haberlas lavado en el lavafrutas. Para dejar los huesos se acerca la mano a la boca y se echan dentro, luego se depositan en el plato.

Ciruelas Se lavan y se comen con los dedos: si son pequeñas se introducen enteras en la boca, si no, se muerden. Con el hueso se procede como en el caso anterior.

Chirimoyas Se cortan por la mitad a lo largo y se come la pulpa con la cucharilla despegándola de la piel; las pipas o semillas se sacan de la boca dejándolas en la cucharilla y a su vez se depositan en el plato.

Mandarinas Se pelan con la mano, aunque se puede ayudar con el cuchillo. Los gajos se comen con la mano, sin cortarlos ni utilizar tenedor. Se pueden quitar con los dedos las hebras finas que quedan después de peladas.

Mangos Los mangos se deben sacar al comedor pelados y preparados. Si se presentan enteros en el frutero, hay que disponer de tenedores especiales porque es una fruta fibrosa en la que es difícil separar el hueso.

Manzanas y peras Se cortan en cuatro partes, cada trozo se sostiene clavado en el tenedor y se pela con el cuchillo; luego se le corta la parte del corazón, y el resto se va cortando a trocitos mientras se come.

Melocotones Se cortan a trozos con el cuchillo y el tenedor y se van pelando comiendo una vez cortados en trozos más pequeños.

Melón Se puede sacar al comedor cortado en tajadas o en dos partes haciendo picos, pero siempre limpio de pipas. Para cortar el melón presentado en picos, se utiliza el cuchillo que irá al lado de a fuente.

Antes de sacar el melón al comedor, se habrán cortado sus dos extremos.

Se come con cuchillo y tenedor o con cucharita especial para melón al igual que tenedor. Es de mala educación apurar demasiado la cáscara.

Si se trata de melones pequeños «cantaloup», se sirven cortados en dos y se comen con cucharilla.

Naranjas Se cortan en cuatro partes y se pela cada una de ellas sujetándola en el plato con el tenedor y utilizando el cuchillo para separarla de la cáscara, luego se cortan los gajos de cada trozo y se van comiendo, se pueden cortar éstos por la mitad.

Plátanos Se cortan los extremos con cuchillo, luego se hace una incisión con el cuchillo por el lado interior de la curvatura y se saca el plátano de la cáscara, ayudándose de cuchillo y tenedor. Una vez fuera y en el plato, se va cortando y comiendo con el tenedor, no se debe utilizar cuchillo para cortarlo.

También puede cortarse con el cuchillo el extremo por el que estaba unido al racimo y pelarlo en tres o cuatro tiras, sujetándolo con la mano mientras se va comiendo a mordiscos, pero éste es un modo muy informal.

Pomelos Conviene sacarlos al comedor ya preparados, cortados por la mitad, habiéndoles quitado los huesos y despegando la pulpa de la piel con un cuchillo especial de punta curvada, separando cada gajo para que en el comedor se pueda desprender nada más meter la cucharilla. Se les puede echar azúcar al gusto de cada persona.

Sandía Se sirve fría, cortada en medias rodajas y se come con cuchillo y tenedor, cortándola en trozos según se va comiendo. Las pipas se recogen de la boca con la mano y se dejan en el plato.

Uvas Se lavan en pequeños racimos y se comen una a una. Se pueden dejar las pipas recogiéndolas de la boca con la mano.

Guisantes Si se comen solos, se toman con el tenedor en la mano derecha y los dientes hacia arriba: no se pinchan.

Cuando se toman de guarnición con la carne o pescado se montan en el trozo que se ha cogido con el tenedor, ayudándose con el cuchillo o con la pala de pescado. Hay que cuidar de que no se caigan, a veces es muy difícil, si no son muy tiernos.

Hamburguesas y perritos calientes Las hamburguesas y los perritos calientes, se comen dentro de unos panes apropiados para ello. Normalmente llevan mostaza y ketchup de tomate, aunque pueden llevar además rodajas de pepinillos en vinagre y otros condimentos, se comen con la mano, conviene evitar que queden demasiado altos para poder dar bocados con cuidado y que no goteen.

Helados Si el helado se sirve como postre, puede ser en forma de bolas, de barra o simplemente ya servido en copas individuales.

Se toma con cucharilla, comiendo de una vez toda la porción que se haya cogido. No es de buena educación chupar la cucharilla varias veces: es preferible tomar en cada cucharada poca cantidad.

Cuando se acompaña de barquillos o galletas, se pueden ir comiendo a la vez con la mano izquierda y ayudarse para coger el helado.

Huevos Para comer huevos, nunca se utiliza cuchillo, a menos que se presenten sobre una rodaja de pan o con bacon y haga falta el cuchillo para cortarlo.

Maíz El maíz se puede servir cocido en mazorca o ya desgranado. Si es en la mazorca, hay unos pinchitos para clavarlos en ambos extremos, se come sujetándolos con las dos manos y mordiendo los granos de la mazorca. Esto sólo es propio de comidas muy informales.

El maíz desgranado se toma como los guisantes, con tenedor; puede servirse como acompañamiento.

Mariscos   Cuando se sirven de aperitivo, si están cocidos, casi todos se comen con los dedos. Langostinos, gambas, quisquillas y cigalas. Para éstas últimas hace falta cascanueces o presentarlas con las bocas ya partidas.

Los cangrejos se pueden comer con los dedos o con tenedor pequeño de mariscos, según el tamaño y la parte de él que se esté comiendo.

Los percebes también se pelan y se comen con los dedos.

Las almejas a la marinera se toman de la cazuela individual con los dedos y se comen llevando cada una a la boca. Las piezas vacías se van dejando en un plato aparte.

Los mariscos grandes como la langosta, se sirven en la comida y se comerán con cubierto de pescado; las patas se pueden tomar con los dedos para chuparlas.

Las ostras se sirven abiertas y en media concha; se les puede echar unas gotas de limón. Se sujeta por la parte estrecha –para no cortarse– con la mano izquierda y se despegan con un tenedor con la mano derecha, hay tenedores especiales, pero pueden utilizarse los de pescado. También se pueden servir ya despegadas en la concha. Una vez que se ha comido la ostra, puede beberse el jugo que queda en la concha.

Al servir mariscos se colocarán lavafrutas con agua y una rodaja de limón para enjuagarse luego los dedos y evitar que huelan.

Pan   En tostadas o crudo, durante el desayuno o la merienda, se puede comer con mantequilla y mermelada. Las tostadas o rebanadas se toman con los dedos y es falta de educación comerlo con tenedor y cuchillo, excepto si el tamaño de las tostadas servidas en cafetería lo necesita por estar la mermelada ya untada y rebosante.

El pan que se sirve en la comida se corta con la mano a trocitos que se van comiendo de una vez sin morderlos. No se debe cortar el pan con el cuchillo.

Pasta   La pasta se come con tenedor y nunca se utiliza cuchillo. La pasta larga, como son los «spaghetti», se toma cogiendo una pequeña porción entre los dientes del tenedor y enrollándola en él sin cortarlos, hasta formar un bocado consistente de tamaño que pueda tomarse de una vez. En Italia se suele utilizar una cuchara para ayudar a formar el bocado.

Pastas de té   Las pastas dulces que se sirven en la merienda, se toman con los dedos y se van mordiendo.

Paté   Se sirve acompañado de tostadas pequeñas y a veces también con mantequilla. El paté se toma con el cuchillo y se extiende en parte de la tostada, se muerde esta parte; luego se sigue poniendo más y se repite la operación cada vez. Si las tostadas son pequeñitas se pueden untar de una vez y morderlas en dos momentos.

Pescados Los pescados se comen con pala y tenedor, la pala nunca se debe llevar a la boca. Si los pescados tienen piel, ésta se puede quitar y dejarla en el plato. El arte de comer pescado supone saber quitarles las espinas con la pala localizando no sólo las vertebrales sino también las dorsales.

Si por error se introduce una espina en la boca, se expulsará discretamente con la mano derecha.

Postres Los postres de dulce y tartas y pasteles, se toman con cucharilla y tenedor. Las natillas y cremas sólo con cucharilla.

Quesos Los quesos se pueden servir de aperitivo, se presentan ya cortados, según las clases, y si están enteros, en una tabla con cuchillo. Aparte se sirven trocitos de pan o galletas apropiadas.

Cuando los quesos se sirven de postre, se presentan en una tabla. En ocasiones se les puede quitar previamente el envase, pero dejando la corteza. Algunos conocedores prefieren que los quesos conserven su envoltura propia y característica. Han de ser variados; en la tabla también habrá un cuchillo de queso para cortarlos.

Se pueden servir en el plato varias clases a la vez, en pequeñas cantidades. Se toman encima de trocitos de pan con la mano sirviéndose del cuchillo, o con tenedor según la clase de queso que sea, como el queso fresco.

Sandwiches Se pueden comer con cuchillo y tenedor, sobre todo si se sirven calientes. Los pequeños se toman con la mano y se van mordiendo.

Los bocadillos se sujetan con la mano derecha y se muerden moderadamente, sin dar mordiscos muy grandes.

Setas Las setas son muy ricas pero nunca se deben servir en comidas importantes a las que asisten personalidades, como medida de seguridad para evitar que haya alguna venenosa.

Sopa, consomé y cremas El plato sopero no se llenará demasiado. La cuchara se mete en la boca por la punta o un poco ladeada. Si está muy caliente, se dejará enfriar, pero no se debe soplar.

El consomé se sirve en tazas con dos asas, se puede empezar a tomar con la cuchara, sobre todo si está caliente, también se puede beber de la taza sujetándola por ambas asas. Si tiene tropezones en el fondo se pueden tomar con la cuchara.

Las cremas se pueden servir en platos de sopa o en tazas de consomé, en el primer caso se sacará en sopera y en el segundo en tazas ya servidas o en jarras especiales. Se toman con cucharas de sopa.

Hay que evitar sorber haciendo ruido al llevar la cuchara a la boca.

4. SERVIR LA MESA

Para servir la mesa es muy importante tener todos los detalles previstos y preparados antes de entrar al comedor.

Si hay servicio, la señora de la casa tendrá a mano en la mesa un timbre o campanilla para llamar, pero es conveniente utilizarlo lo menos posible y que la persona que sirve esté pendiente de todo lo que haga falta, ocupándose de ello con eficacia, profesionalidad y discreción.

Durante las comidas es preferible no dar indicaciones al servicio sobre fallos que se pueden advertir; se pasarán por alto con señorío, si pueden esperar, y se corregirán posteriormente.

Cuando la mesa se sirve, las fuentes se pasan por el lado izquierdo, sosteniéndolas con la mano izquierda y la derecha se mantiene en la espalda, a la altura de la cintura.

El agua y los vinos se sirven por el lado derecho.

(Ver: *Normas generales fijas,* pág. 186).

El agua que se sirva en la mesa ha de estar bien fría. Al cambiar los platos, –cuando hay servicio– siempre se retira el usado por la derecha, se dejará otro limpio por la izquierda; el comensal no debe quedar nunca sin plato delante.

Si hay servicio, no se debe poner más que un plato llano en la mesa. Pero cuando se sirve sopa o consomé, debajo del plato sopero o del de la taza siempre debe haber uno llano. También está permitido poner un platito de aperitivo encima del plato llano, si se sirve éste en el comedor, y se retira junto con el aperitivo antes de empezar el primer plato.

Si el café se sirve en la mesa, en lugar de en el salón, se retirará todo lo que se haya utilizado para el postre, dejando únicamente los vasos. Al servir el café, se deja a cada persona que se sirva ella misma la leche y el azúcar si quiere.

Cuando no hay servicio, se tendrá todo preparado para levantarse de la mesa lo menos posible. Es conveniente que lo que se tenga que servir caliente esté caliente, pero no reseco.

Menús   Al planear un menú hay que tener en cuenta los gustos de los comensales y la categoría de la reunión; es importante la calidad y buena presentación, sabiendo variar.

Hay platos típicos del país o para días determinados, que conviene incluir en el fichero de menús.

Vinos   La elección de vinos es muy importante y compete al señor de la casa.

Si se sirve jerez en un buffet, se sirve frío; se toma de aperitivo y, si es dulce, se toma también en los postres.

207

La sangría, además de conservarse muy fría; puede contener cubitos de hielo.

Los vinos   Si en el curso de una comida se sirven varios vinos para acompañar distintos platos, una vez servido el siguiente no se seguirá bebiendo el anterior.

El vino de mesa se bebe a sorbos pequeños, aunque no tanto como el licor, y nunca se debe beber el vaso de vino de una sola vez.

Los vinos de mesa pueden ser tinto, rosado, clarete, y blanco por su color; a su vez el tinto es suave, ligero, consistente o hecho, según el bouquet que tenga; y el blanco es seco, semiseco o dulce. Los que no son propiamente de mesa a su vez pueden ser: fino, oloroso, amontillado, seco, dulce, moscatel y manzanilla. Los espumosos pueden ser muy secos –o brut–, secos, semisecos y dulces; éstos también pueden utilizarse para la mesa.

Temperaturas   Las bebidas ganan mucho si se sirven a su debida temperatura,
de los vinos   por eso también hay vasos y copas especiales para beberlas, cuyo objeto es apreciar el aroma y conservar la temperatura.

Los vinos tintos se sirven a temperatura ambiente, no se deben someter a cambios rápidos de temperatura, porque pierden sabor y pueden enturbiarse.

El rosado y el clarete se sirven a 8 grados.

Los vinos blancos se sirven a 6 grados.

Los tintos ligeros y jóvenes, el oloroso dulce y el cream, a 10 grados. El Málaga y Pedro Jiménez, a 12 grados. Los tintos reserva, entre 13 y 16 grados. (Un modo práctico para servir estos últimos es sumergir la botella en agua fría antes de sacarlos).

El champagne, el cava, los vinos espumosos, los licorosos y la sidra, se sirven a 6 grados.

El jerez seco a 6 grados y el oloroso a temperatura ambiente de bodega, y en verano puede servirse a 8 grados.

El coñac se sirve a temperatura ambiente pero se puede calentar en las copas, o bien con la mano, una vez servido.

Los licores se pueden tomar fríos y para ello se puede enfriar antes la copa con unos trocitos de hielo, que incluso se pueden dejar al servirlo.

La cerveza y bebidas refrescantes, cuanto más frías estén, mejor, aunque a estas últimas se les puede añadir hielo, cosa que no debe hacerse con la cerveza.

Cuándo se   Los vinos blancos secos de mesa se sirven acompañando al
sirven los vinos   pescado y marisco; los semisecos acompañan a los huevos. En algunos sitios se toman también de aperitivo.

Los vinos tintos se sirven acompañando carnes fuertes y aves, también al queso. Es el vino de mesa más utilizado; con carnes más ligeras se pueden servir tintos más suaves. Aunque no es lo más correcto, puede servirse en comidas informales aun cuando se sirva pescado, siempre que no tenga mucho cuerpo. Hay personas que lo prefieren al blanco. En algunos sitios también se toma de aperitivo.

Los vinos claretes se sirven fríos en vaso de vino tinto, pueden servirse en comidas y cenas, acompañando pescado o carne; es un vino más neutro que el buen tinto.

Los vinos rosados se sirven fríos, son vinos de mesa que pueden servirse en comidas y cenas, acompañando pescado o carne; es un vino más neutro que el buen tinto.

El jerez tiene muchas variedades: fino, amontillado, oloroso, la manzanilla –aunque es más propia de Sanlúcar de Barrameda– y dulce. Para aperitivo, los dos primeros se sirven fríos, el oloroso, a temperatura ambiente o frío; estos vinos pueden servirse también a últimas horas de la tarde. El dulce se puede tomar después de las comidas, y a veces, de aperitivo, aunque son más frecuentes los otros, que no deben servirse después de la comida ni de la cena.

El champagne se sirve siempre muy frío y la botella se conserva en un cubo especial con hielo, para mantener la temperatura. En Francia y en algunos sitios, como ya se ha dicho, el champagne se sirve de aperitivo. Cuando se sirve en la mesa, se saca al final del segundo plato, para acompañar el postre; suele ser: brut o muy seco, seco y semiseco.

El oporto se puede servir en las comidas con el postre. Se utiliza copa de oporto o de vino dulce.

Cuando el vino es de buena marca, se sirve siempre en botella; si es corriente se puede servir en jarras de vino, ya sean de cristal o de cerámica.

Si un vino es de calidad excepcional, se puede anunciar al llevarlo al comedor; en Francia y en algunos sitios es costumbre hacerlo.

Aperitivos Para los aperitivos que se sirven antes de la comida hay vinos muy apropiados, como el jerez fino y oloroso, servido frío el primero, y a temperatura ambiente de la bodega el segundo. El martini o vermut dulce también se puede servir con este fin, y la cerveza muy fría. En cuanto a bebidas no alcohólicas, hay gran variedad, y siempre se deben ofrecer varias.

En algunos sitios se sirve champagne seco de aperitivo, muy frío, en copas altas; y en cada lugar puede haber bebidas típicas.

Al servir un aperitivo, se debe preparar el cubo de hielo, ya que hay muchas bebidas a las que normalmente se les agrega, aunque estén frías.

En cuanto a los comestibles que se pueden servir de aperitivo, varían mucho según la ocasión y personas a las que se les ofrezca; lo que ha de ponerse en todos, por sencillos que sean, es el cuidado de los pequeños detalles y la buena presentación.

Un aperitivo austero y cuidado puede proporcionar más alegría y contento en el entorno, que otro ostentoso. Lo importante es crear un ambiente acogedor que favorezca y fomente el trato personal.

Es cierto que la imaginación en la presentación del aperitivo es importante; ha de ser atrayente. Pero no hay que perder de vista que el aperitivo precede a la comida y no la sustituye. Por eso es de mala educación terminar todo lo que se haya sacado de aperitivo o tomarlo con ansiedad.

Al servir un aperitivo se prepararán los elementos necesarios, según el tipo de tapas que se sirvan. Cuando haga falta plato y tenedor para tomarlo, se sacarán de tamaño pequeño y siempre se incluirán unas servilletas. Si se sirven aceitunas con hueso habrá que poner un platito para dejarlos. Cuando se ofrezca marisco, se pondrán platitos, tenedores especiales si se necesitan y lavafrutas con una rodaja de limón para poderse enjuagar los dedos.

Si se sirven fritos es importante que estén calientes.

Buffets   Los buffets pueden ser tanto para comidas como para cenas. Se colocará la vajilla, cubertería y servilletas de forma que sea fácil de alcanzar antes de servirse.

Las fuentes se presentan de modo atractivo y la comida puede ser muy variada. Cada uno elige lo que se va a servir.

Las bebidas pueden ser de diversas clases.

Se sirve uno de pie, conviene hacerlo con agilidad sin quedarse charlando impidiendo que otras personas puedan acercarse a la mesa.

Para evitar que todos tengan que comer de pie, es conveniente tener prevista la forma de que, una vez servidos, puedan sentarse aunque sea informalmente.

En un buffet puede estar todo preparado, incluso el postre y el café.

Comidas informales   Cuando no hay invitados, la primera en servirse es la señora de la casa, luego las hijas, después el señor y por último los hijos. Si en la mesa está la abuela o alguna tía mayor, se servirá antes.

Si no hay servicio, también se puede servir primero la señora y rotar la fuente en sentido contrario a las agujas del reloj para poderse servir por el lado izquierdo.

En las comidas informales y sin servicio se admite colocar dos platos llanos en la mesa y retirar el primero una vez usado. Sólo se cambiará el de postre.

Comidas formales   Durante el día, aunque haya candelabros en la mesa, no se suelen encender las velas.

En las comidas formales debe tenerse en cuenta el orden por el que se debe servir a los comensales: primero las señoras, luego los caballeros, por orden de categoría.

Es de mala educación no servirse nada; si por razones de salud un plato no sienta bien, es preferible servirse poco. Por el contrario, no es de mala educación no servirse cuando se pasa la fuente para repetir; aunque servirse un poco más puede ser una consideración hacia la señora de la casa como muestra de alabanza a su comida, ya sea simplemente poco, si se quiere dar nota de sobriedad. Si alguien se ha servido por segunda vez, lo correcto es que haya otros comensales que lo acompañen.

En las comidas no se debe levantar nadie de la mesa, excepto si es preciso porque no haya servicio; en este caso habrá de hacerse con discreción.

Es de buena educación alabar airosamente algún detalle de la comida ante la señora de la casa; pero es de pésima educación mantener temas de comida en la mesa.

Aunque en comidas informales se pueden poner los cubiertos de postre en la mesa, no se hará en las formales, irán encima del plato de postre, con el lavafrutas individual si es necesario.

Es perfectamente aceptable no tomar vino en la comida y decir: «no gracias», cuando lo vayan a servir. Pero en ningún caso se volverá la copa del revés, se puede hacer una señal poniendo los dedos encima.

Cuando no hay servicio y el champagne se descorcha en la mesa, hay que cuidar que la base de la botella esté limpia para no ensuciar el mantel.

En comidas formales, si no hay servicio y el vino que se sirve es bueno, se saca en su botella y se puede dejar en un posa-botellas especial para eso.

Normalmente, cuando no hay servicio, son los caballeros los que se ocupan de elegir y servir el vino; la señora estará pendiente del resto.

Durante la comida no se debe fumar; pero se puede hacer al terminar, si el señor de la casa comienza o invita a ello; también se pueden pasar puros para los señores. En estos casos debe haber ceniceros en la mesa.

Si ocurre algún percance durante la comida, por ejemplo que se derrame algo, lo mejor es disimularlo y darle la menor importancia posible al tratar de arreglarlo.

Café y licores
El café y los licores se sirven después de la comida y de la cena. Aunque puede hacerse en la mesa, es más bien costumbre de restaurantes; en las casas particulares, o comidas oficiales, se sirve en el salón siempre que se puede.

Para que no se enfríe, el café debe servirse y tomarse antes del licor, aunque se pueden ir alternando. Se sirve en taza pequeña de café; las cucharillas que se utilizan también son pequeñas.

Aunque depende de los países, los licores que se sirven más frecuentemente suelen ser: coñac, anís, Cointreau, Grand Marnier y otros propios del lugar.

El calor aviva el aroma de un buen coñac, por eso el tipo de copa en que se sirve es de base ancha y borde estrecho, para poderla sostener con la mano y calentarlo. También hay calentadores especiales, aunque su uso sea menos frecuente. Las copas de licor son distintas de las de coñac, más pequeñas y esbeltas, pero hoy en día se tiende a utilizar las de coñac pequeñas. Las mejores copas de coñac son las grandes de cristal fino.

Hay licores como el Cointreau, que admiten hielo y son muy refrescantes.

Desayuno   El desayuno es una comida informal y no es necesario que todos coincidan; por distintas obligaciones unos pueden tener que desayunar antes y otros después. Según la costumbre del país y de la familia hay distintos modos de servir el desayuno; normal mente se sirve en el comedor, o en el comedor informal si lo hay.

Cuando hay invitados, conviene ofrecerles las posibilidades que hay y preguntarles qué desean.

Para servir bien un desayuno, conviene tener todo cuidadosamente preparado. La vajilla de desayuno puede ser distinta de la que se utiliza en las comidas.

En la mesa se prepara el plato de postre con cuchillo y tenedor a los lados; a la derecha, la taza de café con leche, o de té, con su plato y cucharilla. También una servilleta pequeña al lado izquierdo o encima del plato.

Si se sirve fruta, se tomará al comenzar el desayuno, se saca el lavafrutas siempre que sea necesario; se cambiarán el plato y los cubiertos una vez que se ha tomado.

En una bandejita en la mesa se colocarán las jarras de café y leche bien calientes, o de té y leche fría, y un colador, así como un platito con rodajas de limón para el té.

En la mesa se pondrán platitos con mantequilla –según el número de personas–, mermeladeros con sus cucharillas; también azucareros. Es correcto poner sacarina, pues actualmente hay muchas personas que la utilizan para endulzar el café.

Si se sirven tostadas, estarán calientes. Hay países, como Inglaterra y Estados Unidos, donde los tostadores se sacan al comedor.

Se puede servir cake, algún otro tipo de bizcocho, bollos, croissantes, o variar según se quiera.

En los países anglosajones se suele servir para comenzar cereal, que se toma en un bol especial con leche fría y azúcar, se utiliza cuchara sopera, no muy grande.

También se puede servir zumo de naranja natural; se sacará en vasos cortos de zumo colocados delante del plato, no se deben usar para esto los vasos largos de bebidas.

Se pueden servir huevos en distintas modalidades: fritos, tortillas francesas, revueltos o pasados por agua. También pueden ofrecerse fiambres.

Meriendas   (Ver: *Actos sociales diversos,* pág. 217).

Las bebidas   Siempre que se sirvan bebidas, hay que ofrecer también no alcohólicas y es correcto no aceptar bebidas alcohólicas.

No todas las bebidas se pueden servir en cualquier momento y a cualquier hora del día. Conviene conocer el tipo de bebida y saber cuándo debe ofrecerse, antes de hacerlo.

Las bebidas no alcohólicas y refrescantes se pueden ofrecer a cualquier hora del día, especialmente si es para calmar la sed.

Los zumos de fruta fríos se pueden servir por la mañana y por la tarde, mientras que el zumo de tomate se sirve de aperitivo solo o con vodka, para hacer un «Bloody Mary», siempre bien condimentado.

La cerveza normalmente se sirve antes de la comida y también por la tarde. En ocasiones informales, y según el menú, puede sustituir a la sangría en las comidas.

Bebidas alcohólicas   Hay que evitar la mezcla de distintas bebidas alcohólicas, por los efectos embriagadores que pueden producir.

En el Reino Unido, donde la ginebra y el whisky son tan populares, la bebida que más se utiliza de aperitivo es el jerez y también la que más se sirve en las fiestas de cocktail.

Aunque algunos señores toman whisky de aperitivo al medio día, es una bebida más apropiada para últimas horas de la tarde y antes de cenar, o pasado un tiempo después de la cena. Si es muy bueno, se puede tomar simplemente con hielo, también se sirve con agua o con soda, siempre añadiendo hielo en abundancia. La ginebra está considerada como bebida alcohólica fuerte. Normalmente no se toma sola sino con tónica –un gin-tonic–, o bien con vermut seco –un martini–. Se suele utilizar para distintos tipos de cocktail y también se suele beber con coca-cola –un cuba-libre– o con zumo de naranja.

Cuando se sirve ginebra, siempre se debe sacar vermut seco, tónica o bebidas con las que se pueda mezclar, rodajas de limón o rizos de la cáscara y cubiletes de hielo.

Se puede servir de aperitivo y a última hora de la tarde.

El vermut puede ser dulce y se sirve con hielo y una rodaja de naranja o de limón. Si se utiliza para cocktails, va muy bien con whisky. La botella se saca a temperatura ambiente y se añade hielo en el vaso.

Si el vermut es seco, es menos frecuente tomarlo solo, se combina con ginebra; también se conserva a temperatura ambiente y se le echa hielo, batiéndolo bien en la cocktelera.

Son muchos y variados los cocktails que se pueden hacer con vermut. Normalmente se sirven de aperitivo al medio día, aunque también pueden servirse por la tarde.

La lista de bebidas alcohólicas sería interminable, se han dado las más conocidas y usuales universalmente, pero hay muchas que no dejan de ser importantes y que pueden ser típicas en distintos países.

Descorchar botellas

Descorchar botellas puede ser todo un arte, especialmente en las de vino tinto. Hay que procurar que el sacacorchos esté bien centrado en el tapón, para poder sacar el corcho entero sin que queden trocitos dentro.

Las botellas de vino de mesa se tendrán descorchadas, antes de sacarlas. En los restaurantes se suelen descorchar ante los comensales, como garantía de la autenticidad del vino que se va a servir.

Si en alguna ocasión el champagne se descorcha en el comedor, conviene hacerlo con discreción para evitar que salte el tapón o se derrame. Para ello la botella ha de mantenerse ligeramente inclinada sobre la mano derecha y sujetar el tapón con la mano izquierda, mientras se gira la botella en el mismo sentido de las agujas del reloj.

Siempre que se saquen botellas de bebidas alcohólicas, se habrán abierto antes. Excepto el champagne y los vinos de mesa, es más correcto no presentar las botellas completamente llenas.

Cocktails

Hay cocktails muy conocidos y universales, mientras que otros pueden ser típicos del lugar o incluso de la persona que los hace.

Una norma de prudencia es no tomar un cocktail de mezclas fuertes, si no se conocen sus efectos. Las mezclas de bebidas embriagan con más facilidad, como ya hemos advertido.

Para hacer un cocktail se debe preparar todo lo necesario: la medida, normalmente de una pinta por un lado –equivalente a 0,568 l. en Gran Bretaña y a 0,473 l. en Estados Unidos– y media pinta por el otro, con lo que se preparan las cantidades; una cocktelera en la que se van echando los ingredientes y en la que se agitan bien con hielo; cubo de hielo para añadir cubitos en los vasos y enfriarlos antes; cucharilla larga para cocktail; rodajas de limón y todos los ingredientes necesarios para los cocktails que se vayan a preparar, como angostura bitter, sal y pimienta.

En algunos países, como en los Estados Unidos, los cocktails están muy difundidos y hay recetarios completísimos.

Copas y vasos Las copas de agua son las mayores, siguiéndole en tamaño las de vino tinto, que son más anchas y grandes que las de vino blanco.

Las copas de champagne pueden ser de borde ancho cuando se sirve en la mesa, y también largas y estrechas; éstas se utilizan cuando el champagne se toma fuera de las comidas, pero también se pueden usar en la mesa, especialmente si hacen juego con el resto de la cristalería.

Las copas de coñac, como ya se explicó, son de base ancha y borde estrecho; aunque las normales son de un tamaño estándar, también las hay grandes de cristal fino, siendo de igual modelo, para que se pueda calentar bien con la mano y guardar su aroma. Las copas de coñac normalmente son lisas, también pueden ser de cristal tallado si son de buena cristalería.

Las copas de licor son las más pequeñas de todas, suelen ser de cristal labrado y, en cuanto a su forma, tanto el pie como la copa en sí son más estrechos que en las copas de coñac y el tramo que los une más corto.

Las copas de jerez, o catavinos, son especiales para este tipo de vino, más bien altas y con la base un poco más ancha que el borde para poder conservar su aroma.

Las copas nunca deben servirse hasta el borde, se llena tres cuartos y las de coñac menos, sobre todo si se trata de las grandes.

Para servirlas se toma la botella con la mano derecha, hacia la mitad, nunca se debe tomar por el cuello, ni tampoco demasiado abajo, se estira el antebrazo y no se debe apoyar la botella en el borde de la copa, ha de servirse a unos tres o cuatro cms. de distancia; al terminar de servir, hay que cuidar que la botella no gotee fuera de la copa. La mano de quien sirve debe quedar en la parte de arriba, nunca por debajo de la botella; las copas se sirven por el lado derecho y no por el izquierdo.

Las copas se deben coger con soltura y sencillez; normalmente se toman por la base de la copa y no por el pie. Se pueden sostener por la parte más alta del tramo que los une cuando se va a brindar, pero en cualquier caso no se agarrará con la mano entera.

El vermut dulce se sirve en vaso corto y ancho, no se debe servir en vaso alto.

El martini en copas de martini.

Las bebidas alcohólicas largas como el gin-tonic, whisky con agua o con soda, se sirven en vasos altos; si se toman «on the rocks» sólo con hielo, se sirven en vasos cortos anchos.

El zumo de tomate se sirve en vaso de zumo y si tiene vodka –Bloody-Mary–, en vaso corto ancho.

Los refrescos se sirven en vasos altos.

5. ORGANIZACIÓN DE ACTOS SOCIALES DIVERSOS

Fiestas de niños
Las fiestas de niños suelen tener lugar para celebrar el santo o el cumpleaños, también se pueden organizar en Navidades y en verano; en realidad, para una fiesta infantil se encuentra siempre motivo.

Suelen consistir en una merienda en la que se puede servir: chocolate, naranjada, y otros zumos de fruta, helado, sandwiches variados, medias noches, pasteles, algunas golosinas y no debe faltar una tarta; en caso de que se celebre el cumpleaños, la tarta debe tener velitas.

La merienda se prepara en la mesa, que tendrá un mantel; si se trata de pocos niños, pueden estar sentados; si son más de los que caben, se pondrá la mesa estilo buffet, para que puedan servirse.

Con el fin de evitar roturas y accidentes, se les pueden poner vasos y platos de papel, los hay muy graciosos a juego con la servilleta y son muy apropiados para niños. Las jarras y las fuentes pueden ser buenas, así como los cubiertos necesarios.

Si se trata de celebrar un cumpleaños, a mitad de la merienda una persona mayor encenderá las velas para que pueda apagarlas quien lo celebre.

Es importante hacer la lista de convidados en la que, además de los amigos habituales conocidos por la familia, se pueden incluir algunos del colegio.

Si los invitados son pocos, la señora de la casa podrá telefonear a las madres de los niños convidados para decírselo. Si el número es alto se pueden enviar invitaciones por correo.

Normalmente, los niños muy pequeños suelen ir a fiestas acompañados de la persona que los cuida; en cuyo caso, en una mesa aparte, se les puede ofrecer la merienda, incluyendo té o café con leche, además de lo servido para los niños.

Lo más importante para que una fiesta de niños sea un éxito, es tener juegos programados, actividades que les diviertan y mantengan entretenidos, antes y después de la merienda.

Los juegos y concursos de niños que sean más movidos deben tener lugar antes de la merienda, y después de ésta los más tranquilos.

Cuando hay juegos o concursos, se suele entregar un premio a los ganadores.

También suele haber algún detalle para que todos los invitados puedan tener algo; no es necesario que sean objetos valiosos, pero sí pequeñeces que hacen ilusión a los niños.

Para animar la fiesta puede haber globos y decoraciones infantiles.

Tanto al llegar como antes de marcharse, los niños saludarán a la señora de la casa, y antes de irse le darán las gracias a su amiguito y también a la mamá.

Si se trata de la celebración del santo o cumpleaños, los niños invitados llevarán un regalo a quien lo celebra.

Cuando se trata de una fiesta de Navidad, los niños invitados tendrán un regalo en el árbol, que no consistirá tanto en el valor material, como en algo que les haga ilusión, cuidadosamente empaquetado, con el nombre de cada uno.

Para celebrar las fiestas infantiles de Navidad, además de juegos, puede haber objetos típicos navideños para niños.

Cuando los invitados llegan, la señora de la casa estará pendiente de que sus hijos saluden a todos conforme van llegando; a su vez, las personas que acompañan a los niños invitados les recordarán que le entreguen el regalo al pequeño anfitrión, cuando se trate de su santo o cumpleaños.

Meriendas   Las meriendas son un modo muy apropiado de invitación de señoras. También se pueden organizar para fiestas de niños.

Pueden servirse en el comedor o en el salón; cuando se prepara en el comedor, si la superficie de la mesa es bonita, se pueden colocar manteles individuales, y si no, mantel completo. En cada sitio habrá plato de merienda –tamaño de postre o más pequeño–, cuchillo y tenedor, taza de té con su platito y cucharilla, servilleta pequeña a la izquierda o encima del plato.

Así como el desayuno se sirve normalmente en el comedor, la merienda puede servirse también en el salón o cuarto de estar.

Se pondrá un mantel en la mesa, servilletas, la vajilla y cubertería necesaria. El plato con la taza para el té o café puede colocarse encima del plato de merienda, que normalmente es más pequeño que el de postre y desayuno.

En la merienda se puede servir té y también café con leche. Para el té se sacará una jarrita con leche fría y rodajas de limón en un platito.

Si el té se toma con leche, se sirve ésta primero en la taza.

Se pueden servir tostadas pequeñas, mantequilla y mermelada de distintas clases; pastas, bizcocho, sándwiches pequeñitos y cuantas variedades se quiera; normalmente es suficiente con dos.

Si se sirve en el salón, se pondrá mantel en una mesa y se llevará todo lo que normalmente se pone en el comedor. Se puede tener un carrito que facilita el servicio de la merienda.

Cuando el clima es caluroso, se puede servir también té helado y algún refresco.

En la merienda, además de los sándwiches pequeñitos, también se pueden sacar otros comestibles salados si es costumbre, como foie-gras o ciertos tipos de embutidos y quesos.

Las meriendas de señoras suelen ser hacia las seis de la tarde y se va vestida de tarde.

Café   Invitar a tomar café después de la comida, suele ser una forma descomplicada de recibir amigos, para mantener una tertulia.

Junto con el café se pueden ofrecer bombones o chocolates con menta y otras clases de dulce.

Hoy en día, excepto en época de vacaciones, es difícil tener este tipo de reunión entre personas que trabajan, mientras que aquellas que están retiradas, o en casa, pueden hacerlo con más frecuencia.

(Ver: *Café y licores,* pág. 211) .

Copas   Invitar amigos a tomar una copa antes de cenar suele ser una forma frecuente de recibir, al final de la jornada de trabajo.

Puede tratarse de un modo informal de recibir amigos íntimos, pero también se puede invitar para tomar una copa a conocidos de más cumplido. El número de personas puede variar según las ocasiones.

Estas invitaciones se pueden hacer para celebrar el santo, cumpleaños y con cualquier otro motivo.

Según el tipo de personas a las que se invite y la circunstancia de que se trate, se preparará más o menos lo que se sirva.

Cuando se trate de amigos íntimos, basta con preguntarles qué quieren beber y sacar algo para tomar. Mientras más formal sea la invitación, irá acercándose más al cocktail la preparación de lo que se sirva.

Aunque se ofrezcan cosas sencillas, es importante su presentación; ahí se demuestra el buen gusto de quien recibe.

Cocktails   El cocktail o cóctel, que en su origen se denominaba mezcla de bebidas, también se aplica a un determinado tipo de fiesta.

La vestimenta que se utiliza para asistir a un cocktail es elegante, un intermedio entre traje de tarde y traje largo de noche.

En un cocktail se suele servir jerez frío, bebidas variadas y whisky solo o con soda, así como ginebra con tónica, o con vermut para hacer martini, y otras variedades; no se deben servir licores, se puede servir champagne.

Conviene que haya hielo en abundancia.

Las bebidas se pueden pasar en bandejas o instalar un bar, de donde se pueden tomar. Es importante ofrecer siempre algunas bebidas que no sean alcohólicas.

Se pasarán bandejas con canapés variados y bocaditos salados, que se puedan tomar fácilmente con la mano.

Un cocktail permite invitar desde un grupo reducido de amigos, a más de cien personas, según las que quepan en casa.

Normalmente, en un cocktail se está de pie y se puede ir rotando de grupo en grupo para hablar con distintas personas.

En España los cocktails suelen empezar hacia las ocho, mientras que en otros países suelen empezar más pronto.

En la invitación puede constar a qué hora comienza y hasta qué hora durará.

Fiestas al aire libre
Mientras que en España este tipo de fiestas suelen ser más bien cenas, o recepciones oficiales por la tarde, en algunos sitios se acostumbra a dar fiestas al aire libre, en el jardín de la casa. En los países anglosajones, pueden tener lugar a primera hora de la tarde, alrededor de las tres y media, para terminar hacia las seis, o de cinco y media a siete.

Este modo de recibir es muy agradable, y también se suele hacer en las embajadas, aunque tiene el riesgo de que pueda llover y el acto quede deslucido. El clima juega un papel importante, y hay que procurar que el jardín esté en un buen momento.

Tienen la ventaja de poder recibir a gran número de personas. Por el jardín se colocan mesas y sillas, para que los invitados puedan sentarse.

En estos casos lo que se ofrece es parecido a la merienda, aunque con más variedad y cuidando mucho la presentación.

Como bebidas se sirven: refrescos, zumos de frutas, té y café helado, cup de frutas, champagne y cuantas variedades se quieran.

En cuanto a elementos sólidos: sandwiches pequeños variados, medias noches, cakes, pastelitos variados, fresas con nata y cosas por el estilo. Se tiene todo preparado dentro de la casa y se pasa en bandejas por el jardín. Algunos jardines, sobre todo los antiguos, tienen una marquesina o merendero, donde se puede dejar todo preparado y los invitados pasan por allí para servirse.

Cuando hay servicio para abrir la puerta, los anfitriones saludan a los invitados, conforme van llegando, dentro de la casa o en el jardín.

Si no hay servicio, los anfitriones reciben a los invitados en la puerta de entrada y les van indicando el camino hacia el jardín. Tratarán de presentarles a aquellas personas que no conozcan.

La vestimenta será traje de tarde elegante.

En España, si se trata de recepciones como las ofrecidas por S. M. el Rey de España el día de su Santo, se seguirán las indicaciones de la invitación: señoras de largo y señores de traje oscuro.

Cuando se trata de cenas al aire libre, frecuentemente ofrecidas en zonas de buen clima, la anfitriona deberá centrar la preparación en cuatro puntos importantes: la lista de invitados y todo acerca de ello; la preparación del jardín; la organización del menú; por último, todo lo relacionado con el recibimiento de los invitados y zona de la casa que sea necesario utilizar.

Las mesas estarán colocadas por el jardín completamente preparadas con todo lo necesario, normalmente suelen ser pequeñas, para que puedan sentarse unas seis personas, el mantel puede ser blanco y al tratarse del jardín también puede ser de más fantasía según el gusto de la anfitriona.

Los centros de mesa darán una nota de originalidad y buen gusto; puede haber velas encendidas cuando no haga viento, y con especial protección si lo hay.

La comida puede servirse si se tiene suficiente personal, o dejarla en un buffet al que acudirán los invitados para servirse ellos mismos.

En este tipo de cenas, las señoras llevan traje de noche y los señores lo equivalente.

Puede haber buena música y, en ocasiones especiales, orquesta.

Para dar una cena en el jardín, se tiene que tener la seguridad de que no va a llover, por eso únicamente se organizan en lugares cálidos con el tiempo estable.

Invitaciones a restaurantes

Comer en restaurantes no es únicamente cuestión de estar fuera de casa o de viaje. Hoy en día por distintas razones profesionales, puede ser más conveniente reunirse a la hora de comer en un restaurante y hablar de negocios, que hacerlo en la propia casa.

En cuanto al tipo de vestido para ir a un restaurante dependerá mucho de la ocasión de que se trate, de la compañía, si es al medio día o por la noche y del restaurante en sí, ya que puede ser más o menos elegante.

Normalmente la persona que invita o la empresa que organice la comida, reservará la mesa con anticipación diciendo el número de comensales y hora aproximada de llegada.

Cuando se convida a comer a un restaurante y se da cita allí, los anfitriones serán puntuales en llegar para hacerlo antes que los invitados y poderlos recibir. Los convidados evitarán adelantarse; es preferible dar una vuelta, en todo caso, a entrar antes que los anfitriones, excepto cuando por un motivo imprevisto los anfitriones llegan tarde, en cuyo caso pueden esperarles en el bar o simplemente preguntar por la mesa reservada, aunque es preferible lo anterior.

Que el anfitrión o la anfitriona llegue antes tiene sus ventajas: puede ver con detenimiento la carta, para hacer sugerencias a los invitados y tener ya decidido lo que quiere tomar; así puede ocuparse más fácilmente de las otras personas. Por otro lado, si sabe que alguno de los invitados va a querer pagar, puede hablar con el maître para arreglar la forma de hacerlo, bien levantándose de la mesa discretamente al final y que le tengan la factura preparada o pedir que se la envíen a casa.

Si llegan todos juntos, el anfitrión debe adelantarse al entrar, para preguntar por la mesa reservada.

Cuando es una señora quien invita a un restaurante y hay señores entre los invitados, tendrá especial cuidado en el momento de pagar para evitar la situación violenta de que un señor se vea en la obligación de hacerlo.

Cuando se va a un restaurante pero cada cual paga lo suyo, es preferible que pague una persona y luego se lo dividan incluyendo la propina.

Los señores esperarán de pie a que todas las señoras se hayan sentado y ayudarán con la silla a las que tengan al lado, para que se puedan sentar. Si una señora se tiene que levantar de la mesa, también lo harán los señores.

Cuando se trata de un restaurante desconocido, porque está en otra ciudad o en otro país, al ser un sitio público, el anfitrión debe entrar antes que las señoras para asegurarse de que es un lugar conveniente.

Los sitios más cómodos de la mesa se ofrecerán a las señoras. Una vez situados en la mesa, se debe evitar mirar con descaro a un lado y a otro; puede hacerse discretamente sin volver mucho la cara, para ver el resto del restaurante y si hay alguien conocido. Cuando un chico invita a una chica a un restaurante, se sentará a su izquierda, excepto cuando le dé demasiada luz o sol en la cara y pueda resultarle incómodo a la chica, en cuyo caso se cambiará de sitio.

Es muy poco correcto mirar alrededor para ver quién hay, si no es con discreción. Si se encuentran personas conocidas, pero no de los demás, basta con saludar haciendo un gesto amable desde la mesa; no es necesario levantarse y hacer la presentación. Hay que respetar la intimidad y la independencia de los demás en estos casos.

Si al entrar en un restaurante se encuentran personas conocidas. (Ver: *saludos y presentaciones en lugares públicos*, págs. 82, 84).

Cuando no haya una carta para cada comensal, los caballeros se la cederán primero a las señoras

Además de leer la carta en un restaurante, se le puede preguntar al maître qué platos recomienda, si la carne es buena y el pescado está fresco, o si las verduras son del tiempo y en qué consisten las especialidades de la casa o algún plato que no se conozca.

Los anfitriones podrán hacer sugerencias a los invitados acerca de platos apetecibles, éstos a su vez evitarán pedir los más caros.

Primero se pide la comida, ya sean uno o dos platos y al terminar de comer se pide el postre y el café. El señor será quien se ocupe de pedir el vino al principio de la comida y de catarlo antes de que lo sirvan a los demás.

Normalmente, en un restaurante se pide aquello que no se come en casa frecuentemente. Por ser especialidad del lugar o por su elaboración.

Al venir las cantidades ya servidas, si son grandes, no es de mala educación dejar algo en el plato, aunque a ser posible debe evitarse.

Cuando es una señora quien invita, preguntará la opinión de los señores para pedir el vino. El anfitrión también puede hacerlo, si sabe que entre los presentes hay un buen conocedor.

Mientras llega la comida, se suele servir un aperitivo.

Es de mala educación hablar de mesa a mesa en un restaurante, aunque cuando sea conveniente, se puede saludar con un gesto, como ya se ha dicho.

Al terminar de comer está permitido a las señoras utilizar la polvera y barra de labios en la mesa, sin necesidad de levantarse al tocador, cosa que haría levantar a todos los señores. En Francia no es costumbre.

Si se necesita pasar al tocador, se puede hacer al entrar al restaurante, pero preferiblemente después de haber elegido el menú, para evitar retrasos a las demás personas, aunque haya que levantarse de la mesa.

Una vez que llega la comida, no se debe uno levantar de la mesa hasta haber acabado; en los restaurantes está permitido hacerlo antes de que todos se levanten de la mesa, para ir al tocador.

Llegado el momento de irse, siempre será la señora quien dé la señal de partida, el caballero no debe tomar la iniciativa. Cuando hay varias señoras, pero ninguna es la anfitriona, lo hará la de más edad o categoría; conviene recordar esto para saber el momento oportuno de marcharse.

Al pagar la cuenta, si se hace con tarjeta de crédito, se deja la propina aparte.

Si se necesitan taxis, se le dice al camarero para que los pida, al pagar la cuenta, y se puede esperar en la mesa hasta que lleguen.

Quién debe invitar En las relaciones sociales, cuando un caballero invita o acompaña a una chica, será él quien pague, dividir la factura implicaría una falta de caballerosidad por su parte.

Si se trata de un grupo de amigos, normalmente serán los caballeros los que inviten a su pareja cuando dividan la factura.

Tratándose de personas solteras, que pague el caballero no quiere decir que la chica se vea obligada a corresponder a la invitación.

Cuando se trata de dos o varias personas del mismo sexo, puede invitar una de ellas o cada cual pagar su consumición.

Aunque la mujer hoy en día goza de las mismas posibilidades que el hombre en el campo profesional, sin embargo cuando se trata de relaciones sociales habrá que considerar los detalles de caballerosidad y lógicamente serán los caballeros quienes se ofrezcan a invitar.

A menos que una señora o una chica invite para una ocasión concreta, o por un motivo determinado y corra con los gastos de todos sus invitados, no será ella la que pague a un caballero cuando salen en grupo.

Cuando se trata de un grupo de amigos, podrá pagar cada uno su parte o uno de ellos también puede invitar. Igualmente ocurre si se trata de un grupo de amigas.

En cuanto a las entradas para ir al cine o al teatro, a menos que se tenga un abono, será el caballero quien invite.

Cuando se trata de amigas podrá hacerlo una de ellas o cada cual pagar la suya propia, igual ocurre con las entradas entre amigos.

Comidas informales
Hoy en día, dado el ritmo de vida y la organización de las casas, puede ser menos frecuente tener amigos que se queden a comer, antes se hacía más a menudo que ahora. De todas formas las comidas informales, quizá organizadas a última hora, siguen siendo un modo agradable de tratar a los amigos.

Es importante organizarse para dar prioridad a la atención personal de los amigos, en lugar de preparar un complicado menú que requiera desatenderlos por tener que estar en la cocina. Cuando se sabe con tiempo que van a llegar amigos a comer en plan informal, se debe tener todo listo antes de que aparezcan.

No se trata tanto de preparar un menú deslumbrante, como de cuidar una serie de detalles en la presentación y preparación de la mesa.

La comida se puede planear dependiendo del servicio que se tenga; si no se tiene ayuda, hay que programar un menú que requiera el mínimo de atención al final.

La anfitriona se levantará de la mesa lo menos posible para servir a los invitados: todo es cuestión de buena organización.

Comidas formales
La mesa ha de estar decorada y elegante, con algún centro, que puede ser de flores frescas (Ver: *Centro de mesa para comidas,* pág. 185).

En la comida hoy en día basta con servir dos platos, el primero puede ser a base de huevos, verduras o pescados y el segundo de carne. Al final quesos y fruta o postre de dulce y fruta.

Es muy importante la elección y la calidad de los vinos.

Tiene capital importancia la buena presentación de la comida. El menú habrá de estar bien equilibrado, evitando servir dos platos que tengan salsa más o menos del mismo tipo. Si uno es fuerte, el otro será más bien suave y el postre formará parte de ese equilibrio.

En las comidas, normalmente no se empieza por sopa, aunque en épocas calurosas se acepta servir alguna crema fría de entrada, pero no en comidas muy formales.

Si se quiere quedar bien, es una medida de prudencia no preparar un plato que no se haya hecho antes ni se tenga experiencia de cómo puede quedar.

Menú

Caldo de Cigalas
Milhojas de Lubina del Cantábrico
Salsa Chorón

Pepitoria de Cordero
Arroz Blanco

Manzanas Reinetas soufflés
Salsa al calvados
Golosinas

Fino Quinta
Gran Viña Sol etiqueta verde
Marqués de Riscal
Gran Codorníu Reserva especial
Lepanto Gran Reserva

Palacio Real, 21 Enero 1986

Menú impreso. El tarjetón puede medir 10 × 16 cms.

En algunas ciudades hay personas que se dedican a preparar comidas y banquetes; se puede recurrir a ellas, tienen experiencia y lo hacen muy bien, ocupándose de todo lo necesario, basta concretar con ellas qué es lo que se quiere.

Conviene revisar con tiempo la mantelería y servilletas así como la vajilla, cristalería y cubertería, para tenerlo todo a punto, son cosas que se pueden comprobar antes, en lugar de dejarlo para última hora. También lo relacionado con el café y licores que se vayan a servir.

Cuando los invitados son muy numerosos y la vajilla no tiene suficientes piezas, hay lugares donde se puede alquilar todo lo necesario.

Si se ha invitado al mismo número de señoras que de señores y falla alguno a última hora, conviene tratar que lo reemplace alguien de confianza, ya que no es correcto invitar para cubrir un hueco.

Las personas que sirven la mesa irán perfectamente uniformadas y utilizarán guantes blancos. Cuando todo está listo, uno de los que sirven avisa a la anfitriona diciendo: los señores están servidos.

Si se contrata personal para atender el servicio de la comida, conviene explicarles todo con tiempo, para evitar imprevistos de última hora.

Se les indicará en qué orden deben servir la mesa y todos los detalles necesarios, que no conozcan, acerca de dónde se guardan las cosas, de modo que cuando lleguen los invitados no haya que explicarles nada.

Si tienen que atender la puerta y acompañar a los invitados, se les explicará cómo y dónde dejar los abrigos.

Aunque la anfitriona debe seguir de cerca todos los detalles y le puede suponer cierto cansancio o tensión, es importante que tenga el tiempo suficiente para arreglarse y descansar un poco, antes de que lleguen los convidados.

En las comidas formales, además de una tarjeta con el nombre de la persona que ha de ocupar cada sitio, se puede colocar un tarjetón con el menú impreso.

Una vez tomado el postre, si se quiere tener un rato de sobremesa con los invitados, se puede cambiar el plato por otro limpio de vajilla buena; no es necesario que haga juego con el resto de la vajilla y puede ser mejor y más decorativo.

En las comidas formales se pueden colocar ceniceros por la mesa o uno junto a cada servicio. Así como es de mala educación fumar durante la comida, sí que se puede hacer al llegar a los postres.

Los anfitriones tendrán pensado si quieren ofrecer tabaco; éste se puede servir al final, o puede estar colocado en pequeños recipientes de plata o cristal. Los invitados bien educados sabrán dos cosas: que no deben fumar durante la comida, sino únicamente en el postre, cuando el anfitrión haga señal de hacerlo, y que si los anfitriones ofrecen tabaco, no deben sacar el suyo propio, aunque sea de mejor calidad.

La anfitriona se acordará que una vez que todos los invitados hayan terminado de tomar el postre, ha de ser ella la primera que se levante de la mesa; nadie debe hacerlo antes de que ella lo haga. Una medida de prudencia es asegurarse bien de que todos los invitados han terminado y que no queda nadie comiendo.

Es costumbre que las señoras salgan primero del comedor, comenzando por la anfitriona, y que los señores salgan al final, a menos que estén hablando con una señora y salgan al mismo tiempo.

(Ver: *Tomar café*, págs. 211 y 218).

En las comidas formales, el café lo sirve en el salón el personal que haya servido el comedor, y los licores también.

Cenas informales   Es frecuente que un grupo de amigos se reúna con cierta regularidad para cenar juntos; hoy en día puede ser menos complicado hacerlo en un restaurante, pero recibir en casa siempre es más acogedor y se puede ir rotando de una casa a otra.

Cuando la cena es informal, se da más importancia a pasarlo bien en compañía de amigos que a presentar un complicado menú.

Si la cena es informal y la mesa bonita, se pueden utilizar mantelitos o bajoplatos individuales con servilletas a juego o que combinen. Se pueden encender las velas si hay candelabros.

Antes de cenar se suele ofrecer una bebida y algo para tomar.

La cena puede comenzar por una sopa o crema, el menú será más ligero que en la comida y basta con servir una clase de vino.

A diferencia de las comidas, las cenas permiten una sobremesa más larga ya que no se tiene la prisa de volver al trabajo.

Durante el café, los amigos pueden quedarse más tiempo de tertulia charlando, hasta que los invitados deseen marcharse.

Si la cena es entre semana y al día siguiente hay que madrugar, los invitados serán prudentes y no se quedarán hasta demasiado tarde.

El éxito de una cena está en que resulte animada, con buen ambiente; es lo que más puede complacer a los anfitriones. (Ver: *Anfitriones, invitados,* págs. 108-110 y *comidas informales,* págs. 210 y 223).

Cenas formales   El primer paso para organizar una cena formal, es hacer la lista de invitados. (Ver: *Lista de convidados,* pág. 109).

En las cenas formales el menú es muy importante y también la elección y la calidad de los vinos, se puede servir blanco y tinto, según sea el menú, y champagne.

Para que la cena resulte bien en cuanto al menú, hay que tener en cuenta que esté equilibrado, la variedad y la originalidad unidas a la calidad, y que esté bien presentado.

Una vez decidido, hay que encargar con tiempo todo lo necesario. Si se piensa poner en cada sitio un tarjetón con el menú impreso, se llevará a la imprenta con tiempo suficiente para ver las pruebas.

En las cenas formales el mantel ha de ser blanco y los adornos de mesa buenos, al igual que la vajilla y la cristalería. Puede haber candelabros con las velas encendidas.

El que una cena sea numerosa no implica necesariamente que sea formal.

Así como en las cenas informales impera la amistad, en las cenas formales es la elegancia y el cuidado de las formas.

Las cenas formales pueden considerarse como la manera más importante de recibir socialmente.

La persona que va a dirigir el servicio de la mesa, cuando todo está preparado, avisa a la señora de la casa diciendo: los señores están servidos.

Es importantísimo tener buen servicio para las cenas formales; si no se tiene en casa, se contratará de fuera.

Las personas que sirven la mesa irán perfectamente uniformadas y utilizarán guantes blancos.

En una cena de este tipo hay que cuidar las formas aún más que en la comida, en todo lo relacionado con la entrada al comedor, fumar, levantarse de la mesa, cómo tomar el café y licores. (Ver: *lo explicado para lar comidas formales,* pág. 223, y *el modo de recibir,* pág. 104).

Después de cenar, se pasa al salón para tomar el café y los licores.

Puede haber buena música y, si hay espacio suficiente, orquesta.

En lugares de clima cálido, después de cenar se puede salir al jardín, que estará debidamente acondicionado para que los invitados puedan sentarse y estar cómodamente.

Las cenas formales se pueden dar en la propia casa si reúne condiciones, o en algún sitio apropiado, como en un buen hotel o club.

En una cena formal y más si es de gala, habrá que cuidar especialmente la elegancia en la vestimenta y seguir las indicaciones que se den en la invitación.

Brindar En casi todos los países son numerosas las ocasiones en las que se acostumbra a brindar.

En la celebración de una boda, se brindará por los novios. En los aniversarios, por las personas que lo celebren. Cuando el motivo es una buena noticia, se brindará como muestra de alegría y agradecimiento.

Al brindar es preferible no ser el primero en levantarse, porque algunas veces se brinda sentados.

Es importante brindar sin haber empezado a beber la copa.

En algunos países de Centro-Europa, se brinda por los anfitriones al beber, sólo con una mirada y un gesto expresivo.

En Alemania y en los países Escandinavos, es costumbre antes de que nadie empiece a beber, que brinde el anfitrión, al que se unen los demás con una palabra de ánimo: «Prosit!», de forma popular, o «Zum wohl» que equivale: ¡a su salud!

En Francia hay quien prefiere únicamente levantar la copa al brindar, pero pueden chocarse suavemente las copas si el grupo no es muy numeroso y sobre todo con las de los anfitriones o las personas que celebren y aquellas que se tengan al lado.

En Inglaterra, así como en otros países, aun en comidas y cenas formales, no es necesario beber bebidas alcohólicas con el fin de brindar, se ofrecen otras que no lo son y es perfectamente aceptable tomarlas.

No se debe brindar con cerveza ni con licores.

Si se trata de una cena o comida formal, se servirá champagne. En algunos sitios es costumbre dejar en la copa suficiente cantidad para brindar, aunque es más correcto brindar antes de empezar a beber.

En comidas oficiales, en las que no se sirve champagne, se puede utilizar el vino para brindar por el invitado de honor.

Según la ocasión y las personas que están presentes, el brindis puede variar: un discurso al final de la comida, unas breves palabras, o puede hacerse simplemente en silencio.

Normalmente el brindis lo hace una sola persona, aunque puede ser contestado.

El brindis es también una forma verbal de saludo, bienvenida u homenaje al invitado de honor; en actos oficiales esta función la lleva a cabo el anfitrión o el representante del ente oficial que recibe al invitado de honor.

Se suele hacer el brindis hacia el final de los postres.

Cuando se trata de un brindis para honrar a un invitado de honor extranjero, en una comida o cena oficial, las personas que preparan la visita, normalmente sugieren al anfitrión las ideas y comentarios que se pueden hacer en el brindis, según el carácter de la visita y la personalidad de quien se trate.

El invitado de honor no levanta la copa cuando el brindis es en su honor y en algunos países, si los demás se levantan, permanece sentado.

Cuando el invitado de honor es un Jefe de Estado o un Embajador extranjero, se suele hacer referencia a su país en el brindis, y a su Monarca si lo hay.

A su vez, el invitado de honor puede contestar al brindis con unas palabras de agradecimiento, haciendo referencia al motivo de la visita y demostrando su benevolencia ante sus anfitriones.

Presentación en sociedad o puesta de largo

La presentación en sociedad suele celebrarse a los 18 años. Antes solían ser más frecuentes.

Hasta ese momento las jóvenes no asistían a los actos sociales de mayores y, a partir de entonces, ya podían ir a bailes y usar trajes largos de vestir.

La puesta de largo suele celebrarse con una cena de gala seguida de baile en el que la debutante lo abre, sacada a bailar por su padre. (Ver: *Bailes privados,* pág. 234).

Petición mano

Cuando los novios deciden casarse, suele tener lugar la petición de mano, que ha perdido en nuestros días todo lo de formal y rígido que tenía antaño.

La petición de mano es un acontecimiento familiar, en el que el novio va oficialmente a casa de la novia para pedir la mano de ésta a su padre, si es que vive, o a su madre. Tradicionalmente, el novio suele hablar con el padre de la novia acerca de los recursos de que dispone para mantener a la familia; hoy en día esto ha variado, es frecuente que los padres de la novia hayan conocido bien al novio durante el noviazgo y sepan ya estos datos; por otra parte, es posible que la novia trabaje y siga ejerciendo su profesión mientras sea compatible con la creación de su nueva familia, lo cual también supone unos ingresos.

Son los novios, de acuerdo con sus padres, los que fijan la fecha para la petición de mano. Hoy en día consiste en una fiesta familiar a la que asisten ambas familias y algunos amigos íntimos, así como los padrinos. Es una ocasión cordial para reunirse y en la que se pueden conocer unos y otros, si es que aún no se conocían.

Tradicionalmente, los novios se intercambian regalos. (Ver: *Regalos,* pág. 168).

Los demás asistentes a la petición de mano no suelen hacer regalos. La petición de mano puede publicarse en la prensa.

La boda

Una vez formalizado el compromiso matrimonial, se suele mandar a los familiares y amigos la participación de boda en la que oficialmente se les transmite la noticia, anunciando que será en fecha próxima. (Ver: *Invitaciones y partes de boda,* págs. 102 y 104). No es necesario que todas las personas que reciban el parte de boda, reciban también una posterior invitación para asistir. Es costumbre enviar un regalo a los novios cuando se recibe su parte de boda.

La boda es quizá la ceremonia familiar y el sacramento cristiano que más se celebra. Es muy importante hacer la lista de invitados para la celebración de tan gran acontecimiento.

Los novios vestirán elegantemente para la boda. Tradicionalmente el novio regala el traje a la novia, pero no lo ve hasta el día de la ceremonia; suele ser largo y blanco, como símbolo de virginidad. El novio vestirá según su condición social, pero lo más elegante dentro de sus posibilidades.

Los padrinos de boda suelen ser la madre de él y el padre de ella. La novia entrará en la iglesia acompañada por su padre y el novio acompañando a su madre. Mientras que a la salida será el nuevo matrimonio quien salga primero.

A la novia pueden llevarle la cola del vestido, o bien damas de honor o niños pequeños; también serán éstos quienes lleven las arras.

Después de la boda se da una fiesta a la que asisten y presiden los novios. Es tradicional ofrecer una tarta de boda de distintos pisos según el número de invitados. La celebración de la boda dependerá de la hora en que ésta tenga lugar; suele ofrecerse un cocktail seguido de cena, o simplemente uno de los dos. También puede consistir en una comida. A continuación los novios emprenderán su viaje, cambiándose de ropa antes de salir.

Los invitados acudirán a la boda vestidos de acuerdo con la celebración.

El nacimiento de un hijo
El nacimiento de un hijo siempre es motivo de gran alegría y emoción, no sólo para los padres y hermanos, sino que también lo es para los amigos y conocidos.

Cuando una señora tiene un hijo se le puede visitar en la clínica, si se trata de familiares próximos o amigas íntimas; es importante tomar las precauciones para no abusar, ya que puede causarle cansancio, y para no interferir con el horario de comidas, y menos aún con la visita del médico, si fuera el caso. Al ir a visitarla se le puede llevar algún regalo para el nuevo bebé. También se le pueden enviar flores o plantas a la madre. (Ver: *Regalos* pág. 167).

El bautizo
Al aproximarse la fecha del nacimiento de un hijo, los padres deben pensar en quiénes van a ser sus padrinos de bautismo y proponérselo previamente. Es sabido que la función de los padrinos no se limita a la participación que les corresponda en la ceremonia, sino que adquieren con el bautizado compromisos serios para toda la vida: en caso de que faltasen los padres de su ahijado, han de ayudarle para que pueda llevar una vida coherente con la fe y en consonancia con las obligaciones que el bautismo lleva consigo. Además —si llega el caso, y en la medida de sus posibilidades—, los padrinos prestarán ayuda material a sus ahijados. Es importante que los padrinos lleven una vida recta. Es conveniente saber las condiciones que han de darse en las personas para que puedan ser padrino o madrina. (En sustancia son: ser elegidos por los padres o por quienes ocupen su lugar, que tengan capacidad para esta misión y la intención de desempeñarla, que tengan al menos 16 años, a no ser que el obispo determine otra cosa o el párroco le dé dispensa para ello, que sea católico, que esté confirmado y que haya recibido la Eucaristía, que lleve una vida congruente con la misión que va a recibir, que no sea el padre o la madre de quien se va a bautizar). Así se evitan los inconvenientes que pueden surgir a última hora.

Es conveniente que los padres se pongan de acuerdo con la parroquia antes de que nazca el niño, para tratar todo lo referente al bautizo.

El bautismo tiene lugar en la parroquia a la que pertenece la familia. Compete al párroco administrarlo, aunque puede delegar en otro sacerdote. Se trata de la recepción del primer sacramento que recibe la criatura y por el que comienza a formar parte de la Iglesia. A la ceremonia suelen asistir los padres, los padrinos, familiares y amigos.

Después del bautizo se suele dar una fiesta a la que acuden los convidados para celebrar el acontecimiento.

Los padrinos normalmente hacen un regalo a su nuevo ahijado.

En cuanto al atuendo adecuado, será el que esté de acuerdo con la hora del día en que se celebre y se debe procurar un cierto tono de elegancia. Al bebé se le pondrán los mejores faldones que se tengan; hay faldones antiguos que tradicionalmente se utilizan en la familia con este fin. Si el bautizo se celebra en invierno, convendrá tomar las medidas necesarias para que no se enfríe el recién nacido.

La Primera Comunión
Es otro acontecimiento de los que se viven una sola vez. Es lógico, pues, que su celebración se cuide con detalle. Por primera vez la persona homenajeada ha recibido a Jesús sacramentado, y eso es lo que se celebra; parte de esta celebración consiste en acompañar en la Comunión al comulgante, incluida la previa e imprescindible preparación: las condiciones que prescribe la Iglesia de ayuno y la Confesión sacramental, si es necesaria. Todo esto también forma parte del saber comportarse con corrección.

La Primera Comunión puede celebrarse con una comida en familia y una merienda a la que se invitan niños; esta fiesta puede estar animada por juegos infantiles y la merienda estará especialmente cuidada, pensando en lo que es propio para niños.

Si la ceremonia religiosa tiene lugar en el colegio, los convidados serán pocos, los más íntimos, ya que suelen hacerla varios niños a la vez y el espacio puede ser limitado; mientras que a la fiesta de celebración el número de convidados puede ser mayor.

El niño que hace la Primera Comunión obsequiará a los asistentes con una estampa impresa como recordatorio; a su vez los familiares y los convidados le harán un regalo adecuado a la ocasión, que normalmente será un objeto religioso, como un frasco de plata para el agua bendita, una Biblia infantil, un rosario, o algo semejante.

Tanto para asistir a la Primera Comunión como a la fiesta, los invitados irán adecuadamente vestidos.

La Confirmación
Es otro acontecimiento familiar la recepción del sacramento de la Confirmación. Así como el Bautismo, la Primera Comunión y el Matrimonio van seguidos de un agasajo y de una fiesta, cuando se recibe la Confirmación se celebra normalmente sólo en familia.

Los aniversarios
Los aniversarios son días entrañables vividos en familia. El aniversario de boda es una fecha que nunca puede caer en olvido. Es normal que el matrimonio haga un plan que le permita celebrarlo, de manera que sea un día señalado de algún modo. Si por razón de las ocupaciones de cada uno no se puede celebrar el mismo día del aniversario, también es corriente hacerlo en el día libre más próximo. Como generalmente esta celebración se hace en un pequeño círculo de familia –padres, hijos, nietos y algún pariente más próximo–, más que hacer algo llamativo, lo normal será que los esposos se hagan un regalo el uno al otro. No sólo es correcto, sino que será una muestra de unidad en la familia el que los hijos contribuyan

con sus regalos, aunque no es necesario que sean de mucho valor material.

Bodas de plata, oro o diamante Cuando el aniversario reviste particular importancia, como puede ser el de las bodas de plata o las de oro, la celebración será más solemne; es una buena oportunidad para reunir en torno a sí a todos los hijos y nietos, si es posible; se les hace un regalo conmemorativo del acontecimiento a cada uno de los hijos, y éstos a su vez también harán un regalo especial a sus padres. (Ver: *Regalos de aniversario,* pág. 169).

Se puede celebrar con una comida en familia y con los amigos más íntimos, en la que todo estará especialmente cuidado. Es un gran día para hacerse unas fotos todos juntos y guardarlas en el álbum familiar, enmarcando alguna de las mejores para colocarla en la casa.

Santo y cumpleaños El santo y el cumpleaños son una buena ocasión para hacer una fiesta en familia y para invitar a amigos íntimos.

Ese día es costumbre hacer un regalo a la persona que celebre su santo o cumpleaños, y un modo de hacerle la vida agradable puede ser pensando en sus gustos y facilitándole detalles que le hagan feliz.

Durante la infancia es tradicional ofrecer una tarta de cumpleaños y ponerle tantas velitas como años se cumplan; se encenderán antes de partirla y el homenajeado tratará de apagarlas todas de un solo soplo.

El cumpleaños es un día muy indicado para organizar una fiesta de niños, a la que se convidan a sus amigos y a los compañeros de clase que sean más íntimos. Cuando el día cae entre semana y hay colegio, se puede trasladar al siguiente sábado o domingo. En las fiestas de niños es muy importante tener pensados juegos, para mantenerlos entretenidos y que lo pasen bien.

Los convidados llevarán un pequeño regalo a quien celebre el cumpleaños, y se lo entregarán al llegar; el niño al recibirlo da las gracias y lo abre. Antes de marcharse, los niños convidados se despiden de su amiguito agradeciéndole la invitación y también de su mamá que normalmente estará por allí.

Los cumpleaños de los mayores –o el día del Santo, en algunos lugares– también son un buen motivo para una celebración convidando a los amigos a tomar algo o a cenar. Es una buena ocasión para reunirse. Se le puede llevar un regalo a quien celebre y no hace falta que sea ostentoso.

Para las onomásticas, o celebración del Santo, se puede aplicar el mismo criterio que para los cumpleaños, a excepción de la tarta con velas.

Defunciones En las familias hay acontecimientos felices y también llegan los dolorosos como el fallecimiento de un ser querido.

(Ver: *Visitas de pésame*, pág. 94).

Son momentos de sufrimiento en los que especialmente se aprecian las muestras de solidaridad, de dolor y de cariño, cuando se reciben de familiares, amigos y conocidos.

Ante la noticia del fallecimiento de una persona querida, es lógico querer dar el pésame a los familiares próximos y demostrarles el propio dolor y afecto. Conviene hacerlo oportunamente y respetando la intimidad. Se acudirá al lugar donde se vela al difunto siempre que se tenga una relación de parentesco o estrechos lazos de amistad, ayudando a crear un clima de serenidad ante el dolor y evitando hacer repetir una y otra vez las circunstancias del fallecimiento. En esos momentos el mayor consuelo para los familiares son los sufragios y oraciones que se ofrezcan por el alma de la persona fallecida.

Al dar el pésame se evitará ir con un atuendo que no sea discreto y adecuado al caso.

También se puede dar el pésame dejando en el lugar del velatorio una tarjeta de visita.

Cuando existe mucha conexión con la persona fallecida, se le puede enviar un centro de flores o corona, durante el tiempo de velatorio y para que la acompañe en su inhumación.

Asistir a los funerales que se celebren por el eterno descanso de la persona fallecida supone una de las mejores muestras de afecto y consideración; esta asistencia siempre es muy apreciada por la familia también cuando se trata de funeral de aniversario.

Bailes privados El procedimiento para la lista de invitados y las invitaciones es semejante al de las cenas formales.

Si la casa es suficientemente grande o tiene jardín, se puede organizar allí el baile, de lo contrario, puede tener lugar en un club o en un hotel.

La organización, ya sea en casa o fuera, compete a la anfitriona. Cuando el baile tiene lugar en casa, los preparativos se comenzarán con tiempo suficiente para no tener agobios a última hora.

Si el baile se organiza en un club habrá que concretar una serie de detalles: qué se quiere servir de comida y de bebidas; tipo y color de los manteles; iluminación, orquesta o música, asegurándose de que funciona bien la megafonía; los centros de flores puede encargarlos la anfitriona. Conviene ocuparse de ellos y revisar hasta el último detalle.

Cuando el baile tiene lugar en casa, se pueden preparar las mesas para la cena, que puede ser formal y servida, en cuyo caso puede haber planos de mesas; o tipo buffet en la que los invitados se sirven ellos mismos y tienen en las mesas los cubiertos, vasos, servilletas y todos los elementos necesarios.

El baile puede comenzar al final de la cena o mientras ésta tiene lugar.

Si se trata de una puesta de largo, el padre de la debutante la sacará a bailar y abrirán el baile los dos. Aunque esto es tradicional no es necesario que la debutante esté sentada en la mesa al lado de su padre, sino con gente joven.

(Ver: *Organización de cenas,* pág. 226 o *buffet,* pág. 210).

Recepciones   La recepción, siendo siempre la acción y efecto de recibir, puede entenderse de varias formas:

1. Reunión con carácter de fiesta formal, que se celebra en algunas casas particulares.
2. Fiesta o ceremonia en la que desfilan ante un Jefe de Estado o ante otro personaje principal, los representantes de cuerpos, o distintas personas invitadas.
3. Fiesta con carácter oficial en la que una personalidad recibe.
4. Fiesta con carácter formal ofrecida en honor de una personalidad.

Según el tipo de recepción que sea, puede aplicarse lo ya dicho para las comidas o cenas formales, y para los cocktails, si se trata de ofrecer una copa en lugar de comida. Aunque la recepción se diferencia del cocktail, en que normalmente se ofrecen para hacer honor a personas concretas, o en ocasiones especiales, y tienen carácter más formal. También es distinta de una cena en que las bebidas y comida se sirven desde mesas buffets.

Normalmente, en la invitación se indica la duración de la recepción. También se indica la vestimenta que se debe llevar, que será más formal que para otro tipo de fiesta.

Si se trata de recepciones oficiales, se podrá utilizar uniforme de gala y llevar condecoraciones. Se indicará en la invitación.

Cuando la recepción tiene lugar en una casa particular y los anfitriones no reciben por razón del cargo, el ambiente entre los invitados es más amistoso. Si reciben por razón del cargo, los invitados, en lugar de tratarse únicamente de amigos, pueden ser personas invitadas por algún motivo oficial, en cuyo caso el trato entre ellos será más formal, dependiendo del tipo de la relación que tengan entre sí y lo mismo ocurrirá con los anfitriones.

Cuando la recepción tiene carácter oficial, casi siempre hay fila de recibir, para que los invitados puedan saludar.

Si la recepción está ofrecida por un Jefe de Estado o alta personalidad, los invitados serán presentados al pasar a saludar en la fila de recibir.

Si la recepción es en honor de una alta personalidad, los invitados deberán llegar antes que ella y marcharse después.

Habrá una mesa presidencial, todos los invitados deberán ocupar su lugar siguiendo los planos de mesas, antes de que lleguen las autoridades de la mesa presidencial y a su paso se pondrán de pie; a veces se suele aplaudir cuando entran, pero no conviene ser el primero en hacerlo, por si acaso no se hace. Nadie debe levantarse de la mesa hasta que lo hayan hecho las personas de la mesa presidencial.

Cuando la recepción se ofrece para recibir a un Jefe de Estado extranjero, se cuidará todo igual, y si hay brindis, se comenzará dando la bienvenida al ilustre visitante en su propia lengua, a ser posible, y se brindará por el país al que representa.

La recepción puede ser ofrecida por los embajadores de un país con motivo de algún acontecimiento, o simplemente por fomentar las relaciones sociales entre el país que representan y en el que están.

A este tipo de recepciones pueden estar invitadas personalidades del Cuerpo Diplomático, autoridades del país, aristócratas, personalidades del mundo de las letras y de las artes, científicos, amigos personales de los Embajadores, entre otras personas. La recepción tendrá carácter oficial, pero al mismo tiempo social.

Si la recepción ofrecida por los Embajadores es en honor de su Jefe de Estado, que visita el país donde están, tendrá carácter formal y oficial, y será él quien presida. Se cuidará todo con el máximo esmero, y especialmente la lista de invitados. En la invitación se hará constar el motivo de la recepción, su duración y tipo de vestimenta, así como el sitio donde tendrá lugar.

Si el motivo de la recepción ofrecida por los Embajadores es la celebración de su fiesta nacional, invitarán a todas las personas de su propio país, que vivan en el que están. Estas fiestas, aunque se celebren en ámbito diplomático, suelen tener un carácter más popular.

Cuando se invita a una recepción a personalidades de distinto tipo, conviene organizar varias mesas para poder cuidar el orden de precedencia. Puede haber una mesa presidencial y otras en las que se coloquen las distintas personalidades, esto evita muchos conflictos.

Las recepciones ofrecidas por los Reyes son ciertamente las que requieren un comportamiento más esmerado, aunque el protocolo de nuestros días ha roto con antiguas costumbres demasiado rígidas.

Así como antes había normas, que paso a paso guiaban las relaciones con la Familia Real, hoy puede prevalecer la buena educación, el respeto y el sentido común. Antes, no se debía dirigir la palabra a un miembro de la Familia Real, a menos que él lo indicara; tampoco se le podían hacer preguntas, ni introducir temas de conversación. Mientras que hoy en día, la buena educación y el respeto, unido al sentido común como se ha dicho antes, será lo que guíe el trato. Se evitarán las preguntas inoportunas, indiscretas y comprometidas, al igual que los temas de conversación que en cierto sentido puedan ser desagradables, mientras que se pueden mantener los interesantes, así como formular las preguntas que demuestren respeto por su persona.

La Secretaría y el personal de la Casa de SS. MM. cuidarán todos los detalles necesarios relacionados con las recepciones ofrecidas por SS. MM., así como de responder a cualquier tipo de duda o consulta que se les quiera hacer. Esto facilita enormemente la asistencia y comportamiento en las recepciones.

En las invitaciones se dan todos los detalles necesarios y, una vez que se llega a palacio o al lugar donde se ofrece la recepción, está organizado hasta el último detalle para la atención de los invitados.

Para saludar a los Reyes y miembros de la Familia Real, normalmente en las recepciones hay una persona que se ocupa de hacer las presentaciones de los invitados, pero conviene recordar que al presentarle una persona a un miembro de la Familia Real se hace una sola presentación. Se sobreentiende que la otra persona presentada sabe de qué miembro de la Familia Real se trata.

Al asistir a una recepción ofrecida en honor de algún miembro de la Familia Real o Imperial, cuando ellos son los anfitriones, o a la que asisten, no se debe marchar nadie de la recepción hasta que lo haya hecho la persona de la Familia Real.

El invitado de la Familia Real siempre está considerado como invitado de honor, y si son varios, según el orden de precedencia, todos ellos.

Cuando la recepción consiste en una fiesta con carácter formal ofrecida en honor de una personalidad, se hará constar en la invitación y los anfitriones —ya sea por razones oficiales, o a título personal— harán que los invitados puedan saludar al invitado de honor, bien organizando la fila de presentación o haciéndolo personalmente de modo informal.

Si la recepción en honor de un invitado que sea alta personalidad la ofrece una entidad, será el Presiente de ésta quien reciba y despida a dicha autoridad. Le presentará a los directivos que estarán en línea comenzando por el más importante y terminando con el de menor rango. Para la despedida se hará al revés, a fin de que el de mayor importancia sea el último que le despida, y seguirá acompañado del anfitrión.

Audiencias   Audiencia es el acto de oír los Soberanos o autoridades semejantes a las personas que acuden a ellos.

Las audiencias se solicitan a través de la autoridad competente; cuando se trata de un Soberano se recurrirá al Jefe de la Casa de Su Majestad y si se trata del Romano Pontífice, a la Secretaría de Estado del Vaticano, o a la Prefectura de la Casa Pontificia.

Dar audiencia significa que el Soberano o la autoridad de que se trate admite a las personas que desean hablarle y mantener una entrevista.

Así como en la vida oficial y social se habla meramente de visitas, cuando se trata de una autoridad preeminente, se las denomina audiencia. El término deriva del latín: «audire», oír, y se aplica desde los tiempos en que los ciudadanos acudían al Rey y a la Corte para que les oyera y administrara justicia.

Hay ciertas normas de cortesía y de respeto que son tradicionales en algunas audiencias. Siempre que se tiene una audiencia –especialmente en las privadas– con el Romano Pontífice, las señoras tradicionalmente van de negro y con mantilla; esta tradición es de carácter universal. Hay una excepción, por un privilegio del que gozan las Reinas de España y otras Soberanas Católicas, que pueden ir de blanco y con mantilla de ese mismo color.

Además de la vestimenta tradicional para la mujer en las audiencias privadas con el Romano Pontífice, como es lógico habrá que ir con vestimenta apropiada a cualquier otro tipo de audiencia, según el personaje de quien se trate, hora, y época del año.

En las audiencias hay que otorgar el debido tratamiento a la autoridad que las concede, tanto en la forma de saludar, como durante la conversación.

Es de protocolo, no comentar el contenido de las audiencias privadas en vida de la autoridad que las concede, a menos que ésta dé permiso explícitamente, o se le solicite.

Cuando se ha concedido una audiencia, siempre se acudirá a ella antes de la hora prevista, para seguir todas las indicaciones de la persona que atiende, antes de que reciba la autoridad.

Si se tiene cualquier tipo de duda en el modo de comportarse, se preguntará antes con toda sencillez; es preferible hacerlo, y saber a ciencia cierta lo que agradará al personaje que se va a visitar, que no atreverse a hacerlo, y cometer un error.

6. SABER COMPORTARSE EN DIVERSAS ACTIVIDADES

Visita a monumentos y museos

Normalmente el motivo de estas visitas es el amor al arte. Hay que tratar de sacarles el máximo partido cultural, sin estorbar a los demás.

Si hay guías que se encargan de la explicación, se han de evitar comentarios y murmullos que impidan oír las explicaciones a otras personas. Si se desea hacer alguna pregunta al guía, habrá que buscar el momento oportuno. A los guías se les puede dar una pequeña propina.

En general comportarse bien consistirá en no llamar la atención, por el tono de voz alto o por exclamaciones teatrales fuera de lugar. Sobre todo se evitará cualquier comentario que ridiculice lo que se

debe admirar; es muestra de muy mal gusto ridiculizar en materia de arte y más aún si los siglos le añaden valor; denota falta de cultura y una buena dosis de ignorancia.

Durante las visitas a monumentos y museos, se evitará tomar bocadillos dentro del recinto o en los jardines que los puedan rodear, tirar papeles o colillas al suelo, y todo lo que contribuya a crear desorden. (Ver: *Lugares de interés artístico,* pág. 249).

Asistencia a espectáculos públicos
El cine es de los espectáculos públicos más populares, aunque hoy en día existen muy buenas películas en cintas de vídeo, que se pueden seleccionar para poner en casa en el momento más conveniente.

Cines
Los detalles de buena educación que siguen vigentes en el cine, son la puntualidad para no distraer y molestar a los demás, aunque haya acomodadores que acompañen con linternas; otro es no moverse excesivamente de modo que las personas de detrás estén continuamente luchando por lograr ver la pantalla, y por último puede decirse que no se debe hacer mucho ruido en las manifestaciones de júbilo o terror.

Si hay que pasar delante de otras personas para tomar asiento en la misma fila, no se les da la espalda.

Para asistir al cine, no hace falta ir especialmente arreglado, pero sí ir vestido de acuerdo con la hora en que se asista a la sesión.

Cuando se trata de una «premiere» –inauguración de una película– se considera como una gala y hay que vestir de acuerdo con las circunstancias.

En el cine, como en cualquier otro sitio que haya butacas y pasillos, se cuidará de no dejar a la persona de mayor categoría en la butaca que da al pasillo. Los caballeros siempre dejarán pasar a las señoras y serán ellos en todo caso los que tomen los asientos junto al pasillo.

Durante el descanso pueden pasar una bandeja con caramelos y golosinas, para comprar; aunque está permitido hacerlo, habrá que cuidar no hacer ruidos con los papeles, ni de otro tipo, una vez que recomience la sesión.

Es de muy mala educación, por ejemplo, comer pipas, masticar caramelos, almendras, chicle, etc. cuando se está viendo la película.

Teatros   J. C. Schiller dijo: «El teatro, más que ninguna otra institución pública, es una escuela de sabiduría práctica, una guía para la vida civil y una llave infalible para los grandes secretos del alma humana. No puedo omitir la influencia que ejerce sobre el espíritu nacional un buen teatro..., el teatro ilumina todos los repliegues del corazón y sigue la ruta más clara para llegar a la inteligencia... Si conseguimos tener un teatro nacional, tendremos una nación». (*Historical Dramas*, Londres 1959).

Federico García Lorca, por su parte, afirmaba que: «El teatro es uno de los medios más expresivos, más útiles para edificar un país, el barómetro que registra su grandeza o declive. Un teatro sensible y bien orientado en todos sus niveles, de la tragedia al vaudeville, puede transformar en algunos años la sensibilidad del pueblo. Mientras que un teatro donde el zueco sustituya a las alas puede adormecer una nación entera. El teatro es una escuela de lágrimas y de risa; una tribuna abierta donde se puede defender la moral y hacer permanentes las eternas leyes del corazón y los sentimientos del hombre». *(Habladurías sobre el teatro,* en Obras Completas, Madrid 1962).

Las funciones de teatro han tenido como características el ambiente de elegancia y dignidad.

Conviene extremar la puntualidad al llegar. En algunos teatros, para bien de todos, no dejan entrar hasta el intermedio, una vez comenzado un acto.

Al entrar en la fila que corresponda, si ya están otras personas sentadas y hay que pasar por delante de ellas, se les dará la cara y no la espalda, al mismo tiempo que se piden excusas por las molestias causadas.

Ver una obra de teatro desde palco, crea un ambiente más acogedor y de intimidad. Las señoras siempre se sentarán en primera fila y los caballeros detrás, a menos que haya suficiente sitio delante, o que sea uno de ellos quien presida la función.

Durante una obra de teatro habrá que cuidar la risa desmesurada o a destiempo, también todos aquellos ruidos que puedan distraer y molestar a los demás.

Conviene recordar que en el teatro se aplaude al final del acto; aplausos adelantados, más que admiración y consideración hacia los artistas, demuestran ignorancia acerca de la obra.

Si hay programas se podrán leer durante la función, pero sin hacer ruido con el papel.

En los cortos entreactos, si se sale a tomar algo o a fumar, habrá que hacerlo con elegancia, sin arrollar a los demás.

Conciertos

Asistir a conciertos y el gusto por la música denota interés y riqueza cultural, que también se refleja en el modo de comportarse.

Para los amantes de la música que asisten a conciertos se pueden aplicar las mismas reglas que para los asistentes a obras de teatro.

Pero además aquí se puede matizar más en cuanto a los aplausos: no debe aplaudirse después del primer tiempo musical de una sinfonía o de un cuarteto, ni tras una pausa dentro de la composición; hay que saber esperar al final, lo contrario supone una molesta interrupción tanto para los músicos como para los asistentes.

Hay que extremar el cuidado, para no hacer ruido con las páginas del programa, ni con toses o carraspeos.

Para asistir a un concierto hay que cuidar la elegancia en el vestir.

Ópera y ballet

La vestimenta será más elegante si se trata de una gala o gran gala, a la que se asistirá apropiadamente vestidos.

Hay que cuidar no hacer ruido con las páginas del programa cuando se quiere seguirlo.

Se puede aplaudir al final de una escena y de una aria bien cantada, y al final, si la actuación ha sido verdaderamente buena, con exclamaciones de ¡bravo! y la ovación de pie.

Fútbol y otros espectáculos deportivos

Para presenciar competiciones deportivas y otros espectáculos públicos se puede ir vestido de sport o con traje de calle, teniendo en cuenta que los asientos son las gradas.

A ciertas competiciones deportivas, como pueden ser las carreras de caballos o campeonatos de tenis, lo correcto es asistir con un atuendo menos informal, aunque esto depende del espectáculo concreto de que se trate y de la localidad donde se celebre.

Hay personas muy aficionadas al fútbol pero pueden carecer de autocontrol y en un partido pueden llegar a demostrar su fanatismo. Los detalles de cortesía que se han de cuidar en un partido no impiden aclamar al equipo favorito, pero ha de haber un control en las manifestaciones para que no ofendan al equipo contrario ni a sus seguidores. En momentos verdaderamente emocionantes, no hay que perder el porte y comportarse de modo salvaje.

Es más fácil saber ganar que saber perder; cuando pierde el equipo favorito, hay que comportarse con señorío, sin ofender al contrincante.

Al salir del estadio, se han de evitar los empujones, y tener paciencia.

Corrida de toros Cuando se asiste a una corrida de toros se va bien vestido, aunque no se lleve ropa delicada.

Conviene llegar puntualmente, porque las entradas están numeradas, y un retraso puede suponer molestar a los demás, hasta llegar al lugar correspondiente. Además, las puertas de acceso a los tendidos se cierran cuando empieza la lidia de cada toro.

En los toros es costumbre aclamar al torero y aplaudirle por su buena faena, o hacerle saber que lo hace mal, a través de silbidos. Pero debe hacerse con medida y corrección.

Los detalles de cortesía llevarán a cuidar aquello que pueda molestar a quienes están alrededor; ponerse en pie muy a menudo puede impedir la visibilidad, dejar que el humo del cigarro vaya a la cara del vecino puede ocasionarle molestias.

Viajar En nuestros días cada vez es más frecuente el tener que viajar. Los viajes pueden ser de muy distinto tipo, según la distancia, medio de transporte, motivo y duración.

Antes de hacer un viaje, del tipo que sea, conviene pararse a pensar, para poder organizar todos los preparativos necesarios. Hay que cerciorarse de que se tienen al día todos los documentos personales que vayan a hacer falta: pasaporte, visados, carnet de conducir, certificados de vacunación y cuantos sean necesarios.

Hay que hacer con tiempo la reserva de billetes y de alojamiento. En caso de que se vaya a un hotel y se trate de una ciudad o un país desconocido, conviene asegurarse bien del tipo de hotel que es. Cuando se trata de países poco desarrollados es preferible ir a hoteles buenos para evitar sorpresas desagradables. Incluso se han dado casos en los que al llegar al hotel ya no existía.

En los viajes largos se puede hablar con otros pasajeros sin necesidad de ser presentados, pero se evitará tratar de temas muy personales o íntimos si se desconoce al interlocutor, por mucha confianza que pretenda inspirar.

Si el viaje es en grupo, conviene cerciorarse de que la agencia por la que se tramita es fiable y tiene experiencia de los sitios que recomienda.

Según el tipo de viaje que sea y el clima del lugar a donde se vaya, conviene pensar con tiempo el equipaje que se necesita llevar y tenerlo todo listo antes de salir. Es evidente que, si el viaje es de turismo, la ropa, el calzado, etc. no serán los mismos que si es de negocio o es de relaciones sociales más estrictamente formales. A veces, el contenido del equipaje estará compuesto por ropa muy diferente de la que se está utilizando en el lugar donde se vive.

Al emprender un viaje conviene hacerlo con el mínimo de equipaje, pero bien pensado para poderle sacar el máximo rendimiento. No se trata de llevar muchas maletas, sino de pensar con sentido práctico en aquello que pueda resultar más útil y adecuado.

En cuanto a joyas y objetos de valor, es preferible llevar el mínimo indispensable y al alcance de la vista para no perderlo o dejarlo por olvido, teniendo en cuenta que también puede haber algún robo.

Al hacer el equipaje no conviene llenar mucho las maletas, ni tener que forzarlas para poderlas cerrar. Antes de cerrar las maletas conviene abrir los cajones para ver si hay algo necesario que se haya podido olvidar.

Conviene incluir ropa que se arrugue lo menos posible, para poder estar presentable sin necesidad de mucho trabajo, fácil de lavar y rápida de secar.

También hay que prever si hay algún acto formal al que se va a asistir, para meter en la maleta la ropa adecuada.

El dinero no se guardará en la maleta, ni se llevará en un billetero rebosante de billetes, que además de ser ostentoso puede ser peligroso. En el billetero se llevará lo suficiente para el trayecto, y el resto se guardará en sitio seguro durante el viaje, para poderlo tener continuamente protegido. Lo mismo se debe decir de las tarjetas de crédito y de otros documentos del mismo género.

Hoy en día es muy importante también custodiar los documentos de identificación personal, pues pueden ser objeto de robo.

En transportes públicos La primera norma elemental es saber guardar la cola si la hay; demuestra muy poca consideración hacia los demás, que han podido estar soportando el frío, la lluvia o el calor, pasar por delante de ellos sin ni siquiera excusarse, y arrebatarles los pocos asientos que queden libres.

Una forma de civismo en los medios de transportes públicos es el respeto hacia los demás, evitando empujones y cediendo el asiento cuando sea necesario. A las señoras y personas mayores se les cederá siempre. Es de muy mala educación en la gente joven, y en la no tan joven, ir ocupando un asiento mientras hay personas mayores y señoras de pie.

Es también una muestra de consideración hacia los demás tener preparado el abono del billete, para evitar molestias y retrasos.

Si hay varias personas esperando taxi, se cuidará el orden de la cola sin tratar de arrebatarlo, dando pie incluso a discusiones.

Al tomar un taxi, el caballero abrirá la puerta derecha para dejar entrar a la señora, después le dirá al taxista por la ventanilla dónde quieren que les lleve y entrará por el lado izquierdo dando la vuelta por detrás del coche. Al bajarse será él quien abra la puerta de la señora ayudándola a bajar, y abone el taxi.

Avión   Ver: *viajar,* pág. 242).

Los viajes en avión tienen la ventaja de ser más rápidos, pero también requieren estar en el aeropuerto con bastante antelación.

Conviene organizarse de tal forma que se eviten precipitaciones de última hora, o llegar tarde y encontrarse con que la reserva ya se la han dado a una persona de la lista de espera.

No está mal recordar que en los viajes en avión hay un límite de peso para el equipaje y que hay que abonar cada kilo que sobrepase ese límite. Cuando se trata de viajes transatlánticos en los que se va a permanecer largo tiempo en el lugar de destino, puede ser preferible no llevar una serie de productos que supongan exceso de equipaje y que serían fáciles de adquirir en el punto de llegada y salen más baratos que el precio de la sobrecarga.

Al viajar en avión conviene tener preparada la documentación necesaria: billete, tarjeta de embarque, documentación personal, etcétera, para evitar momentos de confusión y de retraso innecesario, al tener que presentarlos.

No es correcto dar empujones para ser los primeros en embarcar, tanto más cuanto que ahora casi siempre los asientos están numerados. Y, por supuesto, los caballeros cederán el paso a las señoras.

Cuando uno teme que se puede marear, ha de tomar todas las precauciones necesarias para prevenirlo, así se evitará pasar un mal rato y darlo a los demás.

Una medida de prudencia para las personas que suelen marearse es tomar una pastilla contra el mareo.

Las líneas aéreas cuidan especialmente los detalles de cortesía para hacer grato el viaje a sus pasajeros, es cuestión de seguir las indicaciones y los ofrecimientos que vayan haciendo, para poder cooperar eficazmente a ello.

Los maletines de mano y objetos duros se colocan debajo del asiento de delante, nunca en los compartimentos de arriba, ya que al menor movimiento pueden caer en la cabeza de alguien. En los compartimentos —excepto en aquellos con cierre de seguridad— únicamente se dejarán los abrigos y objetos de ese estilo, bien colocados.

Al levantarse o sentarse en el asiento no se agarrará uno al respaldo del asiento de delante, si hay alguien sentado se le molestará; en caso de necesitar sujetarse se hará en los brazos del propio asiento.

Cuando se sale del avión no conviene ponerse el abrigo en el pasillo para no hacer esperar a los demás pasajeros que hacen cola para salir, es preferible hacerlo en el propio asiento, aunque cerca de la ventanilla no se pueda uno poner de pie completamente.

En los vuelos transatlánticos está admitido quitarse los zapatos para poder descansar; las compañías aéreas proveen de unas zapatillas semielásticas y mantas para usar durante los vuelos nocturnos largos. De todas formas se cuidará el modo de dejar los zapatos.

Barco (Ver: *viajar*, pág. 242).

Hoy en día los viajes en barco suelen ser más bien por motivos turísticos o por tener interés de hacer un crucero.

Si se trata de barcos privados, los viajes son más bien por motivos de recreo y deporte marítimo. En estos casos la ropa suele ser deportiva y apropiada para la navegación; puede ser una buena oportunidad para practicar el deporte de la pesca. Si se tiene plan de desembarcar en los puertos y salir a cenar, habrá que llevar ropa apropiada.

Los cruceros o viajes transatlánticos ofrecen oportunidades para favorecer la vida social entre los pasajeros durante las travesías. En los viajes en barco hay que saludarse y dirigir la palabra, siempre que sea oportuno.

Tren y autobús Normalmente los trenes tienen asientos numerados, ya sea en los vagones de primera o de segunda clase. Al pasar por el pasillo para colocarse en su asiento se hará de forma que se moleste lo menos posible a los demás; si hay otras personas de pie en el pasillo, se les pedirá disculpas para pasar.

Una vez encontrado el asiento se colocará en la balda de arriba el abrigo, equipaje de mano y los paquetes que se lleven. Es muy importante colocarlos de modo que queden seguros y no empiecen a caerse al arrancar el tren o durante el trayecto.

Durante los viajes en tren se puede mantener conversación con otra persona que toque al lado, pero siempre con la suficiente discreción, y teniendo sentido común para saber cuándo es conveniente mantener una conversación o cuándo prefiere la otra persona ir callada mirando el paisaje, leer o simplemente descansar.

Si se mantiene una conversación y a lo largo de ella se descubren amigos comunes, no hay inconveniente en presentarse, pero normalmente no hace falta hacerlo.

Conviene evitar excesiva locuacidad con la persona que toque al lado en el tren y, si es ella la que se empeña en hablar sin parar y se prefiere tranquilidad, se le contestará amablemente sin dar pie para conversación o incluso se le pedirán disculpas delicadamente para leer un libro que interese.

Durante los viajes, si se llevan niños, conviene cuidar que se porten bien y que no sean una molestia para los demás. Una señora puede decir ¡qué gracioso es!, pero eso no implica hacerla responsable del niño durante el resto del viaje.

Será bueno llevar algún entretenimiento para los niños durante viajes largos, ya que tienden a cansarse y pueden estorbar a los demás.

Si se llevan bocadillos de comida o merienda, se sacarán discretamente y se le puede ofrecer a la persona de al lado.

Si las comidas para viaje se preparan en casa, hay que cuidar de que no contengan alimentos de olor fuerte, que puedan impregnar el ambiente.

Normalmente en los trenes de viajes largos suele haber un vagón restaurante o un bar donde también se puede comer. Si se utiliza el vagón restaurante, es posible que haya otras personas esperando que queden mesas libres; una medida de consideración y de educación hacia ellas es cederles la mesa en cuanto se termine de comer, sin quedarse tranquilamente charlando, mientras los demás esperan, o el camarero tenga que pedir que por favor se deje libre la mesa.

Si se viaja en coche-cama y por la noche hay que salir al pasillo, se hará decentemente cubiertos.

Cuando se viaja en el vagón de literas se dormirá vestido, sin ponerse el pijama y se cuidarán todos los detalles que faciliten el viaje a los demás.

A los acomodadores y a los maleteros se les suele dar propina, aunque estos últimos a veces ya cobran tarifas fijas.

Los fumadores, antes de fumar preguntarán a sus compañeros si fuman, ofreciéndoles un cigarrillo al mismo tiempo. En todo caso, siempre hay que procurar que el humo no vaya directamente a los acompañantes. Si hay señales de prohibido fumar, hay que respetarlas.

Automóvil En viajes largos en coche, el mejor sitio para una persona con propensión al mareo es el asiento de delante.

Si se viaja con niños, habrá que mantenerlos entretenidos para que se cansen lo menos posible y que no se exciten durante el viaje.

Un buen modo de fomentarles la inquietud cultural, según la edad que tengan, es irles explicando los lugares de interés por los que se pasa, la fauna y otros tantos detalles según el tipo de paisaje por el que se atraviesa.

Si los niños comen caramelos durante el viaje, se les enseñará a que no tiren los papeles por la ventanilla ni al suelo del coche.

Los niños, especialmente cuando son pequeños, siempre han de ir en el asiento de atrás.

Los automovilistas La primera norma de cortesía es observar todas las reglas del código de circulación, para evitar accidentes, enfados o sustos.

Personas que son incapaces de entrar por una puerta sin ceder el paso, actúan de modo completamente distinto en carretera y no son capaces de dejarse adelantar por un vehículo de mayor potencia, impidiéndoselo durante largo rato: es una notable incongruencia. Hay que demostrar la educación en la carretera, para no convertirla en una jungla de asfalto.

En carretera la actitud del automovilista debe ser facilitar los adelantamientos a aquellos coches que lo deseen, haciéndoselo saber con el intermitente siempre que sea posible.

Cuando se ve que un coche quiere adelantar, en lugar de acelerar más para impedírselo, se disminuirá la marcha para facilitarlo.

Si por cualquier motivo se conduce lentamente, se hará de tal forma que los demás coches puedan adelantar sin dificultad.

Hay personas a las que les gusta la velocidad, demuestran tener buenos reflejos y destreza al volante. Pero habrán de disminuir la marcha cuando esté lloviendo y haya peatones a los que puedan salpicar: no hay cosa más desagradable para un peatón que en un día de lluvia ser salpicado por completo, manchándose la ropa con agua sucia.

En los pasos de cebra es un deber, además de un detalle de cortesía, disminuir la marcha con la suficiente anticipación para evitar frenazos bruscos y carreras o sustos a los peatones.

Hay que evitar actitudes agresivas al volante, por enfado con otras personas que hayan podido incumplir el código, insultándoles. Conducir con frenazos y arrancones también molesta a los demás ocupantes del coche. Al arrancar se evitarán los acelerones para calentar el motor, que además de estropearlo hacen un ruido molesto. A altas horas de la noche, cuando la gente tiene derecho a descansar, habrá que evitar también los ruidos de cambios bruscos de marcha, frenazos y portazos.

Si se ve que una persona va a aparcar su coche en un determinado lugar, aunque se haya estado largo tiempo buscando un sitio donde poder hacerlo sin éxito, no se le arrebatará astutamente colocándose antes de que haya podido maniobrar.

Aunque ya está considerado en el código, hay que cuidar especialmente no deslumbrar a nadie con los faros por la noche y utilizarlos de tal forma, haciendo las señales oportunas, que faciliten el tráfico a los demás automovilistas.

Al circular por la ciudad, se puede facilitar a otro coche la entrada en el carril por el que se circula o la salida de su garaje: son detalles que denotan la consideración hacia los demás y frenan la actitud agresiva que puede dominar a muchos automovilistas.

El dar bocinazos cuando hay embotellamiento no soluciona nada, por el contrario fomenta la crispación de nervios.

Hoteles   La reserva del hotel debe hacerse con anticipación para tenerla asegurada. También se procurará tener referencias de los hoteles que no se conocen, a través de personas fiables. Si no se toma esta precaución, puede uno encontrarse con un hotel que no sea de su gusto, o que incluso proporcione sorpresas desagradables.

Al llegar al hotel, si hay portero para atender a los clientes abriendo las puertas del coche y cogiendo el equipaje, se le dará una propina.

Una vez en recepción, se entrega el documento de identidad y se firma el impreso cumplimentado con los datos necesarios para permanecer en el hotel. El conserje entregará la llave de la habitación y, si hay un botones para acompañar y subir el equipaje, se le dará una propina.

En los hoteles, sobre todo si son grandes, no es necesario saludar a los demás clientes, a menos que se conozcan. Al coincidir en el ascensor o cruzarse con alguien en el pasillo, se puede saludar dando los buenos días o con el saludo que corresponda.

En hoteles pequeños o pensiones, sobre todo si se pasan largas temporadas, es posible que los clientes lleguen a conocerse entre sí, con naturalidad, siendo lógico saludarse y entablar conversaciones cuando sea oportuno.

Aunque en los hoteles hay servicio que se ocupa de hacer las camas y la limpieza, se debe dejar la habitación y el cuarto de baño en orden y a ser posible ventilados.

Los clientes han de saber comportarse, con amabilidad, con el personal de servicio del hotel, evitando conversaciones familiares o una actitud altanera. Se pedirán las cosas por favor, y se agradecerán cuando las sirvan.

En cuanto a las personas que prestan servicio en el hotel, es muy importante que sepan tratar bien y educadamente a los clientes; si son asiduos agradecen mucho que se les reconozca y que se les llame por su nombre: Señor tal, o Señora de tal.

El personal experimentado del hotel sabe calibrar desde el primer momento la categoría de un cliente y sabrá valorar los detalles de buena educación y de señorío.

En los hoteles es importante no molestar a los demás, las construcciones modernas no son muy buenas para aislar ruidos y es fácil que un televisor o una radio a todo volumen moleste al vecino de al lado, así como el uso de grifos y cisternas a altas horas de la noche, o conversaciones alzando la voz.

Los grandes hoteles tienen distintos tipos de restaurantes y convendrá ir vestidos de acuerdo al que se vaya. Unos pantalones deportivos pueden pasar en la cafetería, pero no en un restaurante lujoso.

Lugares públicos   Al entrar en un lugar público, entrará primero el caballero, como ya se indicó, por consideración hacia la señora, para asegurarse de que el ambiente es bueno. Si no lo fuera, es preferible marcharse, a pesar de haber ya entrado. Puede ocurrir en alguna ocasión que, después de haberse acomodado, se deteriore; entonces no habrá inconveniente en marcharse, con personalidad y determinación.

Lugares de interés artístico   Existen lugares históricos y artísticos que verdaderamente merece la pena visitar y conocer. Esa visita enriquece el espíritu y, además, es una oportunidad para disfrutar contemplando la belleza de un paisaje o de una obra de arte.

Cuando se viaja por carretera, compensa, a veces, desviarse un poco y acercarse a conocer un pueblo interesante o pintoresco, u obras de arte que pueda haber en lugares apartados.

Al preparar una visita o un viaje propiamente turísticos, es muy útil tener la precaución de documentarse acerca del lugar que se va a visitar o de la obra de arte que se va a contemplar, pues de esta manera se saca más provecho y se aprecia más.

En los sitios donde el turismo es masivo, se ha de extremar el cuidado en la buena educación, que se manifestará en el respeto a los demás y al lugar visitado, y en procurar no llamar la atención. Por supuesto, se respetarán las normas y requisitos exigidos –cuando los haya–; por ejemplo, es corriente que en los monumentos o edificios religiosos se hagan indicaciones sobre el modo de vestir, de hablar, de comportarse en general; lo educado será atenerse a esas indicaciones, aunque se pertenezca a una religión diferente y aunque no se sea en absoluto religioso. (Ver: *visita a monumentos y museos,* pág. 238).

Las propinas   El precio de los servicios normalmente ya están incluidos en las facturas correspondientes: restaurantes, hoteles, peluquerías, etcétera. Lo cual no quita que se quiera mostrar agradecimiento a un portero especialmente diligente y servicial, a una camarera que ha hecho todo lo posible por complacer, a un taxista que ha sido amable, al camarero de un restaurante o de un bar y a las oficialas, en el caso de una peluquería de señoras, al chico de los recados, y en otros muchos casos.

Una norma a tener en cuenta con las propinas es que no se debe ser ni demasiado generosos ni tacaños. Una cosa normal es entre el 10 y el 15 por ciento del importe de la factura, a veces es cuestión de dejar la vuelta, si viene a ser equiparable. Cuando la factura es muy alta basta con dejar una cantidad razonable.

Los norteamericanos y los jeques árabes son conocidos en todas partes por sus generosas propinas; también hay otras personas a las que no les gusta darlas y mantienen que es suficiente con el precio o el sueldo.

Si se trata de un restaurante, la propina se deja en la misma bandejita en la que presentaron la factura, pero también se puede entregar en mano cuando se trate de un taxista o de un botones.

En algunos países, los sitios donde no admiten propinas ya lo indican con un letrero, la propina suele ir incluida en la factura.

Hay cierto tipo de trabajos que merecen todo el agradecimiento, como el de una enfermera en un hospital, por ejemplo. Por otra parte, en los hospitales está terminantemente prohibido dar propinas. En casos como éste, sin dejar de respetar la norma, siempre se puede hacer un obsequio: unos bombones, unas flores o una planta, un discreto regalo bien escogido de acuerdo con las circunstancias.

Es importante tener cuidado para no caer en la equivocación de dar propina al dueño de una tienda o a una persona de cierta posición económica, pues se crearía una situación incómoda. Cuando se desea agradecer algo a personas de las citadas o similares, lo correcto es hacer un regalo adecuado en un momento oportuno.

Quien recibe una propina la agradece, pero no mira ni cuenta el dinero delante de la persona que la da.

Costumbres en el extranjero
Antes de visitar un país o de recibir invitados extranjeros conviene conocer sus costumbres, ya que lo que se considera de buena educación en una nación, puede no serlo en otra.

Aunque una persona sea de por sí bien educada y esto se note esté donde esté, también ha de tenerse en cuenta el dicho: «Donde fueres, haz lo que vieres» y saber que en otros sitios hay costumbres y reglas de educación distintas.

Hay que informarse especialmente sobre el comportamiento en cuanto a recibir y en la mesa.

Esperar
Si hay alguna persona conocida esperando, no se le deben hacer preguntas personales acerca de su presencia allí, pues podría ser indiscreto y, además, tendría que contestarlas prácticamente en público, con posible daño para su intimidad.

Es gran falta de corrección «examinar» con la vista a los presentes.

Si en aeropuertos o estaciones se encuentran personas conocidas, se saludarán como de costumbre y, si van a hacer el mismo viaje, tendrán el suficiente tacto para darse cuenta si se prefiere la compañía y la conversación o quizá hacerlo a solas, para aprovecharlo trabajando, leyendo o pensando.

Salas de espera
En las salas de espera –de un médico, de un dentista, etc.–, se saludará al entrar, dando los buenos días o buenas tardes, a las personas que ya se encuentren allí.

Las salas de espera normalmente suelen ser silenciosas. Habrá de evitarse tanto hablar muy alto, como muy bajo para que los demás no se enteren.

Cuando se acude a una sala de espera acompañado por alguien, la conversación que se mantenga con el acompañante deberá versar sobre un tema corriente y se empleará un tono de voz discreto, ya que los demás, aun sin proponérselo, se enterarán de la conversación.

Si hay revistas para facilitar el entretenimiento durante las esperas, se utilizarán con cuidado, dejándolas bien colocadas luego, para que otras personas las puedan usar. Hace muy mal efecto mirar de reojo a la revista que tiene el vecino.

En la calle   La norma general para saber cómo comportarse en la calle es no llamar la atención.

Si se ve a una persona conocida, nunca se darán gritos para llamarla: se aligerará el paso para llegar a ella o se dejará pasar la ocasión.

Al andar por la calle debe hacerse de tal forma que no se impida el paso a otras personas: por ejemplo, avanzar lentamente en grupo charlando con alguien; tampoco se ha de caminar tan deprisa que se den pequeños empujones al pasar. Si es necesario abrirse camino, se hará con delicadeza, pidiendo disculpas de palabra y dando las gracias a quienes nos dejen paso.

En aceras muy concurridas, si se va en grupo, es preferible disgregarse en otros grupos más pequeños, de dos o tres personas, para no impedir el paso a los demás.

Se dejará a la persona de más dignidad que camine por el interior de la acera, y si ésta es muy ancha, se le cederá el lado derecho. Sin embargo, si la persona a quien se acompaña utiliza bastón, el acompañante irá siempre al lado de la mano libre.

Las personas que van por el lado izquierdo ceden el paso a las que caminan por el derecho. En las aceras, el sitio que normalmente se debe ceder es el de junto a la pared.

Es una falta grande de civismo y de respeto a los demás sacudir por la ventana alfombras o trapos del polvo; lo mismo se puede decir de quien riega las plantas a horas en las que no está permitido, sin poner los medios para evitar que caiga el agua sobre los transeúntes.

A las horas en las que habitualmente la gente está durmiendo, hay que evitar los ruidos en la calle; a no ser en casos o circunstancias especiales, las canciones, los claxons, las conversaciones a gritos, las radios y los televisores a gran potencia en medio de la noche, son manifestación de una absoluta falta del sentido de la convivencia, de lo que se llama urbanidad.

No se debe ir comiendo por la calle, excepto si se toma un helado o algo por el estilo. Esto no se aplica, como es lógico, a las terrazas de cafeterías y bares.

Otra muestra de buena educación y de respeto hacia los demás es utilizar las papeleras que suele haber en las calles, para depositar en ellas papeles u otros objetos y no arrojarlos al suelo.

Las colas en la calle Es frecuente tener que hacer cola y aquí también hay campo para demostrar la buena educación.

Cuando se espera un taxi y llega el turno de un caballero a quien sigue una señora, éste podrá cedérselo, y también ella puede agradecerlo y esperar el siguiente.

Si se trata de la cola de un autobús o para sacar entradas para el cine o para otro espectáculo, lo elemental es respetarla y no pretender «colarse».

Cuando se hace cola para comprar entradas o billetes y se ve aparecer a alguien conocido, se le puede llamar discretamente y preguntarle si quiere que se le compren las suyas, con el fin de evitarle hacer cola.

En el campo Los paseos y excursiones al campo, proporcionan una renovación de energía y distracción a los amantes de la naturaleza.

Un detalle de civismo es no tirar cosas, a menos que haya papeleras o cubos de basura para hacerlo; dejar muestras de civilización a base de basuras, es signo de barbarie.

Si se va de excursión al campo y en el mismo lugar hay otras personas, no se pondrá la radio: hay quien quiere y necesita disfrutar de la naturaleza y prefiere oír cantar a los pájaros, el ruido de un río y tantos otros sonidos naturales. Salir de una agitada ciudad buscando un rato de tranquilidad y encontrarse con música a todo volumen puede ser de lo más defraudante. Quien quiera salir al campo a oír música o un partido de fútbol puede utilizar auriculares, pero no interrumpirá la paz de los demás.

En la playa Existen muy pocas playas privadas, en general las playas son de todos; precisamente por esta razón no se debe molestar ni ofender a los demás y hay que comportarse de modo digno, evitando actitudes y conductas groseras o que ofendan el pudor –el propio y el de los demás– y que sólo denotan vulgaridad, falta de respeto y carencia del más elemental sentido moral.

Por eso lo primero que hay que señalar es que el correcto comportamiento en la playa empieza llevando un traje de baño que sea el adecuado para una persona que no tolera que asalten su intimidad.

Es natural que, si se va a una playa y se encuentra en ella un ambiente desagradable y grotesco, lo adecuado sea quejarse ante quien corresponda y, si aun así no mejora, hay que marcharse y no consentir con nuestra presencia aquello con lo que no estamos de acuerdo. El saber estar con corrección no está reñido con el poder tomar el sol, bañarse y descansar todo lo necesario.

La playa es un lugar no sólo de reposo, sino también de deporte. Si se hace esquí acuático, convendrá hacerlo donde no haya bañistas, para no molestar y para evitar incluso posibles accidentes.

Cuando la playa no está muy concurrida, es posible practicar algún juego de pelota en la arena; en estos casos hay que tomar las precauciones necesarias para hacerlo sin molestar a nadie.

También se presta la playa a dar paseos andando, que es una forma de ejercicio muy recomendable.

Al moverse, al levantarse o al sacudir la toalla hay que evitar que la arena caiga sobre otras personas.

Si se come en la playa, se recogerán todos los restos –latas, papeles, envoltorios, etc.– sin dejar nada en la arena; especial cuidado hay que tener con cualquier cosa que pudiera ocasionar pinchazos o cortes a alguien al andar.

A los niños les gusta mucho jugar en la arena y bañarse en el mar; hay que enseñarles, ya desde pequeños, a que se diviertan y se muevan sin molestar a las demás personas.

Excursiones　Las excursiones ofrecen una buena ocasión para fomentar las relaciones sociales, al mismo tiempo que son una oportunidad para conocer sitios de interés, ya sea cultural y artístico, o simplemente por la belleza del paisaje.

Cuando la excursión se hace en grupo reducido, con personas conocidas o incluso de la propia familia, la conducta ciertamente será de mayor confianza, pero sin que se dejen de tener las consideraciones necesarias para que todos disfruten y para que el trato sea amable y condescendiente con los gustos de los demás.

Si se participa en una excursión organizada por una agencia de viajes, por ejemplo, lo corriente es que las personas no se conozcan entre sí e incluso que sean muy heterogéneas, pero cada cual debe contribuir a crear un ambiente de compañerismo afable y comprensivo, procurando ser positivo en todo, sin aislarse de los participantes, aunque sea lógico que con algunos se congenie más.

Naturalmente, se deberá tener en cuenta la clase de indumentaria apropiada para el tipo de excursión: no es igual la ropa y el calzado necesarios para ir al campo que para ir a la alta montaña. Aparte del aspecto práctico, también hay que considerar que se haría el ridículo llevando un atuendo –las mujeres también un maquillaje y unos adornos– inadecuado para el lugar y para la circunstancia.

En general, hay que procurar no llamar la atención en nada, siendo comedidos en todo, sin hacerse pesados por chistosos y «humoristas», ni destacar por la sequedad en el trato. También hay que cuidar no parecer pedantes, aunque amablemente y con sencillez se ponga a contribución de todos los conocimientos, científicos o anecdóticos, que se puedan tener acerca de los lugares visitados.

Cuando se llevan niños a una excursión, es imprescindible poner los medios para que no sean causa de molestia para los demás: se tendrá prevista la manera de distraerlos y ocuparlos, sin que esto sea obstáculo para que –también en estas ocasiones– aprendan a tratar a las personas mayores.

En las excursiones, igual que en el deporte –como veremos–, se pone de manifiesto la calidad de las personas, pues hay que cuidar una serie de detalles en el trato con los demás y también aceptar unas cuantas limitaciones, si no se quiere ser mal educado o incluso grosero. Ceder los mejores sitios, sobre todo a las señoras y a las personas mayores; amenizar una conversación; ayudar a pasar por alto algún incidente molesto; no poner el transistor cuando puede molestar; no ser inoportunos ni impertinentes en la conversación o al hacer preguntas.

No es raro que en las excursiones se lleve la comida para comer en el campo o en algún otro lugar al aire libre. Entonces habrá que tener en cuenta el comportamiento educado que hemos señalado para cuando se come en la playa.

En el campo y en la montaña, generalmente, la gente es amigable y comunicativa; es correcto saludar, aunque se trate de desconocidos.

Deportes y juegos
La afición por el deporte –tanto como participante o como espectador– es algo que enriquece la personalidad. Precisamente por eso, en los ambientes deportivos se pone de manifiesto de manera particular la forma de ser de las personas y el grado de buena educación que tienen.

La competitividad es parte esencial del deporte, por consiguiente, tanto los aficionados como los participantes desean que su equipo o su jugador preferido gane la competición; lo cual no debe ir en perjuicio de una conducta correcta, tanto si se gana como si se pierde; a veces, es mucho más difícil encajar una derrota sin mostrarse groseramente malhumorado, que alzarse con la victoria. La máxima y muy lamentable expresión de esta actitud incivilizada son los terribles sucesos que, desde hace bastante tiempo, están ocurriendo en algunos campos de fútbol y que incluso han costado vidas humanas.

En los deportes de afición de masas es correcto que los partidarios y los «hinchas» animen a su equipo correspondiente con gritos y con pancartas; el entusiasmo no tiene por qué estar reñido con la educación, lo cual quiere decir que es admisible un cierto grado de «increpación» al contrario, sin llegar nunca a la ofensa personal.

En cuanto al juego, razón tiene el dicho: «En la mesa y en el juego se conoce al caballero».

En los juegos de azar y similares no se debe perder de vista que se juega buscando una distracción, aunque se juegue con dinero; por

eso es importante que los envites y las apuestas sean de pequeñas cantidades. Aun así, las deudas de juego son deudas de honor y sería una extravagancia incorrecta buscar una excusa –ni siquiera como broma– para no pagarlas. Por eso, habrá que extremar la prudencia cuando entre los jugadores haya alguno que lo haga por vicio.

A la actitud que se ha de adoptar en el juego se puede aplicar todo lo que acabamos de decir sobre el deporte.

Si la suerte se empeña en ser adversa, no por eso hay que poner mala cara y adoptar gestos y posturas desagradables. Es natural que, tanto si se gana como si se pierde, se expresen los sentimientos correspondientes, pero con medida y sin mostrarse ni arrogante ni destemplado. Por eso en el juego se conoce muy bien la calidad y la categoría de las personas, que saben evitar todas las situaciones que puedan llevar a la crispación.

Ni que decir tiene que en el juego deben de evitarse todo tipo de trampas: no se harán nunca, ni siquiera por un mal entendido sentido del humor.

Si se tiene invitados y se propone jugar una partida de cartas o de otro juego, se debe hacer con el tacto suficiente para darse cuenta de si de verdad les interesa y que no se sientan obligados a aceptar por educación.

255

Al organizar una partida conviene elegir jugadores más o menos homogéneos, en cuanto a su habilidad y conocimiento del juego de que se trate, para evitar en lo posible que haya desequilibrio entre las partes contendientes.

Jugar supone querer pasar un rato agradable y de entretenimiento, por eso hay que evitar todas las situaciones que puedan llevar a la crispación.

Los juegos de niños son cada vez más sofisticados y complejos; hay que enseñarles desde pequeños a saber divertirse y entretenerse, pero al mismo tiempo venciendo el egoísmo que puede suponer estar pendiente del último juguete que le han regalado y olvidar atender a las otras personas y otros niños que estén alrededor.

Los juegos de niños pueden ser una buena oportunidad para enseñarles a vivir la generosidad y el desprendimiento, así como a estar pendiente de los demás, queriendo compartir un rato agradable con su mayor tesoro del momento.

Ir de compras   La actitud del cliente al entrar en una tienda ha de ser amable, saludando al entrar, pidiendo las cosas con educación y agradeciendo los detalles de los dependientes.

(Ver: *El trato con los desconocidos,* pág. 116).

Por su parte los dependientes han de ser amables y serviciales con los clientes; con los fijos y con los nuevos, que también pueden llegar a serlo. No hablarán de sus cosas entre ellos, mientras desatienden al cliente.

Facilitarán lo que se pide y en caso de no tenerlo ofrecerán posibles alternativas. Los dependientes que no tienen interés por complacer al cliente, y que aparentan que les cuesta esfuerzo incluso alcanzar lo que está a mano, demuestran tener muy poco espíritu comercial, además de ser descorteses con los clientes.

El dueño o encargado de la tienda nunca reprenderá a los dependientes, delante de sus clientes.

Si alguna vez hay que volver a la tienda para hacer alguna reclamación o devolver algo, conviene hacerlo con discreción.

Al ir de compras, si se quiere comprobar la calidad de un género se hará con discreción, pero se evitará revolver y tocarlo todo; esto hay que cuidarlo especialmente en las tiendas de comestibles. En éstas no conviene entrar con perros o con otros animales.

IV RELACIONES PROFESIONALES

1. TRABAJAR

El trabajo y las relaciones profesionales

El trabajo es el medio a través del cual el ser humano puede llegar a desarrollar sus más valiosas capacidades, y por medio de ellas, prestar un servicio a los demás.

Puede ser tan variado como lo son las posibilidades de actividad humana, ya sea en el campo intelectual o en el manual.

A través del trabajo, el hombre transforma y enriquece la naturaleza, creando un mundo más humano; a la vez es un medio de subvenir a las necesidades propias y ajenas. El trabajo es también núcleo de múltiples relaciones interpersonales.

Las relaciones profesionales que se derivan del trabajo proporcionan múltiples ocasiones para que el hombre se perfeccione, humanizándolas con la educación y la cortesía.

Discreción y secreto de oficio

La discreción es una cualidad imprescindible en todo trabajo, lleva a no revelar asuntos que se conocen por el ejercicio de la propia profesión y que no se deben comentar fuera de lugar.

Es, además, una obligación moral legalmente reconocida y protegida como secreto de oficio. Romper este tipo de secreto puede llevar a graves consecuencias; hay que extremar la discreción hasta en los más pequeños detalles, para defender el derecho a la propia intimidad de las personas con las que se tiene contacto por razón del propio oficio; tampoco se deben revelar datos que se conocen a través del trabajo, a personas que no tienen por qué saberlos, aunque demuestren interés o curiosidad.

La discreción es también una muestra de consideración hacia los demás; se puede aburrir tremendamente, con un tema de interés personal, a quien escucha con paciencia, además de tratarse de una indiscreción.

Trato con autoridades y funcionarios

A las autoridades que merecen un trato especial hay que otorgárselo; no hacerlo denota falta de cultura o de hombría de bien por parte de quien lo omite.

257

Se debe demostrar especial afecto y deferencia hacia las autoridades inmediatas, pues existe el deber de corresponder a los detalles de benevolencia que de ellas se reciben.

En el terreno de las relaciones profesionales se emplea el usted con más frecuencia que en la vida social.

Los funcionarios públicos no deben dejarse llevar por la rutina, al recibir en su despacho o ventanilla a una persona, ni ver en ella una molestia sino a alguien que necesita de sus servicios y merece todos sus respetos. Por ello los funcionarios públicos deberán cuidar especialmente la eficacia en su trabajo, y evitar cualquier contestación brusca o descortés, así como una glacial indiferencia.

Empleados del hogar   Hace años refiriéndose a los empleados del hogar se utilizaba el término «la familia» y es verdad, forman parte de ella, a veces lo han hecho sucediéndose en varias generaciones y de ahí venía el término «criado» refiriéndose a la persona que se había criado en la casa.

Hoy en día, realizar bien este trabajo requiere haber recibido previamente una sólida preparación profesional.

El trato con los empleados del hogar ha de ser respetuoso y cordial pero evitando familiaridades, cosa distinta es fomentar la benevolencia familiar.

Los señores de la casa normalmente tratan de usted a los empleados del hogar y les llaman por su nombre.

Por su parte los empleados, para tratar con respeto a los señores de la casa, se referirán a ellos como el señor y la señora, hablándoles en tercera persona; este respeto es en cierto modo correspondencia a la actitud de benevolencia que los señores tienen hacia ellos.

A los hijos mayores les hablarán de usted y se referirán como: don..., o el señorito y nombre propio, o la señorita y nombre propio, mientras que a los niños pequeños los llamarán por su nombre y los tutearán.

En las casas donde haya una institutriz para los niños, los empleados del hogar le darán el tratamiento que le corresponde, que será el mismo que le den los demás miembros de la familia.

Cuando entre los empleados del hogar hay un chófer que también puede ocuparse del servicio del comedor, y empleadas más jóvenes, éstas le tratarán de usted, así como a otras empleadas de mayor edad.

La señora de la casa proporcionará a los empleados del hogar los uniformes necesarios para que puedan realizar su trabajo con dignidad, de igual manera que pueden llevarlo una enfermera o un conserje.

Jefes y empleados

(Ver: *Trato con autoridades y personas de rango superior* (págs. 39 y 114). *Trato con los subordinados*, pág. 116).

La benevolencia es elemento imprescindible para la autoridad y también uno de los deberes del jefe, que nunca deberá pisotear a sus subordinados con el peso de su autoridad.

El jefe sí que creará un ambiente pacífico a su alrededor poniendo interés al escuchar los informes y datos que le den, también al interesarse por la buena marcha de lo que hacen sus subordinados.

Para que una persona rinda en su trabajo y mantenga vivo el interés, es de capital importancia que pueda sentir el estímulo de la confianza de su jefe acerca del trabajo que tiene que desempeñar.

Si un jefe tiene categoría humana, sabrá delegar los detalles y trabajos que competan a otras personas; únicamente aquellos que han escalado el puesto con demasiada rapidez y poca preparación, se empeñan en querer hacer, ellos mismos, funciones que podrían realizar perfectamente sus subordinados multiplicando su eficacia.

Sólo las personas con cierta inseguridad en sí mismas tratan de imponer su autoridad con modales bruscos. No se dan cuenta que ese autoritarismo rebaja su autoridad ante sus subordinados.

Un buen jefe, con categoría personal, sabrá mantener el justo medio entre la exigencia y la bondad, dominando su temperamento colérico o permisivo.

El jefe se ganará la confianza de sus subordinados con el esfuerzo en su propio trabajo, bien hecho; será el primero en cuidar la puntualidad y se sentirá responsable de cualquier asunto que de él dependa.

Sin familiaridades pero con benevolencia, el jefe extremará la delicadeza con sus subordinadas, y personal femenino, comportándose como un verdadero caballero. Sin embargo el jefe no se levantará cuando entre su secretaria en su despacho.

Compañeros de trabajo

(Ver: *El trato con iguales: colegas y amigos*, págs. 39 y 115).

El trato profesional entre los iguales o colaboradores debe estar basado en la mutua confianza y en el deseo de ayuda recíproca, sabiéndose parte de un equipo que trabaja como tal.

Entre colegas, siempre que uno solicite a otro una ayuda o información realizable y justa, deberá contar con su apoyo firme, que se manifestará, en gran parte, por la pronta atención del asunto en cuestión.

Los compañeros de trabajo entre sí, al igual que con las demás personas que tengan relaciones profesionales, deberán pedir las cosas con cortesía; a todo el mundo le agrada más un «por favor» y «gracias», en lugar de que le pidan o reciban los trabajos sin más.

Mujeres en la vida profesional
Hoy en día es frecuente que la mujer ocupe altos cargos y que tenga a un buen número de hombres bajo sus órdenes. Pero ocupar un puesto que requiere utilizar la inteligencia y adoptar actitudes firmes no implica que haya que hacerlo de modo varonil; por el contrario, la mujer en la vida profesional ha de tener en cuenta, y hacerlo ver, que su feminidad cualifica su autoridad y no la disminuye.

Quién debe pagar
Cuando la comida es una necesidad del trabajo en sí, lo lógico es que pague la empresa interesada.

Si varias personas comen juntas para ver un asunto de trabajo, pagará quien invite.

Cuando varias personas comen juntas para tratar de asuntos profesionales, que no son de suyo de interés para la empresa, entonces podrá pagar cada persona lo que le corresponde. Cuando en esta comida profesional hay señoras, ellas abonarán su parte; si un caballero de su confianza las quiere invitar, les preguntará primero si se lo permiten, y las señoras, según las circunstancias, aceptarán o no. En el momento de pagar es preferible que sea uno solo quien saque el dinero o la tarjeta de crédito y luego ajusten cuentas entre ellos.

Al recibir la cuenta se debe revisar antes de pagar, pero discretamente, para asegurarse que no hay ningún error. Cuando en un restaurante se invita a otras personas, después de revisar la cuenta se dejará el importe dentro de la factura doblada, en lugar de dejar el dinero visiblemente encima de ella.

Es de buena educación ofrecerse a pagar la factura cuando no se ha sido invitado expresamente, pero deben evitarse discusiones al respecto delante del camarero.

Entrevistas para solicitar trabajo
En las entrevistas para solicitar trabajo no hay que ir vestidos demasiado elegante, ni con descuido.

Es de capital importancia acudir con puntualidad a la cita.

Durante la entrevista hay que evitar el nerviosismo. Es importante reflejar serenidad y aparentar lo que se es y como se es. En esos momentos conviene recordar que tener seguridad en sí mismo es saber lo que se va a ofrecer.

La actitud para con la persona que se ocupa de entrevistar debe ser respetuosa pero al mismo tiempo natural, evitando la timidez o la arrogancia.

Como es natural no se debe entrar fumando, ni ofrecer un cigarrillo a menos que quien hace la entrevista haya fumado durante ella.

Es importante expresarse con claridad y tomar nota de los datos importantes a lo largo de la entrevista.

Cuando hay que esperar antes de mantener la entrevista, se tomará asiento tranquilamente, evitando ir de un lado para otro, o manteniendo una actitud de inseguridad.

Si se recibe notificación escrita, o por teléfono para acudir a otra entrevista, en la que se comunica la contratación para el puesto de trabajo concretando la fecha en la que se puede empezar, se contestará con brevedad agradeciéndolo, a través de una carta, o personalmente si se trata de otra visita.

(Ver: *Solicitudes de trabajo*, pág. 161).

Clientes Los clientes nuevos no pueden ser dejados de lado, por atender a los clientes antiguos y conocidos.

Es deferente desde el punto de vista profesional, hacer ver las ventajas que pueden ofrecer otros productos distintos a los que busca el cliente, sin desatender sus deseos.

Honorarios Al pagar directamente a un profesional los honorarios de un servicio prestado, a diferencia de pagar en una tienda o entregar propina, que se hace directamente en la mano, es más delicado hacerlo metiendo el dinero o talón en un sobre, a entregarlo en la mano. Así se paga la factura de un profesor, de un médico o de un abogado, los honorarios se entregarán como se acaba de indicar cuando no sea otra persona la que la cobre.

Relaciones profesionales con extranjeros Al mantener relaciones profesionales con personas extranjeras, conviene conocer sus costumbres, para facilitárselas en la medida de lo posible.

Los mahometanos llevan las costumbres islámicas al terreno profesional. El viernes es su día de descanso y no trabajan, aunque sí pueden tener reuniones. Durante el mes del Ramadán, en que los musulmanes ni comen ni beben ni fuman, desde la salida del sol hasta su puesta, es preferible no invitar a un musulmán a comer, aunque sí que se le puede invitar a cenar. Conviene tener en cuenta que nunca toman carne de cerdo ni alcohol.

Por tradición árabe, la mujer debe permanecer en casa, y no acompaña a su marido en actividades profesionales. Esto puede ocasionar ciertos prejuicios cuando una mujer tenga que mantener contactos profesionales con personas árabes.

No se debe preguntar a ningún árabe por su mujer, en todo caso se le preguntará por su familia.

Al tratar profesionalmente con orientales, de China o Japón, conviene tener en cuenta que su «sí» corresponde a «he entendido lo que me ha dicho», pero no necesariamente a estar de acuerdo. Al igual que nunca dirán «no» directamente, sino ciertas delicadas evasivas.

Para los orientales, las costumbres son diferentes a las del mundo occidental, aunque normalmente al tomar contacto con éste suelen adaptarse bastante bien.

Su saludo nativo, en lugar de dar la mano, es hacer una inclinación, y mientras mayor sea, más respeto demuestran al saludar.

En el trato personal, a menos que se tengan relaciones de estrecha amistad, no se utiliza el nombre propio, sino el apellido.

Las personas de países mediterráneos son más abiertas y efusivas, esto se refleja en las relaciones profesionales, mientras que las de Centro Europa y países nórdicos, son más reservadas e independientes.

Los norteamericanos son abiertos y poco rigurosos con las normas de etiqueta, mientras que valoran mucho datos significativos como el status de la Universidad de la que proceden o la posición en la empresa.

V EL PROTOCOLO

Protocolo, etimológicamente, hace referencia a la primera hoja pegada en un libro que le da autenticidad. Su significado se aplica también a las reglas y al ceremonial establecidos por decreto o por costumbre. Puede decirse que Protocolo es el arte de ordenar.

El Protocolo ha existido desde hace miles de años; el pueblo persa, que con su arte nos ha dejado patentes costumbres históricas, nos muestra entre las ruinas de los muros de Persépolis el orden impuesto a cuantos debían pagar el tributo al Gran Cyro.

Con frecuencia, será necesario aplicar unas normas elementales de protocolo, en actos que no tienen carácter oficial, pero a los que asisten personalidades de la vida oficial. De modo muy abreviado, se presentan unas breves orientaciones, aunque siempre será oportuno asesorarse con un especialista, para lograr la máxima corrección.

La aplicación del Protocolo corre a cargo del Jefe de Protocolo, quien deberá encargarse de que se cumpla con la mayor exactitud, especialmente cuando se trata de actos en los que participan representantes de dos o más Estados. En este caso, deberán armonizarse los ceremoniales de los diversos Estados.

El Jefe de Protocolo ha de estar pendiente para recibir a las autoridades y especialmente a las más importantes, para hacer su presentación.

Ha de conocer desde el más mínimo detalle, para la preparación de un acto, hasta el más importante, y el último, una vez finalizado.

Así como es fácil estar pendiente del recibimiento de las autoridades, también es necesario estarlo en el momento de las despedidas y durante el compás de espera.

Para un Jefe de Protocolo, recopilar datos de los actos solemnes, es hacer historia. Hay que saber dejar constancia de los temas, pormenores o incidencias de cada acto, para saber, entre otras cosas, lo que conviene repetir, lo que hay que variar y lo que más vale evitar.

Dejando a un lado los actos oficiales, porque de ellos se ocupa —como se dijo—, el Ceremonial de Estado, y de su buena ejecución se hace responsable el Jefe de Protocolo; en un acto social de carácter privado, los anfitriones deberán cuidar con exquisita exactitud la recepcion de sus invitados, y la correcta ubicación en la mesa, si se trata de una comida o de un banquete.

Cuando un Soberano o Jefe de Estado asiste a la recepción, los anfitriones lo recibirán y despedirán junto a la misma puerta del coche en que se desplace. A todos los efectos, ocupará siempre la presidencia y será considerado y tratado como dueño de la casa. Entrarán al salón seguidos de sus anfitriones.

Si los invitados son miembros de la Familia Real, serán recibidos a la puerta y despedidos en ella.

A los Cardenales de la Iglesia Católica les está reservado el mismo tratamiento que a los miembros de la Familia Real, salvo que ostenten la representación personal del Romano Pontífice, en cuyo caso se aplica lo establecido para los Soberanos.

Cuando los Soberanos asisten a una recepción, conviene tener una salita o biblioteca disponible, por si desean hacer el honor de conversar con alguien en privado.

Nunca se presentará a los soberanos a nadie sin haber pedido previamente su venia.

Un acto protocolario es aquel que se hace con solemnidad cuidada, aunque usual, y otorgando a cada persona su sitio correspondiente.

En sentido estricto se entiende por Protocolo el conjunto de normas que rigen el desarrollo de los actos oficiales, especialmente aquellos que hacen referencia o en los que intervienen los máximos representantes de los Estados o de los que actúan en su nombre.

El Protocolo que se ha de cumplir en un determinado acto, está contenido en lo que usualmente suele llamarse Ceremonial de Estado, generalmente contenido en una ley.

Al igual que las costumbres cívicas y el desarrollo tecnológico, el Protocolo ha ido evolucionando, pero ciertamente sigue teniendo vigor en los cinco continentes.

Las normas rígidas mantenidas en algunas épocas han adquirido cierta flexibilidad, conforme se iban adaptando a la vida actual, lo cual indica que el Protocolo es algo dinámico y vivo.

Cualquier persona que sepa recibir, puede hacerlo de manera informal si quiere, pero al tratarse de autoridades y personalidades, aunque sean amigos, ha de saber cómo y para ello es necesario poseer unos conocimientos básicos de Protocolo.

El Protocolo hoy en día puede considerarse como el conjunto de las buenas costumbres oficiales, aplicables en cada país —y de rango internacional—, especialmente cuando ha de celebrarse alguna ceremonia o acto con cierto carácter oficial, o al que acuden personalidades.

Como es frecuente tener que viajar, conviene conocer las normas protocolarias que rigen en otros países, así como las de ámbito internacional.

Necesidad del Protocolo El Protocolo es estrictamente necesario en las relaciones diplomáticas y a nivel internacional en los actos oficiales de unos países con otros. A nivel nacional también lo es para saber cómo tratar a las personas revestidas de cierta dignidad.

El lugar que corresponde a cada persona, no es simplemente un privilegio personal, sino algo perteneciente a lo que ella representa. Cuando hay una transgresión en el Protocolo se ofende no sólo a la persona sino también a lo que ella representa. En más de una ocasión, un descuido protocolario ha sido causa de serios conflictos entre países. Personas a las que no se les había otorgado el sitio que les correspondía prefirieron marcharse antes de rebajar lo que ellas mismas representaban; no es tanto cuestión de capricho personal o de amor propio, como derecho a que se respete lo que se representa, sin minusvalorarlo ni rebajarlo. Si se cede en esto, cuando se trata de un acto oficial, no se está cediendo el lugar galantemente, sino haciendo dejación de un derecho que se ha de hacer respetar.

En la vida social el Protocolo es más flexible y tiene otros matices. La mujer precede al marido y éste le cede la derecha, mientras que en un acto oficial, cuando es el marido el que ostenta el cargo, ella ocupa su mismo lugar, a menos que el cargo de ella sea superior al del marido, como puede ocurrir. Excepto en estas ocasiones, en los actos oficiales la mujer siempre adquiere el mismo rango de su marido.

Si a un acto acuden varias personas con el mismo rango, necesariamente cada una ha de tener su lugar y en estos casos rige la antigüedad o se utiliza el orden alfabético.

Cuando a un acto oficial acuden diversas autoridades y personalidades en las que varias pueden tener el mismo rango, a veces lo más prudente es colocarlas en distintos grupos, dentro de cada cual puede haber un lugar preferente y otros que sigan un orden.

Hoy en día la necesidad del Protocolo es algo universalmente reconocido y aunque cada país pueda tener sus propias normas, hay otras de carácter universal, como las mantenidas por el Cuerpo Diplomático.

Las personas con conocimientos protocolarios saben lo útil que puede ser para manejarse con personas de otros países, aunque sus costumbres sean muy distintas. En cada ocasión sabrán tener el suficiente manejo para hacerlo bien. La buena educación siempre denota la delicadeza y grado de civilización de una persona, que sabe estar a la altura de las circunstancias con naturalidad, sin gestos afectados o artificiales.

Actualmente en España la Jefatura de Protocolo del Estado está regulada por el Real Decreto 2100/83 de 4 de agosto de 1983, en el cual se estructura de la siguiente manera:

Encuadradas en la Secretaría del Presidente del Gobierno y bajo la dependencia orgánica del Secretario de éste, estarán la Jefatura de Protocolo del Estado, la Jefatura de Seguridad de la Presidencia del Gobierno y la Jefatura de Medios Operativos de la Presidencia del Gobierno.

Mientras que en el Real Decreto 2102/83 del 4 de agosto de 1983, la Jefatura del Gobierno crea la Jefatura de Protocolo del Estado.

Se crea la Jefatura de Protocolo del Estado que dependerá del Presidente del Gobierno a través de su Secretario, y cuyo titular tendrá categoría de Director General. Cuando ejerza su función en el extranjero tendrá rango de Embajador. Habrá un segundo Jefe, dependiendo de la misma Jefatura que será designado por el personal adscrito a ella.

Corresponde a la Jefatura de Protocolo del Estado la dirección, coordinación, interpretación y ejecución de las normas sobre el régimen de Protocolo y Ceremonial del Estado, salvo en las competencias propias del Introductor de Embajadores del Ministerio de Asuntos Exteriores.

Protocolo en la vida diplomática El Protocolo en la vida diplomática tiene la importancia de la ordenación y relación con los países que se representan.

En la vida diplomática, los Embajadores guardan el orden de precedencia en un país según en el que hayan presentado las Cartas Credenciales al Jefe de Estado. En el caso de que al Nuncio Apostólico le sea reconocido por un país el Decanato del Cuerpo Diplomático, precede a los demás.

En cuanto a los Embajadores de un mismo país, el Protocolo los ordena según su antigüedad.

El Protocolo es tremendamente importante en la vida diplomática, un descuido protocolario podría crear problemas entre países, como ya se ha dicho.

CUIDAR EL ORDEN DE PRECEDENCIA

Si el Protocolo puede considerarse como el arte de ordenar, cuidar el Orden de Precedencia es algo esencial para dar a cada cual su lugar.

Veamos algunas normas generales que establecen el Orden de Precedencia y conviene conocer.

El Orden de Precedencia para las autoridades en cada país está regulado por Decretos que pueden ser modificados, pero que mientras estén vigentes, tienen fuerza de ley.

Si en los Decretos vigentes no se contemplan todas las personalidades, hay que emplear el arte de la ubicación, para saber colocarlas en su sitio, según les corresponde, especialmente cuando se trate de autoridades o personalidades de distinto ámbito, en las que pueda concurrir la misma gradación en el Orden de Precedencia, o incluso que una personalidad pase a la de la autoridad más representativa.

En cuanto a la nobleza en España, los criterios para establecer el Orden de Precedencia están en relación con la categoría y antigüedad del título que se posea y si tiene o no Grandeza de España, al igual que con los apellidos. El orden establecido para la nobleza es el siguiente: los Ducados, por orden de antigüedad, todos ellos tienen Grandeza de España. Los Grandes de España, por orden de antigüedad, pueden llevar distinto rango de título. Los títulos del Reino, sin Grandeza de España, según la antigüedad de cada uno, por el siguiente orden: Marqueses, Condes, Vizcondes, Barones y Señores.

Para las personalidades se establece el Orden de Precedencia según el tipo de acto que sea y la personalidad de que se trate, puede variar.

Para la aristocracia rige: sus méritos, posición y edad.

Para los artistas, el Orden de Precedencia podrá depender de muchos factores, puede tratarse incluso del invitado de honor, o de un lugar entre los demás asistentes.

Normalmente cada país establece el Orden de Precedencia para las autoridades y algunas personalidades, por decretos y leyes, que pueden ser modificados periódicamente. Por esta razón hay que saber consultar en cada caso los decretos correspondientes o pedir las aclaraciones oportunas en el Ministerio de Asuntos Exteriores o en la correspondiente Embajada.

Orden de Precedencia de la Comunidad Europea

Precedencia de las Instituciones y sus altos cargos, según el orden en que aparecen en el Tratado de Roma

1. Parlamento Europeo.
2.. Consejo Europeo. Consejo de Ministros de AA.EE., de Agricultura, de Interior, etc. (variantes sectoriales, ministeriales).

3. Comisión.
4. Tribunal de Justicia.
5. Tribunal de Cuentas.
6. Banco Europeo de Inversiones.
7. Comité Económico y Social.

Sus presidentes siguen el mismo orden.

Orden general de Precedencia de los países miembros y sus representantes permanentes

La precedencia corresponde al orden alfabético del nombre de los países miembros en su propio idioma. Se detalla el de los doce primeros países que componen la CE, los que se adhieran después se intercalarán siguiendo dicho orden.

Belgique - Bélgica.

Danemark - Dinamarca.

Deustchland - República Federal de Alemania.

Ellas - Grecia.

España.

France - Francia.

Ireland - Irlanda.

Italia.

Luxembourg - Luxemburgo.

Netherland - Países Bajos.

Portugal.

United Kingdom - Reino Unido.

CEE.

Para las banderas, el orden es el mismo, con la bandera de la Comunidad Europea flanqueando a ambos lados las de los países miembros.

Con respecto a la rotación semestral de la presidencia se inicia con el país que preside el semestre, siguen los demás y al final la CE.

Precedencia en las Instituciones de la Comunidad Europea

El Parlamento Europeo

El Presidente.

Los ocho Vicepresidentes en el orden en que son nombrados cada año, al constituirse la Presidencia.

Los Presidentes de los Grupos Políticos según el orden numérico de los Grupos y, en caso de igualdad, la edad personal de sus Presidentes.

Los Presidentes de las Comisiones según su edad personal.

Los Vicepresidentes de las Comisiones, según su edad personal.

Los miembros, según su edad personal.

El Consejo Europeo

Se aplica el orden general de precedencia de países miembros, según la rotación semestral de la Presidencia. El criterio es funcional, cuando participa un jefe de estado, ocupa junto con su primer ministro, el lugar que le corresponde a su país y puede estar después de varios jefes de gobierno.

En las reuniones del Consejo Europeo el presidente de la comisión ocupa el lugar después del jefe de gobierno del último país.

El único Jefe de Estado miembro del Consejo Europeo, hasta ahora, es el Presidente de la República Francesa, junto con su Primer Ministro.

El Consejo de Ministros de Asuntos Exteriores dentro del Consejo Europeo

Preside el Ministro de Asuntos Exteriores del país al que semestralmente corresponde la presidencia. Los demás siguen el orden rotatorio indicado en el Orden de Precedencia de los países miembros.

Para los demás Consejos de Ministros sectoriales se utiliza el mismo sistema.

La Comisión

El Presidente.

Los cinco Vicepresidentes, según el orden rotatorio de la presidencia de países miembros. Si hubiera más de un vicepresidente perteneciente a un país miembro, entre ellos el orden sería el de su edad personal en el momento de su nombramiento. Estos Vicepresidentes de un país miembro, con el orden de edad antes indicado, estarían juntos y, según el orden indicado, en el lugar que le correspondiera a su país.

Para los comisarios se aplica el mismo sistema.

El Tribunal de Justicia

El Presidente.
El Presidente de la Sala Primera.
El Presidente de la Sala Segunda.
El Presidente de la Sala Tercera.
Los Jueces, según la antigüedad de su nombramiento. En igualdad de antigüedad priva la edad personal.

Los jueces confirmados en la renovación conservan su primer rango.

Comité de representantes permanentes (COREPER II)

Los representantes permanentes de los gobiernos de los estados miembros dentro del orden general siguen el movimiento de rotación de la presidencia semestral.

Lo mismo sucede con el comité de representantes permanentes adjuntos (COREPER I).

Representantes de estados asociados a la C.E. y Jefes de Misión de terceros Estados

Forman un solo cuerpo diplomático en el que la precedencia está determinada por la antigüedad de la entrega de sus cartas credenciales.

Tribunal de Cuentas

Presidente.
Para los miembros se aplica la antigüedad de su nombramiento. En igualdad de antigüedad priva la edad personal. Los miembros confirmados en la renovación conservan el primer rango.

Banco Europeo de Inversiones

Presidente.
Los Vicepresidentes van según el orden rotatorio de la presidencia de países miembros. Si hubiera más de un vicepresidente perteneciente a un país, entre ellos el de más edad. En este caso estarían juntos ocupando el lugar que le corresponde a su país.

Comité Económico y Social

Presidente.
Miembros: el mismo sistema de los miembros del Tribunal de Cuentas.

Orden de Precedencia de los cargos en la Comunidad Europea

1. Presidente del Parlamento Europeo.
2. Presidente del Consejo.
3. Presidente de la Comisión.
4. Presidente del Tribunal de Justicia.
5. Presidente del Tribunal de Cuentas.
6. Miembros del Consejo (si son Ministros de Asuntos Exteriores).
7. Vicepresidente de la Comisión.
8. Miembros del Consejo (si no son Ministros de Asuntos Exteriores).
9. Miembros de la Comisión.
10. Jefes de Misiones Diplomáticas y Representantes Permanentes ante la Comunidad Europea.
11. Vicepresidentes del Parlamento Europeo.
12. Jueces y Letrados del Tribunal de Justicia.
13. Presidente del Banco Europeo de Inversiones.
14. Presidente del Comité Económico y Social.
15. Vicepresidentes del Banco Europeo de Inversiones.
16. Miembros del Parlamento Europeo.
17. Miembros del Tribunal de Cuentas.

Equivalencia de los altos cargos en la CE con los nacionales*:

Presidente del Parlamento	Presidente de Parlamento o Presidente de la Primera Cámara.
Presidente de la Comisión	Primer Ministro o Presidente del Gobierno.
Vicepresidentes de la Comisión	Viceprimer Ministro o Vicepresidente del Gobierno.
Comisarios (Miembros de la Comisión)	Ministros de Asuntos Exteriores.
Presidente del Tribunal de Justicia	Presidente del Tribunal Supremo de Justicia.
Presidente del Tribunal de Cuentas	Presidente del Tribunal de Cuentas.
Presidente del Banco Europeo de Inversiones	Presidente del Banco Central del Estado Miembro (en España: Banco de España).
Presidente del Comité Económico y Social	Presidente del Comité Económico y Social en aquellos países miembros que lo tengan.

Organigrama de las Comunidades Europeas con el orden protocolario de sus Instituciones, según el Tratado de Roma

1. PARLAMENTO EUROPEO:
Presidente.
Vicepresidente.
Secretario General con 7 Direcciones Generales.
518 Diputados con 6 Grupos Parlamentarios y 18 Comisiones Parlamentarias.
24 Delegaciones Parlamentarias para relaciones con 24 respectivas áreas geográficas del mundo.

2. CONSEJO EUROPEO:
Jefes de Estado o de Gobierno.

CONSEJO DE MINISTROS:
Presidente (Ministro A. E.). Variantes sectoriales ministeriales:
Secretaría General con 7 Direcciones Generales.
Comité de representantes permanentes:
COREPER *II (Embajadores de los 12 ante CC.EE.)*
COREPER *I (adjuntos)*

3. COMISIÓN:
Presidente.
6 Vicepresidentes.
10 Comisarios.
Secretario General.
22 Direcciones Generales.

---

* Por regla general los Presidentes y miembros de las Instituciones y órganos de la CE, tienen el mismo nivel que sus homólogos en el terreno nacional.

4. TRIBUNAL DE JUSTICIA:
Presidente.
Jueces.

5. TRIBUNAL DE CUENTAS:
Presidente.
Miembros.

6. BANCO EUROPEO DE INVERSIONES:
Presidente -
Vicepresidentes.

7. COMITÉ ECONÓMICO Y SOCIAL:
Presidente.
Miembros.

Orden de Precedencia en el Cuerpo Diplomático

Jefes de Misión

Por acuerdo entre los países, en el Convenio de Viena para relaciones diplomáticas de 1961 los Jefes de Misión van por el siguiente orden según su cargo:

Nuncios Apostólicos según el acuerdo en los países católicos.
Embajadores Extraordinarios y Plenipotenciarios.

Enviados, Ministros o Internuncios, Encargados de Negocios.
Encargados de Negocios «ad interim» en Embajadas.

Dentro de la categoría de Embajadores y Ministros los Jefes de Misión siguen el orden según la fecha de presentación de Credenciales. Mientras que los Encargados de Negocios «ad hoc» pasan antes que los «ad interim». Los Encargados de Negocios «ad interim» siguen el orden por el que comenzaron a sustituir al Jefe de Misión.

Siempre que un diplomático es Encargado de Negocios Interino, no se tiene en cuenta el rango que tenía, lo cual ocasiona que a veces haya un Tercer Secretario por encima de un Ministro.

Precedencia dentro de las misiones diplomáticas

El Orden de Precedencia de los diplomáticos se rige por la antigüedad y por el puesto que cada uno de ellos ocupe en la misión diplomática en la que están destinados.

Los Agregados Militares, Navales y de Aviación tienen la precedencia según su rango.

Orden de Precedencia en las Misiones diplomáticas y las Representaciones Permanentes de España en el exterior*:

1. El Jefe de Misión diplomática, el Representante Permanente, el Jefe de Delegación Permanente o el Encargado de Negocios «ad interim».
2. El Ministro Consejero, el Representante Permanente adjunto, el Jefe de Delegación Permanente adjunto o el funcionario de la Cancillería diplomática a quien corresponda la Segunda Jefatura de la Misión.
3. El Agregado de Defensa en las Misiones diplomáticas o el Consejero de Defensa en las Representaciones Permanentes.
4. Los Ministros Plenipotenciarios, el Primer Consejero de Embajada de la Cancillería diplomática y los Consejeros y Agregados Jefes de oficina sectorial, con la precedencia de los Departamentos ministeriales de los que dependan funcionalmente (que figura en el anexo 1 a esta Orden circular), y, con carácter subsidiario, la antigüedad.
5. Los restantes Consejeros de Embajada y los Secretarios de Embajada de Primera y de Segunda clase, de la Cancillería diplomática, y los Adjuntos de las Consejerías y Agregadurías sectoriales, con la misma precedencia del apartado 4.
6. Los Secretarios de Embajada de Tercera clase de la Cancillería diplomática y los Agregados, sin denominación, con la misma precedencia del apartado 4.
7. Los Agregados honorarios, por antigüedad.

Se entiende por antigüedad el superior grado, empleo, rango o categoría, así como el tiempo de su posesión o nombramiento.

En relación a los apartados 4 y 5, para la ordenación entre sí de los miembros de la Carrera Diplomática y los Generales, Almirantes, Jefes y Oficiales de las Fuerzas Armadas, de acuerdo con la práctica internacional y la tradición española, se aplicará la equiparación de grados que figura en el anexo 2 de esta Orden circular.

En relación a los apartados 4 y 5, para la ordenación entre sí de los miembros de la Carrera Diplomática y los Generales, Almirantes, Jefes y Oficiales de las Fuerzas Armadas, de acuerdo con la práctica internacional y la tradición española, se aplicará la equiparación de grados que figura en el anexo 2 de esta Orden circular.

A estas clasificaciones se puede añadir un cargo según la función como: Agregado Cultural, Consejero Financiero, etc.

En las ceremonias a las que se invita al Cuerpo Diplomático, debe preceder a otros grupos y se les otorga la precedencia según la fecha de presentación de Credenciales.

---

* Según orden circular 3.135 del 15-9-1989.

Como se ha dicho, la precedencia de los Jefes de Misión se regirá según la fecha de presentación de credenciales.

Las mujeres de los diplomáticos ostentan el mismo puesto que sus maridos y gozan de los mismos privilegios.

Equiparación de grados para la ordenación entre sí de los miembros de la Carrera Diplomática y los Generales, Almirantes, Jefes y Oficiales de las Fuerzas Armadas Españolas*:

Embajador de España	Teniente General o Almirante.
Ministro Plenipotenciario de Primera Clase	General de División o Vicealmirante.
Ministro Plenipotenciario de Segunda Clase	General de Brigada o Contraalmirante.
Ministro Plenipotenciario de Tercera Clase	Coronel o Capitán de Navío.
Consejero de Embajada	Teniente Coronel o Capitán de Fragata.
Secretario de Embajada de Primera Clase	Comandante o Capitán de Corbeta.
Secretario de Embajada de Segunda Clase	Capitán o Teniente de Navío.
Secretario de Embajada de Tercera Clase	Teniente o Alférez de Navío.

Orden de Precedencia en el Cuerpo Consular

El Cuerpo Consular siempre sigue al Cuerpo Diplomático.

Dentro del mismo Cuerpo la fecha de «execuátur» determina la antigüedad entre los principales dignatarios y normalmente el «senior» es el Decano del Cuerpo Consular.

Orden general de Precedencia en las Oficinas consulares españolas*:

1. El Cónsul General.
2. El Cónsul General adjunto.
3. Los Cónsules y los Jefes de Instituciones o Servicios en la demarcación consular con la precedencia de los Departamentos ministeriales de los que dependan funcionalmente y, con carácter subsidiario, la antigüedad.
4. Los Cónsules, Vicecónsules y Agentes Consulares Honorarios, por antigüedad.

Orden de Precedencia en España

En España, actualmente está vigente el Real Decreto 2099/1983 que regula el Orden de Precedencia. Este ordenamiento divide los actos oficiales en dos grandes grupos: los de carácter general que son los organizados por la Corona, Gobierno, Co-

---

* Según orden circular 3.135 del 15-9-1989.

munidades Autónomas o Corporaciones Locales; y los de carácter especial que son los organizados por Instituciones, Organismos y Autoridades, con ocasión de acontecimientos propios de su ámbito específico de actuación.

Los actos son presididos por la autoridad que los organice, y según los casos, ocupará lugar inmediato a la presidencia.

Con respecto al orden de colocación, la precedencia se distribuye de acuerdo a tres rangos: el personal, el departamental y el colegiado.

En un acto organizado por los Reyes o por el Gobierno, que tenga lugar en Madrid, como capital del Estado, la precedencia de autoridades según el Real Decreto 2099/1983 de 4 de agosto, Art. 10, sería:

1. El Rey o la Reina.
2. Reina consorte o Consorte de la Reina.
3. Príncipe de Asturias o Princesa de Asturias.
4. Infantes de España.
5. Presidente del Gobierno.
6. Presidente del Congreso de los Diputados.
7. Presidente del Senado.
8. Presidente del Tribunal Constitucional.
9. Presidente del Consejo General del Poder Judicial.
10. Vicepresidentes del Gobierno según su orden.
11. Ministros del Gobierno según su orden.
12. Decano del Cuerpo Diplomático y Embajadores extranjeros.
*13. Ex-Presidentes del Gobierno.
*14. Presidentes de los Consejos de Gobierno de las Comunidades Autónomas, según su orden.
15. Jefe de la Oposición.
16. Alcalde de Madrid.
17. Jefe de la Casa de su Majestad el Rey.
18. Presidente del Consejo de Estado.
19. Presidente del Tribunal de Cuentas.
20. Fiscal General del Estado.
21. Defensor del Pueblo.
22. Secretarios de Estado y Presidente de la Junta de Jefes de Estado Mayor y Jefes de Estado Mayor de los Ejércitos de Tierra, Mar y Aire.
23. Vice-Presidentes de las Mesas del Congreso de los Diputados y Senadores según orden.
24. Presidente del Consejo Supremo de Justicia Militar.
25. Delegado del Gobierno en la Comunidad Autónoma de Madrid.
26. Capitán General de la I Región Militar, Almirante Jefe de la Jurisdicción Central de Marina y Teniente General Jefe de la I Región Aérea.
27. Jefe del Cuarto Militar y Secretario General de la Casa de Su Majestad el Rey.
28. Subsecretarios y asimilados, según su orden.
29. Secretarios de las Mesas del Con-

---

* Posteriormente, el 20 de noviembre de 1986, fue modificado mediante una Sentencia del Tribunal Supremo, de la Sala de lo Contencioso Administrativo, en la cual se altera el orden entre 13 y 14. Los Presidentes de los Consejos de Gobierno de las Comunidades Autónomas, según su orden, pasan por delante de los Ex-Presidentes del Gobierno.

greso de los Diputados y del Senado, según su orden.

30. Presidente de la Asamblea Legislativa de la Comunidad Autónoma de Madrid.

31. Encargados de Negocios Extranjeros acreditados en España.

32. Presidente del Instituto de España.

33. Jefe de Protocolo del Estado.

34. Directores Generales y asimilados, según su orden.

35. Consejeros de Gobierno de la Comunidad Autónoma de Madrid.

36. Miembros de la Asamblea Legislativa de la Comunidad Autónoma de Madrid.

37. Presidente y Fiscal del Tribunal Superior de Justicia de la Comunidad Autónoma de Madrid.

38. Diputados y senadores por Madrid.

39. Rectores de Universidades con sede en Madrid, según antigüedad de la Universidad.

40. Gobernador Militar de Madrid.

41. Tenientes de Alcalde del Ayuntamiento de Madrid.

Por Instituciones, la ordenación en los actos oficiales de carácter general celebrados en Madrid según Art. 12 es el siguiente:

1. Gobierno de la Nación.

2. Cuerpo Diplomático Extranjero acreditado en España.

3. Mesa del Congreso de los Diputados.

4. Mesa del Senado.

5. Tribunal Constitucional.

6. Consejo General del Poder Judicial.

7. Tribunal Supremo.

8. Consejo de Estado.

9. Tribunal de Cuentas.

10. Presidencia del Gobierno.

11. Ministerios según su orden.

12. Instituto de España y Reales Academias

13. Consejo de Gobierno de la Comunidad Autónoma de Madrid.

14. Asamblea Legislativa de la Comunidad Autónoma de Madrid.

15. Tribunal Superior de Justicia de Madrid.

16. Ayuntamiento de Madrid.

17. Claustro Universitario.

La precedencia de los departamentos Ministeriales según el Real Decreto 1173/1993 de 13 de julio.

Presidencia del Gobierno.

Vicepresidencia del Gobierno.

1. Ministerio de Asuntos Exteriores.

2. Ministerio de Justicia.

3. Ministerio de Defensa.

4. Ministerio de Economía y Hacienda.

5. Ministerio del Interior.

6. Ministerio de Obras Públicas, Transporte y Medio Ambiente.

7. Ministerio de Educación y Ciencia.
8. Ministerio de Trabajo y Seguridad Social.
9. Ministerio de Industria y Energía.
10. Ministerio de Agricultura, Pesca y Alimentación.
11. Ministerio de la Presidencia.

12. Ministerio para las Administraciones Públicas.
13. Ministerio de Cultura.
14. Ministerio de Sanidad y Consumo.
15. Ministerio de Asuntos Sociales.
16. Ministerio de Comercio y Turismo.

La precedencia interna de los altos cargos de la Presidencia del Gobierno se determinará por dicha Presidencia.

La ordenación de los Ministros, Secretarios de Estado, Subsecretarios, Directores Generales o sus asimilados, será según el orden del Ministerio. Mientras que la ordenación de autoridades dependiente de un mismo Ministerio se hará por el Ministerio respectivo.

En los actos en territorio propio de una Comunidad, según el Art. 12 regirá la precedencia siguiente:

1. Rey o Reina.
2. Reina consorte y Consorte de la Reina.
3. Príncipe o Princesa de Asturias.
4. Infantas de España.
5. Presidente del Gobierno.
6. Presidente del Congreso.
7. Presidente del Senado.
8. Presidente del Tribunal Constitucional.
9. Presidente del Cons. Gral. del Poder Judicial.
*10. Vicepresidentes del Gobierno, según su orden.
*11. Presidente de la Comunidad Autónoma.
12. Ministros del Gobierno, según su orden.
13. Decano del Cuerpo Diplomático y Embajadores Extranjeros, acreditados en España.
14. Ex-Presidentes del Gobierno.

15. Presidentes de otras Comunidades Autónomas.
16. Jefe de la Oposición.
17. Presidente de la Asamblea Legislativa de la Comunidad Autónoma.
18. Delegado del Gobierno en la Comunidad Autónoma.
19. Alcalde del Municipio del lugar.
20. Jefe de la Casa de Su Majestad el Rey.
21. Presidente del Consejo de Estado.
22. Presidente del Tribunal de Cuentas.
23. Fiscal General del Estado.
24. Defensor del Pueblo.
25. Secretarios de Estado, según su orden, y Presidente de la Junta de Jefes de E. M. y Jefes de E. M. de los Ejércitos de Tierra, Mar y Aire.
26. Vicepresidentes de las Mesas del

* Por la misma Sentencia —nota de la pág. 275— el Presidente de la Comunidad Autónoma pasa al lugar décimo y el Vicepresidente al undécimo, a continuación van los Ministros.

Congreso y del Senado, según su orden.

27. Presidente del Cons. Supremo de Justicia Militar.

28. Capitán General de la Región Militar, Capitán General y Comandante General de la Zona Marítima, Jefe de la Región o Zona Aérea y Comandante General de la Flota, según su orden.

29. Jefe del Cuarto Militar y Secretario General de la Casa de su Majestad el Rey.

30. Consejeros de Gobierno de la Comunidad Autónoma, según su orden.

31. Miembros de la Mesa de la Asamblea Legislativa de la Comunidad Autónoma.

32. Presidente y Fiscal del Tribunal Superior de Justicia de la Comunidad Autónoma.

33. Subsecretarios y asimilados, según su orden.

34. Secretarios de las Mesas del Congreso y del Senado, según su orden.

35. Encargados de Negocios Extranjeros acreditados en España.

36. Presidente del Instituto de España.

37. Jefe del Protocolo del Estado.

38. Gobernador Civil de la Provincia, donde se celebre el acto.

39. Presidente de la Diputación provincial, Mancomunidad o Cabildo Insular.

40. Directores Generales y asimilados, según su orden.

41. Diputados y Senadores por la provincia donde se celebre el acto.

42. Rectores de Universidad en cuyo distrito tenga lugar el acto, según la antigüedad de la Universidad.

43. Delegado Insular del Gobierno, en su territorio.

44. Presidente de la Audiencia Territorial o Provincial.

45. Gobernador Militar y Jefes de los Sectores Naval y Aéreo.

46. Tenientes de Alcalde del Ayuntamiento del lugar.

47. Comandante Militar de la plaza, Comandante o Ayudante Militar de Marina y Autoridad Aérea Local.

48. Representantes Consulares extranjeros.

La precedencia en los actos organizados en la Comunidad Autónoma, según el Art. 16 será la siguiente:

1. Gobierno de la Nación.

2. Cuerpo Diplomático acreditado en España.

3. Consejo de Gobierno de la Comunidad Autónoma.

4. Mesa del Congreso.

5. Mesa del Senado.

6. Tribunal Constitucional.

7. Consejo General del Poder Judicial.

8. Tribunal Supremo de Justicia.

9. Asamblea Legislativa de la Comunidad Autónoma.

10. Consejo de Estado.

11. Tribunal de Cuentas.

12. Tribunal Superior de Justicia de la

Comunidad Autónoma, según su orden.

13. Ayuntamiento de la localidad.

14. Presidencia del Gobierno.

15. Ministerios, según su orden.

16. Consejerías de Gobierno de la Comunidad Autónoma, según su orden.

17. Instituto de España y Reales Academias.

18. Gobierno Civil de la Provincia.

19. Diputación Provincial, Mancomunidad o Cabildo Insular.

20. Audiencia Territorial o Provincial.

21. Claustro Universitario.

22. Representaciones Consulares extranjeras.

Orden de Precedencia de las Comunidades Autónomas.

Ley orgánica

País Vasco	3/79 de 18 de diciembre	B.O.E. 22-12-79
Catalunya	4/79 de 18 de diciembre	B.O.E. 22-12-79
Galicia	1/81 de 6 de abril	B.O.E. 28-4-81
Andalucía	6/81 de 30 de diciembre	B.O.E. 11-1-82
Asturias	7/81 de 30 de diciembre	B.O.E. 11-1-82
Cantabria	8/81 de 30 de diciembre	B.O.E. 11-1-82
La Rioja	3/82 de 9 de junio	B.O.E. 19-6-82
Murcia	4/82 de 9 de junio	B.O.E. 19-6-82
Comunidad Valenciana	5/82 de 1 de julio	B.O.E. 10-7-82
Aragón	8/82 de 10 de agosto	B.O.E. 16-8-82
Castilla-La Mancha	9/82 de 10 de agosto	B.O.E. 16-8-82
Canarias	10/82 de 10 de agosto	B.O.E. 16-8-82
Navarra	13/82 de 10 de agosto	B.O.E. 16-8-82
Extremadura	1/83 de 25 de febrero	B.O.E. 26-2-83
Baleares	2/83 de 25 de febrero	B.O.E. 1-3-83
Madrid	3/83 de 25 de febrero	B.O.E. 1-3-83
Castilla-León	4/83 de 25 de febrero	B.O.E. 2-3-83

La Casa Real, por orden de S. M. el Rey, comunicará oportunamente a la Jefatura de Protocolo del Estado los miembros de la Familia Real que asistan a cada acto oficial, a efectos de su colocación, de acuerdo con el orden general de precedencias.

El alto personal de la Casa de S. M. el Rey, cuando acompaña a SS. MM. los Reyes en actos oficiales, se situará en un lugar especial y adecuado de acuerdo con las características y circunstancias de cada caso; sin interferir en el orden general de Precedencias han de tener la proximidad necesaria a las Reales Personas para poder cumplir, cerca de ellas, la misión que les corresponde.

Los Embajadores de España en ejercicio que asistan en función de su cargo, a los actos en que se encuentren presentes los Jefes de Estado Extranjeros ante quienes estén acreditados, o los miembros de sus gobiernos, se colocarán inmediatamente a continuación del lugar señalado en este ordenamiento para los Ex-Presidentes del Gobierno.

En los Actos Generales a los que asistan varios Presidentes de Comunidades Autónomas, el orden de colocación estará de acuerdo con la fecha oficial de su nombramiento.

El actual decreto vigente en España se limita a contemplar el orden de precedencia de las autoridades, sin incluir a las personalidades que a veces pueden tener un alto rango.

Conviene recordar que la bandera de España deberá ondear en el exterior y ocupar el lugar preferente en el interior de todos los edificios y establecimientos de la Administración Central, Institucional, Autonómica, Provincial o Insular y Municipal del Estado.

El Orden de Precedencia en la República Federal de Alemania

1. Orden de Precedencia individual

En Alemania no existe ningún Orden de Precedencia oficial establecido con carácter obligatorio. Sin embargo, cuando se trata de actos oficiales de Estado, el Ministerio Federal del Interior, en principio competente para este tema, viene aplicando un Orden de Precedencia que por regla general se considera como Orden de Precedencia oficial y que es el siguiente:

El Presidente Federal.

Soberanos, Jefes de Estados extranjeros (incluidos los miembros de las casas imperiales y reales reinantes).

Jefes de Gobierno de Estados extranjeros.

El Canciller Federal (cede el paso al Presidente Federal cuando aparecen conjuntamente).

El Presidente del Parlamento Federal Alemán.

El Presidente del Consejo Federal.

El Presidente del Tribunal Federal Constitucional.

El Decano del Cuerpo Diplomático.

Los Embajadores extranjeros, por orden de la entrega de sus credenciales.

Los Jefes de Gobierno adjuntos de Estados extranjeros.

Antiguos Presidentes Federales.

El Presidente de la Conferencia Episcopal Alemana y el Presidente del Consejo de la Iglesia Evangélica de Alemania, por turnos según antigüedad.

El Presidente del Consejo Central de los Judíos.

El Secretario General de las Naciones Unidas.

El Secretario General de la OTAN.

El Presidente del Parlamento Europeo.

El Presidente de la Asamblea Consultiva del Consejo de Europa.

El Presidente del Consejo de las Comunidades Europeas.

El Presidente de la Comisión de las Comunidades Europeas.

Antiguos Cancilleres Federales.

Antiguos Presidentes del Parlamento Federal Alemán.

Antiguos Presidentes del Tribunal Federal Constitucional.

Los Ministros que actúan de Jefes de Misión permanentes.

Los Ministros Federales, según su orden de precedencia oficial.

Los Primeros Ministros de los Estados Federados, por antigüedad (preceden en los Estados Federados a los Ministros Federales).

Los Cardenales.

Los Comisarios de la C.E.

El Secretario General del Consejo de Europa.

Los Presidentes de los grupos parlamentarios del Parlamento Federal Alemán, por orden de importancia.

Los Presidentes de los partidos representados en el Parlamento Federal Alemán, por orden alfabético de los partidos.

Los Vicepresidentes del Parlamento Federal Alemán.

Los Presidentes de los Parlamentos de los Estados Federados y el Presidente del Senado de Baviera, por orden alfabético de los Estados Federados.

El Vicepresidente del Tribunal Federal Constitucional.

Arzobispos, Obispos territoriales protestantes, Obispos, Superintendentes territoriales, Rabinos territoriales, por orden alternativo de las comunidades de fieles.

El Presidente del Banco Federal Alemán.

Los Ministros de los Estados Federados, por orden alfabético de estos últimos.

El Coordinador de la Cooperación Germano-Francesa.

Presidentes adjuntos de los grupos parlamentarios del Parlamento Federal Alemán, por orden alfabético de los partidos.

Presidentes de las Comisiones del Parlamento Federal Alemán.

Presidentes adjuntos de los partidos representados en el Parlamento Federal Alemán.

Antiguos Ministros Federales, según edad y alternando con Antiguos Primeros Ministros de los Estados Federados.

El Presidente del Tribunal Federal de Cuentas.

Ministros Adjuntos de la Federación.

Secretarios de Estado Parlamentarios de la Federación.

Secretarios de Estado de la Federación.

Secretarios de Estado de los Estados Federados con voz y voto en el Gobierno.

El Canciller de la Orden «Pour le Mérite».

Presidentes de la Federación de Industrias Alemanas, de la Asociación Patronal, de la Asociación de las Cámaras de Comercio e Industria Alemanas, Presidentes de la Federación Alemana de Sindicatos, Presidentes de la Asociación de Agricultores Alemanes y de otras grandes asociaciones profesionales análogas, por orden de antigüedad.

Condecorados con la Gran Cruz de 1ª. Clase de la Orden del Mérito de la República Federal de Alemania, según fecha de concesión.

Presidentes del Tribunal Federal Supremo.

Jueces del Tribunal Federal Constitucional.

Miembros del Parlamento Federal Alemán y del Parlamento Europeo, por orden alternativo.

Representantes de las Confederaciones Comunales.

El Presidente del Instituto Federal del Trabajo.

El Jefe del Estado Mayor de las Fuerzas Armadas Federales.

El Delegado para Asuntos Militares del Parlamento Federal Alemán.

El Presidente Primero de los Ferrocarriles Federales Alemanes.

El Presidente del Consejo de Administración de los Ferrocarriles Federales Alemanes.

El Presidente del Consejo de Administración de Correos y Telecomunicaciones de la República Federal de Alemania.

Presidentes de los Tribunales Constitucionales de los Estados Federados.

Presidentes de los grupos parlamentarios de los partidos representados en los Parlamentos regionales.

Presidentes regionales de los partidos representados en las Asambleas regionales.

Vicepresidentes de los Parlamentos regionales.

Presidentes adjuntos de los grupos parlamentarios de los partidos representados en los Parlamentos regionales.

Miembros de la Junta Directiva del Banco Federal Alemán.

Director en el Parlamento Federal Alemán.

El Director del Consejo Federal.

Secretarios de Estado de los Estados Federales.

Generales, Almirantes.

Directores Generales de la Federación.

Diputados de los Parlamentos regionales.

Miembros del Senado de Baviera.

2. Orden de Precedencia de las Instituciones

Al lado del Orden de Precedencia individual se ha venido imponiendo el siguiente Orden de Precedencia de las Instituciones:

— El Presidente Federal.
— El Parlamento Federal Alemán.
— El Consejo Federal.
— El Gobierno Federal.
— El Tribunal Federal Constitucional.

  Los Jefes de Misiones Diplomáticas, por orden de la entrega de sus credenciales,

  Los representantes supremos de las comunidades religiosas.

— Los representantes de los partidos representados en el Parlamento Federal Alemán.

— Los representantes de los Parlamentos regionales/ciudadanos.

— Los representantes del Senado de Baviera.

— Los Gobiernos de los Estados Federados.

— Los Jefes y Jefes adjuntos de las Autoridades Federales supremas y Directores de otras instituciones de la Federación con

rango de Secretarios de Estado.
El Canciller de la Orden «Pour le Mérite».

Los representantes supremos de las Confederaciones Comunales.

3. Los Ministros Federales según su Orden de Precedencia (vigente en febrero 1993)

El Canciller Federal.
El Ministro Federal de Relaciones Exteriores.
El Ministro Federal de Interior.
El Ministro Federal de Justicia.
El Ministro Federal de Hacienda.
El Ministro Federal de Economía.
El Ministro Federal de Alimentación, Agricultura y Bosques.
El Ministro Federal de Trabajo y Asuntos Sociales.
El Ministro Federal de Defensa.
El Ministro Federal de Familia y Tercera Edad.
El Ministro Federal de la Mujer y Juventud.
El Ministro Federal de Sanidad.
El Ministro Federal de Transportes.

El Ministro Federal del Medio Ambiente, Protección de la Naturaleza y Seguridad Nuclear.
El Ministro Federal de Correos y Telecomunicaciones.
El Ministro Federal de Ordenación del Territorio, Construcción y Urbanismo.
El Ministro Federal de Investigación y Tecnología.
El Ministro Federal de Educación y Ciencia.
El Ministro Federal de Cooperación Económica y Desarrollo.
El Ministro Federal Encargado de Misiones Especiales.

Orden de Precedencia en Arabia Saudí

El Orden de Precedencia en Arabia Saudí se puede considerar en tres grupos, prevaleciendo en ellos la tradición.

I *La Familia Real*

El orden de precedencia se establece por edad. El Rey puede ser precedido por un tío suyo, mayor, tenga o no cargo oficial. Este principio se mantiene en los actos oficiales.

Las mujeres van aparte, precedidas por la mujer del Rey y manteniendo ese mismo principio en los actos oficiales. En los actos familiares la precedencia para la mujer, dentro de la Familia Real, también se establece por edad.

II Los Miembros del Gabinete del Gobierno

La precedencia queda establecida según la fecha en la que se ocupa el puesto, por orden de antigüedad.

Siempre que algún miembro de la Familia Real ocupe un cargo, precederá a los demás según el orden de precedencia indicado en *I*.

El Jefe de Protocolo tiene rango de Ministro, ocupa el puesto a continuación de los Ministros, aunque no es Ministro del Consejo.

III El Consejo de Educación Superior y Universidades

Está presidido por el Ministro de Educación Superior. Los miembros de este Consejo siguen el orden de precedencia según sus cargos y nombramientos.

Orden de Precedencia en Australia

Vice-Real

Gobernador General.

Administrador en ausencia del Gobernador General.

Gobernadores de los Estados.

Parlamentarios en la Commonwealth

Presidente del Senado.

Presidente o Portavoz de la Cámara de Representantes.

Senadores.

Justicia

Presidente del Tribunal Supremo.

Jueces.

Presidente del Tribunal Industrial de la Commonwealth.

Jueces.

Presidente y Vicepresidente de la Comisión de Conciliación y Arbitraje de la Commonwealth.

Juez del Tribunal Federal de Quiebra.

Juez del Tribunal Supremo del Territorio de la Capital de Australia.

Juez del Tribunal Supremo del Territorio Norte.

Cuerpo Diplomático

Alto Comisario.

Embajador.

Ministros.

Encargados de Negocios.

Gobiernos Estatales, Territoriales y Locales

Premier de...

Miembros de un Consejo Legislativo.

Miembros de una Asamblea Legislativa.

Administrador de un Territorio o Provincia.

Alcalde —Lord Mayor— de Sidney, Hobart y Brisbane.

Alcalde de Melbourne.

Alcalde de Adelaide y Perth.

Alcalde de Newcastle y Wollongong.

Alcaldesas de las Capitales Newcastle y Wollongong.

Alcaldes de otras ciudades.

Alcaldesas de otras ciudades.

Autoridades Eclesiásticas en Australia

Iglesia de Inglaterra en Australia
Arzobispo.
Obispo de Diócesis.
Obispo Auxliar.
Deán.
Archidiácono.
Canónigo.
Sacerdote Diácono.

Iglesia Católica
Cardenal.

Arzobispo.
Obispo.
Obispo Auxiliar.
Monseñor.
Sacerdote.

Autoridades Académicas
Rector de la Universidad.
Vicerrectores.
Profesores.
Doctores.

Orden de Precedencia en Austria

Personalidades de la vida pública y del Gobierno

Presidente de la República Federal.
Cardenal de Viena.
Canciller Federal.
Presidente del Congreso de los Diputados.
Vicecanciller, Ministro Federal de Finanzas.
Ministro Federal de Justicia.
Ministro Federal de Defensa.
Ministro Federal de Ciencia y de Investigación.
Ministro Federal de Comercio y de Industria.
Ministro Federal de Educación y Arte.
Ministro Federal del Interior.
Ministro Federal de Agricultura y Forestales.
Ministro Federal de Servicios Sociales.
Ministro Federal de Asuntos Exteriores.
Ministro Federal de Transportes.
Ministro Federal de la Salud y Medio Ambiente.
Ministro Federal de la Construcción.
Ministros de Estado en la Cancillería Federal.
Embajadores Extranjeros.

Directores Generales de Organismos Internacionales.
Presidente del Senado.
Presidente de los Tribunales Supremos.
Gobernadores Civiles.
Secretarios de Estado.
Defensores del Pueblo.
Vicepresidentes del Parlamento.
Jefes de los Grupos Parlamentarios.

Consejo Nacional: Cámara de los Diputados
Primer Presidente.
Segundo Presidente.
Tercer Presidente.

Consejo Federal
Cámara de los Diputados.
Presidente.
Diputado Presidente.

Tribunal de Cuentas
Presidente.
Vicepresidente.

Tribunal Constitucional
Presidente.
Vicepresidente.

Tribunal Administrativo
Presidente.
Vicepresidente.

Tribunal Supremo de Justicia
Presidente.
Vicepresidente.

Defensores del Pueblo

Gobernadores de los Estados
Burgenland.
Carintia.
Baja Austria.
Salzburgo.
Stiria.
Tirol.
Vorarlberg.
Viena.

Gabinete del Presidente de la República
Presidente de la República.
Director General del Gabinete.
Diputado Director General del Gabinete.
Director del Servicio de Información y Gabinete de Prensa.
Consejero.
Ayudante de Campo del Presidente de la República.
Consejeros.

Cancillería Federal
Canciller Federal.
Secretaría del Canciller Federal.
Jefe de la Secretaría Personal.
Consejero de Legación.
Vicecanciller.

Ministerios de Estado

DIVISION I: Servicios centrales
Director General.
Director.
Consejeros.

DIVISION II: Administración Personal
Director General.

DIVISION III: Gabinete del Servicio de Prensa Federal
Director General.

DIVISION IV: Coordinación Económica e Industrias Nacionalizadas
Director General.

DIVISION V: Servicio de Ley Constitucional
Director General.

Orden de Precedencia en Bélgica

Después del Rey y los miembros de la Familia Real

1. Cardenales.
2. Nuncio apostólico. Decano del Cuerpo Diplomático*.

---

(1) Por orden de edad.
(2) Por orden de antigüedad del Presidente (A. R. 16 de febrero de 1984).
(3) Los miembros de los ejecutivos se clasifican entre ellos por el siguiente orden: los primeros clasificados de cada ejecutivo son los cinco primeros, los segundos clasificados de cada ejecutivo son los cinco siguientes y así sucesivamente.

3. Presidente del Parlamento Europeo*.

4. Presidentes del Senado y de la Cámara de Representantes (1).

5. Presidente y miembros del Consejo de Ministros de las Comunidades Europeas a nivel de Jefes de Estado y del Gobierno.

6. Primer Ministro.

7. Vice-Primeros Ministros.

8. Presidentes y Miembros del Consejo de Ministros de las Comunidades Europeas*.

9. Ministro de Asuntos Exteriores (si hay presencia de diplomáticos extranjeros).

10. Presidente de la Comisión de las Comunidades Europeas (alternando el 1º de sept. cada año)*.

   Presidente de la Asamblea de la OTAN - Secretario General de la OTAN.

11. Ministros con cartera extranjeros*.

12. Ministros con cartera belgas.

13. Embajadores extranjeros (acreditados en Bélgica)*.

14. Presidente de la Corte Internacional de Justicia, La Haya*.

15. Presidente de la Corte de Justicia de las Comunidades Europeas*.

16. Primer Presidente y Procurador general de Casación - Presidente de Arbitraje (2).

17. Los Presidentes del Vlaamse Raad, del Consejo de la Comunidad francesa, Rat der Deutschprachigen Gemeinschaft, del Consejo regional valón y del Consejo de la Región Bruselas-capital (1).

18. Vicepresidentes y Miembros de Comisión de las Comunidades Europeas o de los Grandes Organismos Internacionales.

19. Presidentes de los Ejecutivos (1).

20. Gran Mariscal de la Corte.

21. Miembros de los Ejecutivos de las Comunidades y Regiones (3).

22. Los Secretarios de Estado nacionales.

23. Los Secretarios de Estado del Ejecutivo de la Región de Bruselas-capital.

24. Ministros de Estado.

25. Damas de Honor de la Reina.

26. Jueces de la Corte Internacional de Justicia de La Haya*.

27. Jueces, Abogados Generales de la Corte de Justicia Europea*.

28. Representantes permanentes en el Consejo de las Comunidades Europeas*.

   Representantes permanentes en la OTAN (alternativamente el 1º de septiembre).

29. Jefes de misiones en la Comunidad Europea*.

30. Primer Presidente del Consejo de Estado y Auditor general.

31. Primer Presidente del Tribunal de Cuentas.

En cada grupo de cinco, se clasifican conforme a la clasificación de sus presidentes respectivos como en (1).

Los Secretarios de Estado del ejecutivo de la Región Bruselas-capital se colocan, en cualquier caso, en último lugar.

(4) Las 4 familias de la nobleza belga con derecho a Salón Azul en el Palacio Real. Pueden ser equiparables a los Grandes de España, y gozan de determinadas preeminencias dentro de la corte belga.

(5) Miembros de las ramas no primogénitas de las 4 familias de la nobleza con derecho a Salón Azul.

(6) Siguiendo la precedencia de sus respectivos presidentes como en (1).

* Personalidades internacionales.

32. Príncipes y Duques del Salón azul (jefes de familia) (4).
33. Gran Mariscal de la Corte (honorarios).
34. Jefe de Gabinete del Rey.
35. Jefe de la Casa Militar del Rey.
36. Administrador de la lista civil.
37. Jefe de la Casa de un Príncipe real.
38. Jefe de Gabinete del Rey (honorario).
    Jefe de la Casa Militar del Rey (honorario).
    Administrador de la lista civil (honorario).
39. Presidente del Banco Europeo de Inversión*.
40. Presidente del Comité Económico y Social*.
41. Presidente del Comité Militar de la OTAN*.
42. Jefe del Estado Mayor General.
43. SACEUR - SACLANT - CINCHAN*.
44. Generales Circunscritos en su región para ceremonias no militares.
45. Primeros Presidentes del Tribunal de Apelación.
    Primeros Presidentes del Tribunal de Trabajo.
46. Procuradores Generales en el Tribunal de Apelación.
47. Primer Presidente de la Corte Militar.
48. Auditor General de la Corte Militar.
49. Jefes de Estado Mayor y Comd Gd (por orden de antigüedad).
50. Representantes Militares permanentes del Comité Militar y jefes de misiones militares en la OTAN (Mil Rep)*.
51. Comd General Misión de Unión de la OTAN*.
52. Arzobispo de Malinas (si no es Cardenal).
53. Embajadores extranjeros (acreditados en el extranjero)*.
54. Secretario general del Ministro de Asuntos Extranjeros revestido con el título de Embajador y Embajadores belgas en función si hay presencia de diplomáticos extranjeros.
55. Maestro de Ceremonias de la Corte.
56. Jefe de Gabiente del Príncipe de Lieja.
57. Maestro de Ceremonias de la Corte (honorario).
58. Ayundantes de Campo del Rey.
59. Generales y Almirantes ejerciendo en el SHAPE*.
    —«Depuy SACEUR».
    —Jefe del Estado Mayor.
60. Gobernadores de las Provincias.
    Vicegobernador de la Provincia de Bravante.
61. Primer Vicepresidente del Consejo de la Región de Bruselas-Capital.
62. Presidentes de las comisiones comunitarias de Bruselas.
63. Presidentes de los consejos provinciales.
64. Presidente de la Audiencia aparte de la sede de un tribunal de apelación, durante el período de la sesión.
65. Comandantes militares de provincia en sus respectivas provincias para las ceremonias no militares.
66. Obispos.
67. Encargados de negocios («ad hoc» y «ad interim»)*.
68. Jefe-adjunto del Gabinete del Rey.
69. El Comandante de los Palacios Reales.
70. Los Consejeros en el Gabinete y en el departamento del Gran Mariscal.
71. Secretario de la Reina.

72. Dama de Honor de una Princesa.
73. Ayudante de Campo de un Príncipe.
74. Obispos auxiliares.
75. Presidentes de los Consejos de Administración de las universidades.
76. Presidente del Consejo Nacional de la política científica.
77. Rectores de Universidades.
78. Administradores de Universidades.
79. Presidentes y directores de Reales Academias.
80. Príncipes y Duques del Salón azul no primogénitos (5).

Siempre que el lugar que les es atribuido, en principio, no esté por encima del de aquellas personalidades o invitados que les sobrepasen considerablemente en edad y que, si son funcionarios o miembros activos de la armada, no sean colocados antes que las personalidades pertenecientes al mismo servicio que ellos mismos y que le sobrepasen en grado o antigüedad.

81. Jefe adjunto del Gabinete del Rey (honorario).
82. Presidente del Tribunal de Primera Instancia en su jurisdicción.
83. Presidente del Tribunal de Trabajo en su jurisdicción.
84. Presidente del Tribunal del Comercio del Distrito.
85. Procurador del Rey en su jurisdicción.
86. Auditor del trabajo en su jurisdicción.
87. Auditor militar en su jurisdicción.
88. Comisario de Distrito fuera de la Capital de provincia.
89. Burgomaestre en su municipio.
90. Comandante militar del lugar en su sede para ceremonias no militares.
91. Presidente del Consistorio israelita Gran Rabino -

Presidente del Sínodo de las iglesias evangélicas y protestantes - Los Presidentes del Consejo Laico.
92. Parlamentarios - Altos Funcionarios Civiles y Cuestores.
93. Parlamentarios - antiguos Presidentes de las Cámaras Legislativas.
94. Parlamentarios - antiguos Ministros.
95. Parlamentarios - (precedencia a los Senadores).
96. Parlamentarios Europeos*.
97. Presidente, Primer Abogado General, Consejeros, Abogados Generales y «Greffier» Jefe del Tribunal de Casación (2).

Presidente y Miembros de la Corte de Arbitraje (2).
98. Los miembros del Rat der Deutschsprachigen Gemeinschaft y del Consejo de la Región Bruselas-Capital (6).
99. Presidente, Miembros y «Greffier» Jefe del Consejo de Estado.
100. Presidente y Miembros del Tribunal de Cuentas.
101. Presidente, Consejeros, Abogados Generales y «Greffier» Jefe del Tribunal de Apelación.
102. Miembros del Tribunal Militar, Presidente, Primer Abogado General, Abogados Generales, Sustitutos, «Greffier» Jefe.
103. Los Miembros del Tribunal de Trabajo, Presidente, Abogado General, Sustituto, «Greffier» Jefe.

104. Generales extranjeros al mando de un ejército*.

105. Secretarios Generales del Parlamento Europeo de los Consejos de Ministros y de la Comisión de las Comunidades Europeas*.

106. Tenientes Generales belgas, Vicealmirantes (en función).

107. Secretario del Consejo de Ministros.

108. Secretarios Generales de los Departamentos ministeriales y «Greffiers» del Senado, de la Cámara y de los Consejos de las Comunidades y Regiones.

109. Secretario permanente en el Reclutamiento.

110. Ministros plenipotenciarios belgas en función.

111. Médico del Rey.

112. Comisarios reales.

113. Directores Generales de los Grandes Organismos Internacionales*.

114. Secretario General de la Unión Económica «BENELUX»*.

115. Altos Magistrados (honorarios y eméritos).

116. Embajadores belgas (honorarios).

117. Gobernador de Provincia (honorario).

118. Comisarios Generales de las Exposiciones Internacionales.

119. Diputados Permanentes, Consejeros Provinciales y «Greffier» provincial, en sus respectivas provincias.

120. Comisario del Distrito en la capital de Provincia.

121. Burgomaestres de las Capitales de Provincia y de las grandes ciudades, fuera de sus ciudades.

122. Gobernadores del Banco Nacional.

123. Presidente de la Comisión Bancaria.

124. Presidente del Consejo de Administración de la Sociedad General.

125. Secretario del Rey (honorario).

126. Antiguos Ministros no parlamentarios.

127. Secretario de la Reina (honorario).

128. Vice-Gobernador de la Banca Nacional.

129. Director General de los Ferrocarriles y de los Ferrocarriles Vecinales.

130. Presidente del Comité Financiero y Consular Europeo.
Presidentes de los Comités Científicos y Técnicos Europeos.

131. Presidente y Secretario del Consejo Central de la Economía.

132. Vicepresidentes y Directores Generales de la Cruz Roja de Bélgica.

133. Presidente del Instituto Nacional de inválidos de guerra y
Presidente del Consejo Superior de inválidos de guerra.

134. Presidentes de las Grandes Asociaciones de Prensa.

135. Parlamentarios honorarios.

136. Directores Generales de los departamentos ministeriales.
Ministros plenipotenciarios de Primera clase en la Administración Central - Jefes de Gabinete - Jefe de Protocolo del Ministerio de Asuntos Exteriores si hay Ministro plenipotenciario de Segunda clase - Delegados de asuntos belgas en función (si hay presencia de Diplomáticos).

137. Directores ante la Comunidad Europea.

138. Tenientes - Generales - Vicealmirantes (retirados).

139. Generales - Mayor y Almirantes de División (en activo).
140. Administrador de los Bienes privados del Rey.
141. Ministros plenipotenciarios belgas de Primera clase (honorarios).
142. Ministros - Consejeros de Embajadas y Legaciones extranjeras.
143. Representantes Permanentes Adjuntos y Secretario General Adjunto de la OTAN.
144. Otros Generales en el SHAPE.
145. Cónsules Generales de carrera extranjeros.
146. Vicarios Generales.
147. Ministros Plenipotenciarios de Segunda clase en la Administración Central.
   Inspectores Generales.
   Directores de Administración.
   Cónsules Generales belgas en función.
   Jefe de Gabinete adjunto (Comisario marítimo-jefe).
148. GENMAJ y Almirantes de División retirados-honorarios.
149. Generales de Brigada y Comodoros.
150. Agregados de las Casas Reales belgas (en función).
   Oficiales de Ordenanza del Rey (en función).
   Oficiales de Ordenanza de un Príncipe Real belga (en función).
151. Ministros plenipotenciarios belgas de Segunda clase (honorarios).
152. Consejeros de Embajadas extranjeras y Agregados militares.
153. Profesores Ordinarios de Universidades seguidos de Profesores extraordinarios.
154. Secretarios permanentes y Miembros de Academias Reales.
155. Consejeros de Embajada belgas

en función y Cónsules generales honorarios.
156. Cónsules de carrera extranjeros.
157. Coroneles y Capitanes de Navío.
158. Ingeniero y Director-jefe.
159. Directores y Consejeros de Departamentos Ministeriales y Consejeros de la Embajada belga en la Administración.
160. Decano del Colegio de Abogados de la Orden de Abogados en activo.
161. Tenientes-Coroneles y Capitanes de Fragata.
162. Secretario de Embajadas de Primera clase extranjeras.
163. Secretarios de Embajada de Primera clase y Cónsules belgas en función.
164. Miembros del Tribunal de Primera Instancia.
165. Miembros del Consejo de guerra.
166. Miembros del Tribunal de Trabajo.
167. Miembros del Tribunal de Comercio.
168. Mayores y Capitanes de Corbeta.
169. Consejeros Adjuntos de los Departamentos Ministeriales y Secretarios de Embajada de Primera clase en la Administración.
170. Burgomaestre fuera de su provincia, Concejales y Consejeros.
171. Jueces de Paz y Jueces de Policía.
172. Secretarios de Embajada de Segunda clase extranjeros y Cónsules honorarios*.
173. Secretarios de Embajada de Segunda clase y Vicecónsules belgas en función.
174. Agregados de Embajadas extranjeras.
175. Oficiales subalternos.
   Secretarios de administración de los Departamentos belgas.
   Agragados de Embajada belgas en la Administración.

Orden de Precedencia en Brasil

Según Decreto del 9 de Marzo de 1972. Datos de Interés:

El Presidente de la República siempre presidirá las ceremonias a las que comparezca.

La bandera nacional puede ser utilizada en todas las ceremonias de sentimiento patriótico de los brasileños, de carácter oficial o particular.

El orden de precedencia en las ceremonias oficiales de carácter Federal celebradas en la Capital de la República es el siguiente:

1. Presidente de la República.
2. Vicepresidente de la República.
   Cardenales.
   Embajadores Extranjeros.
3. Presidente del Congreso Nacional.
   Presidente de la Cámara de los Diputados.
   Presidente del Tribunal Supremo Federal.
4. Ministros de Estado.
   Jefe del Gabinete Militar de la Presidencia de la República.
   Jefe del Gabinete Civil de la Presidencia de la República.
   Jefe del Servicio Nacional de Información.
   Jefe del Estado Mayor de las Fuerzas Armadas.
   Consultor General de la República.
   Enviados extraordinarios y Ministros Plenipotenciarios Extranjeros.
   Presidente del Tribunal Superior Electoral.
   Fiscales del Tribunal Supremo Federal.
   Procurador General de la República.
   Gobernador del Distrito Federal.
   Gobernadores de los Estados de la Unión.
   Senadores.
   Diputados Federales.
   Almirantes.
   Mariscales.
   Mariscales del Aire.
   Jefe del Estado Mayor de la Armada.
   Jefe del Estado Mayor del Ejército.
   Secretario General de Política Exterior.
   Jefe de Estado Mayor de Aeronáutica.
5. Almirantes de Escuadra.
   Generales del Ejército.
   Embajadores Extraordinarios y Plenipotenciarios.
   Ministros de Primera Clase.
   Teniente General del Aire.
   Presidente del Tribunal Federal de Recursos.
   Presidente del Tribunal Militar Superior.
   Presidente del Tribunal Superior de Trabajo.
   Ministros del Tribunal Superior Electoral.
   Encargados de Negocios Extranjeros.
6. Ministros del Tribunal Federal de Recursos.
   Ministros del Tribunal Militar Superior.
   Ministros del Tribunal Superior de Trabajo.
   Vicealmirantes.
   Generales de División.

Embajadores (Ministros de Primera Clase).
General de División del Aire.
Jefes de la Iglesia con Sede en el Brasil.
Arzobispos Católicos, o equivalentes de otras religiones.
Presidente del Tribunal de Justicia del Distrito Federal.
Presidente del Tribunal de Cuentas de la Unión.
Presidente del Tribunal Marítimo.
Directores Generales de las Secretarías del Senado Federal y de la Cámara de los Diputados.
Procuradores Generales de Justicia Militar, Justicia del Trabajo y del Tribunal de Cuentas de la Unión.
Secretarios Generales de los Ministerios.
Rectores de las Universidades Federales.
Director General del Departamento de Policía Federal.
Presidente del Banco Central de Brasil.
Presidente del Banco de Brasil.
Presidente del Banco Nacional de Desarrollo Económico.
Presidente del Banco Nacional de la Vivienda.
Secretario de la Recaudación Federal.
Ministros del Tribunal de Cuentas de la Unión.
Jueces del Tribunal Superior de Trabajo.
Subprocuradores Generales de la República.
Personalidades inscritas en el Libro de Mérito.
Alcaldes de las ciudades de más de un millón de habitantes.
Presidente de la Caja Económica Federal.
Ministros Consejeros Extranjeros.

Agregados Militares Extranjeros.
7. Contraalmirantes.
Generales de Brigada.
Embajadores Comisionados o Ministros de Segunda Clase.
General de Brigada del Aire.
Vicegobernadores de los Estados de la Unión.
Presidentes de las Asambleas Legislativas de los Estados de la Unión.
Presidentes de los Tribunales de Justicia de los Estados de la Unión.
Director General del Departamento Administrativo de Personal Civil.
Jefe del Gabinete de la Vicepresidencia de la República.
Subjefes de los Gabinetes Militar y Civil de la Presidencia de la República.
Asesor Jefe de la Asesoría Especial de la Presidencia de la República.
Asesor Jefe de la Asesoría Especial de Relaciones de la Presidencia de la República.
Secretarios Particulares del Presidente de la República.
Secretario de Prensa de la Presidencia de la República.
Director General de la Agencia Nacional.
Presidente de la Central de Medicamentos.
Jefe del Gabinete de la Secretaría General del Consejo de Seguridad Nacional.
Jefe del Gabinete del Servicio Nacional de Informaciones.
Jefe del Gabinete del Estado Mayor de las Fuerzas Armadas.
Jefe de la Agencia Central del Servicio Nacional de Informaciones.

Jefes de los Gabinetes de los Ministros de Estado.

Presidente del Consejo Nacional de Investigación.

Presidente del Consejo Federal de Educación.

Presidente del Consejo Federal de Cultura.

Gobernadores de los Territorios.

Canciller de la Orden Nacional del Mérito.

Presidente de la Academia Brasileña de Letras.

Presidente de la Academia Brasileña de Ciencias.

Presidente de la Asociación Brasileña de Prensa.

Directores del Gabinete Civil de la Presidencia de la República.

Directores Generales de los Departamentos Ministeriales.

Superintendentes de Órganos Federales.

Presidentes de los Institutos y Fundaciones Nacionales.

Presidentes de los Consejos y Comisiones Federales.

Presidentes de las Entidades Autárquicas, de Sociedades de Economía Mixta y de Empresas Públicas de ámbito Nacional.

Presidentes de los Tribunales Regionales Electorales.

Presidentes de los Tribunales Regionales de Trabajo.

Presidentes de los Tribunales de Cuentas del Distrito Federal y de los Estados de la Unión.

Presidentes de los Tribunales de Alzadas de los Estados de la Unión.

Rectores de Universidades Provinciales y Privadas.

Miembros del Consejo Nacional de Investigación.

Miembros del Consejo Nacional de Educación.

Miembros del Consejo Federal de Cultura.

Secretarios de Estado del Gobierno del Distrito Federal.

Obispos Católicos o equivalentes en otras religiones.

Consejeros Extranjeros.

Cónsules Generales Extranjeros.

Agregados y Adjuntos Militares Extranjeros (Capitanes de Navío y Coroneles).

8. Presidentes de las Confederaciones Patronales y de los Trabajadores de ámbito nacional.

Consultores Jurídicos de los Ministerios.

Miembros de la Academia Brasileña de Ciencias.

Directores del Banco Central de Brasil.

Directores del Banco de Brasil.

Directores del Banco Nacional de Desarrollo Económico.

Directores del Banco Nacional de la Vivienda.

Capitanes de Navío.

Coroneles del Ejército.

Consejeros.

Coroneles de Aeronáutica.

Secretarios de Estado de los Gobiernos de los Estados de la Unión.

Diputados de los Estados.

Jefes de las Casas Militares de Gobernadores.

Jefes de las Casas Civiles de Gobernadores.

Comandantes de las Policías Militares.

Desembargadores —Magistrados— de los Tribunales de Justicia de Distrito Federal y de los Estados de la Unión.

Adjuntos a los Gabinetes Militares (Tenientes Coroneles) y Civil de la Presidencia de la República.

Procuradores Generales de Distrito Federal y de los Estados de la Unión.

Alcaldes de las Capitales de los Estados de la Unión y de las ciudades de más de 500.000 habitantes.

Primeros Secretarios Extranjeros.

Procuradores de la República en los Estados de la Unión.

Consultores Generales de Distrito Federal y de los Estados de la Unión.

Jueces del Tribunal Marítimo.

Jueces de los Tribunales Regionales de Trabajo.

Presidentes de las Cámaras Municipales en las ciudades de más de 1.000.000 de habitantes.

Agregados y Adjuntos Militares Extranjeros (Capitanes de Fragata y Tenientes Coroneles).

9. Jueces de los Tribunales de Cuentas del Distrito Federal y de los Estados de la Unión.

Jueces de los Tribunales de Audiencia Territorial y Provincial de los Estados de la Unión.

Delegados de los Ministerios en los Estados de la Unión.

Presidentes de los Institutos y Fundaciones Regionales y Provinciales.

Presidentes de las Entidades Autárquicas, Sociedades de Economía Mixta y Empresas Públicas de ámbito Regional o Provincial.

Monseñores Católicos o equivalentes en otras Religiones.

Capitanes de Fragata.

Tenientes Coroneles del Ejército.

Primeros Secretarios.

Tenientes Coroneles de Aeronáutica.

Ayudantes de Órdenes del Presidente de la República («Mayores»).

Adjuntos del Gabinete Militar de la Presidencia de la República («Mayores»).

Jefes de los Servicios del Gabinete Militar de la Presidencia de la República («Mayores»).

Adjuntos de los Servicios del Gabinete Militar de la Presidencia de la República («Mayores»).

Presidentes de las Federaciones Patronales y de los Trabajadores de ámbito Regional o Provincial.

Presidentes de las Cámaras Municipales de las Capitales de los Estados de la Unión y de las ciudades de más de 500.000 habitantes.

Jueces de Derecho.

Procuradores Regionales del Trabajo.

Directores de Reparticiones Federales.

Auditores de la Justicia Militar.

Auditores del Tribunal de Cuentas.

Promotor Fiscal del Estado.

Procuradores Adjuntos de la República.

Directores de las Facultades Provinciales y Privadas.

Segundos Secretarios Extranjeros.

Cónsules Extranjeros.

Agregados y Adjuntos Militares Extranjeros (Capitanes de Corbeta y Mayores).

10. Oficiales de Gabinete del Gabinete Civil de la Presidencia de la República.

Jefes de Departamento de las Universidades Federales.

Directores de División de los Ministerios.

Alcaldes de las ciudades de más de 100.000 habitantes.
Capitanes de Corbeta.
Mayores del Ejército.
Segundos Secretarios.
Mayores de Aeronáutica.
Ayudantes de Órdenes del Presidente de la República (Capitanes).
Adjuntos de los Servicios del Gabinete Militar de la Presidencia de la República (Capitanes).
Secretarios Generales de los Territorios.
Directores de Departamento de las Secretarías de Distrito Federal y de los Estados de la Unión.
Presidentes de los Consejos de Estado.
Jefes de Departamento de las Universidades Estatales y Privadas.

Presidentes de las Cámaras Municipales de las ciudades de más de 100.000 habitantes.
Terceros Secretarios Extranjeros.
Agregados y Adjuntos Militares Extranjeros (Capitanes).
11. Profesores de Universidades.
Alcaldes Municipales.
Canónigos Católicos o equivalentes de otras religiones.
Capitanes Tenientes.
Capitanes del Ejército.
Terceros Secretarios.
Capitanes de Aeronáutica.
Presidentes de las Cámaras Municipales.
Directores de Secciones del Distrito Federal, de los Estados de la Unión y Territoriales.
Directores de Escuela de Enseñanza Secundaria.
Concejales en las Capitales de los Estados.

El Orden de Precedencia en las ceremonias oficiales que se celebren en los Estados de la Unión con la asistencia de autoridades Federales, sigue el mismo orden con ligeras variaciones. El Gobernador del Estado donde se celebra la ceremonia ocupa el lugar entre el Vicepresidente de la República y los Cardenales, así como otras autoridades estatales que también suben en el orden de precedencia.

El Orden de Precedencia en las ceremonias oficiales de carácter estatal está encabezado por el Gobernador del Estado en el que tiene lugar.

Orden de Precedencia en Canadá

1. El Gobernador General o Administrador (Observación 1).
2. El Primer Ministro de Canadá (Observación 2).
3. El Jefe de Justicia de Canadá.
4. El Portavoz del Senado.
5. El Portavoz de la Cámara de los Comunes.
6. Embajadores, Altos Comisarios, Ministros Plenipotenciarios (Observaciones 3 y 4).
7. Los Ministros del Gobierno por orden de precedencia según la fecha de sus nombramientos por el Consejo Privado de la Reina en Canadá.
8. El Líder de la Oposición (Observación 2).

9. Gobernador Militar de:
   Ontario.
   Quebec.
   Nueva Escocia.
   Nueva Bunswick.
   Manitoba.
   Columbia Británica.
   La Isla del Príncipe Eduardo.
   Saskatchewan.
   Alberta.
   Newfoundland (Observación 5).
10. Miembros del Consejo Privado de la Reina en Canadá, no Ministros del Gobierno, según la fecha de nombramiento para el Consejo Privado.
11. El Primado de la Iglesia Anglicana en Canadá, el Prelado de la Iglesia Católica teniendo alta precedencia relativa en esa Iglesia en Canadá y el Presidente de la Federación Baptista de Canadá o sus representantes y un representante de la religión Judía en Canadá (Observación 6).
12. Los primeros Ministros de las Provincias de Canadá en el mismo orden que los Gobernadores Militares.
13. Presidente del Tribunal Supremo de Canadá.
14. El Juez y el Juez Adjunto del Tribunal Federal de Canadá.
15. a) El Juez del Tribunal Supremo en cada Provincia y Territorio.
    b) El Juez de otros altos Tribunales de Provincias y Territoriales incluyendo el Adjunto al Juez del Tribunal de la Provincia de Quebec con precedencia dentro de las subcategorías a) y b) según la fecha del nombramiento como Juez.
16. a) Jueces de la Corte Federal de Canadá.
    b) Presidente del Tribunal Superior de Provincias y Territorios; con precedencia dentro de cada subcategoría y según la fecha de su nombramiento.
17. Miembros del Senado.
18. Miembros de la Cámara de Comunes.
19. Cónsules Generales de países sin representación Diplomática.
20. El Presidente del Departamento de Defensa.
21. Miembros de los Consejos Ejecutivos en sus Provincias.
22. Los Portavoces de las Asambleas Legislativas en sus Provincias.
23. Miembros de la Asamblea Legislativa en sus Provincias.

Observaciones.

1. La presencia de los Soberanos en Canadá no invalida o sustituye la autoridad del Gobernador General para llevar a cabo las funciones que tiene delegadas dentro del privilegio concedido. En cualquier circunstancia el Gobernador General tendrá la precedencia inmediatamente después de los Soberanos.
A los antiguos Gobernadores Generales se les dará, dentro del orden de precedencia, el lugar inmediato después del Jefe de Justicia, lo ocuparán según la fecha de su cese.
2. Inmediatamente después de los antiguos Gobernadores Generales se les otorgará lugar de precedencia a los antiguos Primeros Ministros cuyo orden dependerá de la fecha de su primera toma de posesión.

3. La precedencia entre los Embajadores y Altos Comisionarios del mismo rango, dependerá de la fecha de presentación de Credenciales.

4. Los Encargados de Negocios ocuparán el lugar inmediatamente después de los Ministros Plenipotenciarios.

5. Esta regla no se aplica a los acontecimientos Provinciales.

6. La precedencia relativa de los dignatarios Eclesiásticos de Canadá se rige por la fecha de la toma de posesión de su actual cargo y sus representantes obtendrán la misma relativa precedencia.

7 Esta precedencia se otorga al Jefe del Departamento de Defensa en aquellas ocasiones en las que tiene que llevar a cabo funciones oficiales, si no, el Jefe del Departamento de Defensa tendrá igual precedencia que los Ministros Diputados, o representantes de los Ministros, siguiendo el orden de la fecha de su toma de posesión.

La precedencia relativa al Jefe del Departamento de Defensa, Ministros Diputados, o representantes de los Ministros, y otros altos cargos oficiales se determinarán de tiempo en tiempo por el Secretario de Estado de Canadá consultando con el Primer Ministro.

Orden de Precedencia en Colombia

Según el Decreto Nº 2090 de 1952 y Nº 93 de 1962, la precedencia de los Altos Dignatarios de la República y la de los Funcionarios Nacionales, en relación a la de los Diplomáticos Extranjeros, queda establecida de la siguiente forma:

1. Presidente de la República.
2. Cardenal Arzobispo.
3. Designado a la Presidencia de la República.
4. Expresidentes de la República.
5. Decano del Cuerpo Diplomático.
6. Ministro de Relaciones Exteriores (Si hay Diplomáticos o Personalidades extranjeras).
7. Embajadores Extranjeros.
8. Presidente del Senado.
9. Presidente de la Corte Suprema de Justicia.
10. Presidente de la Cámara de Representantes.
11. Ministros de Estado por su orden:
Ministro del Gobierno.
Ministro de Relaciones Exteriores.
Ministro de Justicia.
Ministro de Hacienda.
Ministro de Agricultura y Ganadería.
Ministro de la Defensa Nacional.
Ministro de Trabajo.
Ministro de la Salud Pública.
Ministro de Desarrollo.
Ministro de Minas y Petróleos.
Ministro de Educación Nacional.
Ministro de Comunicaciones.
Ministro de Obras Públicas.
12. Secretario General de la Presidencia.
13. Comandante General de las Fuerzas Militares.
14. Secretario General del Ministerio de Relaciones Exteriores.
15. Generales y Almirantes.
16. Jefes de Estado Mayor Conjunto.
17. Mayores Generales y Vicealmirantes.
18. Comandante Ejército Nacional.
19. Comandante Armada Nacional.

20. Comandante Fuerza Aérea.
21. Director Policía Nacional.
22. Brigadieres Generales y Contraalmirantes.
23. Presidente del Consejo de Estado.
24. Ministros Plenipotenciarios Extranjeros.
25. Procurador General de la Nación.
26. Controlador General de la República.
27. Registrador del Estado Civil.
28. Presidente del Tribunal Supremo de Trabajo.
29. Gobernador de Cundinamarca, Gobernadores de Departamento, en orden alfabético, Intendente y Comisarios.
30. Arzobispos y Obispos.
31. Senadores de la República.
32. Magistrados de la Corte Suprema de Justicia.
33. Representantes a la Cámara.
34. Consejeros de Estado.
35. Alcalde Mayor de Bogotá.
36. Jefe de la Casa Militar (Coroneles).
37. Director General de Protocolo.
38. Asesor Jurídico de la Presidencia.
39. Encargados de Negocios.
40. Tenientes Coroneles y Capitanes de Fragata.
41. Secretarios de la Presidencia.
42. Ministros Consejeros.
43. Subsecretarios del Ministerio de Relaciones Exteriores.
44. Secretarios de los Ministerios.
45. Subdirector de Protocolo.
46. Jefes de Sección del Ministerio de Relaciones Exteriores.
47. Consejeros de Embajada o Legación.
48. Mayores o Capitanes de Corbeta.
49. Presidente de la Asamblea Departamental.
50. Presidente del Tribunal Superior.
51. Presidente del Concejo Municipal.
52. Subdirectores de Departamento del Ministerio de Relaciones Exteriores.
53. Primeros Secretarios de Embajada o Legación.
54. Capitanes o Tenientes de Navío.
55. Secretarios de la Gobernación.
56. Secretarios de la Alcaldía de Bogotá.
57. Asesores de Protocolo.
58. Asesores de Sección del Ministerio de Relaciones Exteriores.
59. Segundos Secretarios de Embajada o Legación.
60. Oficiales Subalternos de las Fuerzas Armadas.

Orden de Precedencia en Dinamarca

Las Reglas Danesas de rango y Orden de Precedencia son muy complicadas y se encuentran recogidas en varios Decretos y Resoluciones Reales que van desde el Real Decreto del 15-10-1746 hasta la Real Resolución del 16-12-1971.

Los miembros de la Familia Real

La Reina recibe tratamiento de Su Majestad, al igual la Reina Madre. Los Príncipes y Princesas reciben tratamiento de Su Alteza Real.

299

Categoría I

1. Primer Ministro. Presidente del Parlamento danés y demás Ministros en activo.
2. Presidente del Tribunal Supremo.
3. Caballeros de la Orden del Elefante.
4. Grandes Comendadores de la Orden del Dannebrog. Gran Chambelán de la Reina.
5. Generales. Almirantes.
6. Canciller de las Órdenes. Gran Mariscal. Tenientes Generales. Vicealmirantes.
7. Los Condes Danneskiold y sus descendientes varones.

Todas las personas de la categoría I tiene el tratamiento de Excelencia.

Categoría II

1. Los Caballeros de la Gran Cruz de la Orden de Dannebrog.
2. Los Condes que anteriormente fueron propietarios de condados feudales, y Condes que tengan participación en una fundación de sucesión establecida en relación con la transición de un condado a una propiedad libre, cuya jerarquía dependerá del orden en que fueron establecidos sus respectivos condados. Los descendientes varones de los Condes de Rosenborg.
   El Mariscal de la Corte de la Reina y el Jefe del Gabinete de la Reina. Los Embajadores Extraordinarios y Plenipotenciarios daneses del nivel salarial 40.
3. El Jefe de la Corte de la Soberana reinante.
4. Los Mariscales de la Corte y los Jefes de Palacio de la Casa Real, cuya jerarquía dependerá de la jerarquía de sus Señores. Los hijos primogénitos de los Condes Feudales cuando sean chambelanes.
5. Los Chambelanes. El Jefe del Cuerpo de Ayudantes de Campo de la Reina y el Capitán en activo del Yate de la Reina.
   Los Jueces del Tribunal Supremo. Los Presidentes de los Tribunales Territoriales, del Tribunal Marítimo y de Comercio de Copenhague y del Juzgado Municipal y de Primera Instancia de Copenhague.
   Los Subsecretarios de Estado. El Secretario Permanente de Estado del Ministerio de Relaciones Exteriores. Los Directores Generales de los Ferrocarriles Estatales y de Correos y Telégrafos. El Director de Aduanas. Los Directores de las Prisiones y los Directores de los Hospitales Psiquiátricos.
   El *Rigsombudsmand* (el Representante del Gobierno danés) en las Islas Feroe. Los Embajadores Extraordinarios y Ple-

nipotenciarios del nivel salarial 38, y los Enviados Extraordinarios y Ministros Plenipotenciarios del nivel salarial 38.

Los Mayores Generales. Los Contraalmirantes. El Médico General.

El Fiscal Jurídico General.

El Fiscal Supremo. El Jefe de la Policía Nacional.

El Director de la Defensa Civil. El Prefecto General de Copenhague. Los Prefectos de las Prefecturas en las cuales hay una Diócesis y los Gobernadores Civiles. El Director de Medicina. El Primer Alcalde de Copenhague.

El Director nombrado por la Reina del Banco Central Danés. El estadístico del Reino.

Los Obispos de la Iglesia Nacional danesa.

El Rector de la Universidad de Copenhague.

El *Landshovding* (el Representante del Gobierno danés) en Groenlandia.

6. Los Caballerizos de la Reina.

7. Los Monteros Mayores. El Maestro de Ceremonias.

11. El Confesor de S. M.

12. El Presidente del Tribunal Municipal y Partido Judicial de Aarhus.

Los Jefes de División de los Ministerios, en las Direcciones Generales de los Ferrocarriles Estatales y en Correos y Telégrafos.

El Comisionado del Ministerio del Estado danés (la Presidencia danesa).

El Contable Principal de Hacienda. El Director Gerente del Banco Hipotecario del Reino de Dinamarca que es, además, Director de la Administración de los Activos Estatales del Ministerio de Hacienda. El Comisionado del Departamento de Impuestos. El Jefe de Inspección de Cuentas de los Departamentos de Inspección de Cuentas. El Vice-Director de Aduanas. El Jefe de la Secretaría de la Defensa Civil del Ministerio del Interior. El Comisionado del Ministerio del Interior. El Director de la Secretaría del Registro de las Personas. El Comisionado de Asuntos de Racionalización del Ministerio de Economía y Presupuestos. El Director de Caminos. El Comisionado del Ministerio de Agricultura en asuntos relacionados con la exportación. Los Directores de Educación del Ministerio de Educación.

Otros Funcionarios del Servicio Exterior del nivel salarial 38. Los Embajadores Extraordinarios y Plenipotenciarios del nivel salarial 36 y los Cónsules enviados que tengan el título de Cónsul General del nivel salarial 36, todos ellos mientras presten servicios como tales o después de haberse jubilado. El Asesor del Ministerio de Relaciones Exteriores de Derecho Internacional. El Comandante de Copenhague. El Director de los Servicios de Construcción de la Defensa. El Director del Arsenal de la Marina.

El Presidente del Tribunal Territorial de Impuestos. El Director de la Imposición de Impuestos.

Los Jefes de División del Instituto Nacional de Estadística de Dinamarca.

El Director de la Policía de Copenhague.

Los Comisionados de las expropiaciones del Estado. El Director de Suministro de Agua.

El Director de Catastros. El Director de los Bosques Estatales.

El Rector de la Real Escuela Superior de Veterinaria y Agricultura.

El Viceobispo de las Islas Feroe.

El Rector de las Escuelas de Altos Estudios Técnicos de Dinamarca.

El Rector de la Universidad de Aarhus. El Rector de la Universidad de Odense. El Rector del Centro Universitario de Roskilde. El Jefe de Administración de la Administración de Construcciones de las Instituciones docentes superiores.

Las categorías de las damas

1. La Primera Dama de Cámara de la Reina tiene la categoría I-3.
2. Las Damas de Cámara de las Princesas.
3. Las Doncellas de Cámara de la Reina tienen la categoría I-4, tienen la misma categoría que las esposas de los ministros de acuerdo con la antigüedad que tengan sus esposos en esta categoría.
5. Las Damas de la Corte de la Reina.
6. Las Damas de Honor de las Princesas tiene la categoría I-4 de acuerdo con la categoría de sus Señoras.

Del 1 al 6: mientras ocupen tal puesto.

Todas las Señoras tienen la categoría que corresponda a la antigüedad y la categoría de sus esposos (Decreto del 22 de febrero de 1841).

Las descendientes femeninas de los Condes Danneskiold, tanto las casadas como las solteras tiene la categoría II-2.

Las Canonesas de la Corte del Convento de Vallo, tanto las verdaderas como las extraordinarias, tienen la categoría II-4; las demás Canonesas, tanto las verdaderas como las extraordinarias, más las hijas de los funcionarios de las dos primeras categorías de la jerarquía, tienen la categoría II-5.

La Priora del Convento de Vemmetofte tiene la categoría II-5, las Señoras de la Primera Sección tienen la categoría III-3.

Las Prioras de los Conventos de Stovringgaard y de Roskilde tienen la categoría III-3 y las Doncellas IV-3.

El Jefe de la Corte de S. M. la Reina de Dinamarca, junto con otras personas, publica cada año un libro en el que se indican y describen todas las categorías y el orden de precedencia de las personas dentro de ellas, además de las condecoraciones concedidas.

Como regla general se conservan los títulos y tratamientos después de cesar en el cargo, aunque hay muchas excepciones.

Orden de Precedencia en el Gobierno de la República del Ecuador

Presidente de la República.
Vicepresidente de la República.
Ministro de Gobierno y Política.
Ministro de Relaciones Exteriores.
Ministro de Defensa Nacional.
Ministro de Educación y Cultura.
Ministro de Obras Públicas y Comunicación.
Ministro de Recursos Naturales y Energéticos.

Ministro de Trabajo y Recursos Humanos.
Ministro de Bienestar Social.
Ministro de Finanzas y Crédito Público.
Ministro de Agricultura y Ganadería.
Ministro de Salud Pública.
Ministro de Industria, Comercio e Investigación.
Secretario General de la Administración Pública.

Orden de Precedencia en los Estados Unidos

Por regla general no hay un Orden de Precedencia fijo para las autoridades oficiales locales y de cada Estado; sin embargo, conviene tener en cuenta el tipo de acto y la categoría de todos los invitados oficiales así como cualquier matiz político.

El Alcalde de una ciudad importante puede ocupar el puesto siguiente al de un Senador de los Estados Unidos o al de un Miembro de la Cámara de Representantes, según las circunstancias que concurran.

Un Gobernador Militar en su propio Estado puede tener un puesto equivalente al de un Diputado o un Subsecretario de un Departamento Ejecutivo.

Cuando los senadores Estatales están en su propio Estado, tienen el mismo rango que los Consejeros Generales de los Departamentos Militares o incluso más altos, dependiendo del acto y otros factores.

El Orden de Precedencia en los Estados Unidos es el siguiente:

1. El Presidente de los Estados Unidos.
2. Vicepresidente de los Estados Unidos.
   Gobernador del Estado cuando es en el suyo.
3. Portavoz de la Cámara de Representantes.

Presidente del Tribunal Supremo.
Antiguos Presidentes de los Estados Unidos.
Embajadores Norteamericanos en activo.
4. Secretario de Estado.
5. Embajadores Extraordinarios y Plenipotenciarios de países

extranjeros acreditados en los Estados Unidos según la fecha de presentación de Credenciales.

6. Viudas de antiguos Presidentes.

7. Ministros de países extranjeros acreditados en los Estados Unidos según la fecha de presentación de credenciales.

8. Jueces del Tribunal Supremo, según antigüedad.

Presidentes del Tribunal Supremo Jubilados.

Jueces del Tribunal Supremo Jubilados (Si dimiten no tienen rango).

9. Los Miembros del Gabinete del Gobierno, excepto el Secretario de Estado, según la fecha de creación del Departamento:

Secretario de Hacienda.

Secretario de Defensa.

Fiscal.

Secretario del Interior.

Secretario de Agricultura.

Secretario de Comercio.

Secretario de Trabajo.

Secretario de Salud, Educación y Bienestar.

Secretario de la Vivienda y Desarrollo Urbano.

Secretario de Transportes.

Representante de los Estados Unidos ante las Naciones Unidas.

Director del Departamento de Administración y Presupuestos.

10. Presidente del Senado.

Senadores en servicio activo, según antigüedad, y con la misma por orden alfabético.

Gobernadores de Estados —cuando es fuera del propio— según la antigüedad de admisión de los Estados o por orden alfabético de Estados.

Primeros Cargos de Departamentos Ejecutivos en activo (Secretario de Defensa en activo).

Antiguos Vicepresidentes de los Estados Unidos.

11. Miembros de la Cámara de Representantes, según antigüedad en servicio activo, y con la misma por antigüedad de su Estado o por orden alfabético.

Presidente Comisionado de Puerto Rico en la Cámara de Representantes.

Delegados del Distrito de Columbia, Guam y las Islas Vírgenes en la Cámara de Representantes (Miembros sin voto).

12. Encargados de Negocios de países extranjeros.

Antiguos Secretarios de Estado.

13. Diputados Secretarios o Subsecretarios de Departamentos Ejecutivos, como el Diputado Secretario de Estado, el Subsecretario de Comercio o el Segundo de cada Departamento cualquiera que sea su nombre.

Representante General.

Administrador de la Agencia para el Desarrollo Internacional.

Director del Control de Armas de los Estados Unidos y Agencia de Desarme.

Subsecretarios de Departamentos Ejecutivos, como el Subsecretario de Asuntos Políticos del Departamento de Estado o el Tercero de cada Departamento cualquiera que sea su nombre.

Embajadores.

Secretarios de los Departamentos Militares: Armada, Marina y Aviación, en este orden.

Presidente del Consejo de Asesores Económicos.

Presidente del Consejo de Medio Ambiente.

Presidente de la Junta de Gobernadores del sistema de Reserva Federal.

Administrador de la Administración de Investigación de Energía y Administración de Desarrollo.

Presidente de la Comisión Nuclear Reguladora.

14. Presidente de la Junta de Jefes de Departamentos, los retirados tienen rango después de los activos.

Jefes de Personal del Ejército, la Armada y de las Fuerzas Aéreas por orden de antigüedad.

Comandante del Ejército de Marina.

Generales con cinco estrellas de la Armada y Almirantes de Flota.

Secretario General de la Organización de Estados Americanos.

Representantes de la Organización de Estados Americanos.

Personas —extranjeras no acreditadas— con rango de Embajadores.

Jefes de Organizaciones Internacionales como NATO CENTO SEATO y otras Organizaciones Internacionales Intergubernamentales como el Fondo Monetario Internacional, El Banco Internacional de Reconstrucción y Desarrollo.

Otras Subsecretarías de Departamentos Ejecutivos no incluidas en las categorías antes mencionadas.

15. Director del Centro de Inteligencia.

Administrador de la Agencia de Información U. S. A.

Administrador de Aeronáutica Nacional y Administración Espacial.

Presidente de la Comisión de Servicio Civil.

Director de Investigación de Defensa y de Ingeniería.

Director de ACTION.

Director de Administración de Servicios Comunitarios.

Administrador de la Agencia de Protección Ambiental.

16. Embajadores Americanos en activo y visitas oficiales.

Jefe de Protocolo —cuando acompaña al Presidente en la Casa Blanca y en visitas oficiales, si no, ocupa categoría 20—.

Embajadores, con rango de carrera, en activo en los Estados Unidos.

Representantes especiales para negociaciones comerciales.

17. Ayudante del Presidente.

18. Presidente y Juez de Distrito del Tribunal de Apelación de los Estados Unidos para el Distrito de Columbia, según antigüedad.

19. Presidentes de los Tribunales de Apelación de los Estados Unidos según antigüedad.

20. Diputados Subsecretarios de los Departamentos Ejecutivos.

Diputado Director de Control de Armas de Estados Unidos y Agencia de desarme.

Comandante de Guarda Costa.

Ayudantes Secretarios, Consejeros y Asesores Legales de los Departamentos Ejecutivos, según su antigüedad. En algunos Departamentos Ejecutivos hay dos categorías de oficiales a nivel de Ayudantes Secretarios, los que reciben aprobación del Senado y los que no. Los primeros tienen precedencia según la fecha de su juramento, y el mismo principio se aplica a otras categorías.

Jefe de Protocolo —ver categoría 16—.

Diputado Director del Centro de Inteligencia.

Diputado Director de Servicios Generales.

Diputado Director de la Agencia de Información de Estados Unidos.

Diputado Director de Aeronáutica Nacional y Administración Espacial.

Diputado Director de Investigación de Defensa y de Ingeniería.

Diputado Director de ACTION.

Diputado Director de la Administración de Servicios Comunitarios.

Diputado Director de la Agencia de Protección Ambiental.

21. Ayudante Administrador de la Agencia para el Desarrollo Internacional.

Interventor General.

Tribunal de Apelación Militar.

Miembros del Consejo de Asesores Financieros —por orden alfabético—.

22. Embajadores Americanos —con destino, o en Estados Unidos en activo, o en vacaciones—.

Jefes de Misión.

23. Alto Comisario de la Administración Territorial de las Islas del Pacífico.

Alcalde de Washington D. C.

24. Subsecretarios de los Departamentos Militares —Tierra, Mar y Aire—.

Ayudantes Secretarios en activo de Departamentos Ejecutivos.

25. Generales y Almirantes de cuatro estrellas según orden de antigüedad —los Oficiales retirados tienen rango detrás de los activos—.

Gobernador de Samoa Americana.

26. Ayudantes Secretarios de Departamentos Militares —Tierra, Mar y Aire—.

Director del Sistema de Servicio Selectivo.

27. Militares con tres estrellas —Tenientes Generales y Vicealmirantes—.

Consejeros Generales de los Departamentos Militares.

28. Presidente de la Cruz Roja Americana.

29. Obispos de Washington, por orden alfabético.

30. Antiguos Embajadores Americanos y Ministros —Jefes de Misión Diplomática— según orden de presentación de Credenciales en primer puesto.

31. Jefes de Agencias independientes no mencionadas anteriormente, según la fecha de establecimiento.

Tesorero de los Estados Unidos.

Presidente de Departamentos, Juntas y Comisiones.

Bibliotecario del Congreso.

Vicepresidente y Miembros de la Junta de Gobernadores del Sistema de Reserva Federal.

Diputado Representante Especial para negociaciones Comerciales.

Secretario de la «Smithsonian Institution».

32. Ministros no acreditados de países extranjeros asignados a Misiones Diplomáticas extranjeras en Washington.
    Presidente del Consejo del Distrito de Columbia.
33. Diputado Asistente Secretario de Departamentos Ejecutivos y Consejeros Diputados —por orden de antigüedad—.
    Diputado Jefe de Protocolo.
    Agregados de Defensa.
34. Consejeros de Embajadas.
    Cónsules Generales de países extranjeros.
35. Militares con dos estrellas, Generales y Contraalmirantes, según antigüedad.
    Diputado Ayudante Secretario de Departamentos Militares por fecha de nombramiento.
    Cirujano General del Servicio de Salud Pública de Estados Unidos.

36. Presidente y Jueces del Tribunal de Reclamaciones de Estados Unidos.
37. Presidente y Jueces del Tribunal de Apelación de Aduanas y Patentes.
    Presidentes y Jueces del Tribunal de Aduanas.
38. Presidente y Jueces del Tribunal de Impuestos de los Estados Unidos.
39. Presidente y Jueces del Tribunal de Distrito de los Estados Unidos, del Distrito de Columbia.
40. Militares de una estrella —Generales de Brigada y Contraalmirantes y Comandantes de Aviación— por orden de antigüedad.
41. Ayudantes Jefes de Protocolo.
    Secretario del Senado.
    Miembros de Departamentos, Juntas y Comisiones.
42. Oficiales —personal junior—.

Orden de Precedencia de los Estados según la fecha de admisión en la Unión.

1. Delaware	7-12-1787	14. Vermont	4-3-1791
2. Pennsylvania	12-12-1787	15. Kentucky	1-6-1792
3. New Jersey	18-12-1787	16. Tennessee	1-6-1796
		17. Ohio	1-3-1803
4. Georgia	2-1-1788	18. Louisiana	30-4-1812
5. Connecticut	9-1-1788	19. Indiana	11-12-1816
6. Massachusetts	6-2-1788	20. Mississippi	10-12-1817
7. Maryland	28-4-1788	21. Illinois	3-12-1818
		22. Alabama	14-12-1819
8. South Carolina	23-5-1788	23. Maine	15-3-1820
9. New Hampshire	21-6-1788	24. Misouri	10-8-1821
10. Virginia	26-6-1788	25. Arkansas	15-6-1836
11. New York	26-7-1788	26. Michigan	26-1-1837
		27. Florida	3-3-1845
12. North Carolina	21-11-1789	28. Texas	29-12-1845
13. Rhode Island	29-5-1790	29. Iowa	28-12-1846

30. Wisconsin	29-5-1848	42. Washington	11-11-1889
31. California	9-9-1850	43. Idaho	3-7-1890
32. Minnesota	11-5-1858		
33. Oregon	14-2-1859	44. Wyoming	10-7-1890
34. Kansas	29-1-1861	45. Utah	4-1-1896
35. West Virginia	20-6-1863		
36. Nevada	31-10-1864	46. Oklahoma	16-11-1907
37. Nebraska	1-3-1867	47. New Mexico	6-1-1912
38. Colorado	1-8-1876	48. Arizona	14-2-1912
39. North Dakota	2-11-1889		
40. South Dakota	2-11-1889	49. Alaska	3-1-1959
41. Montana	8-11-1889	50. Hawaii	21-8-1959

Orden de Precedencia en Francia

Cuando el acto tiene lugar en París, si asisten distinto tipo de autoridades, el Orden de Precedencia es el siguiente:

1. Presidente de la República.
2. Primer Ministro.
3. Presidente del Senado.
4. Presidente de la Asamblea Nacional.
5. Miembros del Gobierno según su precedencia.
6. La Asamblea Nacional.
7. El Senado.
8. El Consejo Constitucional.
9. El Consejo de Estado.
10. El Consejo Económico y Social.
11. El Gran Canciller de la Legión de Honor y el Consejo de la Orden.
12. El Canciller de la Orden de Liberación y el Consejo de la Orden.
13. El Tribunal Supremo.
14. El Consejo Superior de la Magistratura.
15. El Tribunal de Cuentas.
16. El Consejo Superior de Guerra.
17. El Consejo Superior de la Marina y del Aire.
18. El Instituto de Francia.
19. El Consejo Superior de Educación Nacional.
20. El Prefecto de la Región Ile-de-France; el Prefecto de París, el Secretario General de la Prefectura de Policía.
21. El Consejero de París.
22. El Gobernador Militar de París, al mando de la I Región Militar.
23. El Tribunal de Apelación.
24. El Rector de la Academia de París y el Consejo de Universidades.
25. La Academia de Medicina.
26. Las Delegaciones de Funcionarios Superiores de los Consejos Superiores de los Comités Consultativos del Estado Mayor del Ministerio de la Armada. Cada una de estas Delegaciones tiene su propio rango.

El Gobernador y Subgobernador del Crédito Hipotecario.

El Director General y Subdirector de la Caja de Ahorros y Depósito Judicial, que toman rango junto con la Delegación del Ministerio de Hacienda.

27. El Tribunal Administrativo de París.
28. El Tribunal de Primera Instancia de París.
29. El Tribunal de Comercio.
30. Las Cámaras de Comercio, Agricultura y Oficios.
31. El Cuerpo Académico.
32. Los Alcaldes de Distritos de París.
33. Las Delegaciones de las Instituciones de Enseñanza Superior, van según el orden establecido entre los Ministerios.
34. El Estado Mayor del Gobernador Militar de París.
35. Los Jueces de Instancia de París.
36. La Delegación de Altos Funcionarios de la Prefectura de Policía y de la Prefectura de París, los Comisarios de Policía.
37. La Delegación de Consejos de los Miembros de la Magistratura de Trabajo.
38. La Delegación de Abogados en el Consejo de Estado y del Tribunal de Casación.
39. La Delegación de Procuradores Judiciales para el Tribunal de Apelación.
40. La Diputación de Procuradores Judiciales del Tribunal de Primera Instancia.
41. La Diputación de Notarios.
42. La Diputación de Comisarios Tasadores.
43. La Diputación de Agentes de Cambio de Bolsa.
44. La Diputación de Agentes Ejecutivos.
45. La Diputación de Agentes de Seguros Marítimos.

Cuando las autoridades en las ceremonias públicas se convocan individualmente se establece el siguiente orden:

1. El Presidente de la República.
2. El Primer Ministro.
3. El Presidente del Senado.
4. El Presidente de la Asamblea Nacional.
5. Miembros del Gobierno.
6. El Presidente del Consejo Constitucional.
7. El Vicepresidente del Consejo de Estado.
8. El Presidente del Consejo de Economía y Social.
9. El Gran Canciller de la Legión de Honor.
10. El Canciller de la Orden de Liberación.
11. El Primer Presidente del Tribunal de Casación y el Procurador General.
12. El Primer Presidente de la Cámara de Comptos y Procurador General.
13. El Prefecto de la Región de Ile-de-France, Prefecto de París y el Prefecto de la Policía.
14. El Alcalde de París.
15. El Gobernador Militar de París al mando de la I Región Militar.
16. El Primer Presidente del Tribunal de Apelación y el Procurador General.
17. El General de División al mando de la Plaza de París adjunto al Gobernador.

18. El Rector de la Academia de París.
19. Los Secretarios Generales de la Prefectura de Policía de París.
20. El Presidente del Tribunal de Primera Instancia de París.
21. El Presidente del Tribunal de Comercio.
22. El Presidente de la Cámara de Comercio.

Cuando el acto tiene lugar en Provincias, encabeza las Autoridades el Prefecto acompañado del Secretario General de la Prefectura, siguiéndoles los Diputados y Senadores.

El Orden de Precedencia de los Miembros del Gobierno y sus Ministros está establecido según el Decreto de 6 de abril y el 11 de septiembre de 1978, lo encabeza el Primer Ministro y curiosamente el último Ministerio es el de la Condición Femenina.

Hay un orden establecido para las Secretarías de Estado.

El Orden de Precedencia según los cargos de la Administración Central es el siguiente:

Secretario General.
Director General y Director.
Jefe de Servicio.

Director Adjunto.
Subdirector.
Administrador Civil.

Orden de Precedencia en Gran Bretaña

Actualmente, el Orden de Precedencia es el siguiente:

La Reina.
El Duque de Edimburgo.
El Príncipe de Gales.
La Princesa Ana, actualmente la Princesa Real.
El Príncipe Andrés, Duque de York.
El Príncipe Eduardo.
Nietos de los Soberanos.
Hermanos de los Soberanos.
Tíos de los Soberanos.
Sobrinos de los soberanos según la precedencia de su padres.
Arzobispo de Canterbury.
Lord Gran Canciller.
Arzobispo de York.
Primer Ministro.

Lord Gran Tesorero (actualmente no existe).
Lord Presidente del Consejo Privado.
El Portavoz de la Cámara de los Comunes.
Lord del Sello Privado.
Embajadores y Altos Comisionarios.

Antes que todos los nobles de su mismo rango:
Lord Gran Chamberlán.
Conde Gran Mariscal de la Corte.
Lord Alto Almirante —cargo ostentado por S. M. la Reina—.
Lord Administrador de la Corte.
Lord Chamberlán de la Casa Real.

Maestre de Caballería.
Duques de Inglaterra.
Duques de Escocia (ninguno otorgado desde 1707).
Duques de Gran Bretaña (1707-1801).
Duque de Leinster (único Duque Irlandés en el momento de la unión).
Duques del Reino Unido (creado desde 1801).
Primogénitos de Duques de sangre real cuando no sean hermanos, nietos, tíos o sobrinos de los Soberanos reinantes.
Marqueses de Inglaterra.
Marqueses de Escocia.
Marqueses de Gran Bretaña.
Marqueses de Irlanda.
Marqueses del Reino Unido.
Primogénitos de Duques.
Condes de Inglaterra.
Condes de Escocia.
Condes de Gran Bretaña.
Condes de Irlanda.
Condes del Reino Unido.
Hijos no primogénitos de Duques de sangre real (cuando no sean hermanos, nietos, tíos o sobrinos de los soberanos).
Primogénitos de Marqueses.
Hijos no primogénitos de Duques.
Vizcondes de Inglaterra.
Vizcondes de Escocia.
Vizcondes de Gran Bretaña.
Vizcondes de Irlanda.
Vizcondes del Reino Unido.
Primogénitos de Condes.
Hijos no primogénitos de Marqueses.
Obispo de Londres.
Obispo de Durham.
Obispo de Winchester.
Obispos ingleses según fecha de consagración.
Obispos sufragáneos según fecha de Consagración.
Secretario de Estado (si es Barón).
Barones de Inglaterra.

Barones de Escocia.
Barones de Gran Bretaña.
Barones de Irlanda.
Barones del Reino Unido.
Lores de Apelación Ordinaria.
Comisionario Gran Tesorero (ocupa el puesto de Lord Gran Canciller vacante).
Tesorero de la Casa Real.
Interventor de la Casa Real.
Vice-Chamberlán de la Casa Real.
Secretario de Estado (cuando no es un Barón).
Primogénitos de Vizcondes.
Hijos no primogénitos de Condes.
Primogénitos de Barones.
Caballeros de la Orden de La Jarretera.
Consejeros Privados.
Canciller de Hacienda.
Canciller del Ducado de Lancaster.
Lord Juez Supremo.
Maestro de Archivos.
Presidente de la División de Familia.
Lores Jueces de Apelación según su antigüedad.
Jueces del Tribunal Supremo según su antigüedad.
Vice-Canciller del Condado Palatino de Lancaster.
Hijos no primogénitos de Vizcondes.
Hijos de Barones.
Hijos de Nobles de la Casa de los Lores con título no hereditario.
Baronetes.
Caballeros de Thistle.
Caballeros de la Gran Cruz de Bath.
Caballeros Grandes Comandantes de la Estrella de India.
Caballeros de la Gran Cruz de S. Miguel y S. Jorge.
Caballeros Grandes Comandantes de la Orden del Imperio Indio.
Caballeros de la Gran Cruz de la Real Orden Victoriana.
Caballeros de la Gran Cruz del Imperio Británico.
Caballeros Comandantes de Bath.

Caballeros Comandantes de la Estrella de la India.

Caballeros Comandantes de S. Miguel y S. Jorge.

Caballeros Comandantes de la Orden del Imperio Indio.

Caballeros Comandantes de la Real Orden de Victoria.

Caballeros Comandantes del Imperio Británico.

Caballeros Licenciados.

Arbitros Oficiales del Tribunal Supremo.

Jueces Territoriales.

Jueces de Distrito de Inglaterra y Gales.

Magistrado de Cancillería.

Magistrados del Tribunal de Protección.

Compañeros de Bath.

Compañeros de la Estrella de India.

Compañeros de S. Miguel y S. Jorge.

Compañeros del Imperio Indio.

Comandantes de la Real Orden de Victoria.

Comandantes del Imperio Británico.

Compañeros de la Orden de Servicios Distinguidos.

Miembros de Cuarta Clase de la Real Orden de Victoria.

Oficiales de la Orden del Imperio Británico.

Compañeros de la Orden de Servicio Imperial.

Primogénitos de los hijos no primogénitos de Condes.

Primogénitos de Baronetes.

Primogénitos de los Caballeros de La Jarretera.

Primogénitos de Caballeros según la precedencia de sus padres.

Miembros de Quinta Clase de la Real Orden de Victoria.

Miembros de la Orden del Imperio Británico.

Hijos de Baronetes.

Hijos de Caballeros.

Señores.

Gentilhombres.

Observación

A los Ministros extranjeros, por cortesía, se les otorga la precedencia después de los Duques y antes de los Marqueses y a sus mujeres después de las Duquesas y antes de las Marquesas.

En Inglaterra las mujeres que forman parte de la aristocracia tienen el mismo rango que su marido o hermano mayor. Si se casan y su marido no pertenece a la nobleza, siguen conservando su rango anterior.

A excepción de la mujer del Lord Alcalde, las demás no ostentan el mismo rango oficial que su marido.

Orden de Precedencia en Grecia

Ley N° 7501/6, sobre el Orden de Precedencia de las Autoridades Públicas, miembros de Organismos e Instituciones, invitados a ceremonias y fiestas oficiales.

Presidente de la República.
Primer Ministro.
Presidente del Parlamento.
Líder del Partido Mayoritario de Oposición.
Ex-Presidente de la República.
Vice-Presidentes del Gobierno.
Ministros y Secretarios del Estado.
Líderes de los Partidos Políticos con representación en el Parlamento.
Vice-Presidentes del Parlamento.
Diputados.
Santo Sínodo de la Iglesia Griega.
Representante del Obispo y Representantes del Patriarcado con responsabilidades administrativas.
Jefes de Iglesias extranjeras.
Ex-Primeros Ministros de Gobierno y de Gobiernos Provisionales durante períodos parlamentarios.
Alcalde de Atenas.
Grandes cruces.
Presidente del Consejo de Estado.
Director de la Academia de Atenas.
Presidente y Fiscal del Tribunal Supremo.
Presidente del Tribunal de Cuentas.
Comisario General del Estado para Asuntos Administrativos.
Vice-Presidentes del Consejo de Estado, de la Academia de Atenas, del Tribunal Supremo y del Tribunal de Cuentas.
Comisario General de Estado del Tribunal de Cuentas.
Consejeros de Estado.
Consejo de Dirección de la Academia de Atenas.
Magistrados del Tribunal Supremo y Fiscales Adjuntos.
Consejeros del Tribunal de Cuentas.
Rectores de la Universidad Nacional de Atenas, de la Universidad Kapodistria de Atenas, de la Escuela Politécnica Nacional *Mechovios,* de la Escuela Superior de Ingeniería Agrónoma de Atenas, de la Es-

cuela Superior de Ciencias Económicas y Comerciales, de la Escuela Superior de Ciencias Políticas (Pandios) y de la Escuela Industrial Superior de El Pireo.
Juntas de Gobierno de las Instituciones Educativas antes mencionadas, según el mismo orden.
Representante de la Escuela Superior de Bellas Artes.
Presidente y miembros del Consejo Jurídico del Estado.
Presidente y Consejo de Administración de la Asociación de Abogados de Atenas.
Gobernadores del Banco de Grecia, del Banco Nacional de Grecia, del Banco de Grecia para el Desarrollo Industrial, del Banco Agrícola, del Banco Hipotecario de Grecia, de la Organización de la Seguridad Social (IKA), de la Organización de la Seguridad Social para Agricultores (OGA).
Secretarios Generales de la Presidencia de la República, de los Ministerios, del Parlamento y del Organismo Griego de Turismo (EOT).
Embajadores de carrera.
Prefecto de Atenas.
Embajadores designados.
Subprefectos.
Presidente y Vice-Presidente del Centro de Estudios Educativos y de Formación (KEME).
Consejeros de Prefecturas.
Presidente del Consejo Municipal y del Consejo Municipal de Atenas.
Subgobernadores de los Bancos arriba mencionados.
Gobernador del Organismo de Ocupación de la Población Activa (OAED).
Subgobernadores de IKA y del OGA.
Directores Generales del Consejo de Ministros y de los Ministerios, del

Parlamento y de la Radio Televisión Griega (ERT).

Encomiendas con Placa.

Presidentes y Fiscales de la Audiencia.

Presidentes de la Sala de lo Contencioso Administrativo y Comisario Adjunto cerca del Comisario General del Estado para la Justicia.

Presidente del Consejo de Administración de la Caja de Depósitos y Préstamos y Funcionarios Públicos honorarios del mismo grado (que el anterior) de los servicios arriba mencionados.

Presidente y Fiscales de Tribunales de Primera Instancia.

Presidentes de Tribunales de Instrucción.

Directores de los Ministerios.

Comandante en Jefe de las Fuerzas Armadas.

Generales, Almirantes y Generales de Aviación retirados.

Comandantes en Jefe del Ejército, de la Armada y de la Aviación.

Inspector General del Ejército.

Tenientes Generales, Vice-Almirantes, Tenientes Generales de Aviación, Tenientes Generales, Comandantes de la Guardia Civil y de la Policía, retirados. Tenientes Generales, Vice-Almirantes y Tenientes Generales de Aviación en activo.

Generales de División, Contra-Almirantes, Generales de División de Aviación, Comandantes del Cuerpo de Guardacostas y del Cuerpo de Bomberos, Generales de División de la Guardia Civil y Subcomandantes de la Policía, retirados.

Generales de División, Contra-Almirantes y Generales de División de Aviación en activo.

Generales de Brigada.

Representación de Oficiales del Ejército de Tierra, Mar y Aire, de la Guardia Civil, del Cuerpo de Guardacostas, de la Policía y del Cuerpo de Bomberos.

Orden de Precedencia en Italia

El Orden de Precedencia en Italia está regulado según la Circular Nº 92019/12840-16 del Presidente del Consejo de Ministros del 26 de diciembre de 1950.

CATEGORÍA I

Presidente de la República.

Cardenales.

Presidentes de las dos Cámaras —con precedencia el mayor—.

Presidente del Consejo de Ministros.

Presidente del Tribunal Constitucional.

CATEGORÍA II

1. Vicepresidente de las dos Cámaras —cuando representan al Presidente ostentan su cargo, pero no la precedencia en la categoría I—.

Vicepresidente del Consejo de Ministros.

Ministros con cartera.

Ministro de Asuntos Exteriores.

Embajadores de otros países, acreditados en Italia.

Otros Ministros del Gabinete.

Presidente del Consejo Nacional de Economía y Trabajo.

2. Secretario de Estado.

Miembros del Tribunal Constitucional.

Consejeros Nacionales de Economía y Trabajo.

Alto Comisario y Comisario para el Turismo.

Miembros del Gabinete de la Presidencia de las dos Cámaras.

3. Presidente de las Regiones y de las Asambleas Regionales.

4. Primer Presidente del Tribunal de Casación.

Vicepresidente del Consejo Superior de la Magistratura.

Presidente del Consejo de Estado.

Procurador General de la Corte de Casación.

Presidente del Tribunal de Cuentas.

Abogado General del Estado.

Jefe del Estado Mayor de la Defensa.

CATEGORÍA III

1. Miembros del Parlamento Nacional.

Arzobispos y Obispos.

2. Secretario General de la Presidencia de la República.

Secretario General de las dos Cámaras y del Tribunal Constitucional.

Presidente de la Academia de Lincei.

Embajadores.

CATEGORÍA IV

1. Gobernador de la Banca Italiana.

Presidente del Consejo Nacional de Investigación.

Jefe de Estado Mayor del Ejército, de la Marina y de Aviación.

Secretario General de la Defensa.

Presidente del Tribunal Superior de las Aguas.

Primer Presidente y Procurador General del Tribunal de Apelación.

Presidente del Tribunal Supremo Militar y Procurador General Militar.

Presidente de Sección de la Corte de Casación.

Presidente de Sección del Consejo de Estado.

Presidente de la Sección y Procurador General del Tribunal de Cuentas.

Viceabogado General del Estado.

Prefectos en Sede.

2. Presidente de la Cruz Roja Italiana.

Presidente del Consejo Superior de Ministros.

Secretarios Generales de Ministerios.

Presidentes de Entidades Estatales y otras.

Jefe de Policía.

Ministros Plenipotenciarios de Primera Clase.

Generales de Cuerpos del ejército y los Grados correspondientes en la Marina y Aviación.

Rectores de Universidades.

Capellán General Militar.

Normas para el Orden de Precedencia en Italia.

I. La representación no se puede otorgar más que a personas con el mismo rango o con un grado inferior.

II. El orden de precedencia entre los de una misma categoría está fijado por la antigüedad en el puesto y por la edad.

Con respecto a las personas que tienen el mismo puesto en las dos primeras categorías, por el contrario, el orden de precedencia está marcado por el orden en que los respectivos cargos están indicados, guardando entre los que tengan el mismo rango lo indicado en el párrafo precedente.

III. En cuanto a recepciones y ceremonias públicas en las que las intervenciones son corporativas se mantiene el siguiente orden:

1. Diputación de las dos Cámaras.
2. Consejo de Ministros.
3. Secretarios de Estado.
4. Diputación del Tribunal de Casación.
5. Diputación del Consejo de Estado.
6. Diputación del Tribunal de Cuentas.
7. Diputación del Ministerio Público.
8. Jefe del Estado Mayor de la Defensa de la Armada, de la Marina, de Aviación
   Presidente del Tribunal Militar.
9. Secretario General de la Presidencia de la República.
10. Diputación de la Academia de Lincei.
11. Diputación Regional.
12. Las pesonas que pertenecen a las cuatro primeras categorías del orden de precedencia, no incluidas aquí.

El orden de precedencia en la Corporación de las Diputaciones está determinado por el rango personal de los participantes, el primer puesto se otorga al Presidente de cada Diputación.

IV. En los Cortejos Oficiales para aquellas ceremonias que tengan lugar fuera de la capital, el Alcalde de la ciudad se sitúa al lado de la más alta personalidad que haya sido invitada a la ceremonia.

Orden de Precedencia en Japón

En Japón se tiene en mucha consideración la antigüedad y las personas mayores gozan de precedencia ante otras más jóvenes.

La esposa toma el mismo rango que su marido.

Entre personas con el mismo rango, se da precedencia a las extranjeras ante las japonesas.

Cuando las mujeres no tienen rango propio ni el de su marido, siguen el de: casadas, viudas, divorciadas y solteras.

El orden de precedencia no está regido por leyes, sino por costumbres.

Con respecto a las autoridades se mantiene el siguiente Orden de Precedencia:

Miembros de la Familia Imperial.

Primer Ministro.

Portavoz de la Cámara de Representantes.

Presidente de la Cámara de Consejeros.

Presidente del Tribunal Supremo.

Ministro de Asuntos Exteriores.

Demás Ministros del Gabinete.

Embajadores acreditados en Japón.

Designados para el Gabinete con aprobación del Emperador.

Miembros del Parlamento.

Viceministros.

Jefe de Protocolo.

Directores Generales de Departamentos.

Encargados de Negocios «ad interim».

Ministros de Embajadas.

Diputados Directores Generales de Departamentos.

Consejeros de Embajada.

Orden de Precedencia en Jordania

El Orden de Precedencia que se mantiene en Jordania, al igual que en otros países donde está establecida la Monarquía, lógicamente comienza por el Rey y los miembros de la Familia Real.

El Rey está considerado como descendiente del profeta Mahoma y los Miembros de su Familia hachemita, tienen tratamiento de «Sherif». Este honor se viene manteniendo aun antes del establecimiento de Jordania.

Si se da el caso de que algún Miembro de la Familia Real, con tratamiento de «Sherif» desempeñe un cargo oficial, tendrá precedencia su rango Real y pasará por delante de otros cargos.

Cuando el Jefe de la Corte Real es algún Miembro de la Familia Real, precede al Primer Ministro.

El Gobierno está encabezado por el Primer Ministro.

Orden de Precedencia de Luxemburgo

Decreto Gran Ducal de 14 de noviembre de 1977 fijando el Orden de Precedencia de las autoridades y funcionarios en las ceremonias oficiales.

317

1. Cámara de Diputados.
2. Gobierno.
3. Consejo de Estado.
4. Poder Judicial.
5. Consejo Municipal de la ciudad de Luxemburgo.
6. Tribunal de Cuentas.
7. Obispado.
8. Consejo Económico y Social.
9. Consejo Nacional de la Resistencia.
10. Fuerza Pública.
11. Delegados del Gobierno (Anejo 1).
12. Administración del Estado y Enseñanza pública (Anejos 2 y 2b).
13. Instituciones públicas (Anejo 3).
14. Cámaras profesionales (Anejo 4).

Anejo 1: Delegados del Gobierno

1. Delegado del Gobierno en el Banco Internacional.
2. Delegado de inspección en la Caja de Ahorros del Estado.
3. Delegado del Gobierno en la Sociedad Nacional de Ferrocarriles.
4. Delegado del Gobierno en la Bolsa de Comercio.
5. Delegado del Gobierno en la Compañía luxemburguesa de Teledifusión.
6. Delegado del Gobierno para la protección de aguas.

Anejo 2: Administración del Estado

1. Administración del Gobierno.
2. Administración del Registro y de la Propiedad.
3. Administración de la Contribución y de los Impuestos.
4. Administración de Aduanas.
5. Administración de Correos y Telégrafos.
6. Administración de Puentes y Caminos.
7. Administración de Edificios Públicos.
8. Inspección del Trabajo y de las Minas.
9. Administración de Servicios Técnicos de Agricultura.
10. Administración de Aguas y Bosques.
11. Administración del Catastro y de la Topografía.
12. Delegados de Distrito.
13. Jefes de los cultos protestante e israelita.
14. Clérigo católico.
15. Colegio Médico, Dirección de Sanidad e Instituto de Higiene y Salud Pública.
16. Administración del Empleo.
17. Control de Bancos.
18. Administración de Servicios veterinarios.
19. Biblioteca Nacional.
20. Archivos del Estado.
21. Museos del Estado.

22. Servicio Central de Estadística y Estudios Económicos.
23. Servicio Económico Rural.
24. Servicio de Aeronáutica.
25. Servicio de Energía del Estado.
26. Educación especial.
27. Centro de Informática del Estado.
28. Inspección General de la Seguridad Social.

29. Directores y Administradores de Instituciones Hospitalarias, Penitenciarias y Centros educativos.
30. Instituto Vitícola - Vinícola.
31. Servicio Nacional de Protección Civil.

Anejo 2 b: Enseñanza pública

1. Centro Universitario de Luxemburgo.
2. Instituto de Estudios Superiores y de Investigación.
3. Liceos.

4. Inspección de Enseñanza Primaria.
5. Enseñanza Técnica Secundaria.
6. Centros de Enseñanza Primaria.

Anejo 3: Instituciones públicas

1. Caja de Ahorros del Estado y Crédito Hipotecario.
2. Sociedad Nacional de Ferrocarriles.
3. Oficina de Seguros Sociales.
4. Seguridad Social de los Trabajadores.
5. Instituto Nacional de Previsión y empleados municipales.
6. Caja de Pensiones de empleados privados.
7. Centro Hospitalario de Luxemburgo.
8. Subsidio Familiar de los Trabajadores.
9. Subsidio Familiar de los Empleados.

10. Seguridad Social de funcionarios y empleados públicos.
11. Seguridad Social de empleados privados.
12. Caja de pensiones de artesanos.
13. Caja de subsidios familiares para trabajadores no asalariados.
14. Caja de pensiones agrícolas.
15. Seguridad Social de profesiones independientes.
16. Caja de pensiones de comerciantes e industriales.
17. Fondo Nacional de Solidaridad.
18. Seguridad Social Agrícola.
19. Fondo de Solidaridad Vitícola.
20. Sociedad Nacional de Crédito y de Inversiones.

Anejo 4: Cámaras profesionales

1. Cámara de Comercio.
2. Cámara de Agricultura.
3. Cámara de Artes y Oficios.
4. Cámara de Empleados Privados.

5. Cámara de Trabajo.
6. Cámara de Funcionarios y Empleados públicos.

Orden de Precedencia en Méjico

Gabinete Formal

1. Presidente Representante del Ejecutivo.
2. Presidentes Representantes del Legislativo: las dos Cámaras.
3. Poder Judicial: Presidente de la Suprema Corte de Justicia.

EJECUTIVO I

1. Presidente.
2. *Secretarías de Estado por orden:*
   Secretaría de Gobernaciones.
   Secretaría de Relaciones Exteriores.
   Secretaría de la Defensa Nacional.
   Secretaría de Hacienda y Crédito Público.
   Secretaría de Agricultura y Recursos Hidráulicos.
   Secretaría de Comunicaciones y Transportes.
   Secretaría de Comercio y Fomento Industrial.
   Secretaría de Educación Pública.

Secretaría de Salubridad y Asistencia.
Secretaría de Marina.
Secretaría de Trabajo y Previsión Social.
Secretaría de la Reforma Agraria.
Secretaría de Pesca.
Secretaría de Energía, Minas e Industrias Paraestatal.
Secretaría de Desarrollo Urbano y Ecología.
Secretaría de Programación y Presupuesto.
Secretaría de la Contraloría General de la Federación.
Departamento del Distrito Federal: Alcalde de Municipio.
Procuraduría General de la República.
Procuraduría General de Justicia del Distrito Federal.

EJECUTIVO II

Instituto Mejicano del Seguro Social.
Sistema Nacional para el Desarrollo Integral de la Familia —Éste siempre lo lleva la Señora del Presidente—.

Orden de Precedencia en Perú

Cuadro de precedencias según el Decreto Supremo 0001 del 5-1-1981.

Administrativa

A. Presidente de la República.

B. Primer Vicepresidente de la República.
   Segundo Vicepresidente de la República.

Presidente del Consejo de Ministros.
Ministro de Relaciones Exteriores.
C. Ministros de Estado.
Autoridades con rango de Ministro de Estado —INP SINADI SINADEPS Contralor General.
D. Alcalde de Lima.
E. Presidente del Tribunal de Trabajo.
Presidente del Tribunal Agrario.
F. Secretario General del Presidente de la República.
Asesores del Presidente de la República.
Directores Superiores de los Ministerios.
Prefecto de Lima.
Superintendentes Generales.
Procuradores Generales de la República.
Presidente del Tribunal Mayor de Cuentas.
G. Directores Generales de la Administración Pública.
Directores de Departamentos y Reparticiones.
H. Jefes de Sección de los Ministerios.

Legislativa

B. Presidente del Senado
Presidente de la Cámara de Diputados.
C. Miembros de las Mesas Directivas de las Cámaras.
D. Senadores y Diputados.
F. Oficiales Mayores de las Cámaras.

Judicial

B. Presidente de la Corte Suprema.
C. Presidente del Jurado Nacional de Elecciones.

D. Vocales y Fiscal de la Corte Suprema.
E. Presidente de la Corte Superior.
F. Vocales y Fiscales de la Corte Superior.
G. Jueces de Primera Instancia.
H. Secretarios y Relatores de la Corte Suprema.
I. Secretarios y Relatores de Cortes.

Diplomáticas

B. Decano del Cuerpo Diplomático.
C. Embajadores Extranjeros.
D. Embajador Secretario General de Relaciones Exteriores.
Embajadores Nacionales.
Directores residentes de Organismos Internacionales.
E. Ministros Extranjeros.
Ministros Nacionales.
F. Encargados de Negocios.
Encargados de Negocios «ad interim».
Ministros Consejeros Extranjeros y Nacionales.
Consejeros Extranjeros y Nacionales.
Decano del Cuerpo Consular.
Cónsules Generales.
G. Primeros Secretarios y Cónsules Extranjeros.
Primeros Secretarios y Cónsules Nacionales.
H. Segundos Secretarios Extranjeros.
Segundos Secretarios Nacionales.
I. Terceros Secretarios Extranjeros.
Vicecónsules Extranjeros.
Terceros Secretarios Nacionales.
Agregados Extranjeros.

Eclesiástica

B. S. E. R. El Cardenal.
C. Arzobispos.
D. Obispos.
   Vicarios Apostólicos.
F. Deán del Cabildo Metropolitano.
G. Superiores de Órdenes y Congregaciones Religiosas.
   Monseñores.

Fuerzas Armadas y Fuerzas Policiales

C. Presidente del Comando Conjunto de la Fuerza Armada.
D. Comandante General del Ejército.
   Comandante General de la Marina.
   Comandante General de Aeronáutica.
   Jefe de Estado Mayor del Comando Conjunto de la Fuerza Armada.
   Jefe de Estado Mayor del Ejército.
   Jefe de Estado Mayor de la Marina.
   Jefe de Estado Mayor de la FAP.
   Generales de División, Vicealmirantes y Tenientes Generales.
E. Director Superior de la Guardia Civil.
   Director Superior de la PIP.
   Director Superior de la Guardia Republicana.
   Generales de Brigada EP.
   Contraalmirantes AP.
   Mayores Generales FAP.
   Generales GC, PIP y GR.
F. Coroneles EP.
   Capitanes de Navío AP.

Coroneles FAP.
Coroneles GC, PIP y GR.
G. Tenientes Coroneles EP.
   Capitanes de Fragata AP.
   Comandantes FAP.
   Tenientes Coroneles GC, PIP y GR.
H. Mayores EP.
   Capitanes de Corbeta AP.
   Tenientes Comandantes FAP.
   Mayores GC, PIP y GR.
I. Capitanes EP.
   Tenientes Primeros AP.
   Capitanes FAP.
   Capitanes GC, PIP y GR.

Honorífica

B. Grandes Cruces con Brillantes «El Sol del Perú».
C. Grandes Cruces «El Sol del Perú».
D. Rector de la Universidad Mayor de San Marcos.
   Grandes Oficiales «El Sol del Perú».
   Rectores de Universidades Nacionales.
   Presidentes de Instituciones Científicas Nacionales.
   Miembros de las Comisiones Consultivas de los Ministerios.
   Presidente del Banco Central de Reserva.
E. Presidentes de Instituciones Representativas del Comercio, Industria y Finanzas Nacionales.
   Decanos de las Facultades Universitarias.

Orden de Precedencia en Portugal

(Aprobado por la Presidencia de la República el 22-2-1983 y actualizado tras las elecciones legislativas en 1985).

1. Presidente de la República.
2. Presidente de la Asamblea de la República.
3. Primer Ministro.
4. Presidente del Tribunal Supremo de Justicia.
5. Presidente del Tribunal Constitucional.
6. Vice-Primeros Ministros.
7. Ministros de Asuntos Exteriores cuando sean en visitas de Estado en Portugal y no en el extranjero.
8. Ministros de la República para Las Azores y para Madeira.
9. Demás Ministros.
10. Gobernador de Macao.
11. Jefe del Estado Mayor de las Fuerzas Armadas.
12. Vice-Jefe del Estado Mayor de las Fuerzas Armadas.
13. Presidente del Consejo del Plan Nacional.
14. Presidentes de las Asambleas Regionales de Las Azores y de Madeira.
15. Presidente de la Asamblea Legislativa de Macao.
16. Presidentes de los Gobiernos Regionales de Las Azores y de Macao.
17. Demás Miembros del Consejo de Estado:
Defensor del Pueblo.
Ex-Presidentes de la República.
Cinco ciudadanos designados por el Presidente de la República.
Cinco ciudadanos designados por la Asamblea de la República.
18. Secretarios de Estado.
19. Subsecretarios de Estado.
20. Alcalde del lugar donde la ceremonia tiene lugar.
21. Gobernador Civil del distrito donde la ceremonia tiene lugar.
22. Presidentes o Secretarios Generales de los Partidos, en caso de que sean Diputados.
23. Representantes de los Partidos Políticos con sillón en la Asamblea de la República:
P.S.D.
P.S.
P.C.P./P.E.V.
C.D.S.
P.S.N.
24. Diputados de la Asamblea de la República.
25. Procurador General de la República.
26. Secretario General del Ministerio de Asuntos Exteriores.
27. Presidente del Tribunal Supremo Administrativo.
28. Presidente del Tribunal de Cuentas.
29. Presidente del Tribunal Supremo Militar.
30. Comandante Naval del Continente.
31. Comandante del Comando Operacional de las Fuerzas Aéreas.
32. Comandantes de las Regiones Militares (Zona Norte, Centro y Sur) y Gobernador Militar de Lisboa (Según su antigüedad).
33. Comandantes Generales: Guardia Nacional Republicana, Guardia Fiscal y Policía de Seguridad Pública.

Orden de Precedencias en Suecia

Miembros de la familia real que se consideran parte de la Casa Real.
1. Presidente del Parlamento.
2. Presidente del Gobierno.
3. Mariscal del Reino (cargo civil que preside toda la Administración).
4. Un ex Gran Maestre de la Corte.
5. Un ex Presidente del Gobierno.
6. Un ex Mariscal del Reino.
7. Ministro de Asuntos Exteriores.
Embajadores y Ministros plenipotenciarios, Jefes de misión extranjera.

8 a 26. Demás Ministros del Gobierno.
Tres Princesas Reales hermanas del Rey y no incluidas en la Casa Real por matrimonios morganáticos.
30 a 61. Ciertos titulares y ex titulares de cargos y dignidades.
Encargados de Negocios de misiones extranjeras.
68 a 1.315. Otros titulares y ex titulares de cargos y dignidades.

Orden de Precedencia en Suiza

Aunque no existen en el territorio Federal de Suiza normas escritas sobre precedencia, se ha podido hacer una relación indicando las líneas generales que se pueden seguir:

1. Presidente de la Confederación Helvética.
2. Vice-Presidente del Consejo Federal.
3. Consejeros Federales.
General en activo (ambos dependen de la fecha de su nombramiento).
4. Presidente del Consejo Nacional.
5. Presidente del Consejo de Estado.
6. Canciller de la Confederación.
7. Presidente del Tribunal Federal.
8. Presidente del Tribunal Federal de Seguros.
9. Antiguos Consejeros Federales.
10. Presidentes de los gobiernos cantonales (según el orden constitucional).
11. Vice-Presidente del Consejo Nacional.
12. Vicepresidente del Consejo de Estado.
13. Vicepresidente del Tribunal Federal.
14. Vice-Presidente del Tribunal Federal de Seguros.
15. Obispos, Consejo de la Federación de Iglesias Protestantes.
16. Secretarios de Estado.
17. Consejeros Nacionales.
18. Diputados del Consejo de Estado.
19. Jueces Federales.
20. Jueces del Tribunal Federal de Seguros.
22. Vice-Presidentes de los Gobiernos cantonales.
23. Miembros de los gobiernos cantonales.
26. Presidente de la ciudad de Berna.
27. Presidente de las autoridades legislativas cantonales.
29. Presidente de los tribunales cantonales.

Orden de Precedencia en Turquía

Presidente de la República.
Presidente del Senado.
Presidente de la Cámara de los Diputados.
Primer Ministro.
Jefe del Estado Mayor.
Ministros del Gobierno.
Ministro de Justicia.
Ministro de la Defensa Nacional.
Ministro de Finanzas.
Ministro del Interior.
Ministro de Asuntos Exteriores.
Ministro de Educación.
Ministro de Trabajos Públicos.
Ministro de Aduanas y Monopolios.
Ministro de Agricultura.
Ministro de Transportes.

Ministro de Trabajo
Ministro de Industria.
Ministro de Energía.
Ministro de Turismo.
Ministro de Asuntos Urbanos de Ciudades.
Ministro de Urbanismo.
Ministro de Cultura.
Presidente del Consejo Supremo de la Constitución.
Jefe de la Oposición.
Jefe del Ejército de Tierra.
Jefe del Ejército del Mar.
Jefe del Ejército del Aire.
Alcalde de Ankara.

Si al comienzo se ha indicado la importancia de cuidar el Orden de Precedencia, no está de más hacer hincapié en su necesidad. No hacerlo indica una cierta dosis de ignorancia además de mala voluntad por no haberse preocupado de averiguarlo.

Ya se trate de actos oficiales o de invitaciones particulares, es muy importante conocer el rango que hay que otorgar a cada persona y los detalles que pueden alterar su tratamiento, para darles el que les corresponde.

Como se ha podido ver, entre los países citados, cada uno tiene su propio Orden de Precedencia y algunos incluyen el de la nobleza y las personalidades entre las autoridades.

Así como es muestra de cortesía y de elegancia por parte de los anfitriones conocer el Orden de Precedencia, y es a ellos a quienes incumbe el tenerlo en cuenta, con respecto a los invitados la elegancia se demostrará en no querer obtener los sitios preferentes y agradecerlo cuando se los den. Se demuestra mayor elegancia, pasando por alto cualquier equivocación que se haya podido cometer en este sentido, que haciéndolo notar en el momento; esto no impide que cuando sea necesario y en el momento oportuno se haga saber.

A menos que se trate de un acto oficial donde estar o no, en el lugar correspondiente, pueda tener trascendencia, en cuyo caso puede ser aconsejable advertirlo oportunamente y con discreción, por quien competa hacer respetar el puesto, es preferible pasar por alto elegantemente las equivocaciones que los anfitriones hayan podido cometer.

LAS BANDERAS

Existen unas normas internacionales que rigen el orden que debe existir para las banderas y también determinan su tamaño.

La ONU y la CEE han establecido unas medidas para las banderas que son las que se aplican en España.

Para el exterior: mástil vertical de 8 m, bandera de 1,50 × 0,80 m.

mástil de balcón de 4 m, bandera de 1,50 × 0,80 m.

Para el interior: mástil 2,5 m, bandera 1,50 × 0,80 m.

Colocación de las banderas en España: Ley 39/81 de 28 de octubre, artículos 6 y 7 que regulan el uso de la Enseña Nacional:

«Cuando se utilice la bandera de España ocupará siempre lugar destacado, visible y de honor. Si junto a ella se utilizan otras banderas, la bandera de España ocupará lugar preeminente y de máximo honor y las restantes no podrán tener mayor tamaño».

«Se entenderá como lugar preeminente y de máximo honor:
— cuando el número de banderas que ondeen juntas sea impar, la posición central.
— si el número de banderas que ondeen juntas es par, de las dos posiciones que ocupan el centro, la de la derecha de la presidencia si la hubiere o la izquierda del observador».

«Cuando la bandera de España deba ondear junto a la de otros estados o naciones lo hará de acuerdo con las normas y usos internacionales que rigen esta materia en las relaciones entre estados, así como con las disposiciones y reglamentos internos de las organizaciones intergubernamentales y las conferencias internacionales».

Cuando la bandera de España preside, el lugar preferente para colocar otra bandera es a su derecha mirando hacia el público y el siguiente a su izquierda.

En el caso de tener que colocar bandera de España, la de la Comunidad Autónoma y la de la Ciudad, la de Nacional irá en el centro, a su derecha —que es la izquierda desde el público— se colocará la de la Comunidad Autónoma y a su izquierda la de la ciudad.

Cuando el número de banderas es impar, no ofrece mayor problema, el orden es:

D   B   A   C   E

Si el número es par, como puede ser el caso de la bandera de España, la de la Comunidad Autónoma, la de la Ciudad y la de la Institución o Empresa, la menos importante, es decir, estas últimas, se colocan a la otra izquierda de la bandera Nacional y quedaría de la siguiente manera:

B   A   C   D

En estos casos, la bandera de la Institución o empresa, también se puede colocar flanqueando en ambos lados, en cuyo caso quedarían:

D   B   A   C   D

Cuando son dos banderas las que presiden y el número es par como puede ser el caso de la bandera de España, la de la CE, la de la Comunidad Autónoma y la de la Ciudad, en el centro se colocarían la de España y la de la CE a su izquierda –la derecha desde el público–, ambas presidiendo, y a la derecha de la Nacional la siguiente en orden de importancia, para terminar con la siguiente a la izquierda de la de la CE:

C   A   B   D

Por regla general, cuando presiden dos banderas, como puede ser en España la Nacional y la de otro país, se considera de mayor importancia la Nacional, la segunda que preside irá a su izquierda –la derecha desde el público–.

El orden de las banderas de la CE se establece comenzando por la del país que preside ese semestre y siguen por orden alfabético de los países en su propio idioma.

ÓRDENES MILITARES

Las Órdenes militares nacieron durante la Edad Media, como consecuencia de las Cruzadas. Las más importantes, en Tierra Santa, fueron la Orden Militar y Hospitalaria de S. Juan de Jerusalén, cuyos orígenes se remontan a 1048, y que es más conocida por Orden de Malta desde que recibió de Carlos I de España el archipiélago de Malta al sur de Sicilia; la Orden del Templo (1118) y la Orden Trutónica (1191), estas dos últimas ya extinguidas como tales en la actualidad*.

Soberana Orden de Malta

La Soberana Orden Militar y Hospitalaria de San Juan de Jerusalén, de Rodas y de Malta es la primera de todas las Órdenes Militares. Su Regla fue aprobada por su Santidad el Papa Pascual II en 1113. Su bandera –Cruz latina blanca en campo rojo–, concedida por Inocencio II en 1130, puede considerarse la más antigua del mundo. A la vez que Orden nobiliaria es Orden religiosa laica de la

---

* Actualmente las Órdenes Militares reconocidas como tales son la Orden de Malta y la del Santo Sepulcro (como Orden Ecuestre Pontificia); las Órdenes Militares Españolas están reconocidas como Asociaciones.

Iglesia Católica y Estado soberano que mantiene relaciones diplomáticas con más de 65 países, entre los que se encuentra España. Tiene estatuto de Observador ante las Naciones Unidas, y delegados oficiales en la Unión Europea, la UNESCO y en el Consejo de Europa. Desde sus orígenes mantiene como única finalidad el servicio a los necesitados y la defensa de la fe. Su emblema hospitalario, la Cruz blanca de ocho puntas, se ha convertido en símbolo internacional de ayuda médica y sanitaria. La Orden está gobernada por el Soberano Consejo, integrado por Caballeros Profesos con los tres votos, presidido por el Gran Maestre que, elegido de por vida, tiene rango de Jefe de Estado, Príncipe y Cardenal de la Iglesia Católica. Por ello su tratamiento es de Alteza Eminentísima. Desde 1834, poco después de su expulsión de la isla de Malta por Napoleón, la Orden reside en Roma, donde goza de extraterritorialidad. Con sus más de novecientos años de servicio ininterrumpido a los enfermos y necesitados del mundo, es también la más veterana de las organizaciones internacionales de ayuda humanitaria que operan en nuestros días. Su actividad se extiende a un centenar de países, donde sus 11.000 miembros y más de 1.000.000 de voluntarios y colaboradores desarrollan una intensa labor hospitalaria y asistencial. En nuestro país, donde está presente desde 1108, actúa a través de la Asamblea Española de la Soberana Orden de Malta que reúne a los 600 Caballeros y Damas españoles. SS. MM. el Rey Don Juan Carlos y la Reina Doña Sofía; SS. AA. RR. el Príncipe de Asturias, las Infantas Doña Elena y Doña Cristina, la Condesa de Barcelona, las Infantas Doña Pilar y Doña Margarita son miembros de la Orden de Malta.

Las 4 Órdenes militares españolas son: la Orden de Santa María de Calatrava, la Orden de Alcántara, la Orden de Santiago y la Orden de Santa María de Montesa.

Los fines históricos de las Órdenes Militares españolas son 3:

1. La santificación personal. 2. El culto divino. 3. La defensa de la fe, especialmente en España la conquista de la tierra de los almohades como réplica a la agresividad del Islam.

Sus repercusiones sociales y religiosas siguen vigentes en nuestros días.

Actualmente también adquieren importancia los fines implícitos en sus comienzos: el benéfico social y el histórico cultural.

Los requisitos para ser caballero ya desde el s. XII eran: cristiandad —estar bautizado—, porque se trataba de la defensa de la cristiandad; garantizar la legitimidad de origen, demostrando que los padres y los abuelos estaban casados, de ahí también se desprende la hidalguía cuando los padres y los abuelos habían pertenecido a la Orden; carecer de ascendencia judía, mora o conversa y de antepasados que hubieran ejercido oficios manuales.

En el s. XV se hicieron Administradores de las 4 Órdenes a los Reyes Católicos, a finales de este siglo se estableció el Real Consejo de las Órdenes Militares.

El 4-5-1523 el Papa Adriano VI promulgó una bula de la unión de los Maestrazgos en la Corona, el gran Maestre sería el Rey y sus sucesores aun siendo mujeres y en la Corona se centraba la Administración.

En 1540 el Papa Pablo III, con la bula del Casar, otorga permiso para que los Caballeros de Calatrava y Alcántara puedan contraer matrimonio y testar –hasta ese momento sólo habían podido ser Caballeros célibes–; previamente ya había sido otorgado dicho permiso a la Orden de Santiago y, posteriormente Pablo III también lo otorgó a la Orden de Montesa cuyo bulario es el de Calatrava. La santificación personal seguía siendo el objeto de las Órdenes Militares y tras la promulgación de la bula también fuera del monasterio.

El Emperador Carlos V fue el primer Rey de España Gran Maestre de las Órdenes, por delegación apostólica de Pablo III.

Los bienes de las Órdenes fueron expoliados durante la desamortización en 1820, 1835 y 1855.

El carácter de las Órdenes sigue siendo religioso y militar. Los Caballeros primero son novicios y luego profesos. En la Edad Media los Caballeros hallaban los medios para cumplir los fines en la vida en comunidad. Actualmente viven en sus casas y se reúnen en capítulo según la Regla de S. Benito, la Orden de Santiago observa la regla de S. Agustín.

El Concordato de 1851 preveía la concentración de sus jurisdicciones eclesiásticas en un territorio homogéneo que recibiría el nombre de Priorato de las Órdenes Militares. Se hizo un Coto Redondo.

En 1875 la bula *Ad Apostolicam* establecía el priorato y lo sometía a la Santa Sede bajo el patronato del Rey de España que seguía siendo Administrador de las Órdenes y le daba como territorio la provincia de Ciudad Real, donde el prior tuvo categoría de obispo y, actualmente lo sigue siendo.

El Gran Maestre de las Órdenes Militares españolas sigue siendo el Rey de España.

Orden de Santa María de Calatrava

Es la más antigua e importante de las Órdenes Militares españolas. Recibió la aprobación real de Sancho III de Castilla en 1158 y la confirmación papal de Alejandro III en 1164. Adoptó la regla del Císter. Su escudo es una cruz roja flordelisada, el hábito es blanco.

Orden de Alcántara

Fue fundada en 1176 por Suero Fernández Barrientos con varios Caballeros leoneses. Recibió la confirmación papal en diciembre de 1177 por bula de Alejandro III. Al principio se llamó Orden de S. Julián Pereiro al haber sido esta villa la primera que sus fundadores defendieron contra el Islam. Más tarde, Fernando II de León y Galicia les donó Alcántara y cambiaron de nombre y de sede. También optó por la regla del Císter. Estuvo subordinada a Calatrava, cuyo Maestre tenía derecho de visita sobre ella, hasta que en 1383 el Papa Lucio III le otorgó jurisdicción exenta. Su escudo es una cruz flordelisada verde y el hábito es blanco.

Orden de Santiago

Su nombre primitivo fue de Santa María de la Espada, cuyo origen data de 1170, año en que fue fundada por Pedro Fernández a quien Fernando II de León encomendó la defensa de aquella ciudad conquistada poco antes. Su misión era la defensa y la expansión de la fe cristiana mediante la lucha contra los musulmanes peninsulares y más tarde en el Norte de África y en Jerusalén. Recibió la aprobación papal en 1175 mediante bula de Alejandro III. Su escudo es de 3 flores de lis en punta y la cuarta hacia abajo formando una espada, de color rojo y el hábito es blanco.

Orden de Santa María de Montesa

En 1317 recibió la aprobación real y la papal de Juan XXII el 3-6-1317, el 8-12-1592 se incorporó a la Corona, su Administración pasó a depender del Consejo de las Órdenes Militares que desde la época de los Reyes Católicos, llevaba la de las otras 3. Su escudo es una cruz flordelisada de 4 puntas en negro con una cruz llana roja en el centro, su hábito es blanco.

REALES MAESTRANZAS DE CABALLERÍA

En España hay cinco Reales Maestranzas de Caballería: la de Sevilla, la de Ronda, la de Granada, la de Valencia y la de Zaragoza. Son instituciones de la nobleza que nacieron como Escuelas de Caballería. Las cuatro primeras datan del siglo XVII y la de Zaragoza del XIX. Actualmente, los Maestrantes son descendientes de los caballeros fundadores.

La Maestranza de Sevilla se creó en 1670, la de Granada en 1686, la de Valencia en 1690, la de Ronda en 1707. Durante el siglo XVIII las Reales Maestranzas de Caballería se convirtieron en las corporaciones más relevantes de este género. Tras la guerra de sucesión, 1701-1713, su labor pierde continuidad y en cierto modo se desorganizan. Una vez recuperado el país de la guerra, las Maestranzas se vuelven a organizar.

Desde 1725 la Corona otorgó a las Maestranzas importantes privilegios. La primera en conseguirlos fue la Maestranza de Sevilla y luego los fueron solicitando las demás. Los privilegios más importantes estaban relacionados con el *status* legal de los Maestrantes. Obtuvieron permiso para utilizar uniforme de la corporación y pistolas de arzón en los ejercicios ecuestres. Más tarde se concedió a la Maestranza y a sus miembros jurisdicción privativa, las causas de los Maestrantes quedaban fuera de la jurisdicción de los tribunales ordinarios. Otro de los privilegios consistía en la posibilidad de celebrar un determinado número de corridas de toros al año, para poder financiarse y atender a obras benéficas. En 1730 se concedió a la Maestranza de Sevilla el privilegio de que el Hermano Mayor fuera un Infante de España, asumiendo su representación el Teniente de Hermano Mayor, años más tarde este privilegio también se otorgó a la de Granada, a la de Ronda y a la de Valencia. Correspondía al Hermano Mayor el nombramiento del Teniente de Hermano Mayor dentro de una terna propuesta por la Maestranza –su mando en la Maestranza es equiparable al de coronel en su ejército–. En 1730 la Maestranza de Sevilla adaptó sus ordenanzas a los privilegios que había recibido, las nuevas ordenanzas fueron aprobadas por Felipe V el 1-12-1731. Estas mismas ordenanzas de Sevilla se aplicaron a las demás Maestranzas, a petición de la Corona, hasta que cada una tuvo los suyos propios: Granada en 1764, Valencia en 1775 y Ronda en 1817.

En 1819 se fundó la Maestranza de Zaragoza y consiguió los privilegios otorgados a las otras cuatro Maestranzas. Los estatutos de ésta se aprobaron en 1824.

La reina Isabel II fue Hermana Mayor de las cinco Maestranzas en 1834. Previamente, desde que fue Príncipe de Asturias, lo había sido de la de Sevilla Fernando VII.

Hay quien mantiene que el origen de algunas de las Maestranzas puede estar en las antiguas Hermandades o Cofradías Caballerescas constituidas en la época de la reconquista, como la Hermandad de San Hermenegildo fundada en Sevilla a raíz de la conquista de la ciudad por Fernando III el Santo (1248); la de S. Jorge, en Zaragoza (siglo XV) y la de Sancti Spíritus, en Ronda (siglo XVI). A mediados del siglo XIX la Maestranza de Ronda decidió considerar su comienzo en 1573, fecha de la fundación de la Hermandad Caballeresca del Sancti Spíritus, pasando así a obtener el puesto más antiguo, por delante de la decana Maestranza de Sevilla. Donde sí hay una continuidad real entre una hermandad nobiliaria y una Maestranza, es en el caso de la transformación en Maestranza de la Cofradía de Caballeros Hijosdalgo de San Jorge, existente en Zaragoza desde finales del siglo XV.

«En la última mitad del siglo XVII, y habiendo decaído entre la juventud noble la afición a los ejercicios del caballo y a los juegos militares, una junta de Caballeros sevillanos, de la primera y más esclarecida nobleza, cambió el aspecto de las antiguas Hermandades o Cofradías, organizando una institución *más caballeresca que religiosa,* que tomó el nombre de Maestranza, eligiendo como Patrona a María Santísima del Rosario» (1670). «... Constituyéndose a su ejemplo y con iguales reglas otro instituto análogo en Granada, en 1697, bajo la protección de la Inmaculada Concepción; probablemente en Ronda, en 1707, bajo la de Nuestra Señora de la Gracia, sin que para nada suene ya la advocación de Sancti Spíritus, y finalmente, en Zaragoza, en 1819, bajo la protección de San Jorge, que ésta sí conservó su primitivo titular». *(Historial de Fiestas y Donativos,* de la Real Maestranza de Sevilla, de Pedro de León y Manjón).

En un principio sus fines estaban relacionados a dar apoyo a la Corona en defensa de las ciudades y territorios. En aquellos tiempos se requerían buenas escuelas de caballería para poder hacer frente a las guerras. Todas las Maestranzas tuvieron su picadero, donde los Maestrantes se entrenaban en el arte de la jineta. Más tarde algunos picaderos evolucionaron en plaza de toros. A lo largo del siglo XVIII los ejercicios ecuestres pierden su carácter de entrenamiento militar y se convierten en brillantes espectáculos.

Los fines de las Reales Maestranzas de Caballería, en nuestros días, son benéfico-culturales. Las de Sevilla y Ronda tienen plaza de toros propia, de donde proceden sus ingresos, para hacer frente a obras benéficas y a las necesidades de la Maestranza. En cuanto a su fin cultural, organizan conferencias y conciertos, colaboran con las Reales Academias, editan libros, promocionan las Bellas Artes, mantienen bibliotecas; la de Sevilla cuenta también con un buen fondo relacionado con la genealogía y con el arte ecuestre. Guardando las reminiscencias de sus antepasados protegen el deporte hípico, promocionan la equitación y la fiesta de los toros.

Los Reyes continúan siendo los Hermanos Mayores de las Reales Maestranzas de Caballería. S. A. R. Don Juan de Borbón y Battemberg, Conde de Barcelona, fue Hermano Mayor de las cinco Maestranzas hasta su fallecimiento.

DEFERENCIAS

Los detalles de deferencia con las personas siempre denotan gran delicadeza y cultura por parte de quien los ejercita, enaltece a la persona que los tiene casi más que a aquella que los recibe.

Pasar por alto detalles de deferencia no es una manifestación de igualitarismo o democracia, sino de falta de educación y de civismo.

Hay personas ignorantes, aunque no lo aparenten, que piensan que tener detalles de deferencia con quien se debe, hace que ellas mismas se rebajen y actúan con aire desenfadado queriendo adoptar una postura de igualitarismo, pero en realidad esa postura está mejor calificada si se llama complejo de inferioridad.

Hay que saber reconocer las iniciales que, en algunos países, pueden ir precediendo o a continuación del nombre de una persona, ya que suelen indicar que están en posesión de un título o condecoración, que requiere un tratamiento especial y le coloca en un orden de precedencia concreto.

LOS TRATAMIENTOS

Cada día son más frecuentes y necesarias las relaciones con personas de otras naciones; conviene conocer los usos y costumbres de los países extranjeros para dar a cada cual el trato adecuado.

Actuar con ligereza, puede ocasionar considerables «meteduras de pata», empleando una expresión popular.

Es importante conocer el tratamiento que se debe otorgar a personas con cargos públicos o a personalidades, como pueden ser los Miembros de las Reales Academias o las que forman parte de la nobleza o de la aristocracia, así como las autoridades académicas.

Al hacer las presentaciones es importante saber los tratamientos o títulos que tiene cada persona.

Cuando se trata de escribir una carta, hay que poner en el sobre el tratamiento correcto y utilizar el encabezamiento y despedida adecuados, al igual que el tratamiento correspondiente en el cuerpo de la carta. En caso de duda, hay que asegurarse antes, pero conviene evitar errores y no se debe actuar con meras suposiciones. Si no es posible averiguarlo, es preferible pasarse, a no llegar.

Para dirigirse a una persona que tiene más de un título, se utiliza el más importante.

TÍTULOS, TRATAMIENTOS Y HONORES
DE LA FAMILIA REAL

En nuestro país existe la Dignidad de Infante e Infanta de España que corresponde a los hijos del Rey o Reina Soberana y a los hijos del Príncipe o de la Princesa de Asturias, si bien la reciben por nacimiento, es decir son Infantes natos, los Reyes también pueden conceder por gracia, excepcionalmente, esta altísima Dignidad a personas de su familia que consideren dignas de tal honor.

En 1994 Su Majestad el Rey Don Juan Carlos concedió la Dignidad de Infante de España a S. A. R. Don Carlos de Borbón-Dos Sicilias y Borbón Parma, por las circunstancias excepcionales que concurren en su persona. Actualmente, después del Príncipe de Asturias, es el primer varón que ostenta tan alta Dignidad.

Su Majestad el Rey Don Juan Carlos concedió a S. A. R. la Infanta Doña Elena, con motivo de su boda, el título de Duquesa de Lugo que tiene un carácter graciable, personal y vitalicio, por lo que no puede ser heredado por los hijos de la Infanta Doña Elena y Don Jaime de Marichalar.

Puede ser de interés conocer el Real Decreto 1368/1987, de 6 de noviembre, sobre el régimen de títulos, tratamientos y honores de la Familia Real y de los Regentes. A propuesta del Ministerio de Justicia, previa deliberación del Consejo de Ministros en su reunión del día 6 de noviembre de 1987.

CAPÍTULO I
De la Real Familia

Artículo 1º

1. El titular de la Corona se denominará Rey o Reina de España y podrá utilizar los demás títulos que correspondan a la Corona, así como las otras dignidades nobiliarias que pertenezcan a la Casa Real. Recibirá el tratamiento de Majestad.

2. La consorte del Rey de España, mientras lo sea o permanezca viuda, recibirá la denominación de Reina y el tratamiento de Majestad, así como los honores correspondientes a su Dignidad que se establezcan en el ordenamiento jurídico.

3. Al consorte de la Reina de España, mientras lo sea o permanezca viudo, corresponderá la Dignidad de Príncipe. Recibirá el tratamiento de Alteza Real y los honores correspondientes a su Dignidad que se establezcan en el ordenamiento jurídico.

Artículo 2º

El heredero de la Corona tendrá desde su nacimiento o desde que se produzca el hecho que origine el llamamiento la Dignidad de Príncipe o Princesa de Asturias, así como los demás títulos vinculados tradicionalmente al Sucesor de la Corona y los honores que como tal le correspondan. Recibirá el tratamiento de Alteza Real. De igual Dignidad y tratamiento participará su consorte, recibiendo los honores que se establezcan en el ordenamiento jurídico.

Artículo 3º

1. Los hijos del Rey que no tengan condición de Príncipe o Princesa de Asturias y los hijos de este Príncipe o Princesa serán Infantes de España y recibirán el tratamiento de Alteza Real. Sus consortes, mientras lo sean o permanezcan viudos, tendrán el tratamiento y honores que el Rey, por vía de gracia, les conceda en uso de la facultad que le atribuye el apartado f) del artículo 62 de la Constitución.

2. Asimismo el Rey podrá agraciar con la Dignidad de Infante y el tratamiento de Alteza a aquellas personas a las que juzgue dignas de esta merced por la concurrencia de circunstancias excepcionales.

3. Fuera de lo previsto en el presente artículo y en el anterior, y a excepción de lo previsto en el artículo 5 para los miembros de la Regencia, ninguna persona podrá:

a) Titularse Príncipe o Princesa de Asturias u ostentar cualquier otro de los títulos tradicionalmente vinculados al Sucesor de la Corona de España.

b) Titularse Infante de España.

c) Recibir los tratamientos y honores que corresponden a las dignidades de las precedentes letras a) y b).

Artículo 4º

Los hijos de los Infantes de España tendrán la consideración de Grandes de España, sin que ello dé origen a un tratamiento especial distinto del de Excelencia.

CAPÍTULO II
De la Regencia

Artículo 5º

Quienes ejerzan la Regencia tendrán el tratamiento de Alteza e iguales honores que los establecidos para el Príncipe de Asturias, a no ser que les correspondan otros de mayor rango.

CAPÍTULO III
De los títulos de la Casa Real

Artículo 6º

El uso de títulos de nobleza, pertenecientes a la Casa Real, solamente podrá ser autorizado por el Titular de la Corona a los miembros de Su Familia. La atribución del uso de dichos títulos tendrá carácter graciable, personal y vitalicio.

DISPOSICIONES TRANSITORIAS

Primera

1. Don Juan de Borbón y Battemberg, padre de Su Majestad el Rey, Don Juan Carlos I de Borbón, continuará vitaliciamente en el uso del título de Conde de Barcelona, con tratamiento de Alteza Real y honores análogos a los que corresponden al Príncipe de Asturias.

2. Igual título y tratamiento recibirá la madre de Su Majestad el Rey, Don Juan Carlos I de Borbón, Doña María de las Mercedes de Borbón y Orleáns.

Segunda

Las hermanas de su Majestad el Rey Don Juan Carlos I de Borbón, serán Infantas de España y conservarán el derecho al uso del tratamiento de Alteza Real vitaliciamente, pero no sus consortes ni sus hijos.

Tercera

Los miembros de la familia del Rey Don Juan Carlos I de Borbón, que en la actualidad tuviesen reconocido el uso de un título de la Casa Real y el tratamiento de Alteza Real, podrán conservarlo con carácter vitalicio, pero no sus consortes ni descendientes.

DISPOSICIÓN DEROGATORIA

Quedan derogadas las disposiciones del mismo o inferior rango que se opongan a lo previsto en el presente Real Decreto.

* * *

Si bien en este Real Decreto se dice que Don Juan de Borbón y Battemberg continuaría vitaliciamente con el título de Conde de Barcelona (un título Soberano, no de la Corona), con tratamiento de Alteza Real y honores análogos a los que corresponden al Prínci-

pe de Asturias, es de todos conocido que con merecido reconocimiento, a su muerte se le rindieron honores de Rey.

REGLAS GENERALES PARA LOS TRATAMIENTOS EN ESPAÑA

A los Reyes   Se les da tratamiento de Majestad, Vuestra Majestad, Su Majestad, y en el curso de la conversación Señor. Cuando se trata de
ambos, se hace en plural. Por escrito es igual y se puede abreviar.
S. M. y en plural SS. MM. cuando se hace referencia a ellos, y
VV. MM. al dirigirse a ellos. Se utiliza la tercera persona para dirigirse a ellos.

A los   A los Miembros de la Familia Real se les da tratamiento de Al-
Miembro de la teza Real y en el curso de la conversación Vuestra Alteza o Señor,
Familia Real dirigiéndose a cada uno de ellos en tercera persona. Por escrito se
puede utilizar abreviado: V. A. R. y en plural VV. AA. RR. Cuando
se hace referencia a ellos: SS. AA. RR. Se utiliza la tercera persona
para dirigirse a ellos.

A los   Se les da tratamiento de Majestad Imperial y al dirigirse a
Emperadores y ellos: Majestad.
a sus herederos   Su Alteza Imperial a los herederos.

A las personas   Entre iguales o amigos, el título se utiliza sólo al hacer la pre-
con títulos en los sobres de cartas, o al llamar por teléfono y preguntar por
nobiliarios la persona que lo posea.
   Las personas subordinadas lo utilizan siempre al dirigirse a quienes los posean.

A las personas   Para dirigirse a una persona con un cargo público, cuando el
con cargos contacto sea por razón de éste, se dirá: Señor Ministro, Señor
públicos Alcalde, etc.
   Las señoras de los Embajadores son las únicas que reciben en
femenino el cargo de su marido: Señora Embajadora.

A las   Al Romano Pontífice se le otorga el tratamiento de Santo
Autoridades Padre, Beatísimo Padre y de Su Santidad.
Eclesiásticas   Los Cardenales tienen tratamiento de Eminencia Reverendísi-
ma, abreviado: Emcia. Rvdma.

Los Arzobispos, Obispos y Prelados tienen tratamiento de Excelentísimo y Reverendísimo, abreviado: Excmo. y Rvdmo.
Los Monseñores de Monseñor, abreviado: Mons. o Mgr.
Los Párrocos de Reverendo Padre o Reverendo Cura Párroco.
Los Sacerdotes Diocesanos: Reverendo Señor Don.
Los Religiosos según la Orden a la que pertenezcan y el cargo que ostenten.

Se otorga tratamiento de Excelentísimo Señor: (Abreviado Excmo. Sr. tiene tratamiento de Vuecencia, abreviado V. E., Vuestra Excelencia).

A los Grandes de España y a sus primogénitos.
Al Jefe de la Casa Civil de S. M. el Rey.
Al Presidente del Gobierno.
A los Embajadores.
A los Miembros del Real Consejo de las Órdenes Militares.
A los miembros de Número de las Reales Academias.
A las personas que hayan sido galardonadas con una Gran Cruz o Collar.
A los Generales de Brigada, División, Tenientes Generales y Capitanes Generales del Ejército de Tierra y Aire; en la Marina le corresponde a los Contraalmirantes, Vicealmirantes, Almirantes y Capitán General de la Armada.

Todos los mencionados hasta aquí tienen el tratamiento de modo vitalicio

A los Vicepresidentes del Gobierno.
A los Ministros del Gobierno.
A los Ministros Plenipotenciarios de Primera y Segunda Clase.
A los Presidentes de las dos Cámaras.
A los Presidentes del Consejo de Estado y los Consejeros Permanentes.
Al Presidente y Vocales del Tribunal de Defensa de la Competencia.
Al Presidente y Presidentes de Sala y Magistrados del Tribunal Supremo.
Al Presidente del Tribunal de Cuentas.
Al Vicario General Castrense.
A los Gobernadores Civiles y Militares.
A los Delegados del Gobierno (excepto en las Islas de las provincias Insulares).
A los Presidentes de las Autonomías y de Parlamentos, excepto en Cataluña y en Valencia, que se les otorga de Muy Honorable.
Al Presidente del Gobierno de Navarra.
A los Diputados en Cortes.
A los Senadores.

A los Alcaldes de Madrid y Barcelona.

A las Delegaciones Provinciales del Gobierno.

Al Fiscal del Tribunal Supremo.

A los Presidentes de los Tribunales Superiores de Justicia y a los Fiscales.

A los Tenientes de Hermano Mayor de las Reales Maestranzas de Caballería.

A los Rectores y Vicerrectores de Universidades.

Se otorga el tratamiento de Ilustrísimo Señor:
(Abreviado: Ilmo. Sr., tienen tratamiento de Ilustrísima, Ilustrísimo, Señoría Ilustrísima o Ilustrísimo Señor).

A quienes están en posesión de un título nobiliario, si no lo tienen de Excelentísimo.

A los hijos no primogénitos de los Grandes de España.

A los Caballeros de las Órdenes Militares.

A los Maestrantes de las Reales Maestranzas de Caballería.

A quienes están en posesión de Encomienda de Número de Órdenes Civiles o de Encomienda con Placa.

A los Coroneles y Capitanes de Navío.

Todos los mencionados hasta aquí tienen el tratamiento de modo vitalicio

A los Subsecretarios.

A los Directores Generales.

A los Ministros Plenipotenciarios de Tercera Clase y los Consejeros de Embajada.

A los Cónsules.

A los Secretarios Generales Técnicos de los Departamentos Ministeriales.

A los Subgobernadores Civiles o equivalentes.

A los Delegados del Gobierno en las Islas de las provincias Insulares.

A los Jefes de las Delegaciones Provinciales de los Departamentos Ministeriales.

A los Inspectores Generales de Cuerpos y sus Consejeros.

A los Alcaldes de Capital de Provincia, menos Madrid y Barcelona.

A los Presidentes de las Diputaciones, donde las haya.

A los Secretarios de Administración Local en Madrid y Barcelona.

A los Tenientes de Alcalde de los Ayuntamientos de las ciudades más importantes.

A los Decanos de los Colegios Notariales.

Al Decano del Colegio Nacional de Registradores de la Propiedad.

A los Presidentes de Sala y Magistrados de las Audiencias Territoriales.

A los Presidentes y Magistrados de las Audiencias Provinciales.

A los Presidentes de Sala y Magistrados.

A los Tenientes Fiscales de Audiencias Territoriales y Fiscales de Audiencias Provinciales en actos de oficio.

Al Secretario de Gobierno del Tribunal Supremo.

A los Decanos y Vicedecanos de Facultades Universitarias.

A los Directores de algunas Escuelas Especiales.

Se otorga el tratamiento de Señoría o Usía

(Abreviado: V. S., Vuestra Señoría, se le da el tratamiento de Señoría o Usía, también de Señor).

A los títulos del reino que no lleven aparejada Grandeza de España.

A los Comendadores sencillos de las Órdenes civiles.

A los Secretarios de Embajada de Primera y Segunda Clase.

A los Alcaldes de Municipios que no sean capitales de provincia.

A los Secretarios de Administración Local en capitales de provincia, excepto en Madrid y Barcelona, que lo tienen de Ilustrísima.

A los Magistrados y Jueces.

A los Secretarios de Juzgados de Primera Instancia e Instrucción servidos por Magistrados.

Se otorga tratamimento de Señor, Don o Señor Don:

Al dirigirse a una persona citándola por sus apellidos: Señor.

Cuando se habla a un grupo de personas: Señores.

Al dirigirse a una persona a la que se le debe respeto: Don.

Al dirigirse a una persona por escrito: Señor Don.

De igual modo puede aplicarse en femenino.

Muy Honorable: se le otorga

A los Presidentes de algunos países.

A los Presidentes de la Generalidad y del Parlamento de Cataluña.

Al Presidente de la Generalidad de Valencia.

Honorable:

A los Consejeros de las Generalidades de Cataluña y Valencia.

Rector Magnífico

Se le otorga en España a los Rectores de Universidad, con tratamiento de Excelentísimo y Magnífico Señor.

Ciencias, Artes y Letras

En el campo de las Ciencias, las Artes y las Letras, únicamente los Catedráticos de Enseñanza Superior tienen el título de Profesor.

Cuando tienen hecha su tesis Doctoral, se les puede dar el título de Doctor; sin embargo, cuando un médico no lo posea se le podrá llamar médico, pero dirigirse a él como Doctor, implica un empleo erróneo del Doctorado, aunque esté generalizado.

A los profesores de Academias, Artistas célebres como Músicos, Escritores o Pintores, entre otros, se les podrá llamar Maestros, si lo son al igual que a quienes hayan cursado los estudios de Magisterio.

Cuando una persona dentro del mundo de las Ciencias, las Artes o las Letras es Académico de Número de la Real Academia, tiene tratamiento de Excelentísimo Señor, también cuando se hallan en posesión de una Gran Cruz.

Profesiones liberales   En las profesiones liberales, se le dará a cada persona el tratamiento que le corresponda según sus méritos adquiridos: médicos, veterinarios, abogados, arquitectos y a todos los profesionales que se incluyan en este tipo de profesiones, se les tratará como Señor Don y Señora Doña. Si además poseen otros títulos, bien sea por las razones mencionadas anteriormente, o por tener un título nobiliario podrán hacer uso de él.

* * *

Los tratamientos correctos en otros países pueden ser distintos a los utilizados en España y conviene conocerlos bien antes de utilizarlos. Mientras que en España al escribir una carta a una chica joven basta con ponerle Señorita, seguido de su nombre completo, en Italia se utiliza Gentilísima Señorita y en Portugal Excelentísima.

Cuando se poseen títulos nobiliarios o académicos hay que utilizarlos al dar el tratamiento, especialmente cuando se pregunta por la persona o se le escribe una carta, mientras que si se es amigo, basta con llamarle por su nombre propio en el curso de la conversación.

En Austria hay que utilizar cuantos títulos tenga la persona al dirigirse a ella o al escribirle; si tiene varios doctorados por ejemplo, se repetirá «Doktor», antes del nombre, tantas veces como doctorados tenga.

En Inglaterra y en otros países, si una persona lleva tras su nombre ciertas iniciales puede indicar que está en posesión de una condecoración que le otorga el derecho a tratamiento de «Sir» y en el caso de señoras «Dame» o «Lady», con distinto matiz de tratamiento que el utilizado en España al decir Señor Don o Señora Doña.

En Suecia es costumbre utilizar únicamente el nombre, ni siquiera en un sobre se pone Sr. Don y Sra. Doña.

Ante la duda   Siempre se debe averiguar el tratamiento que le corresponde a cada persona, pero en caso de que no se pueda y haya duda, siempre es preferible darle más que menos.

341

TRATAMIENTOS EN ARABIA SAUDÍ

Al Rey se le otorga el tratamiento de Su Majestad

A los Príncipes hijos del Fundador de la Dinastía: Su Alteza Real

A los Príncipes que no son hijos del Rey: Su Alteza

En los Ministros hay dos rangos: Uno de Excelencia, para Ministros y Ex-Ministros, que va hasta el rango 15.

Hay otro rango por encima del anterior y los Ministros reciben el tratamiento de Excelencia Suprema.

Tratamiento de «SHEIKH» Este tratamiento —Jeque— se otorga al cabeza de tribu, a los «líderes» religiosos, jueces y académicos, si se consideran autoridad por sus conocimientos en materias religiosas. También se otorga a los «líderes» políticos.

LOS TRATAMIENTOS EN AUSTRALIA

En Australia, cualquier duda que se tenga, acerca de los modos y costumbres relacionados con el orden de precedencia y tratamientos, se puede consultar a la rama de honores, dependiente del Departamento del Primer Ministro y de su Gabinete.

Los títulos, el rango y la posición, como «Lord», «Sir», «Doctor» y otros van junto al nombre de la persona precediéndolo, y después del término honorífico de tratamiento como puede ser el Honorable «The Honourable» o su Señoría «His Lordship».

Los tratamientos de representación Real, Eclesiásticos y de los Ejércitos normalmente preceden a todos los demás, aunque se puede hacer según quiera la persona que lo ostenta, se dirá: «Admiral the Honourable George Brown C.B.E., D.S.C., M.P.». Almirante El Honorable Jorge Brown, seguido de las iniciales de condecoraciones que posea.

Reciben tratamiento de «Sir» y «Dame» Los Baronetes o Caballeros Licenciados si no tienen otros títulos de mayor rango.

Aquellos que están en posesión de los siguientes honores:

K.G. Caballero de la Orden de la Jarretera.

K.T. Caballero de la Orden del Thistle.

K.P. Caballero de la Orden de S. Patricio.

G.C.B. Caballero, o Dama, Gran Cruz de la Orden del Baño.

G.B.E. Caballero o Dama con Gran Cruz de la Orden del Imperio Británico.

G.C.S.I. Caballero Gran Comandante de la Orden de la Estrella de la India.

G.C.M.G. Caballero, o Dama, con Gran Cruz de la Orden de S. Miguel y S. Jorge.

G.C.I.E. Caballero Gran Comandante de la Orden del Imperio de la India.

G.C.V.O. Caballero, o Dama, con Gran Cruz de la Real Orden Victoria.

K.C.B. Caballero Comandante de la Orden del Baño.

K.C.S.I. Caballero Comandante de la Orden de la Estrella de la India.

K.C.M.G. Caballero Comandante de la Orden de S. Miguel y S. Jorge.

K.C.I.E. Caballero Comandante de la Orden del Imperio de la India.

K.C.V.O. Caballero Comandante de la Real Orden de Victoria.

K.B.E. Caballero Gran Cruz de la Orden del Imperio Británico.

Mientras que para las Señoras, el título de «Dame» se otorga, si no tienen otro más elevado, cuando está en posesión de Gran Cruz y de los siguientes honores:

D.C.B. Dama Comandante de la Orden del Baño.

D.C.M.G. Dama Comandante de la Orden de S. Miguel y S. Jorge.

D.C.V.O. Dama Comandante de la Real Orden de Victoria.

D.B.E. Dama Comandante de la Orden del Imperio Británico.

En Australia es costumbre, al dirigirse a personas con título de «Sir» o de «Dame», utilizar el nombre de pila antes del apellido, como: Sir Richard Poole o Dame Margaret Quincey.

Tratamientos de la nobleza y de los Miembros del Consejo Privado «Privy Council»   El nombramiento de los Miembros del Consejo Privado es vitalicio y se les otorga el tratamiento: «The Right Honourable». Como: The Right Honourable Sir Ian Smith.

En aquellos casos en los que los Miembros del Consejo Privado pertenecen a la nobleza, sus títulos prevalecen:

Para un Duque de la Familia Real sería: His Royal Highness.

Para un Duque: His Grace.

Para un Marqués: The Most Honourable.

Para los Condes, Vizcondes y Barones: The Right Honourable.

Estos tratamientos se mantienen ya sean Miembros del Consejo Privado o no, de ahí la costumbre de añadir las iniciales de P.C. para aquellos que lo son.

Tratamiento de «The Right Honourable»   El tratamiento «The Right Honourable» también se otorga a los Alcaldes de las ciudades importantes, mientras ostentan el cargo, como: Adelaide, Brisbane, Hobart, Melbourne, Perth y Sidney además de los casos antes citados.

Tratamiento de
«The
Honourable»

Se otorga en Australia, así como en los territorios de la Commonwealth a:

Los Consejeros Ejecutivos.

Los Presidentes del Senado.

Al Portavoz de la Cámara de Representantes.

Los miembros Judiciarios de la Commonwealth, aunque éstos en Australia suelen ser Miembros del Consejo Privado para el Territorio Supremo y tienen tratamiento de «The Right Honourable».

Los Ministros de los Gobiernos de los Estados.

Los Presidentes y Miembros de los Consejos Legislativos.

Los Portavoces de las Asambleas Legislativas.

El Presidente y Magistrados del Tribunal Supremo en los Estados.

El Presidente y Jueces del N.S.W. Tribunal de Apelación.

Observación

Mr., Esq., Mrs. y Miss no se utilizan con el tratamiento de «The Right Honourable» ni «The Honourable», excepto en algunos casos para la nobleza, para Miembros de Tribunales de Justicia y los Alcaldes de Adelaide, y Perth, éstos últimos son Lord Mayors.

Tratamientos
vitalicios

Se otorgan a los Miembros del Consejo Ejecutivo Federal, a los Ministros y a los Subministros de la Commonwealth y a los Ministros del Estado de Victoria.

Mientras que los siguientes, necesitan la aprobación de la Reina para seguir manteniendo el tratamiento, en cada caso puede ser recomendado a la Reina para su aprobación:

Los Ministros de Gobierno de Estado que hayan servido un año como mínimo como Primer Ministro, o tres años como Ministro.

Los presidentes del Senado y de los Consejos Legislativos de Estado, el Presidente de la Cámara de Representantes y de las Asambleas Legislativas de Estado que hayan permanecido tres años de servicio.

Los miembros de los Consejos Legislativos que hayan prestado diez años se servicio ininterrumpido.

Los Miembros del Juzgado de la Commonwealth y de los Estados.

Tratamiento de
«Esquire»

El significado de «Esquire» está cayendo en desuso y se está sustituyendo por «Mister»: «Mr.». Conviene recordar que en los casos en que se utilice «Esq.», al revés que «Mr.», va a continuación del nombre. No se utilizan nunca a la vez «Mr.» y «Esq.»

Jamás se utiliza Esquire cuando se nombra también a la Señora.

Tratamento de
«His
Excellency»

En Australia se otorga entre otros al Gobernador General que hace las veces de Virrey y al Administrador que ostenta el cargo en su ausencia. Así como a los Gobernadores de Estado.

Mientras que la esposa del Gobernador General recibe el tratamiento de «Her Excellency», no lo recibe la del Gobernador de un Estado.

Tratamiento de «*The Right Reverend*» Siempre que se utilice un tratamiento eclesiástico «Right Reverend» o «Reverend», que pueden ir en abreviatura, se antepone «The» y se sigue de la inicial del nombre de pila y el apellido.

TRATAMIENTOS EN AUSTRIA

Se utilizan los títulos nobiliarios y se da mucha importancia al tratamiento de los títulos académicos y profesionales, como Licenciado, Arquitecto, etc.

Si se tienen tres Doctorados distintos, al dirigirse a la persona que los posea, se repite tres veces el término de «Doktor» como ya se ha indicado.

TRATAMIENTOS EN BÉLGICA

Se utilizan los tratamientos otorgados a los Reyes y Miembros de la Familia Real, semejantes a los Españoles. (Ver: *Tratamientos en España,* pág. 333).

Excelentísimo o Su Excelencia se emplea para los Embajadores y personas que requieran dicho tratamiento, así como Señoría.

En Bélgica no existe el tratamiento de Ilustrísimo.

Se emplea Señor seguido del cargo por alto que éste sea.

TRATAMIENTOS EN LA REPÚBLICA DEL ECUADOR

El Presidente y Vicepresidente de la República tienen tratamiento de Excelentísimo Señor.

Los Diputados y Representantes ante el Congreso de Honorable.

Los Alcaldes de Ilustrísimo Señor.

Los Concejales de Quito y Guayaquil de Ilustrísimo Señor.

Los Gobernadores no tienen tratamiento especial.

Los tratamientos en el Ecuador no son vitalicios y cesan con el cargo.

TRATAMIENTOS EN GRAN BRETAÑA

En Gran Bretaña se da gran importancia a los tratamientos.

Para los Reyes y Miembros de la Familia Real son similares a los de España. (Ver: *Tratamientos en España*, pág. 333).

345

Se utiliza el de Honorable para personas que han recibido ciertas condecoraciones o tienen títulos nobiliarios, así como cargos públicos.

Se otorga el debido tratamiento a cada persona que posea un título o haya recibido alguna condecoración que lo conlleve.

Señor y Señora como fórmula de tratamiento se utiliza para quienes lo sean, y siempre Don o Doña.

TRATAMIENTOS EN JAPÓN

En Japón se otorga el tratamiento de Su Majestad al Emperador y de Su Alteza Imperial a los Príncipes herederos, mientras que a los demás miembros de la Familia Real se les otorga el de Su Alteza Real.

A las personalidades extranjeras se les otorga el tratamiento que reciben en su país.

TRATAMIENTOS EN JORDANIA

En Jordania no existen títulos conferidos ni tratamientos.

La Familia Real recibe tratamientos análogos a los de España. (Ver: *Tratamientos en España,* pág. 333).

Por tradición se conserva el tratamiento de «Sherif» para los Miembros de la Familia Real, como descendientes del profeta Mahoma.

TRATAMIENTOS EN MÉJICO

Entre políticos y personalidades se otorga un único tratamiento que es «Ciudadano», anteponiendo al cargo una C., como C. Ministro, o C. Consejero; también va antes que el título académico: C. Licenciado, o C. Ingeniero.

Mientras que a las personalidades extranjeras se les otorga el tratamiento que reciban en su país como Excelentísimo Señor, curiosamente Ilustrísimo no se utiliza en Méjico.

LAS CONDECORACIONES

Las condecoraciones son premios oficiales otorgados a personas que por sus acciones meritorias requieren una especial distinción. Datan de muy antiguo, ya que los Faraones las concedían en forma de collares de oro de los que colgaban figuras de leones o de moscas. Los Romanos también las tuvieron en gran número en forma de brazaletes, cadenas, alfileres, collares o banderas.

En la Edad Media proliferaron las Órdenes Militares y tuvieron un gran papel en las Cruzadas, sus insignias dejaron de ser atributo de sus Miembros y los Príncipes las utilizaron como recompensa al valor individual en las armas. De estas insignias o distintivos proceden las actuales condecoraciones. Sustituyeron paulatinamente a muchas de las tradicionales mercedes y títulos nobiliarios del Antiguo Régimen.

La mayoría de los países conceden condecoraciones a sus súbditos o a personas extranjeras por actos de heroísmo o servicios especiales que requieren un reconocimiento público, como premio a los actos destacados en servicio de la Corona, de la Patria y de la sociedad. A veces se conceden a título póstumo.

Los gobernantes pueden conceder públicamente honores y distinciones. En los regímenes monárquicos se conceden las condecoraciones en nombre del Soberano, en sus más altos grados, y en los otros regímenes en nombre del Gobierno.

Se puede otorgar según los méritos o las personalidades de que se trate.

Quien recibe la condecoración tiene el derecho de acreditar públicamente el merecimiento de una consideración especial por sus méritos. La condecoración sirve tanto de premio a la conducta ejemplar como de estímulo social para los ciudadanos.

Cuando se recibe una condecoración, suele llevar consigo ingreso en una Orden o Instituto que agrupa a quienes las reciben. Dentro de cada Orden hay varios grados: Collar, Gran Cruz o Banda o Lazo, Placa, Cruz sencilla y Medalla, según la importancia de la conducta que se premie. En algunos países el Collar se otorga únicamente a Jefes de Estado.

Las condecoraciones hacen referencia directa al título de la Orden, teniendo cada una de ellas un color distintivo en bandas, veneras y lazos, o una composición ornamental peculiar de cruces, placas, veneras y medallas.

Las condecoraciones pueden ser civiles o militares. También las puede conceder el Papa, y algunos organismos internacionales como las Naciones Unidas o la Cruz Roja.

Las condecoraciones se llevan en actos oficiales y de gala, colocándolas, en general, en el lado izquierdo del pecho. Si se poseen varias y de distinta categoría, se colocan en línea de mayor a menor empezando por el lado más cerca de la solapa, pudiendo seguir con otra fila más abajo. Cuando una condecoración se ha recibido en distintos grados, sólo se lleva la de mayor. En las demás ocasiones suelen sustituirse por cintas en el pecho de los uniformes o en las solapas de los trajes civiles de gala, o por medallas en miniatura en los trajes de etiqueta.

Es importante saber cuándo una persona está en posesión de

una o varias condecoraciones, por el hecho de que algunas llevan consigo un tratamiento especial y algún privilegio. Después de todo, el recibir una condecoración es una muestra pública de agradecimiento y reconocimiento por hechos que merecen recibir una recompensa.

Conocer la naturaleza, origen y tipo de las condecoraciones implica un buen grado de cultura y de respeto hacia los modos y costumbres.

En su concepto actual, las primeras condecoraciones aparecieron en Inglaterra en los siglos XIV y XVI. Algunas se llevaban colgadas del cuello con una cadena fina.

Las condecoraciones desaparecieron en Francia con la Revolución Francesa y fueron restauradas por Napoleón, en 1802 creó la famosa Legión de Honor para premiar méritos civiles y militares.

Cada país tiene sus propias condecoraciones, algunas de las cuales son internacionalmente conocidas y valoradas.

Hay países, como Gran Bretaña, en los que está muy definido lo que implica estar en posesión de una condecoración y se detallará a continuación.

En España existen desde hace siglos y se siguen otorgando.

CONDECORACIONES EN ESPAÑA

Las condecoraciones en España pueden ser de distinta índole: de Órdenes Dinásticas, de Órdenes Civiles, o de Órdenes Militares.

El Toisón de Oro Es la Orden Dinástica de mayor prestigio en el mundo. Fue fundada en 1429 por Felipe III, el Bueno, Duque de Borgoña, con el fin de «honrar a cuantos por sus hechos hayan sido, son y sean en lo venidero dignos de reconocimiento». La Jefatura de la Orden quedaba unida perpetuamente al titular de la Dinastía Borgoña y, extinguida ésta, a sus legítimos herederos, que son, desde el siglo XVI, los Monarcas Españoles, por el matrimonio de Felipe I el Hermoso con Doña Juana de Aragón y Castilla, padres de Carlos I de España y V de Alemania.

Corresponde al Rey de España nombrar a los Caballeros y Damas de la Insigne Orden del Toisón de Oro.

La condecoración de esta Insigne Orden, consiste en un Collar cuya insignia es una pieza en forma de eslabón, al que va unido un pedernal echando llamas, del cual pende el Toisón, o vellón de un carnero.

Las insignias están numeradas, deben ser entregadas tras el fallecimiento del titular, son propiedad de la Orden y la concesión del Toisón de Oro es siempre a título personal y no hereditario.

En 1988 las personas en posesión del Toisón de Oro eran quince. El más antiguo S. A. R. Don Juan de Borbón y Battemberg, Conde de Barcelona –fallecido en 1993– que fue investido por su padre S. M. el Rey Alfonso XIII en 1923. Siguiéndole el Emperador de Japón Hiro-Hito I, fallecido en 1989, que también fue investido por S. M. el Rey Alfonso XIII cinco años más tarde.

Siendo Gran Maestre de la Orden S. M. Don Juan de Borbón, invistió en 1941 a su hijo S. A. R. Don Juan Carlos de Borbón y Borbón. También invistió a S. M. el Rey Balduido de Bélgica, –fallecido en 1993–, a S. A. R. Don Carlos de Borbón Don Sicilias –1964–, y a S. M. el Rey Constantino de Grecia –1964–.

S. M. el Rey Don Juan Carlos I de España, como actual Gran Maestre de la Orden, concedió el Toisón de Oro a: Don Nicolás Cotoner, Marqués de Mondéjar –1977–; a S. A. R. Don Felipe de Borbón y Grecia, Príncipe de Asturias –1981–; a S. M. el Rey Carlos Gustavo de Suecia –1983–; a S. A. R. el Gran Duque Juan I de Luxemburgo –1983–; a Su Alteza Imperial Akihito, Príncipe heredero, y actual Emperador de Japón –1985–; a S. M. el Rey Hussein de Jordania –1985–; a S. M. la Reina Beatriz I de Holanda –1985–; a S. M. la Reina Margarita II de Dinamarca –1985–; a S. M. la Reina Isabel II de Inglaterra –1989–; a S. M. el Rey Alberto II de Bélgica –1994– y a S. M. el Rey Harald de Noruega –1995–.

También había concedido el Toisón de Oro a los ya fallecidos: S. M. el Rey Olaf V de Noruega –1984–; al Excmo. Sr. Don Torcuato Fernández Miranda, Duque de Fernández Miranda –1977–; al Excmo. Sr. Don José María Pemán –1981– y al Excmo. Sr. Don Beltrán Osorio Díez de Rivera, Duque de Alburquerque, quien había sido Jefe de la Casa de S. A. R. el Conde de Barcelona hasta su fallecimiento –1993–.

Actualmente son 14 las personas que poseen el Toisón de Oro.

Condecoraciones
de Órdenes
civiles:

De Carlos III –Presidencia del Gobierno–, data de 1771.
De Isabel la Católica –Asuntos Exteriores–, data de 1815.
Del Mérito Civil –Asuntos Exteriores–, data de 1926.
De Alfonso X el Sabio –Educación y Ciencia–, data de 1939.
De S. Raimundo de Peñafort –Justicia–, data de 1944.
De Sanidad.
Del Mérito Agrícola, Pesquero y Alimentario –Agricultura, Pesca y Alimentación–.
Del Mérito en el Ahorro.
Del Mérito Penitenciario.
Del Mérito Turístico.
Medalla del Trabajo –Trabajo–.
Orden de la Solidaridad –Asuntos Sociales–.

Condecoraciones   Cruz Laureada de San Fernando, creada por las Cortes de
de Órdenes   Cádiz, data de 1811.
Militares: Medalla Militar.
    Medalla Aérea.
    Medalla Naval.
    Orden del Mérito Militar.
    Orden del Mérito Naval.
    Orden del Mérito Aeronáutico.
    Cruz Roja del Mérito Militar.
    Orden de S. Hermenegildo, data de 1814.
    Cruz de Guerra con Palmas.
    Cruz de Guerra sin Palmas.

DENTRO DE LAS ÓRDENES HAY DISTINTOS GRADOS

Real y   Collar.
Distinguida   Gran Cruz.
Orden de   Encomienda de Número.
Carlos III   Encomienda.
    Cruz.
    Medalla de Plata.
    Banda –Para Señoras–.
    Lazo –Para Señoras–.

Orden de Isabel   Collar.
la Católica   Gran Cruz.
    Encomienda de Número.
    Encomienda.
    Cruz.
    Banda –Para Señoras–.
    Lazo –Para Señoras–.

Orden del   Collar.
Mérito Civil, etc.   Gran Cruz.
    Encomienda de Número.
    Encomienda.
    Cruz.
    Cruz de Plata.
    Banda –Para Señoras–.
    Lazo de Dama.

Cruz Roja   Gran Placa.
    Placa de Segunda Clase.
    Medalla de Oro.
    Medalla de Plata.
    Medalla de Bronce.
    Medalla a la Constancia.

En España está prohibido el uso de condecoraciones extranjeras sin previa autorización del Gobierno Español. Se sanciona penalmente el uso indebido de condecoraciones, y su concesión oficial está sujeta al pago de los correspondientes derechos de Hacienda.

CONDECORACIONES EN ARABIA SAUDÍ

La Orden del Rey Abdulaziz Al-Saud Es la condecoración por excelencia de Arabia Saudí, lleva el nombre del gran patriarca de la dinastía que en 1932 proclamó oficialmente la instauración del Reino de Arabia Saudí.

Se concede en tres grados:

Gran Placa con Banda.
Encomienda.
Medallada del Mérito.

CONDECORACIONES EN AUSTRALIA

Todas las condecoraciones que existen en Australia son de origen británico, aunque no todas las de Gran Bretana tienen aplicación en Australia y algunas están cayendo en desuso.

La persona que ha recibido una o varias condecoraciones, llevará las iniciales después de su nombre. El orden de iniciales de las condecoraciones recibidas comienza por la de mayor categoría, y lo va siguiendo. Cuando de una misma Orden se recibe una condecoración de mayor grado, es ésta la que se nombra y se omite la anterior.

Los Miembros de la nobleza que son del Consejo Privado «Privy Council» utilizan las iniciales P.C. que preceden a las de todas las condecoraciones excepto V.C. Victoria Cross; G.C. George Cross y K.G. Knight of the Order of Garter.

Las condecoraciones concedidas por los Soberanos tienen precedencia ante las demás. Las más importantes son: Victoria Cross, V.C., y George Cross, G.C., siempre preceden y les sigue la Orden de Garter, K.G. (Orden de la Jarretera).

Las iniciales van por el siguiente orden: Órdenes.
Condecoraciones.
Medallas.
Distinciones Civiles.
Título o Diploma Universitario.
Miembros de Asociaciones y Sociedades.
Miembros del Parlamento.

CONDECORACIONES EN CANADÁ

En Canadá existen condecoraciones de origen británico, y se marcan con * las que son propiamente de Canadá.

Los ciudadanos canadienses llevan las condecoraciones en el siguiente orden:

Victoria Cross V.C.
George Cross G.C.
* Cruz al Valor C.V.
* Compañeros de la Orden de Canadá C.C.
* Dignatario de la Orden de Canadá O.C.
Orden del Mérito O.M.
Orden de los Compañeros de Honor C.H.
Compañeros de la Orden de Bath C.B.
Compañeros de la Orden de S. Miguel y S. Jorge C.M.G.
Comandante de la Real Orden de Victoria C.V.O.
Comandante de la Orden del Imperio Británico C.B.E.
* Comandante de la Orden del Mérito Militar C.M.M.
Servicio Distinguido de Orden D.S.O.
Miembro de Cuarta Clase de la Real Orden de Victoria M.V.O.
Oficial de la Orden del Imperio Británico O.B.E.
Orden de Servicio Imperial I.S.O.
Miembro de Quinta Clase de la Real Orden de Victoria M.V.O.
Miembro de la Orden del Imperio Británico M.B.E.
Miembro de la Real Cruz Roja R.R.C.
Cruz de Servicio Distinguido D.S.C.
Cruz Militar M.C.
Cruz de Vuelos Distinguidos D.F.C.
* Estrella del Valor S.C.
* Oficial de la Orden de Mérito Militar O.M.M.
* Medalla del Valor M.B.
* Miembro de la Orden de Canadá C.M.
* Miembro de la Orden del Mérito Militar M.M.M.
Cruz de las Fuerzas Aéreas A.F.C.
Miembro de la Real Cruz Roja A.R.R.C.
Orden de S. Juan de Jerusalén —en todos los grados—.
Medalla a la Conducta Ejemplar D.C.M.
Medalla al Heroísmo Conspicuo C.G.M. —Marina y Aire—.
Medalla de Jorge G.M.
Medalla a Servicios Distinguidos D.S.M.
Medalla Militar M.M.
Medalla Distinguida al Vuelo D.F.M.
Medalla de las Fuerzas Aéreas A.F.M.
Medalla de la Reina al Heroísmo Q.G.M.
Medalla del Imperio Británico B.E.M.

A continuación van las medallas de guerra incluyendo la medalla del Servicio Voluntario Canadiense, en orden de fecha de las campañas en las que se concedieron; seguidas de la Medalla Real Victoriana y de la Medalla de Servicio Imperial; seguidas de las medallas conmemorativas de la coronación, de aniversario y otras medallas conmemorativas incluyendo la medalla del Centenario en orden de fecha en las que fueron concedidas; seguidas de otras condecoraciones entre las que figuran las canadienses. Medalla de la Real Policía Montada Canadiense al Largo Servicio y Conderación de las Fuerzas Canadienses.

Las más altas condecoraciones canadienses son las del Instituto de Agricultura de Canadá, en dos grados.

CONDECORACIONES EN COLOMBIA

La Orden de Boyacá Es la más importante de cuantas existen en la República Colombiana. Tiene un antecedente histórico indirecto: en 1819, a iniciativa de D. José Tiburcio Echeverría, entonces Jefe Político de Santa Fe de Bogotá, la Junta de Notables de la Ciudad creó una medalla como distinción de los méritos de los héroes combatientes de la Batalla de Boyacá y para los heridos de las batallas precedentes. En 1819 el Congreso de Angostura confirmó la misma distinción para las personas que destacaron en Servicio a la Patria. Un siglo después el Presidente Marco Fiden Suárez y el entonces Ministro de Guerra crearon la Orden de Boyacá como condecoración a los Oficiales del Ejército en conmemoración del Centenario de la campaña libertadora. Más tarde, en 1922, el Presidente Jorge Holguín hizo extensiva su concesión a los civiles y a los diplomáticos de naciones amigas de Colombia. Llegando a ser, por decreto, en 1930, Orden Civil y Militar, modificando los estatutos poco más tarde y estableciendo el Consejo sus funciones y las del Canciller, así como los grados de la misma que son:

Gran Cruz Extraordinaria.
Gran Cruz.
Gran Oficial.
Cruz de Plata.
Comendador.
Oficial y Caballero.

La Orden Nacional de S. Carlos Fue establecida en 1954, siendo el Presidente de la República su Gran Maestre, el Ministro de Relaciones Exteriores Gran Canciller y el Director de Protocolo Canciller; se otorga a Colombianos y extranjeros tanto civiles como militares por destacados servicios a la nación, especialmente en el ámbito de las relaciones internacionales. A esta Orden le ha sido dado el nombre del Palacio donde la Cancillería Colombiana tiene su sede.

La Orden Nacional al Mérito Fue creada en 1981 por el Gobierno de Colombia, su fin es honrar a personas y a instituciones nacionales y extranjeras que se distingan por su servicio al país y por actos sobresalientes en la defensa de los valores nacionales. Consta de seis grados:
Gran Cruz Extraordinaria.
Gran Cruz.

Gran Oficial.
Cruz de Plata.
Comenador.
Oficial y Caballero.
En Colombia las condecoraciones nacionales tienen primacía sobre las extranjeras.

Las Órdenes Militares tienen su orden de precedencia establecido entre ellas y se confieren de acuerdo con la siguiente clasificación:

1. Por actos de valor y servicios distinguidos en guerra exterior o conflictos internos.
2. Por méritos y virtudes militares.
3. Por mérito académico.
4. Por tiempo de servicio.

CONDECORACIONES EN EL ECUADOR

Las más importantes son las siguientes:

La Orden al Mérito Nacional

—Con los siguientes grados—:
Gran Collar: se otorga a los Jefes de Estado extranjeros.
Gran Cruz.
Gran Oficial.
Comendador.
Oficial.
Caballero.

La Orden de S. Lorenzo

—Con los siguientes grados—:
Gran Collar.
Gran Cruz.
Gran Oficial.
Comenadores.
Oficial.
Caballero.

La Orden de Sebastián de Benalcázar

Bajo el nombre de quien, siendo de origen extremeño, fue el fundador de la ciudad de Quito. Esta condecoración se concede únicamente con grado de Gran Collar como reconocimiento a grandes servicios prestados a la ciudad.

CONDECORACIONES EN LOS ESTADOS UNIDOS

La condecoración más antigua de los Estados Unidos data de 1782 y fue creada por el General George Washington, se trata del «Purple Heart»; aunque es la primera en cuanto a antigüedad, hoy en día está en el lugar número 20 siguiendo el orden de importancia de las condecoraciones estadounidenses.

La más importante es la «Medal of Honor», que puede ser otorgada por el Ejército, la Aviación, o la Marina, se lleva colgada al cuello, las demás se colocan en el lado izquierdo del pecho por orden de importancia de derecha a izquierda.

El orden de Medalla de Honor: Ejército, Aviación y Marina.
precedencia es el Cruz de Servicios Distinguidos.
siguiente Cruz Naval.
Cruz de las Fuerzas Aéreas.
Medalla de Servicios Distinguidos: Ejército y Aviación.
Medalla de Servicios Distinguidos: Marina.
Estrella de Plata.
Legión del Mérito.
Cruz de Vuelos Distinguidos.
Medalla de los Soldados.
Medalla de los Cuerpos de la Marina y de la Armada.
Medalla del Aviador.
Medalla de la Estrella de Bronce.
Medalla del Aire.
Medalla Conmemorativa de los Servicios Unidos.
Medalla Conmemorativa del Ejército.
Medalla Conmemorativa de la Marina.
Medalla Conmemorativa de las Fuerzas Aéreas.
Corazón Morado —La más antigua—.

Las condecoraciones no militares de los Estados Unidos se pueden llevar en el uniforme únicamente cuando se lleven una o más medallas militares siguiendo este orden:

Medalla Presidencial de la Libertad.
Medalla Salvavida de Oro.
Medalla por Mérito.
Medalla Salvavida de Plata.
Medalla de Seguridad Nacional.
Medalla de la Libertad.
Medalla a los Servicios Civiles Distinguidos.
Medalla a los Servicios Civiles Sobresalientes.

Mientras que las condecoraciones estadounidenses de la Marina Mercante pueden llevarse en el uniforme, siempre que se siga el orden establecido en los Estados Unidos, existen normas muy estrictas para el uso de condecoraciones extranjeras por personas con cargos oficiales, que han de conseguir la aprobación del Departamento de Defensa para los Militares y del Jefe de Protocolo para los Civiles.

CONDECORACIONES EN FRANCIA

Las condecora-
ciones francesas
siguen este
orden:

Legión de Honor.
Orden de la Liberación.
Medalla Militar.
Orden Nacional del Mérito.
Cruz de Guerra 1914-1918.
Cruz de Guerra 1939-1945.
Cruz de Guerra de Teatro de Operaciones Exteriores TOE.
Cruz del Valor Militar.
Medalla de la Resistencia.
Cruz de Combatientes Voluntarios de la Guerra 1914-1918.
Medalla de los Evadidos.
Medalla del Agradecimiento Francés.
Medalla de la Aeronáutica.
Medalla de la Gendarmería Nacional.
Medalla de la Deportación y de la Reclusión por actos de resistencia.
Medalla de la Deportación y de la Reclusión Política.
Cruz de Combatientes Voluntarios de la Resistencia.
Medalla de Francia Liberada.

Les siguen,
siendo muy
numerosas:

Las Órdenes Ministeriales.
Las Medallas Conmemorativas.
Las Órdenes del Mérito Civil.
Las Órdenes Francesas de otros Mares.
Las Medallas de Honor.

CONDECORACIONES EN GRAN BRETAÑA

Las Órdenes y condecoraciones datan desde muy antiguo en Gran Bretaña.

La Nobilísima
Orden de
Jarretera

Fue fundada por el Rey Eduardo III en 1348 como noble fraternidad constituida por el propio Rey y por 25 Caballeros Acompañantes. Los miembros de la Familia Real se conocen como Reales Caballeros Acompañantes y los extranjeros como Extra Caballeros. Esta Orden está considerada como el más alto honor civil y militar que se puede obtener en Gran Bretaña. Los no Cristianos no pueden formar parte de la Orden. Aquellos que son admitidos obtienen el título de «Sir» y pueden añadir K.G. después de su nombre.

El Soberano de la Orden es el Monarca reinante. Celebran su fiesta el 23 de abril, día de S. Jorge. Los estandartes y escudo de armas de los Caballeros están colgados en la capilla de la Orden que es la de S. Jorge en Windsor.

Además de la insignia, hay una capa de terciopelo azul oscuro, sombrero de terciopelo negro y liga de terciopelo azul oscuro con bordes dorados y con el lema de la Orden: «Honni soit qui mal y pense» bordado en oro, así como rosas bordeadas de cadenas doradas. Las señoras la utilizan en el brazo izquierdo y los caballeros debajo de la rodilla de la pierna izquierda.

Cuentan que el origen de esta Orden fue francamente pintoresco. Estando el Rey Eduardo III en un baile de la corte, se le cayó una liga a la Condesa de Salisbury, el Monarca se agachó a cogerla, mientras la señora enrojecía y los demás reían, se la ató a su propia pierna diciendo: «Honni soit qui mal y pense», vergüenza para quien piense mal, o deshonrado sea quien piense mal.

La insignia ha de ser devuelta a la muerte de quien la posea.

La muy antigua y muy Noble Orden del Thistle

Aunque puede existir de más antiguo, no resurgió como Orden de Caballería hasta que el Rey Jaime II de Inglaterra y VII de Escocia la estableció el 29 de marzo de 1687. Continuaba consistiendo en el Rey y doce Caballeros, como conmemoración del Salvador y sus doce Apóstoles. El rey Jorge IV aumentó temporalmente a dieciséis el número de Caballeros, quedando de forma permanente a partir de 1827.

Los miembros de la Familia Real se llaman Caballeros Reales. El Rey Olaf V de Noruega fue Extra Caballero y ha sido el único extranjero admitido en más de dos siglos.

Los miembros de la Orden pueden utilizar el título de «Sir», excepto los extranjeros, y utilizar K.T. después de su nombre.

La muy Honorable Orden de Bath

Aunque los Caballeros de Bath datan de muy antiguo, la Orden fue creada por Jorge I en 1725 y reorganizada en 1815.

Se puede otorgar a los militares como premio a notables servicios de guerra y a los civiles por importantes servicios en la Casa de Servicio Civil.

La condecoración más alta de esta Orden está conceptuada como la más alta distinción militar que se puede obtener en Gran Bretaña. Los militares y civiles la pueden recibir en tres grados:

«Knight Grand Cross» G.C.B.
«Knight Commander» K.C.B.
«Companion» C.B.

La muy distinguida Orden de S. Miguel y S. Jorge

Fue fundada el 12 de agosto de 1818 por el Rey Jorge III como premio a los habitantes de las Islas Ionian y de Malta, que en 1814 pasaron a estar bajo la soberanía Británica, así como a los ciudadanos británicos por sus servicios en el Mediterráneo.

Hoy en día se confiere a los diplomáticos y miembros de Asuntos Exteriores así como a las personas que han desarrollado trabajos meritorios en países de la Commonwealth. Se pueden otorgar a extranjeros. Los dos grados más altos de la Orden implican el tratamiento de «Sir», o «Dame» para las señoras, excepto para los extranjeros que sólo pueden ser admitidos como Miembros Honorarios. Pueden añadir después de su nombre G.C.M.G. «Knight Grand Cross» o «Dame Grand Cross»; K.C.M.G. «Knight Commander», D.C.M.G. «Dame Commander», C.M.G. «Companion».

La Cruz de Victoria   Es la condecoración británica más codiciada, fue instituida por la Reina Victoria el 29 de enero de 1856 ante la sugerencia del Príncipe Alberto. Puede ser otorgada a oficiales, oficiales no comisionados y a los miembros de todas las fuerzas armadas que sobresalen por valor y amor a su patria, ante el enemigo, y en algunas ocasiones, a civiles de la Marina Mercante y auxiliares; también puede concederse a título póstumo.

Esta condecoración precede todas las condecoraciones británicas, no por estatutos pero sí por costumbre. Los que están en posesión de esta condecoración tienen una exención anual de impuestos por valor de cien libras y pueden llevar detrás de su nombre V.C.

La Orden de Servicios Distinguidos   Creada por la Reina Victoria el 6 de septiembre de 1886. Sólo consta de una clase y se otorga a miembros de los tres ejércitos por actos meritorios. Los que la poseen pueden añadir a su nombre D.S.O.

La Real Orden Victoriana   Fue fundada por la Reina Victoria el 21 de abril de 1896 como recompensa a los servicios personales hechos a la Soberana. Como Orden de Familia está por encima del Gobierno. Se puede conceder a británicos y extranjeros. Se usa, «inter alia», para las visitas oficiales de los Soberanos en el extranjero y para las visitas de los Jefes de Estado a Gran Bretaña. Cuando se confieren los dos grados más altos de la Orden implica Caballería y el derecho a utilizar el título de «Sir» y «Dame» en caso de señoras, esto no se aplica a los extranjeros que sólo pueden ser admitidos como Miembros Honorarios. El Soberano de la Orden es el Monarca reinante. El día de la Orden es el 20 de junio, fecha en que la Reina Victoria subió al trono. El Gran Maestre de la Orden en la actualidad es la Reina Madre, y es designado por los Soberanos.

En 1936 se admitieron señoras en la Orden. La Orden consta de cinco clases y pueden utilizar las iniciales correspondientes después de su nombre, según el grado en que la hayan recibido:

1. G.C.V.O. Knight Grand Cross o Dame Grand Cross Victorian Order.
2. K.C.V.O. Knight Commander Victorian Order.
D.C.V.O. Dame Commander Victorian Order.
3. C.V.O. Commander Victorian Order.
4. y 5. M.V.O. Member 4Th Class and member 5ThClass Victorian Order —4ª y 5ª clase—.

La Cruz de Servicios Distinguidos Fue instituida por el Rey Eduardo VII en 1901 como la Cruz de Servicios Conspicuos y en 1914 el Rey Jorge V la cambió por la actual condecoración para los oficiales navales y de la Marina Real, así como para los de las Fuerzas Aéreas que sirven en la Flota. Se otorga tras una conducta ejemplar ante el enemigo y también pueden recibirla los miembros de la Marina Mercante cuando sirven en la Marina Real. Pueden añadir a su nombre D.S.C.

La Orden del Mérito Fundada por el Rey Eduardo VII el 23 de junio de 1902 como premio personal del Monarca a servicios eminentes en las Fuerzas Armadas y para destacados trabajos en promoción de las Artes, Literatura y Ciencias.

El número está restringido a 24, sin incluir extranjeros que únicamente se admiten como Miembros Honorarios. Pueden añadir a continuación de su nombre: O.M.

La Real Cadena Victoriana Fue instituida por el Rey Eduardo VII en 1902. La cadena no forma parte de la Real Orden Victoriana. No otorga ningún privilegio pero significa una distinción de estima especial por parte de la Soberana. Se puede condecer a la Realeza o a otros personajes distinguidos.

La Cadena se utiliza en el cuello cuando se trata de Caballeros y las Señoras la llevan sujeta en el lado izquierdo del vestido. Se ha de devolver tras el fallecimiento de quien la posea.

Cruz Militar Fue instituida el 31 de diciembre de 1914 para galardonar a miembros de la Armada que pueden añadir a su nombre M.C. Se coloca después de las medallas británicas y antes de las Medallas de guerra.

La más Excelente Orden del Imperio Británico Fundada por el Rey Jorge V el 4 de junio de 1917. Ésta es la Orden de la democracia británica. Fue instituida para galardonar a los ciudadanos británicos y aliados que habían llevado a cabo servicios relevantes en el país, en la India y en las Colonias, excepto aquellos realizados por la Marina y el Ejército. Los dos grados más altos implican admisión de Caballería y derecho a utilizar el título de «Sir» y «Dame» para las señoras, excepto los extranjeros que sólo pueden ser admitidos como Miembros Honorarios. El Soberano de la Orden es el Monarca reinante. El Gran Maestre de la Orden es nombrado por los Monarcas, en la actualidad es el Duque de Edimburgo.

Tiene dos divisiones: Civil y Militar, cada una consta de cinco clases, pueden añadir las iniciales correspondientes a su nombre.

La Orden de los Compañeros de Honor   Fundada por el Rey Jorge V el 24 de junio de 1917 cuyo rango sigue a la Gran Cruz del Imperio Británico, fundada por él mismo en el mismo día. Puede ser concedida a hombres y mujeres por importantes servicios nacionales. Pueden otorgarla los Primeros Ministros en países de la Commonwealth. El número de Miembros Ordinarios es de 65 sin incluir extranjeros que sólo se admiten como Miembros Honorarios. Los que la tienen concedida pueden utilizar C.H. después de su nombre.

Cruz de Vuelos Distinguidos   Instituida el 3 de junio de 1918 por el Rey Jorge V para oficiales de las Reales Fuerzas Aéreas que han demostrado valor en una o más ocasiones volando ante el enemigo. Los que la reciben pueden añadir a su nombre D.F.C.

La Cruz de S. Jorge   Fue instituida por el Rey Jorge VI el 24 de septiembre de 1940. Puede otorgarse a personas que hayan demostrado notable valor y valentía ante circunstancias peligrosas, mayormente se da a los ciudadanos de la Commonwealth y también a miembros de las Fuerzas Armadas como premio a actos que no tienen otras condecoraciones. Puede concederse a título póstumo. El orden de precedencia sigue a la Cruz de Victoria y va antes que las demás condecoraciones británicas. Los que la poseen pueden utilizar detrás de su nombre G.S. y están exentos anualmente de impuestos por valor de cien libras.

CONDECORACIONES EN ITALIA

Los ciudadanos italianos que poseen diversas condecoraciones italianas y extranjeras han de dar precedencia a las nacionales y entre éstas, las militares preceden a las civiles.

Cuando a un ciudadano italiano se le concede una condecoración extranjera goza de libertad personal para aceptarla, aunque ha de solicitar el correspondiente permiso del Presidente de la República a través del Ministro de Asuntos Exteriores, para poder utilizarla en Italia.

Orden al Mérito de la República Italiana   El fin de la Orden es el reconocimiento a hechos meritorios para la nación en el campo de las letras, del arte, de la ciencia, de la economía; también con fines sociales, filantrópicos y humanitarios, así como para servicios destacados en la carrera civil y militar.

Lo confiere el Presidente de la República a propuesta del Consejo de Ministros y oída la Junta de la Orden. Los Estatutos de la Orden fueron aprobados por el Presidente de la República, el 31 de Octubre de 1852.

Se concede a los diplomáticos extranjeros con los siguientes grados:

Caballero con Gran Cruz: a los Embajadores.
Gran Oficial: a los Ministros Jefes de Misión y a los Ministros Consejeros.
Encomienda: a los Consejeros.
Oficial: a los Primeros Secretarios.
Caballero: a los Segundos y Terceros Secretarios.

Para los titulares del Cuerpo Consular extranjero es necesario que hayan estado en Italia durante cinco años:

Encomienda: al Cónsul General.
Oficial: a los Cónsules.
Caballero: al Vicecónsul.

También se concede: *Caballero con Gran Cruz condecoración con Gran Cordón:* a Jefes de Estado.
Caballero con Gran Cruz: a los Eminentísimos Cardenales, a los Patriarcas de rito Oriental, al Nuncio Apostólico acreditado ante el Gobierno Italiano, a los Jefes de Gobierno, al Presidente de la Asamblea Legislativa y al Ministro de Asuntos Exteriores.
Gran Oficial: a los Arzobispos, Ministros del Gobierno, al Subsecretario de Estado para Asuntos Extranjeros, a los Embajadores no acreditados en Italia, al Director General del Ministerio de Asuntos Exteriores, a Rectores de Universidades con renombre especial y a personalidades de rango análogo.
Encomienda: a las personalidades eminentes en el campo de las Finanzas, como Directores de Grandes Entidades Bancarias; de la Industria, como Directores o Productores Cinematográficos; de la Cultura, como Rectores de Universidad, Decanos de Facultad, Directores de grandes Hospitales; a los Directores Generales de Ministerios excepto del de Asuntos Extranjeros, al Prefecto, a los Alcaldes de las grandes ciudades, a los Obispos y Jefes de Congregaciones Religiosas, a otras personalidades de rango análogo.
Oficial: a los Profesores Ordinarios de Universidad, al Director del Instituto de Enseñanza Media o equivalente, a las personalidades en el campo de la Industria, del Comercio y del Arte, a

los Alcaldes de las ciudades de capitales de provincia, a los párrocos, a los superiores de congregaciones religiosas y rangos similares.

Caballeros: a los profesionales, a los Alcaldes de ciudades que no son capitales de provincia, a los eclesiásticos no investidos para la cura de almas y rangos similares.

Orden de la Estrella de la Solidaridad Italiana   Se concede a los italianos y extranjeros por hechos meritorios hacia Italia en el extranjero, por protección a ciudadanos italianos durante la última guerra, por promoción cultural, artística y laboral italiana, por el esfuerzo de los operarios italianos con respecto al desarrollo de sus haciendas.

El Decreto legislativo de la Orden data del 9 de marzo de 1948.

Orden al Mérito en el Trabajo   Fue establecida el 27 de marzo de 1952. Concede la condecoración de Caballero por mérito en el trabajo, también se concede a ciudadanos italianos que residen fuera.

Estrella al Mérito en el Trabajo   Establecida el 18 de diciembre de 1952 para premiar actos meritorios en este campo.

Recompensa al Mérito Civil   Instituida el 20 de junio de 1956 para premiar a las personas, entidades y corporaciones que se hayan prodigado con excepcional sentido de abnegación en ayuda a los que sufren o se encuentran con necesidad de ayuda.

Órdenes Militares Italianas   Es la denominación que actualmente se da a las Órdenes Militares de Saboya. En virtud de un Decreto Legislativo que data del 2 de enero de 1947. La Órdenes Militares de Italia comprenden cinco clases:

Caballero con Gran Cruz.
Gran Oficial.
Comendador.
Oficial.
Caballero.

Recompensa al Valor Aeronáutico   Instituida por Real Decreto del 27 de noviembre de 1927.

Condecoración al Valor Militar   Fue instituida por Real Decreto el 4 de noviembre de 1932. La Gran Cruz puede concederse a Generales del Ejército en ejercicio y los grados correspondientes en la Marina y en Aeronáutica.

Recompensa al Valor de la Marina   Instituida por Real Decreto el 12 de julio de 1938 como premio a la valentía, la filantropía y pericia marinera para salvar vidas humanas en la mar y evitar siniestros marítimos o atenuar sus consecuencias.

CONDECORACIONES EN JAPÓN

Las condecoraciones Japonesas pueden considerarse de dos tipos: por honores para extranjeros (diplomáticos y visitantes) y por méritos para japones y extranjeros.

Actualmente es muy difícil otorgar condecoraciones a ciudadanos japoneses y se requiere que tengan 70 años como mínimo. A partir de la Segunda Guerra Mundial se restringieron mucho.

Orden del Sol Naciente   Fue instituida en 1888 como una Orden de mayor grado que la Orden de Primera Clase del Sol Naciente, establecida en 1875. Ésta consiste en una placa y una estrella, y es otorgada a los caballeros que han prestado importantes servicios. Se denomina Orden de Primera Clase del Sol Naciente con Flores de Paulonia.

La Orden del Sol Naciente tal como fue instituida en 1875 se otorga en otras ocho clases que son concedidas a quienes han prestado servicios distinguidos.

La Primera Clase del Sol Naciente consiste en una Placa y una Estrella, así como la Segunda Clase, mientras que de la Tercera a la Octava Clase consiste en una Estrella.

Forma de ponerse la condecoración   La Primera Clase de la Orden del Sol Naciente con Flores de Paulonia y la Primera Clase de la Orden del Sol Naciente, en ambos casos, la Placa está colgada de una Banda, la cual se tercia desde el hombro derecho a la altura de la cadera del lado izquierdo, la Estrella se prende en el lado izquierdo del pecho.

En el caso de la Segunda Clase, la Placa se coloca en el lado derecho del pecho y la Estrella cuelga de una cinta en el pecho debajo del cuello.

La Tercera Clase queda suspendida por la cinta sobre el pecho y bajo el cuello.

De la Cuarta a la Octava Clase se llevan prendidas en el lado izquierdo del pecho.

Órdenes del Sagrado Tesoro   Fueron instituidas en 1888, en ocho clases. Se otorgan a aquellas personas que han prestado servicios distinguidos, pudiéndose otorgar también a mujeres.

La Orden de Primera Clase del Sagrado Tesoro, consiste en una Placa y una Estrella, la Placa está suspendida por una gran Banda terciada del hombro derecho al lado izquierdo, y la Estrella se coloca en el lado izquierdo del pecho.

La Orden de Segunda Clase se coloca en el lado derecho del pecho.

La de Tercera Clase está suspendida por una cinta en el cuello, las señoras la llevan en forma de lazo en el lado izquierdo del pecho.

De la Cuarta a la Octava Clase se colocan en el lado izquierdo del pecho colgando de una cinta que para las señoras tiene forma de lazo.

Las Condecoraciones de la Orden de Cultura tienen un solo rango.

CONDECORACIONES EN JORDANIA

Queladat Al Hussein Ben Ali   Es la más alta condecoración que existe en Jordania y se concede en forma de Collar únicamente a Jefes de Estado, sus mujeres no pueden recibirla.

Esta condecoración lleva el nombre del bisabuelo del actual Rey Hussein.

Wessan Alnahda Almorassaa   Esta sublime condecoración, con un solo grado, se concede a Jefes de Estado, Príncipes y Princesas, a Presidentes de Gobierno y nunca a rango inferior al de Primer Ministro.

Alnahda   Esta condecoración también se puede otorgar a algunos Ministros.

Jordanian Alkawkab Order   La Orden Jordana de Estrellas se concede en cuatro grados.

Alisteqlal Order   La Orden de la Independencia también se puede conceder en cuatro grados.

CONDECORACIONES EN KUWAIT

En Kuwait hay distinto tipo de condecoraciones.

Las de Primer Orden son las *Bandas de Honor* que se imponen a:

Reyes.
Jefes de Estado.
Príncipes Herederos.
Presidentes de Gobierno.
Embajadores.
Personalidades de Kuwait o extranjeras que sirven a la humanidad.

Existen otras condecoraciones que se imponen por *heroísmo* a:
Militares.
Civiles.
Caídos.
Las condecoraciones pasan a los herederos de quienes las poseían, pero sólo como recuerdo, no tienen derechos para utilizarlas.

CONDECORACIONES EN MÉJICO

La Condecoración de la Orden Mejicana del Águila Azteca

En Méjico se otorga a extranjeros por actos meritorios de distinto tipo. Puede concederse en cinco grados:
Collar: para Jefes de Estado.
Banda: para señoras y señores, Secretarios de Estado, Ministros de Embajada y rango similar.
Placa: para los Subsecretarios y rango similar.
Encomienda: para rangos menores que los anteriores.
Insignia: para artistas y semejantes por labor meritoria de acercamiento.

La Condecoración de Belisario Domínguez

Esta condecoración, así como las otras existentes, se otorgan a ciudadanos mejicanos por distintos actos meritorios.

CONDECORACIONES EN PERÚ

El Presidente de la República del Perú es el Gran Maestre de las Órdenes cuyas condecoraciones otorga el Ministerio de Relaciones Exteriores y el Ministro de dicho Ministerio es el Canciller.

La Orden del Sol del Perú

Es la condecoración más importante. Fue creada en 1822 por el Generalísimo D. José de San Martín, gran Libertador del Perú. La Orden tiene cinco grados:
Gran Cruz con Brillantes: para Jefes de Estado.
Gran Cruz.
Gran Oficial.
Encomienda.
Oficial y Caballero.

La Orden al Mérito por Servicios Distinguidos

Es la siguiente en importancia y se concede con los mismos grados, a excepción de la Gran Cruz con Brillantes.

Condecoraciones de las Fuerzas Armadas	La Orden Militar de Ayacucho, es la más valiosa. Cruz Peruana al Mérito Militar. Cruz Peruana al Mérito Naval. Cruz Peruana al Mérito Aeronáutico.
Dichas ordenes tienen cuatro grados	Gran Cruz. Gran Oficial. Encomienda. Oficial y Caballero.
La Orden de Hipólito de Unanue	Es del Ministerio de Salud Pública.
Las Palmas Magistrales	Del Ministerio de Educación.

CONDECORACIONES EN SUIZA

En el Artículo 12 de la Constitución Federal se estipula lo siguiente y no necesita comentario:

1. Los miembros que forman parte de las autoridades Federales, los funcionarios civiles y militares y los representantes o comisarios federales, así como los miembros de los Gobiernos y de las Asambleas Legislativas de los Cantones, no pueden aceptar de un Gobierno extranjero ni pensiones o remuneraciones, ni títulos, regalos o condecoraciones. La transgresión de esta prohibición lleva consigo la pérdida del mandato o de la función.

2. El que posea una pensión tal, título o condecoración no puede ser elegido o nombrado miembro de un organismo Federal ni funcionario civil o militar de la Confederación, ni representante o comisario Federal, ni miembro de un Gobierno o de la Asamblea Legislativa de un Cantón, si antes de ejercer el mandato o la función, no ha renunciado expresamente a gozar de esa pensión, o llevar su título o no ha devuelto su condecoración.

3. El llevar condecoraciones extranjeras y el uso de títulos concedidos por Gobiernos extranjeros están prohibidos en el Ejército Suizo.

4. Está prohibido a todo oficial, suboficial o soldado el aceptar distinciones de este género.

Suiza no otorga títulos o condecoraciones a extranjeros.

EL INVITADO DE HONOR

Cuando se ofrece una recepción o se da una cena con el fin de agasajar a una persona concreta, en cuyo caso se le denomina invitado de honor, se debe hacer mención de ello en las invitaciones que se envíen para esa ocasión, dando su nombre y el cargo, si es que lo tiene.

Aunque la recepción sea en honor de un invitado, se puede invitar a personas de más alto rango; si se trata de una cena formal cada cual ocupará su sitio correspondiente, según el orden de precedencia.

Es costumbre presentarle al invitado de honor a todas las demás personas que asisten, utilizando las normas establecidas para hacer la presentación. Además de honrarle con la distracción y atención que supone organizar una recepción en su honor, se trata también de proporcionarle nuevos conocimientos y contactos, especialmente si es una persona extranjera, en cuyo caso conviene tener en cuenta los idiomas que hable.

Al organizar la lista de invitados se le puede preguntar si tiene especial interés por que se invite a alguien en concreto. Si está viviendo en una casa particular, es norma de elemental cortesía invitar a sus anfitriones.

Al hacer la lista de invitados es importante pararse a pensar si se le quiere colocar en sitio preferente, en cuyo caso lo más sencillo es no invitar a nadie que tenga rango superior al suyo, pero también puede ocurrir que sea una manifestación de deferencia hacia él invitar a una o a varias personalidades de mayor rango, en cuyo caso se puede actuar de varias maneras: la mejor es dar a cada cual el lugar que le corresponde; una alternativa, si se tiene mucha confianza con la persona que supere el rango del invitado de honor, puede ser pedirle que en esa ocasión le ceda su lugar, y otro modo de proceder es hacerlo co-presidente de la mesa.

Cuando la recepción es muy formal y hay fila para saludar a los invitados, el invitado de honor estará junto a los anfitriones para saludar o recibir las presentaciones de los demás invitados.

Normalmente el invitado de honor llegará el último y se irá el primero, nadie debe marcharse antes que él, a menos que sean de rango mucho más elevado.

LOS SALUDOS PROTOCOLARIOS

Se han visto ya algunas normas generales con respecto a los saludos y aquí se hará referencia más directamente a los saludos en las relaciones oficiales.

Conviene recordar que la persona de menor rango debe anticipar el saludo a la de mayor, así como corresponde por el contrario a esta última, dirigir la palabra o entablar la conversación.

Las señoras Las señoras siempre saludarán a los caballeros dando la mano, a menos que se trate de un familiar cercano, en cuyo caso se darán un beso en la mejilla si es costumbre en el lugar, en algunos la costumbre es dar a los familiares un beso en cada mejilla.

Mientras que con otras señoras o chicas jóvenes, basta con tener confianza para besarlas al saludar.

Los caballeros Generalmente saludarán dando la mano, excepto en aquellas ocasiones al igual que las señoras, en las que tratándose de familiares próximos le darán uno o dos besos en la mejilla, según los casos y costumbre del lugar.

Cuando los caballeros saludan a las señoras, es muestra de cierta cortesía para con las casadas o las que son de cierta categoría o edad, hacer ademán de besarles la mano.

Normalmente es la señora la que le alarga la mano para saludar.

A Miembros de la Familia Real A los Reyes y a los Miembros de la Familia Real que tienen tratamiento, las señoras los saludarán dándoles la mano, al mismo tiempo que doblan la pierna izquierda casi hasta el suelo y retiran la derecha hacia atrás, mientras se mira a la cara, ya se trate de señoras o de señores. Por su parte, los caballeros saludarán dando la mano con una inclinación de cabeza y un ligero taconazo, ya se trate de señoras o de señores de la Familia Real.

No tener en cuenta esta forma de saludo, más que signo de democracia es señal de ignorancia y falta de elegancia.

A las autoridades civiles A las autoridades civiles se las saluda teniendo en cuenta lo dicho anteriormente para los saludos de las señoras y de los caballeros.

A las autoridades eclesiásticas Cuando se trata del Romano Pontífice, se le besa la mano derecha, preferiblemente su anillo episcopal, mientras se hace una genuflexión con la pierna izquierda. Si se le quiere demostrar especial veneración y las circunstancias lo permiten, se puede uno arrodillar completamente mientras se le besa el anillo. Los señores en lugar de bajar la cabeza, pueden hacer la genuflexión también.

El saludo a los Cardenales, Arzobispos y Obispos así como demás Prelados es bastante similar al del Santo Padre. Se les besa el anillo mientras que las señoras hacen una reverencia flexionando la pierna izquierda y los señores inclinan la cabeza antes de agacharse para besar el anillo, si lo desean también pueden hacer genuflexión. (Ver: *Saludar*, pág. 88).

HONORES

Hay honores que se tributan a personas civiles y militares por lo que representan, así como a la bandera.

En otro orden de cosas, el mayor honor se rinde a Dios, realmente presente en las especies sacramentales. Cuando está reservado en el sagrario, se hace una genuflexión con la pierna derecha llegando al suelo pausadamente. También se rinde honor, de adoración, en la procesión con el Santísimo que puede tener lugar por las calles de la ciudad en la fiesta del Corpus Christi.

Los Ministros Sagrados han de recibir honores por lo que representan.

Los honores militares han podido ser los pioneros, son aquellos que se rinden a la bandera y a las personas revestidas de cierta autoridad, por el Ejército y sus distintos Cuerpos o personas que los componen.

Los honores civiles se rinden a personas que tienen mayor rango o autoridad, por aquellas de rango inferior y pueden ser en forma de saludo, visita, recepción, pudiendo estar acompañados de alguno de los signos propios que se mencionan a continuación.

Los signos exteriores para rendir honores pueden ser: colgaduras, repique de campanas, salvas, entonación de himnos o cánticos, acompañamiento y escolta, recibimiento, saludos y otros muchos.

Cuando se rinde honor a una persona, normalmente se le rinde por el mayor grado que lo requiera ya que los honores no se acumulan durante una ceremonia, se rinde por un motivo que cubre a todos los demás.

Hay que tener en cuenta que los honores que se otorgan a un Cuerpo, no se rinden individualmente a las personas que lo componen.

Los honores no se delegan, sólo se puede delegar la representación pero ni siquiera se delega el lugar que corresponde ocupar. Únicamente puede ir en representación y ocupar su lugar la persona que haya sido nombrada por S. M. el Rey o por el Jefe de Estado para representarlo en algún acontecimiento. En cuanto a las demás autoridades también se necesita tener un rango inferior para poder ir en representación.

Normalmente los honores están establecidos por decretos y pueden ser distintos en cada país. Es misión directa de los Jefes de Protocolo velar para que se otorguen y cumplan debidamente tanto en lo que respecta a personalidades y autoridades nacionales como a las extranjeras que visiten su país.

PROTOCOLO EN LA CORRESPONDENCIA

(Ver: *Correspondencia: encabezamientos y despedidas,* págs. 136 y 146).

Así como las cartas personales admiten e incluso son más elegantes y afectuosas utilizando fórmulas propias que se salgan de las establecidas, en lo referente a la correspondencia con autoridades la elegancia consiste en conocer las normas y utilizarlas tal como están establecidas por el protocolo.

Conviene recordar que tanto al Romano Pontífice como a los Reyes o Emperadores no se les escribe directamente, por el simple hecho de que cada carta requiere una contestación y sería imponerles que lo hicieran personalmente.

Las cartas que se escriben al Romano Pontífice van dirigidas al Cardenal Secretario de Estado de la Ciudad del Vaticano.

Las cartas que se escriben a los Reyes van dirigidas al Jefe de la Casa de Su Majestad el Rey. Si se trata de la Reina puede dirigirse, también, a la Secretaría de la Casa de Su Majestad.

Cómo dirigirse a los Reyes y a Miembros de la Familia Real Las cartas dirigidas a los Reyes se escriben a mano, en papel blanco sin timbrar y la firma no se rubrica. Dejando los márgenes adecuados, en el lado superior derecho se escribe la ciudad y fecha, mientras que un poco más abajo en el lado izquierdo se escribe: S. M. y debajo: El Rey de .... La carta se encabeza dirigiéndose a él como: Señor:; y Señora: si se trata de la Reina, Señores: para ambos. El tratamiento en el cuerpo de la carta es de Majestad, utilizando la tercera persona en los verbos. La despedida correcta es: A los RR. PP. de V. M. reiterando inquebrantable adhesión. Cuando se trata de los Reyes será igual excepto VV. MM. en lugar de V. M.

Las cartas escritas a Miembros de la Familia Real con tratamiento pueden ser de la siguiente manera: en la parte superior derecha, dejando los márgenes adecuados, se escribe la ciudad y la fecha, más abajo en el lado izquierdo: S. A. R., y debajo si se trata de Príncipes o Infantes con título, se indica, mientras que si no tienen otro título se escribe: El Infante Don, o La Infanta Doña, seguido del nombre. Otra forma correcta es: Don —o Doña—, Infante —o en su caso Infanta— de España. El encabezamiento es Señor o Señora. El tratamiento en tercera persona y S. A. R. o en plural si se da el caso. La despedida puede ser: a los RR. PP. de V. A. o de V. A. respetuosamente suyo. Se firma sin rubricar.

Cómo dirigirse a las autoridades civiles

Conviene saber el tratamiento que se le otorga a cada autoridad y utilizar el adecuado. (Ver: *Tratamientos*, pág. 332).

Para las autoridades civiles hay que poner el tratamiento correcto en el sobre, y el cargo además del nombre. Si se trata de un Embajador sería Excmo. Sr. D., debajo el nombre y apellido del Embajador, excepto cuando tiene título nobiliario que se utiliza éste en lugar del nombre si se quiere, en cuyo caso se omite arriba D. y Embajador de... en... Debajo la dirección completa y correcta como es costumbre.

En la carta, dejando los márgenes adecuados se escribe en el lado superior derecho la fecha, y la ciudad si no consta en el papel utilizado. Más abajo en el lado izquierdo: Excmo. Sr. D. y debajo el nombre, debajo de éste Embajador de ... en... El encabezamiento puede ser: Excmo. Sr. o Muy Señor mío. El tratamiento Vuestra Excelencia —V. E.—. La despedida puede ser: Reciba el testimonio de mi respetuosa consideración, o Reciba la expresión de mis más respetuosos saludos.

En cuanto a las demás autoridades civiles simplemente es cuestión de saber el tratamiento y aplicar las normas que se dieron anteriormente para la correspondencia.

Por muy alto que sea el rango de una autoridad, si se tiene gran amistad o parentesco, se aplican las normas de la correspondencia personal, mientras que si se trata simplemente de una relación de tipo oficial siempre se utiliza el tratamiento adecuado.

Cómo dirigirse a las autoridades eclesiásticas

Ya se vio el modo de dirigirse a la máxima autoridad eclesiástica: al Romano Pontífice, que ha de ser a través del Secretario de Estado de la Ciudad del Vaticano. El encabezamiento para el Papa es: Beatísimo Padre. El tratamiento en tercera persona y Vuestra Santidad. La despedida: De Vuestra Santidad devotísimo, obedientísimo y humildísimo hijo. Puede abreviarse. dev. mo., ob. mo., hum. mo. hijo. Se puede implorar la Bendición Apostólica antes de la despedida. Se firma si rubricar. (Ver: *Los tratamientos. En España. A las autoridades Eclesiásticas,* pág. 333).

LAS RECEPCIONES

Para que una recepción resulte bien y tenga éxito, conviene planear con la suficiente anticipación hasta los más pequeños detalles. Teniendo todo previsto.

Aquí, nos referimos más bien a la asistencia. Una vez que se recibe una invitación para una recepción, el primer detalle a tener en cuenta es su rápida contestación. Si la invitación contiene tarjeta de respuesta, basta con rellenarla y devolverla en un sobre debidamente franqueado, hay que recordar que al escribir la respuesta no se puede aplicar el franqueo de impresos.

Cuando se recibe la invitación se obtienen los datos necesarios en cuanto al tipo de recepción, lugar, fecha, hora y modo de vestir. Es muy importante adaptarse a las indicaciones sobre el modo de vestir para caballeros y para señoras, que se dan en la invitación; es tan importante seguir las indicaciones sobre el modo de vestir, que es preferible no aceptarla si no se quiere vestir de la forma indicada, esto se aplica a caballeros y señoras.

Las normas establecidas acerca de la puntualidad en España otorgan un margen de 15 a 20 minutos a partir de la hora indicada. Hay que evitar aparecer antes de tiempo especialmente cuando se trata de la residencia de los anfitriones. En algunos países la puntualidad implica atenerse al pie de la letra a la hora que se indique, conviene saber cuáles acostumbran a otorgar un margen y cuáles no.

Siempre que se trate de una recepción con un invitado de honor se cuidará la puntualidad, así como cuando se anuncia la asistencia de una alta personalidad o autoridad, que normalmente llegará la última y se marchará la primera, nadie deberá hacerlo antes que ella.

Las recepciones ofrecidas por autoridades

Cuando la recepción está ofrecida por una alta autoridad, ésta puede llegar después de los invitados, pero es más correcto y práctico hacerlo antes para ir saludando a los invitados conforme van llegando, especialmente si se trata de personas de alto rango.

Los invitados a una recepción ofrecida por una autoridad, procurarán saludarla al llegar y despedirse para agradecer la invitación.

Cuando una autoridad ofrece una recepción, tendrá las personas necesarias para ocuparse de los asuntos más importantes hasta de los más pequeños detalles, todo estará preparado de tal forma que la autoridad en cuestión pueda ocuparse de atender a los invitados de modo que ninguno se sienta abandonado o aislado, en lo que a ella respecta.

Cuando se invita a personalidades y autoridades

Conviene estar muy pendiente de su llegada para recibirlas desde el primer momento. Cuando no se puede hacer personalmente, con todas, hay que delegar en alguien que las pueda reconocer y atender debidamente desde el mismo momento de su llegada hasta el encuentro con los anfitriones.

Hay ciertas autoridades, cuando son de rango superior o igual, a las que hay que recibir en la puerta, sería una notable falta de cortesía no hacerlo personalmente. Por ello hay que estar especialmente pendiente de su llegada, esto quizá sea más fácil que hacerlo antes de su marcha, aunque normalmente habrá una despedida. Si la fiesta es muy numerosa, hay que dar igual importancia a la despedida que al recibimiento.

Tratándose de los Reyes, se les recibe y despide en la misma puerta del medio de locomoción que hayan utilizado, ya sea automóvil o helicóptero.

Las recepciones ofrecidas por los Reyes   Cuando se recibe una invitación a una recepción ofrecida por los Reyes, hay que valorar la deferencia que ello supone y aceptarla, únicamente motivos muy excepcionales serían válidos para no hacerlo, en cuyo caso habría que dar una explicación, como la muerte de un familiar próximo, enfermedad o estar ausente por motivos serios que ocasionan el viaje. Ha de contestarse enseguida. (Ver: *Invitaciones,* pág. 95).

En estos casos la puntualidad es sumamente importante y se debe prever cualquier acontecimiento que pueda ocasionar retraso al calcular el tiempo de llegada a palacio, o al lugar donde se celebre.

Hay que seguir las indicaciones de la invitación y recordar la forma protocolaria de saludo.

Conviene saber que la conversación han de ser ellos quienes la inicien y se deben evitar las preguntas directas, a menos que sean los propios Monarcas quienes den pie a ello. Con naturalidad se pueden tratar temas interesantes de conversación y demostrar afecto siempre que sea sincero y respetuoso.

Los Reyes normalmente son quienes mejor saben recibir y desde que una persona pone el pie en palacio todo está previsto para hacer agradable su estancia, basta con estar pendiente de lo que vayan indicando las personas que acompañan. Ante cualquier duda es preferible preguntar con sencillez.

Aunque las recepciones numerosas supongan un esfuerzo, a veces heroico, para que los Monarcas puedan llegar a todos y ofrecer la posibilidad de que les puedan saludar, los Reyes tratan además de llegar a cada uno personalmente interesándose por sus asuntos.

Cuando los Reyes de España visitan otro país tienen por costumbre tratar de recibir a todos los ciudadanos españoles que en él vivan. Estas recepciones son muy de agradecer, los Reyes se ponen al alcance de todos y van hablando con unos y otros.

Durante años el Rey Juan Carlos I ha ofrecido una recepción el día de su Santo —24 de junio— a la que ha invitado a un altísimo número de personas y representantes de todos los estamentos. A pesar del gran número de asistentes, los Reyes han querido saludar a cada invitado, además han hablado con ellos mientras éstos estaban por los Jardines del Campo del Moro o en los Reales Alcázares de Sevilla. A estas recepciones hay que ir vestidos del modo que se indique.

Siempre se llegará antes que los Reyes y nadie debe marcharse hasta que ellos lo hayan hecho. Al pasar a saludarlos hay que tener en cuenta el modo de saludo ya indicado.

Cuando se trata de una recepción de gala hay que seguir con especial empeño todas las indicaciones que se den, ya que habrá una organización perfecta.

* * *

Hemos tratado de recordar aquí, algunos modos vigentes en el trato social y aspectos del protocolo; aunque sean bien sabidos, puede que alguien encuentre detalles o aspectos nuevos. El fin de estas páginas ha sido ayudar a mantener la dignidad de la persona y el respeto que cada una se merece. Si bien dijo Tertuliano: «Se deja de odiar cuando se deja de ignorar», aquí se podría decir: conviene recordar para saber tratar.

BIBLIOGRAFÍA

ALBA, JAVIER DE, *Manual para padres eficaces*. FERT, Barcelona 1981.

BESTARD DE LA TORRE, VIZCONDESA DE, *La elegancia en el trato social*. Ed. Fernando Fe, Madrid 1906.

COSBY, BILL, *Ser padre*. Ed. Urano, 1987.

DEBRETT'S, *Etiquette and modern manners*. Ed. Debrett's Peerage Ltd., London 1981.

DELGADO, CARLOS, *Diccionario de Gastronomía*. Alianza, Madrid 1985.

DELGADO, CARLOS, *El libro del vino*. Alianza, Madrid 1985.

GANDOUIN, J., *Guide du Protocole et des Usages*. Ed. Stock, París 1979.

GARCÍA HOZ, VÍCTOR, *Pedagogía visible, educación invisible*. Rialp, Madrid 1987.

GETE-ALONSO, EUGENIO LUIS, *Tiempo de ocio*. Plaza Janés, 1987.

Gran Enciclopedia RIALP. Rialp, Madrid 1971.

HOWARD, R., *Padres e hijos, problemas cotidianos de conducta*. Ed. Siglo XXI, Madrid 1986.

ISAACS, DAVID, *La educación de las virtudes humanas*. Ed. EUNSA, Pamplona 1986.

KERSEY, C., *Ser padres con sensatez*. Plaza Janés, 1987.

LOBO MÉNDEZ, G., *Persona, familia y sociedad*. Ed. Magisterio, Madrid 1973.

LÓPEZ SÁINZ, CELIA, *La cortesía en la vida moderna*. Ed. Ripollés, Bilbao 1956.

MARTIN, JUDITH, *Miss Manners' Guide to Rearing Perfect Children*. Ed. Atheneum, New York 1984.

NORTE, RAMÓN M.; *Sólo educa el que ama*. Ed. Narcea, 1985.

URBINA, JOSÉ ANTONIO DE, *El arte de invitar. Su Protocolo*. Ed. Consejo Superior de Relaciones Públicas de España, Barcelona, 1993.

VALDIVIA, CARMEN-RUIZ, ALBERTO, *Educar para no defraudar*. Ed. Narcea, 1985.

VAREA, J. L., *El tiempo libre de los hijos*. Ed. EUNSA, Pamplona 1986.

VÁZQUEZ DE PRADA, A., *La amistad*. Rialp, Madrid 1975.

VILAR, MARÍA JOSÉ, *Estética y tiranía de la moda*. Planeta, 1975.

ÍNDICE GENERAL

II PARTE
GUÍA DEL COMPORTAMIENTO SOCIAL

ÍNDICE DE MATERIAS